U0016834

聯經文學

嗩吶煙塵

上冊

沈寧

母親 10 歲時與外婆在北京。

1937 年母親 15 歲在北京西門外三貝子花園，大舅告訴作者，母親身穿的是當時中學生的服裝。

1931 年母親 9 歲（左一），在北京學院胡同與鄰居何家小孩合影。

1934 年母親 12 歲，與外婆、大舅、三舅、四舅在北京合影。

1936 年母親 14 歲在北京與大舅、三舅、四舅合影。

外公、外婆、母親和大舅、三舅、四舅 1936 年合影於北京天壇。

1937 年在北京故宮太和殿外，外公陶希聖和大舅、三舅留影。
（三舅提供）

陶琴薰發表
『我家脫險的前後』
從陶希聖離港赴渝時說起
由女孩子寫出來更見真切

1940年1月30日、31日連續兩天，母親在香港《國民日報》發表長篇文章，詳述高陶事件經過。

1942年4月12日外公從香港逃難到重慶後，寫給正在昆明西南聯大讀書的母親的信稿。

高宗武陶希聖攜港發表
汪兆銘賣國條件全文
集日閥多年夢想之大成！
極中外歷史賣國之罪惡！
從現在賣到將來從物資賣到思想

日支新關係調整要綱

附件一

附件二

另一賣國文件

日支新關係調整要綱

1940年1月22日外公陶希聖在香港《大公報》公布日汪密約。

母親二十歲在重慶中央大學。

1946年1月26日母親在上海結婚的婚紗照。

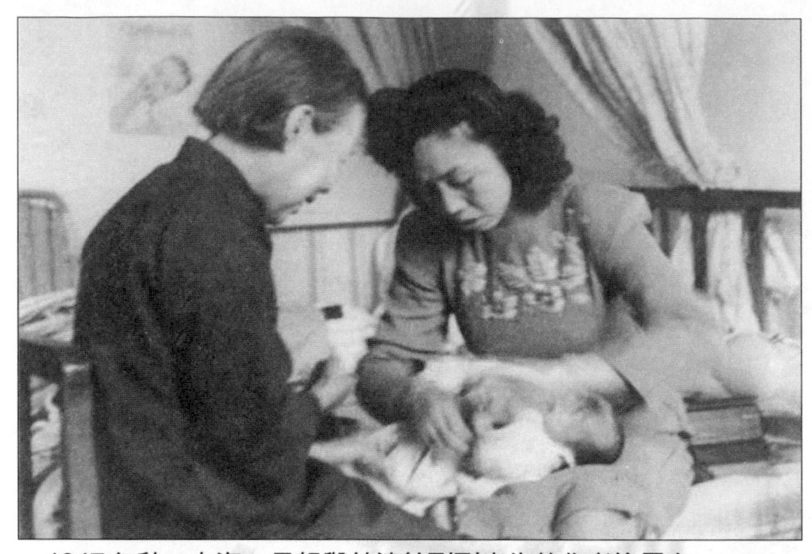

1947 年秋，上海；母親與外婆給剛剛出生的作者換尿布。

母親五十歲時。

1948 年，母親抱著一歲多的作者，隨外公逃到香港後拍的照片，再寄去給尚留在南京的父親。

獻給媽媽

序一
那一代的故事

吳文津

香港《明報月刊》一九九九年一月號和二月號連續登載了沈寧的兩篇文章：〈爲了不能忘卻的過去〉和〈無法癒合的心靈創傷〉。這兩篇都是回憶和紀念性的寫作，簡單地敘述了他父母（特別是他的母親）、弟妹和他自己，生活在中國共產統治下的一些悲哀的遭遇。這兩篇文章對我有很大的吸引力。因爲沈寧的父母──沈蘇儒、陶琴薰──是我在重慶中央大學外文系的同班同學；他的外公陶希聖先生是我所敬佩的長輩學者，也曾相識；沈寧本人我在文革後不久去西安時也曾見過。讀完這兩篇文章，我有很多感慨，久久不能釋然。蘇儒和他的家人在大陸的情形，我以前略有所聞，但並不知其詳。沈寧這兩篇文章才塡補了很多空白，特別是琴薰在文革中，她去世前所受的苦難，也讓我深深地體會到沈寧和他的弟妹們對他們母親的無法替代的愛。

在這兩篇文章發表不久後，沈寧給我來信，説他已完成爲他母親寫的傳記上部。從他母親出生到一九四九年獨留上海這一段時間，大約有四五十萬字。下部打算從共產黨進入上海到一九七八年他母親受迫害而死爲止。他問我是否能抽空看看他的稿子。我答應了。

收到稿子後，我詳細地看了一遍。沒有想到，除了琴薰的身世資料外，還有很多關於陶希聖先生的敘述，這些都是很珍貴的歷史史料。我給沈寧提供了一些意見。後來又把這篇稿子介紹給台北《聯合報》副董事長劉昌平兄，蒙他們在《聯合報》副刊（題名「嗩吶煙塵」）和美國《世界日報》（題名「陶盛樓記」）連載，現又蒙聯經出版公司發行人劉國瑞兄鼎力支持出書。琴薰坎坷多難的一生藉以公諸於世，非爲頌其德，乃爲其時代作一見證耳。

這本書所記載的事都是屬實。沈寧爲了要強化他母親爲人女、爲人妻，和爲人母的情懷，在史實上又加上些創作和想像，用了許多細節來描述補充。所以此書可以說是一本傳記小說。雖然如此，它仍有它的歷史價值。二十世紀上半期，中國經歷了不少的動亂和變遷，琴薰正在這個時期成長，她的經歷多多少少也反映出這個時期中國社會政治的背景。此其一。再者，琴薰和陶希聖先生的父女關係極爲親密。書中關於這一點的敘述，引用了希聖先生給琴薰的手書，包括抗戰時期的。這些都是中國近代史上極珍貴的第一手史料，無法在旁的地方看到的。所以，我認爲這本書不但是陶琴薰的傳記，也可以說是陶希聖先生的別傳；不但是陶琴薰一個人的經歷，也可以當作她的同輩人的經歷。

一九九八年，沈寧和他的弟妹（沈熙和沈燕）編輯了一本紀念琴薰逝世二十週年，用來贈送親友，題名爲《懷念》的書。在書的「前言」裡有幾句話，我轉錄於下，或可以用來描述沈寧這本書的旨趣：

我們謹以這本小書紀念媽媽，也紀念無數與媽媽同時代，受盡苦難的中國人。我們但願我們的後代不再經歷這種苦難，也不必再書寫如這本小書中所書寫的那種浸淚的文字。

二〇〇一年七月於加州門羅公園

序二
讀《陶盛樓記》追念先姊琴薰

陶恆生

一

一九八七年七月二十四日，九十高齡的父親由大哥泰來、大嫂晏章沅陪同，從台北飛抵舊金山。沈寧、沈熙帶著妻兒先一日來我家，等候一齊去機場迎接。在機場見到外公和大舅、舅媽推著行李車從海關門出來時，寧、熙兩人不自覺地跪在老人家跟前，涕淚滿面。目睹這個感人場面的中外接機人士自然地向兩旁後退，讓出一條通道容我們通過。

回到家中，風塵僕僕的父親看著年過四十，臉上已有不少皺紋的外孫寧寧，不禁想起一九四八年離開上海時，他尚不足兩歲之情景；而從未見面的外孫沈熙，得在此相見，一時悲喜交集，不能自已。外祖父怕勾起太多往事，連忙拿出在台北準備的小禮物分給各孫及重孫們作爲見面禮，他一面分禮物一面說：「今天不談往事，今天不談往事。」沈燕當晚從亞歷桑納州趕來拜見外祖父，外公稱讚她的一口標準北京話說：「妳可以回台北當新聞廣播員。」

第二天晚上，我們在「天錦樓」爲父親及大哥大嫂洗塵，灣區親朋好友四十餘人赴宴，包括南開、台大老同學，工作伙伴，以及雲林禪寺的同修等。沈家三兄妹特別預先用毛筆寫了一副紅色的條幅送給外公，字曰：

春秋卅餘載　離合一親情
啼兒高七尺　天涯叩九旬
開懷摻淚酒　擲觴話古今
繞膝盈幾日　欣慰滿生平

三天後，姐夫沈蘇儒自北京趕來相聚，翁婿上海一別、不覺已近四十年，如今海隅再見，人事已非，恍若隔世。蘇儒帶來一幅伯父在武漢親筆寫的百壽屏，爲父親九十歲壽。

父親在我們家小住數日後，即由沈熙護送至華府探視六弟龍生、國雲一家，數日後，再往印第安那州看望孫兒女德興、若昭，然後飛往亞歷桑納州探視四弟晉生、家麟一家，和長孫女若蕙及孫婿方和同。八月十七日返回舊金山，二十一日由大哥、大嫂親陪飛回台北，結束爲時二十八天的北美之旅。五弟范生那時正在千里達忙著探測油田，未及趕回團聚，但五弟妹戚瑞華及二子德智、德仁，均來拜見祖父。

父親走後，內子德順整理房間，在書桌上發現一疊稿紙，原來是父親這二十幾天信筆寫下的雜記，其中有這樣一段文字：

七月二十四日下午六時半，泰來夫婦扶持我搭華航班機自桃園機場起飛，越太平洋，計飛行十一時，降落舊金山機場，當地時間是七月二十四日下午二時半。我在飛機上早餐，下飛機，家屬及親友相接，到達恆生家，七時晚餐，方才覺察這一天，省了半日光陰，又省了一頓午餐。

沈寧、沈熙，先來此候見。至晚餐頃，沈燕從杜桑趕到。沈燕自大陸出來，已七年矣。今日在此得見，悲喜交集，言與淚隨。直待二十五日下午，我爲此三個外孫談話兩小時。

沈寧、熙、燕三人是我們已故去的親姐姐琴薰的三個兒女，我是她的三弟。父親回台後即來一信說：「我到美國走了七處，看望家裡七房，四代聚談，自是海外陶家的盛事，九十壽慶的大舉。」

二

琴薰姐、泰來哥和我三姊弟，曾經患難與共，出生入死。我們之間有著堅如金石的手足之情。

一九三七年七七事變爆發，中國在蔣委員長領導之下展開全面抗日戰爭。父親那時是北京大學法學院政治系主任，同時在北平多間大學兼任教職。一九三八年十二月十九日，父親隨國民黨副總裁汪兆銘出走河內，後往香港居住，一九三九年八月二十六日轉赴上海。十一月起，參與汪組織與日本和談代表談判達兩個月之久，終於洞悉日本妄圖誘降及滅亡中國的陰謀與野心，因對中日和平運動徹底失望，而決定脫離。十二月十三日，母親斷然採取逆向行動，親攜我們姐弟五人前往上海，希能以此掩護父親離開上海；此時重慶方面也正透過杜月笙先生設法營救。一九四〇年一月三日，父親與高宗武潛離上海前往香港；十三日，母親帶了晉生、范生兩弟離滬赴港。自此琴薰姐、泰來哥和我三人在上海之行動即受汪組織特務機關「七十六號」監視。二十一日，杜氏門人萬墨林親自策畫掩護我姊弟三人安全登船離滬。二十二日，香港《大公報》揭露汪日秘密簽訂的「日支新關係調整要綱」，這在當年是一件震驚中外的大新聞。

琴薰姐回香港後進入培道女中，一九四一年唸高二時，以同等學力考取昆明西南聯合大學中文系，一九四二年轉學重慶沙坪壩中央大學外交系。一九四五年夏畢業，進重慶中國農民銀行，抗戰勝利後赴上海服務於「中國善後救濟總署」，次年（一九四六）與中大同班同學、上海美國新聞處英文編譯沈蘇儒結婚。一九四七年夏，蘇儒進上海兩大報紙之一的《新聞報》爲記者，旋即被派往南京採訪政治新聞。姐姐隨姐夫來南京在我們家居住一段時期，不久即搬入報社的宿舍。同年九月，他們的第一個孩子出世，取名沈寧。

一九四八年十一月初，大陸東北戰事國軍失利，長春、瀋陽相繼陷落，國共雙方集結數十萬大軍在徐蚌（淮海）地區決戰，國軍潰敗。前線戰況急轉直下，首都人心動搖，下關火車站上一時箱籠堆積，婦孺擁擠。十二月十七日，母親帶我們姊弟七人擠上火車去上海，父親仍留南京。幾天後，我們在外灘搭上開往香港的怡和公司四川輪，一家人露天睡在貨艙蓋上，航行時海上風浪迎頭打上甲板，鋪蓋盡濕，老小蒙頭瑟縮，無處躲避。台灣海峽風浪極大，輪船搖擺顛簸，個個暈船嘔吐，狼狽不堪。

到香港後，父親友人徐啓恩安排我們暫住他新界上水家中。三個星期後，母親和琴薰姐在九龍大南街「一定好」茶樓三樓租到一間空屋，找木工做三個簡陋的隔間，一家人擠住其中，共用兩盞電燈、一間廁所，過著前途茫茫的日子。姐姐帶著一歲多的兒子寧寧，每天做飯做家事，泰來哥和我報名「華南無線電學校」學習無線電技術，弟弟們無所事事，大家心情十分煩躁。農曆年底，母親帶六弟龍生去上海隨父親同往溪口晉見已下野的蔣公。開年（一九四九）三月底，蘇儒姐夫從上海來香港，幾天後他們搬去姐姐的西南聯大同學許湘萍家中居住。姐姐決心不再留在香港，向姐夫表示「你留我留，你走我走，生死禍福，在所不計」。

這時大陸的局勢是：蔣中正總統已於一月二十日發表引退文告，李宗仁副總統就任代總統行使職權，隨即發表聲明表示謀和決心。四月一日，國府和談代表團張治中、邵力子、章士釗、黃紹竑等人抵達北平與中共談判。一時社會上瀰漫著內戰將停，和平在望的新期望。姐姐和姐夫與一般知識分子沒有兩樣，他們對國民黨失望，對和平抱幻想，復寄望於共產黨所描繪的新社會新氣象。而香港這邊難民日增，人浮於事，就業定居均有困難，又對台灣的前途不確定。四月八日，姐夫、姐姐帶著寧寧離開香港回去上海。從此手足天各一方，再也不能相見。

三

琴薰姐回上海後先在上海職工學校任教職，後隨姐夫調北京，在「中華全國總工會國際部」任編譯工作，她認眞工作，然而由於家庭背景關係，無論她如何努力，都永遠受到排擠和歧視。一九五七年，因直言賈禍（發了一句「現在懂了祥林嫂，捐了門檻還是不得超生」的牢騷），被誣爲「右派分子」，幸經部門主管力保，未遭下放勞動。其後又值「三年困難時期」，全家老小七口，每日數米而食。姐姐在沉重的精神壓力和繁重的工作負擔下，侍奉婆母、相夫教子，無論如何艱難困苦，始終無怨無悔，永不氣餒，從不絕望。

一九六六年又逢「文革」浩劫，琴薰姐因罹患類風濕性關節炎，被批鬥折磨未獲及時治療而逐漸惡化，終至雙腿彎曲不能站立，批鬥者猶指她故意裝病，即使呈上醫院證明，也無濟於事。她成了革命對象，強迫下鄉勞動之外還要去幹校學習改造，她的病因而越來越嚴重，四肢骨節腫大變形，根本無法行動，一九七二年被迫提前退休。一九七六年春天，范生五弟從美國寄去特效藥片，姐姐服用有效，可恨此後再寄往北京的藥品，即被海關查扣退回，姐姐給范生去信說：「這瓶藥輾轉萬里，卻到不了我手中，眞是遺憾之極」。蘇儒姐夫服務於外文出版社、中國建設等單位，文革期間亦曾多次被誣陷、揪鬥，而遭關、押、下放。此時寧、熙、燕均先後分赴內蒙古、陝北及昌平縣農村「插隊」。在這段期間，姐姐以殘疾之身，孤單獨處，以罕見的堅強意志和偉大愛心，支持姐夫和子女在逆境中求生存，而她思念父母及諸弟之情，仍無時或已。

一九七八年四月，琴薰姐病情轉重，八月十四日在北京醫院逝世，終年五十八歲。此時文革已結束，中共當局在全國範圍內正陸續爲所有「右派」平反昭雪。八月二十一日，北京市政協在八寶山革命公墓禮堂舉行追悼會，旋移靈於八寶山革命公墓。

琴薰姐去世的消息經香港傳到台北，大哥設法瞞住父親，可是他與新聞界訊息暢通，很快就知道了。父親表面堅強，內心悽苦，尤其可憐外孫女燕兒年幼失母，寫了一首「哭琴兒，念燕兒」的詩：

生離三十年，死別復茫然；北地哀鴻在，何當到海邊。

（註）琴薰兒病逝北平，近始得確息。所遺男兒二，女兒一。小女燕兒既失學，又喪母，何以爲生？憐念之餘，口占如右。

四

寧、熙、燕三名外甥，得到舅舅和長輩們的協助，先後來到美國。燕甥先來，她從小上學就得承受老師同學對外公及媽媽的批判，唯有沉默以對。一九六八年畢業於北京三十九中初中，校方決定分發學生進北京工廠。此時正值文革動亂，對於小燕的前途，學校認爲「黨會落實政策，出身不能選擇，道路可以選擇」，應該沒問題。不幸希望落空了，學生一個個跟著工廠來的人走了，只有她沒有任何工廠願意接受，學校和黨支部也不管她了，小燕心理受創極重。

一九七九年我在印尼工作時，曾託在德國悌森公司服務的好友伍綿蒲博士，趁出差上海北京之便，探訪姐夫。姐夫很想送年已二十幾的女兒出國換個環境，如果可能的話，讓她繼續讀一點書將來好養活自己。熱心的綿蒲兄經過多次奔波，辦成了小燕的出國手續和美國探親簽證，我託綿蒲帶錢至北京爲小燕買機票，又與住在加州莫洛灣的五弟范生聯絡，託他接機及就近照顧。

一九八〇年七月六日，小燕飛抵洛杉磯，在范生家暫住兩星期後，由四弟晉生接去亞歷桑納州杜桑家中居住。晉生安排她進亞歷桑納大學英語班補習英文，設法轉換學生簽證，英文班結業後又爲她申請大學入學許可。半年後，小燕進入大一系統及工業工程系，學雜費用除了初期一部分由外公及晉生舅接濟之外，其餘均靠打工自立。四年之後得到科學學士學位，憑她出色的畢業論文拿到獎學金繼續攻讀碩士學位，主修人工智能。學成後進入電腦界發展。小燕終於脫離惡劣環境，以三十之齡在新大陸學成就業，重新掌握自己的命運。

寧甥其次。一九八三年八月十五日，他從北京飛抵洛杉磯，遠在亞歷桑納杜桑市的沈燕，特地來機場迎接（此時我正在加大洛杉磯分校唸管理研究院）。當年姐姐帶他去香港又回大陸時，沈寧還不到兩歲，成長及求學期間受盡歧視，文革時期親歷全家被多次抄砸。一九六九年中學畢業後插隊陝北，在劇團當小提琴手，因「成分」不好，備受排擠。一九七七年考北大成績及格，但因其父政治審查問題，北大不敢錄取，改考西北大學。在學時申請到愛荷華州立大學的獎學金，畢業後又格於政府規定無法成行，乃進陝西電視台工作，直到一九八三年夏天才辦成出國護照拿到簽證。

我爲兄妹二人在附近旅館租了一間房間晚上休息，白天來我們的公寓相聚，寧寧含淚講述媽媽從一九四九年以後的悲慘遭遇，我和德順聽了萬分心酸。第二天，我帶沈寧逛百貨公司，買些美國學生喜歡穿的衣物鞋襪，從頭到腳徹底「換裝」，三十多歲的外甥，一下子變成帥哥。第三天，兩兄妹自行去狄斯奈樂園玩，回來時搭錯巴士迷了路，差點找不到家門。第四天，我駕車帶二人遊覽環球攝影場，及好萊塢明星住宅區的漂亮房屋。第五天，兄妹兩人飛杜桑晉生、家麟家中盤桓數日，沈寧即逕往愛荷華大學報到入學讀東亞系，兩年後得碩士學位，進教育界工作。

熙甥最後。一九八四年一月，沈熙來美。他因從小目睹大陸每一次政治運動，父母都被捲入，慘受無情衝擊，於十八歲那年眼見他們又不能避免成爲文革批鬥的對象，懷著痛苦絕望的心情，前往内蒙「插隊」。在内蒙一待十年，於一九七六年回到北京，自己覺得「像是剝了一層皮」。一九八二年，他畢業於北京經濟學院，到美國後進入亞歷桑納大學攻讀經濟學。據他説，由於大陸的經濟學以馬列主義爲本，與西方自由經濟學説大相逕庭，上課之初頗爲難以調整所苦。一九八五年得亞大經濟學碩士學位後，轉入紐約州立大學繼續攻讀經濟與財務，一九九二年得博士學位，在財務專業領域發展。

舅舅們見到先姊遺下的三名子女如此上進，都能在新大陸自立生存，感到無比的安慰。

五

一九九七年九月，忽接沈寧來信，説他已辭去工作，準備專心寫母親的故事，以完成他多年的心願。我問他：「你辭去工作，準備何以爲生？」他説：「媽媽臨終時我就立下心願，要把她的悲慘遭遇寫下來，如今我已五十歲了，再不動筆要等到何時？當年外公帶了外婆、媽媽和舅舅們去上海，靠著一枝秃筆，不出幾年就打出天下；如今我們還有小燕（甥媳孫小燕）一份薪水，省吃儉用，我可專心寫作，日子可以過得去的。」

我了解寧寧的心情，他媽媽坎坷的一生眞是一言難盡。在我的記憶中，姐姐一生最平靜快樂的日子，似乎只有少女時代在北平的六年（一九三一至一九三七）和青年時代在重慶、上海和南京的六年（一九四二至一九四八），總共不過十二年。其他的日子，則多半在憂患中度過，包括嬰兒期間的營養不足（母親奶水哺餵了堂哥），小學時代的窮困體弱、中學時代的逃難播遷，昆明西南聯大時期父母兄弟身陷香港音訊全無的恐懼，以及回大陸後備受壓抑的艱苦時光。

沈寧寫母親的故事，有以下幾個主軸交叉呈現。

第一個主軸：湖北鄉下陶勝六的大家庭（陶勝六是地名，沈寧文中使用諧音）。

幾十年前大陸鄉下大家庭的封建形態，恐怕不止我們湖北老家一家。三十年前父親寫

《驪珠之死》刊載於台北《自由談》月刊，文章刊出不久，父母親即接到好幾通老太太打來的電話和許多信，訴説她們當媳婦時幾乎相同的遭遇，有的甚至在電話中痛哭失聲。

記憶中祖母是慈祥寬厚的，她最喜歡泰來大哥。她之所以特別鍾愛大哥，並不僅僅因爲大哥是母親連產二女之後的第一個男孩，而是他對老人家的敦恭孝順。一九四四年二月，祖母在貴陽寓所患病，大哥陪父親搭郵政特快貨車前往視疾，在貴陽侍奉湯藥一個半月之久。祖母病癒後，大哥親自陪同老人家和五姑媽搭乘公路木炭車回重慶南岸，沿途照顧體貼入微。五姑媽茹長素，大哥爲她細心安排飲食，因此很得祖母和姑媽的誇獎。祖母養育出兩個爲國家社會做出貢獻的傑出兒子（翼聖伯父一生的事蹟我已另有專文介紹），她是一位偉大母親。

至於早年老家姑姑們扮演著典型封建大家庭嚴待進門媳婦的角色，乃是民初漢人受滿人家庭重姑娘、輕媳婦的風俗影響所致，難以歸咎。琴薰姐從小身歷其境，難免有比較深切的感觸，然而她絕不敢忘懷文革遭劫期間，表哥多次不顧牽連從武漢來京看望她們一家的關愛之心；我們兄弟們也由衷感謝表姊、表姊夫在台灣四十多年對父母毫無保留的支援和照顧。我個人和在武漢的表哥以及目前在紐約的表姊兩家都有極爲深厚的情誼。對於早年因鄉間惡俗而造成的種種遺憾，父母親並不諱言他們心中之痛，民國六十三年母親在病床上寫《逃難與思歸》，對於大女兒驪珠之死，有著太多悽慘的回憶。母親年輕時經此慘變，發誓以後要善待自己的媳婦，把她們當作自己的女兒看待。

一九七五年九月二日，母親在台北病逝。九月十八日，姐姐收到中央統戰部送來九月七日台北報紙的訃聞，悲傷莫名。她立即給父親寫信，哀痛悼念。這是台北家人收到她的最後一封信。

> 父親大人：今天突然獲悉　母親大人已於九月二日下午二時三十分病逝台北，我和蘇儒感到萬分震驚和悲痛。母親的一生，是勞累的一生，痛苦的一生。她老人家幾十年來勤儉持家，辛辛苦苦，把我們七個姊弟撫養成人。在我童年的時候，她克服種種困難，使一家人擺脫貧病交迫的威脅。抗日戰爭時期，她攜帶一群子女，在日寇的刺刀和轟炸下逃難，幾乎跑遍了半個中國。在您遭受危難的關鍵時刻，她老人家不止一次地冒著全家人的生命危險，把您拯救出來。這些驚濤駭浪，將她這樣一個舊式賢妻良母，鍛鍊得十分剛強勇敢，但卻自然地毀壞了她的身體健康，四十歲

以後就不斷地忍受多種疾病的折磨。現在她老人家永遠安息了，人間的痛苦不能再折磨她了。然而，她直到臨終還懷念故鄉，可見二十幾年來旅居異鄉，她的心卻一直是和故鄉親人們連在一起的。我是她唯一的親生女兒，從小得到她老人家疼愛，這些年來我一直希望有朝一日她老人家回故鄉，同家婆、伯娘、四乾、五舅、六舅〔註：家婆即外婆；伯娘即大伯母；四乾、五舅、六舅是母親的四妹、五妹及六妹〕在一起度過一個愉快的晚年。但是，這個願望已經不能實現了，母親已經跟隨伯娘、四乾與世長辭了。甚至在她病中，我都未能侍奉她老人家幾天，盡盡我的孝心，爲此我確實萬分愧恨，只有祈望她老人家在九泉之下寬恕我的這一最大不孝。

女琴薰哀上一九七五、九、十八

一九八五年我率領歐洲水泥廠商訪問武漢，表哥全力聯繫協助，我們的活動圓滿完成。表嫂在家中親治家鄉美饌招待，盛情可感。那年年底回台，我和德順前往母親墓園，叩稟一切。

第二個主軸：外公的奮鬥。

父親以對社會結構的觀察，作中國思想史的探索，早年掀起「中國社會史論戰」。民國二十三年創辦《食貨半月刊》，主張應以史料的整理與分析爲基礎，根據史實立論，重寫中國社會史。關心中國社會史辯論的日本學界，譽民國二十年代爲「陶希聖時代」。他所領導的中國社會與經濟史的研究，在民國學術史上，佔有一席重要的地位。父親常說：「讀書、作文、演講、開會，我的一生就是如此。」父親晚年由史學轉入經學，於殷周文化異同及太史公欲究天人之際的思想背景，闡釋新的見解。在政治上，父親的一生，有過驚濤，有過駭浪。八十歲那年，他說：「我曾多次處於波濤洶湧中，我所想的是：國家與社會給我的，比我對國家社會所貢獻的多得多。」九十歲，他又說，「這一生，前一半教授，後一半記者。」這「教」與「記」的分際，正是他學、政兩種生涯的寫照。在母親的故事中，沈寧文中刻畫了早年外公在上海商務印書館工作時期的窮困生活，以及他不畏強權、仗義執言、熱愛國家的個性。

第三個主軸：高陶事件。

關於這個事件的來龍去脈，近三年來我寫過好幾篇文章，也出了書，因此不擬在此多加論述。抗戰初期，父親對時局的看法是悲觀的，因此主和。但「主和」絕對不是「投降」、「談判」絕非「通敵」，這是他堅守的信條。他認爲「和」與「戰」並非不可相容，實際上雙方作戰之時，是可以同時進行和平交涉的。調停行動是雙方取得戰爭利益或減低軍民傷亡的手段，放棄調停則可能失去作戰的最終目的。父親嘗說「不得不戰而戰，戰乃所以爲國家；不能再戰而和，和乃有裨於民族。」雖然是「書生而論政，論政猶是書生」的理想論調，但不可否認，這種憂國憂民的「低調」和「和與戰」的理論，其關心國家禍福與民族存亡，是充滿了赤誠和善意的。關於揭發「汪日密約」的動機，一九八六年八月七日父親接受國防部史政編譯局第十一次口述訪問時說：

我曾兩度寫信給胡適，我所處的地位是：我不是間諜，也不是做情報，但既發現關係國家存亡的大事，我怎能不說。我是以觀察地位與胡適通信，前後兩封，在河內所發的信表示汪先生出來從事和談，但並不是反蔣。第二封信，表示和談至今已不行了，日方的目的不在和談，而在滅亡中國。

父親去上海之前與回到香港以後，跟姐姐有過許多次的談話。對於父親隨汪而後脫汪前後的徬徨與掙扎，姐姐瞭解得最爲透徹。她曾經在香港國民日報發表過連載兩天的文章《我家脫險的前後》。年僅十八歲的姐姐爲了拯救父親，與母親苦思脫身之計；爲了保護兩弟脫險，挺身與敵僞特務鬥智周旋。她在危機下表現出異乎常人的堅強與勇敢。

第四個主軸：大陸三十年。

琴薰姐全家在這三十年中悲慘的遭遇，將涵蓋在母親的故事後半部中。回想一九四九年五月中旬，父親曾親自到上海勸蘇儒琴薰離開大陸不果，不旋踵間共軍即佔領上海。父親五月廿四日的日記寫道：「蘇儒琴薰決心不離滬。彼等前途悲慘而不自覺，可悲也。……」五月二十五日又寫道：「……共軍夜入上海市區，國軍向蘇州河北退，由吳淞口撤退。爲琴薰寧寧悲傷。彼等之悲慘命運乃自取耳。」沈寧從一歲多起就在鐵幕中生活，在學之年受盡欺凌，進入社會後又處處遭到排擠。他親眼看著自己的父親默默地承受著各種打擊，母親無論在工作上有多好的表現都得不到上級絲毫的肯定，最後抱著殘疾，在呼喚著海外親人，萬般不捨下撒手塵寰。他憤怒、他沈痛，他要在吶喊聲中把他全家幾十年來所遭受的一切不公不義，赤裸裸地寫下來，讓世人同聲一哭。沈熙曾經跟我說，媽媽在世時每當講起往事，常會觸動對海外親人的無限思念，他和小燕靜靜地聽，哥哥總是兩手握拳，激動得痛哭流涕。沈寧對於家中發生的每件事的反應，比別人要強烈得太多。這是三年來他廢寢忘食的使命感的推動力。

沈寧這本書的前半部（原名《陶盛樓記》）曾經連載於美洲世界日報《小說世界》副刊，得到相當多讀者的迴響。故事採用小說體材撰寫，使用眞實姓名，再加以戲劇化，很容易引起爭議。他父親就是頭一個反對使用眞名的人，耽心他會闖禍，我也提醒他愼重。然而沈寧有自己的堅持。他問，眞實的故事，尤其牽涉現代史上重要的環節，眞的不能說嗎？如果必須採用假名才能寫，那就不如不寫。然而沈寧內心仍然存在著某些矛盾。在寄文稿給出版社之前，他問我是不是該把健在的舅舅們全部改用假名？我說，那更不妥，在未得舅舅們同意之前擅自改他們的名字，將是非常不尊重當事人的行爲，何況假名字並不能隱埋眞事實。是耶？非耶？留待識者評斷。

原載二〇〇〇年十二月十五至十七日美洲世界日報〈世界副刊〉，

同月二十五日修正。

中國近百年大事紀

一八四〇—一八四二　英國發動鴉片戰爭。中國戰敗，西方列強入侵中國
一八五一—一八六七　太平天國農民起義
一八五七—一八六〇　英法發動第二次鴉片戰爭，攻佔北京，燒毀圓明園
一八六一—一八九五　洋務運動
一八九四—一八九五　中日甲午戰爭，中國水師幾全軍覆沒
一八九五—一八九八　維新運動，戊戌變法
一九〇〇—一九〇一　俄英美日德法意奧八國聯軍侵略中國，兩宮西狩
一九〇九　汪精衛入京刺殺清親王未遂，被捕下獄
一九一一　辛亥武昌起義，中華民國建立，孫中山就任臨時大總統
一九一二　清帝退位，袁世凱當選民國總統
一九一四　第一次世界大戰爆發

一九一五	中日簽署「二十一條」條約
一九一六	袁世凱稱帝八十三天告終，同年死
一九一六—一九二三	各系軍閥混戰
一九一九、五、四	北京大學五四學生運動
一九二一、七	中國共產黨在上海和嘉興成立
一九二五、五、三十	上海五卅慘案
一九二六—一九二七	國民革命北伐戰爭
一九二七、四、十二	蔣介石上海分共
一九二七、七、十五	汪精衛武漢分共
一九三〇	上海開始中國社會史論戰
一九三一、九、十八	東北九一八事變，日本入侵中國東三省
一九三二、一、二八	上海一二八淞滬抗戰
一九三一—一九三四	平津地區繼續中國社會史大論戰
一九三五、十二、九	北平一二九學生運動
一九三六、十二、十二	西安事變，張學良、楊虎城扣押蔣介石
一九三七、七、七	北京七七蘆溝橋事變，日本入侵華北
一九三七、八	廬山牯嶺茶話會，商討抗戰方略
一九三七、十二	日軍攻克南京，屠殺三十萬百姓，姦淫婦女逾八萬

一九三八	國民政府遷都，先武漢後重慶
一九三八—一九四〇	汪精衛與日本談判，簽署密約，另立僞國民政府
一九三九—一九四〇	高陶事件，高宗武陶希聖脫離汪精衛，公布「日汪密約」
一九四一、十二、七	日本襲擊珍珠港美軍基地，太平洋戰爭爆發
一九四二	日軍佔領香港
一九四三、三	蔣介石《中國之命運》出版
一九四五、八、十	日本無條件投降
一九四六	國共全面內戰爆發
一九四九、一、一	蔣介石元旦文告，宣布下野引退
一九四九、四、二三	南京易手，國民政府遷台
一九四九、五、二七	上海易手
一九四九、十、一	中華人民共和國在北京宣布成立

書中人稱關係表（以敘述者我而稱）：

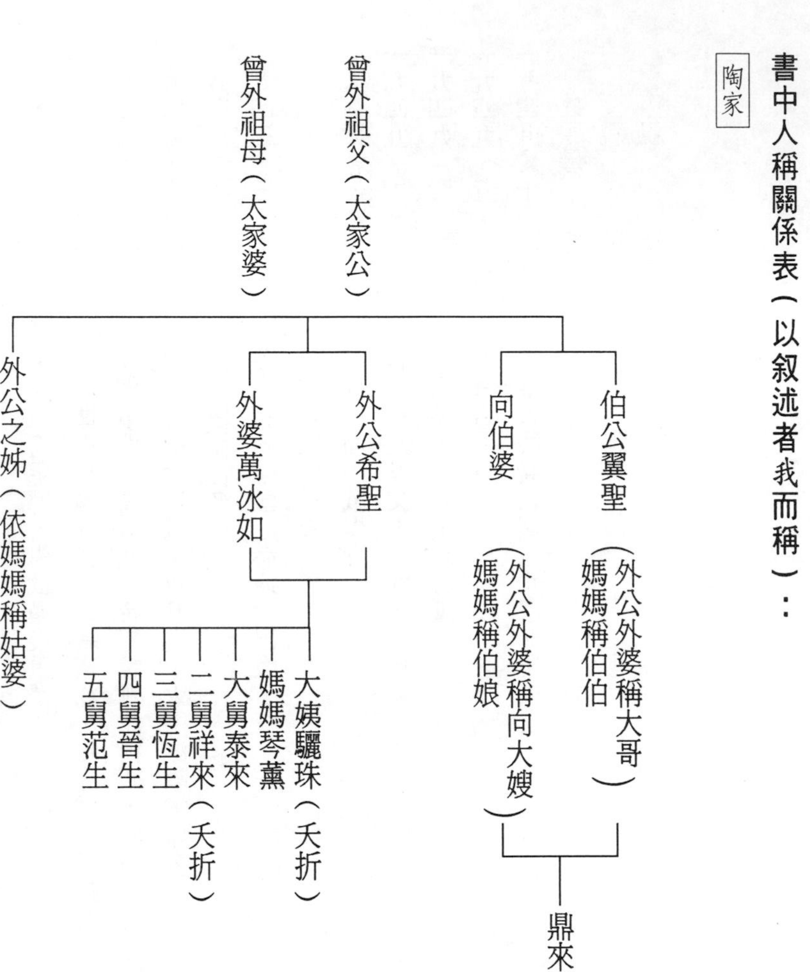

萬家

關係	書中稱謂
外婆之母	娘（依外婆所稱）
外婆之姨母	太姨婆
外婆之堂姊	堂姨婆
外婆之表姊	表姨婆

方言稱謂表：

書面語	北京語	母系湖北方言	父系浙江方言
祖父	爺爺	爹爹	大爹
祖母	奶奶	婆婆	親媽
外祖父	姥爺	家公	外公
外祖母	姥姥	家婆	外婆
父親	爸爸	爸爸	爸爸
母親	媽媽	姆媽	姆媽

一

我的媽媽明天十八歲。

天陰沉沉的，黑雲壓在頭頂上。香港九龍，潮溼炎熱，憋得人出不來汗，喘不上氣。滿街都是人，樓邊樹下，橫七豎八，到處是乘涼的人，搧著扇子、光著上身、伸著脖頸、張著嘴巴、喘氣罵娘。幾個人下棋，汗珠子落在棋盤上，忙不迭地擦。幾處小巷裡，有人這裡那裡支了床，掛了帳子，在裡面坐著等天黑。巷子地面四散流著一條條黑水，不知從哪裡來，到哪裡去，也不知是什麼。小孩子當街撒尿，帳子裡的人大聲罵。

一九三九年七月五日，下午放了學，媽媽和她高中最要好的朋友黃詠琦，急匆匆地趕往尖沙嘴彌敦道，進進出出了好幾家商店，兩人手裡都已經提了好幾個大包小包。一個姑娘十八歲的生日可非比尋常。媽媽買了一件白底小藍花的連身裙，一雙半高跟的黑皮鞋，兩雙長筒絲襪，一塊長城圖案的紗頭巾，一個刻有東海兩字的皮錢夾，一塊印著頤和園佛香閣的枕巾，一幅繡達文西油畫的針織品，一卷110型號膠卷，兩個玻璃鏡框。她們在街上走著，兩個人都滿臉通紅，不知是因爲提了東西走路，還是因爲爭吵。

「爸爸說的……」媽媽大聲說。她並不削瘦，但因爲個子高，顯得身材苗條，還是女學生短髮，穿一件淡黃色的旗袍，一雙白皮鞋，背個黃皮書包。她說她的爸爸，那就是我的外公。

「一開口就是你爸爸，誰要聽！」黃詠琦說。她個子跟媽媽差不多高，胖胖的臉，眼睛鼻子嘴巴都是圓形的，燙著頭髮，穿著藍花旗袍和黑皮鞋，背個黑皮書包。

媽媽不理她，接著說：「爸爸說明天帶我們全家到福滿樓去吃飯。他還要給我買個蛋糕，上面有奶油花。你要不要跟我們一塊兒去吃？」媽媽說地道的北平話，帶著捲舌兒韻。很動聽。

「你們全家吃飯，我去做什麼？」黃詠琦跟媽媽講話，也努力學說北平官話，可是她廣東話口音太重，南腔北調，旁人以爲說天書，只有媽媽能聽懂。

媽媽說：「去吃我的生日蛋糕呀！」

黃詠琦：「不要囉嗦了。你的東西都買齊了，輪我去買東西了。」

媽媽要爭：「不，先去買書。」

黃詠琦：「先買我的禮物。」

媽媽說：「明天是我的生日。」

黃詠琦愣了一下，終於讓步，說：「好，好，你的生日，讓你高興。」

媽媽邊走邊笑說：「這才有點姐姐的樣子。」

黃詠琦嘟著嘴說：「每次都要買書。那麼貴！」

媽媽說：「爸爸說，天下最便宜的東西，就是書。你想想，一本書包括了多少知識，多少歷史，多少作者的思想和心血，你要自己去找，去研究，要花多少時間多少錢，有些東西你自己根本就找不來呢！書的價值最高，所以再貴也便宜。」

黃詠琦說：「用不著做演說！講話跟你爸爸一個模樣。」

媽媽故意問：「我爸爸作演說是什麼模樣，你曉得嗎？」

黃詠琦甩甩頭，說：「你眞討厭！今天又要買什麼書？」說著，兩人走進了書店。

媽媽說：「《簡·愛》和《黛絲姑娘》英文原作。」

黃詠琦說：「你不是從圖書館借了英文原作在看嗎？又要買？」

媽媽說：「借圖書館的來不及看完就要還，買一本慢慢看，還可以在書上做筆記。」

黃詠琦說：「老師說，那書我們到高三以後才能看得懂，現在我們英文水平還不夠。」

「開頭很難，看過幾十頁，已經容易多了，更想看，才要買。」媽媽一邊說著，三轉兩轉，找到英文書架，舉手指著請櫃台後面的店員取下來，翻過書背後，看看價錢，說：「不貴。」

黃詠琦看著媽媽付過錢，手裡拿書翻看著，悶聲不響，走出店門，便不高興地說：「這下，你還有心思跟我去買禮物嗎？光想著要坐下來看書了。」

媽媽聽了，頭一抬，看了她一眼，把書往書包裡一塞，堅決地說：「跟你去，跟你去！」

黃詠琦高興了，眉飛色舞說：「我說過一百次了，去給你買一副耳環，夾在耳朵上戴。」

媽媽說：「我不要！爸爸也不會喜歡。」

「那麼你要什麼？」黃詠琦看見媽媽用手拍拍自己的書包，趕忙搖手說，「我才不給你買書！我給你買女人用的東西。你十八歲了，曉得嗎？要想想找男朋友的事情了。」

媽媽舉起一個手捶黃詠琦：「你討厭！自己想交男朋友，就說你自己想，不要賴別人。」黃詠琦急忙尖聲喊叫著，匆匆跑開。兩個姑娘在街上跑著追著笑著喊著，手裡拎的大包小包搖上擺下。街上有些人停下來看，有的搖頭，有的也微微笑。

首飾店裡，琳琅滿目，金碧輝煌。兩個姑娘趴在櫃台上，頭頂頭，嘁嘁喳喳說了半天，看了十幾副耳環，一副副對著鏡子比劃，終於挑好了一副。黃詠琦付了錢，裝了一個小盒子。

「我家裡有花紙，我給你包起來。」黃詠琦手裡拿著盒子，跟媽媽走出店門，說：「你說過你喜歡這個，所以你一定要戴呀！至少戴三天，戴到學校去給我看。」

媽媽說：「幹什麼？當模特兒？」

「相男朋友呀！」黃詠琦說完，不等媽媽又動手，自己先急忙跑開去。

媽媽在後面追，兩個人一路說說笑笑，吵吵打打，跑進黃詠琦家門，衝進黃詠琦的房間。媽媽把手裡提的包包往地上一丟，便把黃詠琦按倒在床上，用力咯吱了她半天，癢得黃詠琦在床裡滾來滾去討饒，才算了。兩個姑娘最後都坐起來，整整頭髮，還笑著，喘著氣。

過了片刻，媽媽站起身，很熟悉地走到房間一角。那裡有一個小桌，上面放了一個小小的唱機。媽媽在一堆唱片中撥弄，尋找什麼。

「你不用找了，小姐，你要聽的就在唱機裡。上次你聽過之後，我就沒有動。」黃詠琦說。

媽媽說：「你怎麼知道我喜歡聽什麼？」

黃詠琦說：「我當然曉得。要不，我怎麼算是你最要好的朋友呢？這張唱片還是我跟你一起去買的，忘了嗎？」

媽媽笑笑，打開唱機蓋，扳了一下開關，看著她喜歡的那張唱片轉動起來。她輕輕拿起唱頭，移動過來，又輕輕放到唱片上。聽得喳喳聲響起，兩秒鐘後，薩拉薩蒂「流浪者之歌」樂曲飄蕩在小屋裡。媽媽走過去，輕輕把房門關好，然後回到床上，仰面躺著，兩手枕頭，閉著眼睛，靜靜地聽。小提琴委婉的歌聲，訴說著雲層下面荒蕪的大地，大地上漂泊者孤獨的身影。

「前年生日在北平過，」媽媽忽然睜開眼，望著天花板，輕聲自語：「廚子老邢給我們做抻麵。我從來沒有吃過比老邢做的麵更好吃的麵了，他一定有秘方。去年生日在武漢過，躲在防空洞裡，日本飛機空襲了好幾回。今年生日想不到會在香港。我可眞算是流浪人。」

黃詠琦說：「你去過那麼多地方，我眞羡慕你呢！」

媽媽說：「逃難又不是度假，有什麼可羡慕的。我情願一直住在北平。」

黃詠琦說：「那我怎麼能認識你？」

「都是日本人，我恨死日本人了！」媽媽在床上坐起身，說：「蘆溝橋事變，我們一家逃難，一年裡都在流浪，好不容易，才算在香港安居幾個月。我可眞不要再跑來跑去，我想爸爸也不想再離開香港，到處跑了。」

黃詠琦說：「辛苦是辛苦，可是你見多識廣。」

媽媽重新躺下，枕著兩臂：「安南人拜樹神，樹上掛滿彩緞，街上五色繽紛。泰來、恆生常想拉下那些彩緞來玩，但是絕對不敢。」

黃詠琦打開衣櫃，從高處架子上取下一卷花紙，又從抽屜裡取出剪刀。

媽媽看到，接著說：「法國人怕安南人造反，管制安南人用鐵器，商店賣東西包裝都用玻璃割繩子。我們看了覺得好玩又奇怪，我隨身帶的小剪刀也不敢當衆使用。」

黃詠琦一邊聽，一邊拿起裝耳環的小盒子在花紙上比著，小心翼翼地裁紙折疊。

媽媽繼續說：「從安南坐船到香港，我們幾個整天在甲板上跑。范生兩歲，兩條小腿兒，跑得賊快。晚上到船上餐廳吃飯，走到門口，一個船員擋住范生，不許他進餐廳。他身上衣服太舊，船員認爲是坐底層統艙的，混到餐廳來吃飯。我拉著范生的手，急得跺腳，也說不淸。最後姆媽從餐廳裡跑出來找，看見我們兩人在門口跟船員吵架。姆媽掏出船票給船員看，確定范生是官艙船客，才讓進餐廳。我瞪眼，那船員也不肯道歉。流浪人可憐哪！」

黃詠琦不說話，繼續包小盒子，聽媽媽翻個身，回頭看看，媽媽趴在床上，不再動了。

小盒包好了，流浪者的哀怨還在空中迴旋，黃詠琦收好所有的紙張剪刀，轉頭看看，媽媽仍趴在床上，臉埋在枕頭裡，靜靜不動，她又聽迷了。可是再仔細看，她兩個肩一聳一聳，好像在哭。黃詠琦嚇了一跳，走過去坐在床邊，拍著媽媽的背問：「琴，琴，你怎麼啦？」

媽媽不轉身，放出聲來。她確實在哭，痛哭。

黃詠琦說：「琴，你怎麼啦?這曲子太傷感，換一個好了。你過生日，幹嘛要傷心呢？」

媽媽搖搖頭。

黃詠琦說：「你不要耳環，我們另外去買別的。」

媽媽又搖搖頭。

黃詠琦坐著不說話了。

好一陣，媽媽轉過身，滿臉是淚，抽噎不止，兩手一左一右擦眼睛，斷續說：「我想起去年過生日。在武漢，日本飛機經常來轟炸，每天都死人，抬著從我家門口經過，到醫院去。我家院子裡有個水泥防空洞，整天鑽在裡面跑警報。我的生日就在地洞裡過的……」

黃詠琦說：「今年不用鑽地洞了，還有什麼好哭的？你可眞是大家子的小姐，那麼大脾氣，動不動就哭！」

「我不是哭那個。我哭……我哭……」媽媽說著眼淚又流下來，「我在北平上初中，有個最要好的朋友，叫姜碩賢，她有個男朋友叫陳洞。我們常騎腳踏車去香山或是頤和園。我家前年逃難走的時候，急急忙忙，沒有來得及跟他們道別。去年六月，他們兩個專門從北平到武漢來看我。他們記得我的生日。」媽媽說著，又哭出聲，氣也喘不上來。

黃詠琦站起身說：「我去給你倒杯開水。」

等她端著一杯開水走進來，媽媽已經平靜了許多。黃詠琦把水遞給媽媽，媽媽接過輕輕喝了一小口，燙得很，順手放在床前的桌子上。

「不能放，桌子燙出印子，又要挨罵。」黃詠琦驚叫著跳起來，一手從桌上拿起玻璃杯，另一手從邊上挪過一個本子，翻過去，背朝上，把杯子放在本子背上面。

媽媽接著說：「他們來了……我是說姜碩賢和陳洞，來給我過生日，多不容易。我們快一年沒見過面了，而且他們要冒險過日本人的封鎖線，才到得了武漢。後來他們告訴我，他們是從家裡私自跑出來的，要偷跑到延安去。」

黃詠琦問：「延安在哪裡？」

媽媽說：「香港的中學都不學這些地理。我在北平的時候學過，是在陝西北部。那是共產黨控制的地方，爸爸在北平見過延安派去找他的人。姜碩賢他們要去延安，就是去投共產黨。我不高興，跟他們爭了好半天。因爲……爸爸說共產黨不好。」

黃詠琦問：「你爸爸不是共產黨？」

媽媽說：「他是國民黨。他年輕時候是共產黨，或者不是，也不知道，那時我還太小。」

黃詠琦說：「煩死了，這個黨、那個黨，一天到晚爭來爭去，打來打去。」

媽媽說：「就是，所以我一輩子都不參加哪個黨。不過爸爸經過很多事情，知道很多，很怕共產黨，說共產黨殺人不眨眼。」

黃詠琦說：「嚇死人了，汗毛都立起來。」

媽媽說：「所以我反對姜碩賢、陳洞去延安，幹嘛要去參加什麼黨。好好念書，幹別的。陳洞數學物理都好，將來能當工程師。姜碩賢說過她要當醫生。他們不聽，已經聯絡好了，一定要去。我生氣，不理他們，摔東西，說氣話。他們住了兩天就走了。」說著又哭起來，眼淚把胸前衣服溼了一片。她乾脆翻過身，重新把臉埋在黃詠琦的枕頭裡大哭。

黃詠琦忙又勸說：「琴，別忘了，你還有半個鐘頭要去剪頭髮。哭得腫眼腫臉，好看嗎？」這麼一說，才把媽媽的哭止住。媽媽坐起身問：「幾點鐘了？」

黃詠琦說：「五點。你不是說晚飯前要去剪頭髮嗎？」

「是。」媽媽說著站起身，在黃詠琦的鏡子前仔細看自己的臉，一邊還說，「唉，我真傻，我真壞。人家千里迢迢，專門跑來給我過生日，明知道我爸爸反對共產黨，還來看我，朋友情分真夠重的。又知道他們一去延安，生死不保，誰知從此還有沒有再見面的機會了。來跟我道個別，我還發脾氣。我對不起他們，恨死自己了。如果能找到他們的地址，給他們寫個信去，陪個不是，就好了。」媽媽說著，眼淚又流下來。

「又來了。」黃詠琦站起來，拿手帕遞給媽媽，說：「不要用力擦，眼睛一擦就腫起來。」媽媽不好意思地擦眼淚。流浪者的歌聲結束了。

黃詠琦走過去，把唱頭拿開放好，蓋好蓋子，一邊對媽媽說：「你寫信去好了，信封上面寫姜碩賢陳洞收，寄到延安就行了。延安能有多大，也許能寄到。」

媽媽說：「我查過地圖，延安大概算個縣城，不知有多大，也不知道共產黨在延安的什麼地方。從到了香港，我寄去過兩封信；春節寫了一封，端午又寫了一封，都沒回音。」

黃詠琦問：「郵局退回來了嗎？」

媽媽答：「沒有。」

黃詠琦點頭說：「那就是到了。」

媽媽說：「可是他們不會不回信。」

黃詠琦說：「忙吧，人家參加了共產黨，不是學生了，沒有那麼多閒工夫。」

媽媽說：「爸爸說，延安縣還是很大，地址只寫延安恐怕到不了。延安的郵局歸共產黨管，跟這裡郵局不通。再說，共產黨上級要檢查下級的信，看過以後也許不給他們看了。」

黃詠琦說：「你亂講，私人信件怎麼可以查看？」

媽媽說：「爸爸說，加入共產黨，一切都歸上級管。連性命都是黨的，還有什麼不能給上級看？共產黨裡，結婚都由上級安排，師長對團長說，你跟這女人結婚，團長只有服從。」

黃詠琦捂住嘴，驚叫：「我的天，這麼可怕！」

媽媽說：「所以爸爸害怕共產黨。」

黃詠琦想想，又說：「你不過是個高中生，信裡會寫什麼，也不用怕他們檢查。」

媽媽說：「我想也是，希望他們兩個收到我的信，接受我的懺悔，饒恕我。如果是因爲忙，還沒回信，以後有空會給我寫信。」

黃詠琦問：「你們這樣到處跑，他們寫信，找得到你嗎？」

媽媽說：「這次在香港一定會多住幾年。」

黃詠琦站起來，說，「到時間了，去剪頭髮吧！我這個禮物現在就給你。」

「好吧，謝謝。」媽媽把黃詠琦的禮物放進書包，又到桌上拿起開水杯咕嚕咕嚕地喝完。

黃詠琦看了說：「好好喝，多存點眼淚去哭。」

媽媽紅著臉，不理她，轉身在屋門邊提起下午在街上買的大包小包，走出屋門去。不想她們兩個到客廳，看到黃詠琦的父親坐在窗前桌邊椅上看報。他穿著整齊的藏青西裝，大紅的領帶，風衣搭在身邊一張椅背上，一個手提箱放在腳下。黃詠琦的母親剛從廚房走出來，燙得蓬蓬鬆鬆的頭髮，高高瘦瘦的個子，穿著大花旗袍高跟鞋，手裡端個茶盤，茶盤上放一杯冒熱氣的茶。

「爸爸，你什麼時候回來的，我怎麼沒有聽見？」黃詠琦有點意外。她的父親到內地出差，沒想到這麼早就回來了。而且母親也在家裡。

「對呀，你們在屋裡大吵大鬧，怎麼聽得到外面的聲音？」黃詠琦的父親並不放下報紙，眼睛從報紙上方看過來，看著媽媽。

「我剛才開門去看，」黃詠琦的母親在桌上放下茶盤，一邊笑著說，「你們兩個比手畫腳，自顧自，把你們抬走了都不曉得。」

媽媽和黃詠琦兩個都紅了臉，低下頭。

過幾秒鐘，黃詠琦抬起頭，指著媽媽對父母介紹：「這是我學校裡最要好的朋友陶琴薰，我對你們講過好幾次了……她的父親是陶希聖。」

「黃伯伯、黃伯母，你們好！」媽媽恭恭敬敬鞠個躬。媽媽到黃詠琦家來過很多次，但都是白天放學以後來，晚飯前就走了，從來沒見過黃詠琦的父親母親。他們白天都去公司做事。

「呵……」黃詠琦的父親緊盯著媽媽，應了一聲，又問：「他好嗎？」

媽媽問：「誰？」

黃伯伯說：「你父親。」

媽媽有點奇怪的看著黃伯伯，問：「您認識我父親嗎？」

「呵，不，不。」黃詠琦的父親看一眼媽媽，念書一樣說，「從蘆溝橋事變至今兩年，日軍全面進攻，佔領武漢廣州，傷亡四十四萬，卻沒有達到速戰速決的目標。中國損失更爲慘重，國軍傷亡已不止一百一十萬人。中國軍隊不堪一擊，全線敗退，不能保衛一城一池、婦女老幼。中央政府遷入重慶，想借重南西南廣大土地和江山天險求生存。抗戰形勢要起變化了。」

「爸爸，你說這些幹嘛？」黃詠琦撒嬌地說，「明天是琴薰十八歲生日，現在要去剪頭髮。」

黃詠琦的父親看著媽媽，媽媽也看著他，不懂得他是什麼意思。

「你跟小孩子說這些作什麼？她們又不關心！」黃詠琦的母親一邊收拾風衣，一邊說。

黃詠琦的父親問：「你們都不關心嗎？」

黃詠琦說：「爸爸，我們一天到晚念書還念不過來，誰要去費那些閒心！」

黃詠琦的父親問：「你也不關心嗎，陶小姐？我剛才念的，是陶先生寫的文章。」

「爸爸，琴薰最討厭這些，她一輩子都不會關心。」黃詠琦替媽媽回答。

黃詠琦的父親還要問媽媽：「你父親也這樣對你講嗎？」

媽媽回答：「從小爸爸希望我一心一意好好念書，念大學，出國留學，做文學家教授。」

黃詠琦說：「琴薰是我們班上功課最好的學生，英文國文都好。書念得多極了！剛還去買了英文原版的《簡·愛》和《黛絲姑娘》。我還不能看呢！」

黃詠琦的父親又奇怪地看媽媽一眼，搖搖頭，呵了一聲，舉起報紙繼續讀起來。

黃詠琦拉媽媽朝客廳門外走，一邊小聲在媽媽耳邊嘮叨：「爸爸就是討厭，做生意就做生意，回家總是說這些政治啦，時局啦，好像他是政府總理。你爸爸在家講這些嗎？」

媽媽跟著黃詠琦走出客廳，一邊回答：「有時候也說說，但是不多，最近越說得少。」

黃詠琦的母親在後面屋裡叫：「詠琦啊，你不要跑遠了，我們要出去吃晚飯的。」

「我不跟她走，只送到門口。」黃詠琦大聲應。

兩人走出門，剛要道別，黃詠琦的父親忽然在後面走過來，叫住媽媽，問：「對不起，請問一下陶小姐，令尊大人眼下還在香港嗎？」

媽媽聽了，大吃一驚，眼睛睜得滾圓，緊盯著黃詠琦的父親，嘴唇哆嗦著說：「怎麼了？」

二

長江北岸，湖北黃岡地方，有個倉阜鎮，鎮東十幾里，有個村落，叫作陶盛樓，後靠河堤，前對菜園，孔埠座東，武湖在西。四百餘年前，陶姓一族從江西遷來此地，聚族而居，男耕女織，安家樂業，至公元一九一七年，已然過了二十代人。

聽外公講，他少年時代，每逢歲尾年頭，我的曾外祖父，湖北人呼太家公，領外公寫祖宗牌位，於五代祖父母外，還有一位先師李先生。太家公講，李先生是明亡之後的遺老，不肯爲滿清做事，隱其姓名，躲避鄉間，受雇陶盛樓農家作長工，不多言談。一年夏天，農人聚在稻埕乘涼。某人將扁擔橫在地上，問是什麼字？大家說：「一」字。那人把耙倒在地上，問是什麼字？大家答不出。村裡幾百年無人識字。不料那李姓長工從人後說：是個「而」字。大家問：你識字嗎？他說：認得幾個。自那日起，陶氏宗族成立起一個私塾，請李先生教幼童們讀書寫字。

陶家祖輩中，李先生的一個學生，頭一個中了舉，朝廷封了官。他感念李先生啓蒙之恩，立家訓曰：陶氏宗祠永遠供奉李先生一個牌位，後人須年年祭祀，不得有誤。

從此陶家詩書繼世，代代作舉業、求功名。光緒年間，我的太家公到武漢，在兩湖總督張之洞創辦的兩湖書院作精舍生，治漢四史，並做詩賦等雜作。辛丑年太家公京試中一等第四名，不料同榜第一名姓梁，慈禧太后看了不樂意，斥爲梁頭康尾，一榜及第人士全部廢棄。太家公困京無望，外放河南作官。孫中山先生領導辛亥武昌起義，建立中華民國，宣統皇帝下了龍椅，還留在紫禁城裡住。我的太家公也還留在河南官府。陶盛樓還是老樣子。

我的外婆被大轎抬進陶家黑漆大門那天，陶家沒有男人在家。太家公在河南任上。外公兄弟兩人，同在北京大學讀書。伯公讀工程，外公讀法律。本來定好外公前一日會回到家，不料兩千五百里路，火車江舟，一天兩天沒有趕到。

過門的日子和時辰，是一位瞎眼的算命先生，在外公外婆訂婚之際，問明雙方生辰八字，掐著指頭算出來的。就是這一天，這個時辰，他說了，一天不能早，一刻不能晚。事關婚姻兒女，不可怠慢。所以，雖然新郎不在家，新娘還是要抬過門。午後一時出發迎娶，七時整進門，不能錯了時辰。不誤過門，成親只好晚一天了。

陶家二百人的迎親隊伍上路。臘月時節，天晴地寬，所有人都穿了黑棉襖。武湖凍了薄冰，田野一片赤裸。樹葉都落完了，禿枝迎風，顫顫巍巍。嗩吶朝著天上畫出抖著邊的大圓圈，尖厲的高音在湖面上迴旋飄蕩，傳得很遠。破裂的鑼鼓聲，一陣接一陣，震得地皮發抖，把方圓幾十里的鷹雀鳥兒驚得全叼著兒女搬了家。四百隻腳穿著結結實實納了底的黑布鞋，揚起十幾里土路黃塵，遮得天昏地暗。牽著馬的、抬著轎的、扛包裹禮品的、跌跌撞撞，叫叫嚷嚷，你踩我，我絆你，一路朝東北走，往萬家大灣去接新娘子。

眼看著西南方向，黃土煙塵隨了震耳的嗩吶鑼鼓，漸漸長大，來到村口。我外婆的娘在屋裡，又把幾天裡已經說過幾百遍的話再說一次：「冰如，我教給你織布縫補，燒茶作飯，我也教你讀書寫字，爲的是讓你能夠服伺丈夫和公婆。」

外婆靜靜地坐在床沿邊，穿著一身大紅的大襟袍子，憂慮惶恐。兩手捧在胸前，筒在袖子裡。頭髮是娘花了兩個鐘頭梳好的，黑亮黑亮，整整齊齊，一絲不亂，從前往後，在腦後紮個結。地方上的習慣，未出嫁的女子可以蓬頭散髮，一過門了，就得在腦後紮起來了。頭髮上面蒙著一塊大紅的蓋頭，不過沒有蒙住臉，前面一角掀起在頭頂。外婆臉色十分蒼白，濃重的胭脂也沒有增添什麼喜慶的顏色，眼睛直勾勾地望著前方。她身後放著一大堆陪嫁，箱箱筐筐的。娘家幾個親戚聚在屋外，交頭接耳。新郎不來，有什麼熱鬧可看呢！哪個也提不起精神來。

黃岡萬氏於明代三百年間，已經累世官宦。滿淸入關，開科取士，萬家父不會試子不科場；崇禎舉人萬氏兄弟，不肯剃頭應試，閉門作詩，概不會客。至康熙年間，有萬家子弟鄉試中舉後，仍回家隱居不作官。直到乾隆初年，萬家方有子弟進京會考，中進士，點翰林。自此，萬家代代科場得意，世世朝廷爲官。舊時家族有人中個進士，宗氏祠堂便要立一根旗杆。湖北黃岡萬氏大祠堂若遵此制，旗杆便須立起一大片，好像芝麻林，佔許多土地，所以不如一根不立。

外婆是家中長女，自幼幫娘做家務，粗活如舂米、磨麥、篩米、晒醬、餵雞鴨牲畜、打掃房屋，細活如紡線、漿線、牽布、織布、染布、做鞋、裁衣、縫衣、挑花、刺繡等等。家中兄弟們從先生讀書，姊妹們做完家務，也可以上學旁聽。鄉下話說：養女不要貼娘罵。女孩子出嫁以後，沒有生活能力，要讓人笑罵娘家。所以外婆出嫁時，她娘不住地囑咐：到婆家要手腳勤快。

從飛揚的煙塵裡，漸漸顯出人馬，迎面的一切都是紅色：花轎、禮箱、行李、衣裳、鑼鼓，遠遠的天邊也是一片紅色。

外婆的娘還在嘮叨：「進了人家的門，你就是人家的人。可是……你又不是人家的人。娘知道你性子剛。娘就擔心你這脾氣。記住，忍著。聽婆婆的吩咐，忍小姑子們欺侮。什麼都忍著。要是娘這一輩子能教給你一個字，那就是，忍。……莫抱怨，莫還嘴。忍著，聽見沒有！」

外婆的娘用乾枯的雙手蒙住臉。淚從她彎曲變形的手指關節中間滲出，滴落下來，又說：「噢，心肝寶貝，你哭一下吧，哭吧，哭吧！讓娘再聽一次你哭，就跟二十年前，娘聽見你落地嚎哭一樣，哭一次。寶貝，哭吧，哭一哭會覺得舒服一點。」

外婆依然無聲地坐在那裡，微微轉頭，透過窗子，望著那已經到了屋前的紅色。然後，她默默轉身，下了床，對著娘，跪到地上，重重地磕了三個頭，站起身，轉過去，娘把外婆頭上那塊紅蓋頭放下來，蒙住了臉。「牽娘」扶著外婆，走出廂房，到堂屋門口，站了一站，跨出門去，走進那一片紅色之中，仍然沒有一點聲音。

轎窗外面，是一片混亂，男方留下帶給女方家的財禮，又把新娘子要帶去的陪嫁綁在扁擔上。嗩吶依舊在吹，鑼鼓依舊在打。稻埕上看熱鬧的人奔跑喊叫，爆竹劈劈啪啪響成一片。外婆坐在一色大紅的轎中，靜靜的，似乎沒有喜，也沒有憂。

按照祖上傳下來的規矩，女孩子一二歲的時候，有時還在娘肚子裡，就許配給人家了。而且，一經定下，就不能更改。十六年以後，不管那男人是富是窮，是殘是死，是雞是狗，都是一樣地嫁過去。現在，外婆上路了，要去看看她的丈夫是什麼模樣？是高是低，是美是醜，一隻眼還是三隻眼，兇狠還是溫存。謝天謝地，如果他能進京去念大學，他至少不是一個呆子。

什麼也沒有聽到，忽然之間，轎子顫動起來，紅色開始晃動，一上一下。外婆坐在裡面，隨著那紅色搖動。頭上蒙著蓋頭，除了紅色，什麼也看不見。

鄉裡人大多練出了走路的功夫，十幾里路大約三個鐘點也就到了。鑼鼓嗩吶夾雜著遠近人聲，在漸暗的天色中沸騰。陶盛樓全村的人都跑出來，擠在路邊，爭看村裡大戶排場的婚禮，你推我搡，萬頭鑽動，頸子揚得疼疼，眼睛睜得要裂開，口水流在前邊人的後脖子裡。那吹嗩吶的，敲鑼打鼓的，扛箱抬櫃的，更是抖動精神，走得有聲有色。尤其肩上抬一頂花轎的，搖搖擺擺走開花步，把花轎晃到天上，贏得村裡人一片一片讚歎和驚呼。

遠遠看見陶家大門了。門前一大片空地，可以放下十幾頂馬轎。難怪，老爺在外面作官，回家來時總是前呼後擁，幾十人轎，前有旗牌，後隨跟馬。高大的門樓，堂皇氣派，門前高挑的幾十盞燈籠，讓晚風和人聲掀得左晃右搖，把門裡門外照得通亮，大晚上，人還能看見地上自己的影子前前後後搖擺。

走到跟前，才看到，大門樓頂披紅掛彩，一串串裹滿大紅綢花。飛簷門洞掛了六盞大紅宮燈，下面鮮黃的穗子直垂到石板地面，每個上面有一個巨大的雙囍字，透著光亮。厚重的大門板上，也貼了兩個巨大的鮮紅雙囍字，一人多高。吹鼓手們留在門外繼續熱鬧，四五個人舉著長竹竿，掛了十幾串鞭炮，劈劈啪啪，響成一片，青煙瀰漫，升起丈餘。

轎子進了大門。外公的大姐二姐，按湖北方言，隨媽媽稱呼，我叫大姑婆二姑婆，都在門邊，穿著繡了花的紅襖，寬寬大大的綠綢褲，兩雙裹過的小腳釘在地上，兩個胳臂捧在胸前，一手托著瓜子，一手取一個丟進口，扁著嘴嗑得崩崩響，瓜子皮吐一地，有的還飄到鄰人的肩膀上。僕人們都擠在後頭，明知看不見新娘子，也要湊熱鬧。其實去年大少爺結婚比這還氣派，也見過了。何況今年二少爺不在家，沒有新郎騎高頭大馬的威風了。

轎子還沒放下，太家婆就不高興了。她坐在堂屋高椅上，望著前院。直至花轎進了院門，始終沒有聽到新娘子嚎啕大哭。這成什麼規矩！老祖宗幾千年一個樣，新娘子過門要大哭一路，抬一百里，哭一百里，眼睛哭出來血才顯得懂規矩。這丫頭一路上死了似的，一點聲音也沒有，讓陶盛樓的人看個清清楚楚，心裡怎麼想呢！陶家的媳婦不懂禮數，把陶家人的臉丟盡了。

太家婆早下令要外公昨日回家，可是延到此刻，新娘子過了門，仍不見外公的影子，不成體統，太家婆本已滿肚子氣。可是她捨不得罵兒子，而且兒子也不在面前，罵不成。看到新媳婦不守祖宗規矩，自然更氣得忍耐不住。她身子顫顫，臉色鐵青，不等新娘子下轎，便一轉身，出了堂屋，回到自己屋裡，鏗噹一聲，把門拴起來。堂屋門口的男僕二福一見，馬上揮著手，跑下高台階，指揮前院大門上的僕人雜役，將擠在門邊的村民們趕出去，一片聲地喊叫：「好了，好了，看夠了，看夠了！二少爺不在，今天不拜天地。等二少爺回家，再請諸位來。」

僕人們喊叫著，把黑漆大門關起來。立時，大姑婆二姑婆都解放了一般，丟掉手裡的瓜子，撲上前去，從扁擔上拉下新娘帶來的陪嫁細軟。鴛鴦枕套，鯉魚跳龍門的被面，荷花蓮藕的帳幔，喜鵲登枝的窗帘，伴著外婆十幾年青春歲月，每日坐在窗前，一針一線地縫繡，扎破了手指，絲線把細細的血珠帶進圖案裡去。那一剎的疼痛，常常教外婆心裡甜甜的，這是她用她的心血織成的。多少童年的夢想，少女的溫情，多少美麗生活的憧憬，她要告訴她的丈夫，還要告訴她的兒女，他們的生活將會美滿。

眼下，所有這一切，她的陪嫁，全被大姑婆二姑婆扯散了，分開了，拿走了。抬轎的人看見這場面，都嚇得跑掉。留下新娘子一個人坐在轎子裡，蒙著蓋頭，靜靜坐著，沒人搭理。

天黑了，人散了，燈滅了。大姑婆二姑婆的屋門都關了。幾位年長一點的女僕過來，掀開轎帘，把外婆扶出轎來，帶進她的新房。那間房子，屋簷掛了大匹紅綢，扎了綢花，簷下也掛了兩個有雙囍字的宮燈，沒有大門口的那般大。兩扇門板各貼一個紅雙囍，兩旁窗上也都貼著紅雙囍字。可是，這一切，彷彿都暗暗淡淡，毫無喜慶的氣氛。

女僕們隔著紅蓋頭，趴在新娘耳邊悄悄地說：「二少奶奶，你怎麼不嚎哭呢？這是祖上的規矩呀！你破了規矩，惹老太太不高興了，二少奶奶你以後怎麼過日子呢？」

外婆聽著，靜靜地，沒作聲。

陶家這座莊院並不很大，因是祖業，後人不敢大興改造，大宅大院都蓋到別處去了。陶家在倉阜鎮有許多房屋、商號、產業，在外地也有一些物產工礦，陶家人分散居住，各管一處。幾房陶家也有人在外面作官，許多家小也跟著住在外省官府裡，江西河南四川陝西都有。所以守在陶盛樓祖業上居住的，便只有各代長房長子一家。

大門口走進去好幾丈磚路，正面是堂屋，坐北朝南，廊柱高大，飛檐威武。堂屋正牆上掛一幅巨大的工筆畫像，一個老人，留一撮小山羊鬍，細長眼睛，頭冠頂戴花翎，穿四品大紅朝服。那是陶家頭一個中了京試，在北京朝廷裡作官的祖先。畫像旁邊掛一幅大字對聯，右寫：「**肝腦塗地千秋勛業光天下**」，左寫：「**功名貫天萬世福德照黎庶**」。堂屋左右兩面牆上也掛若干小些的畫像，都是陶家祖先考中進士作官的，穿著上品官服，頂戴花翎。幾里路外，陶家宗祠裡掛的祖先畫像便更多，中了舉人的、中了秀才的，都掛在那裡，各房後人每年朝拜。

堂屋左邊廂房是太家婆的睡房。裡面雖有絲綢錦緞，一色精工紅木傢俱，但太家婆是個持家過日子的人，屋裡並不奢侈豪華。一張大床掛著帳幔，一個已經油漆剝落四角磨圓的紅木四開門大櫃橫在窗前，一排掛著四個大銅鎖，幾把鑰匙日夜不離太家婆身邊。這櫃裡放的是陶家多少代的帳簿子。只有太家婆叫帳房先生來算帳時，才會開櫃取簿子出來看。

太家婆睡房後面接一個小走廊，順廊可以走進堂屋背後的餐廳和廚房。餐廳裡自然是一張大桌，一圈坐椅，四壁花架上放著些花瓶瓷器古玩之類。餐廳旁邊接著一間花廳，太家婆用這間花廳作牌屋打痲將。一張八仙桌，幾把太師椅，兩邊三幾個小茶几準備著放小吃食用的，也都是紅木精工。花廳四壁牆上掛幾幅字畫軸卷，顏眞卿一幅《多寶塔碑》，點如墜石，畫同夏雲，鉤似屈金，戈若發弩，縱橫有象，肥厚濃重，端莊雄偉。趙孟頫一幅《壽春堂記》，乾淨利落，斬截飛動，點畫圓轉，豐滿秀勁，墨氣飛潤，酣暢自然。蘇東坡一幅《赤壁賦》，端莊流麗，剛健婀娜，淳樸凝重，勁峭豪放。懷素一幅《食魚帖》，高華圓潤，放逸清勁，筆走龍蛇，紙落雲煙，隨手萬變，淋漓盡致，不知和尚怎可存那般狂放的心態。

堂屋右邊廂房是太家公的外書房。太家公在外作官，不在家鄉，常年空著。裡面四環書架，放滿了書，一張大書案，紙筆墨硯，一色齊備，靠牆兩排太師椅，都鋪著椅墊。這裡傢俱都是黃梨木，透著一種雅致。外書房實際是太家公在家時會友的客廳，他並不在這裡看書寫字。外書房後面一道小門，通一個小門廊，上幾層台階，便到了太家公的內書房。這內書房才是太家公看書寫字的地方。裡面也是些書架書案坐椅之類，但都較為散亂隨意一些。隔壁是太家公的睡房，裡面不過一張床，支了帳子，床頭一張小桌，桌上放盞油燈，燈下常年放著他曾在兩湖書院苦修的漢四史幾冊：《史記》、《漢書》、《後漢書》和《三國誌》。桌側牆邊幾把椅子，鋪了軟墊。一邊立個小櫃，裡面放了幾件官窯彩瓷，都是皇親國戚高官學士贈的。一冊《太平御覽》綁了一條黃綢帶，從來沒打開過，說是書裡有光緒皇帝寫的兩個字，只有太家公看過。

前院裡長著一棵大槐樹，總有了上百年，巨蔭如蓋，上面有喜鵲搭窩，隱在枝葉之間。左側有一排大瓦房，前邊一進一出兩間大房住的是陶家大少爺，我稱伯公的夫婦一家，眼下沒有人在，屋門鎖住。伯公在北京大學念書，沒有回家。伯婆總是生病，伯公不在陶盛樓時，就回娘家去住。後面兩間屋是已出嫁了的大姑婆二姑婆在娘家時住的，一人一大間。裡面什麼樣，沒人知道，兩個姑婆脾氣古怪，從不准人進屋去坐。前院右側也有一進一出兩間瓦房，是陶家二少爺，我的外公住。現在披紅掛彩，布置成新房，剛過門還沒拜天地的新娘子，孤零零地躺在裡屋床上。外屋門口地下放著新娘子從娘家帶來的兩個箱子。

一條石子路從二少爺房門前通過，順側面院牆，繞過堂屋餐廳廚房花廳，直到後院。後院裡也長幾棵樹，樹間空地搭了兩處工棚，做木匠，紡線織布。靠院牆一排小房男女僕人們住。院角一個小門通到高大院牆外面的村路。

陶家祖業有良田幾百畝，租給陶盛樓村裡人種，每年收租，一家人吃喝不愁。倉阜鎮上陶家的房屋產業商號，每年進賬頗豐。太家公還在湖北大冶開了一間源華煤礦公司，陶家本房男女各有股份，每人可又多得許多進項。這些，新過門的二少奶奶都還不了解。

外婆第一次離開家，離開娘，獨自一人在別人家過夜。新郎不在身邊，這裡人多，可是誰也不認識。又沒有想到，忽然地把太家婆惹惱了。怎麼跟娘說呢？娘會怨的。外婆心裡思量著，翻來覆去，一夜昏昏沉沉，沒有睡著。

朦朧之中，聽得雞叫頭遍，想起娘說過，要勤快伺候，外婆趕忙起身，換了平常衣服，悄悄開門走出自己房屋，輕手輕腳摸到太家婆臥房門口，垂手站著守候。聽得屋裡有了一點動靜，外婆飛也似跑到廚房，從女僕手中搶過茶盤，輕手輕腳端著，走到太家婆屋前，推門進去，跪在床邊，服侍太家婆用早茶。然後，兩手端著臉盆，跪著服侍太家婆漱口洗臉，又穿衣穿鞋。整整一個時辰，太家婆一句話也沒說。她不能原諒外婆昨天的過失，丟陶家的臉，非同小可，不是盡盡媳婦的職責就能寬恕的。

太家婆不說話，外婆也不敢說話。扶太家婆出了臥房，進了堂屋，在太師椅上坐下，外婆倒退著回到廚房，幫忙刷鍋洗碗燒火做飯。外婆記著，女人家，兩個手別閒著。不知道該做什麼，就進廚房幫忙，或者縫縫補補，總沒錯，手不空著，就好。

陶家每天中飯晚飯，都是四碟六碗。今天中午飯是雞和武昌魚。武昌魚是專門從武昌送來擺婚宴酒席的。婚宴要等二少爺回來拜了天地才擺，有得多，大廚做了兩尾，給老太太嘗鮮。外婆扶太家婆走進餐廳，在上座坐下，然後垂手站在太家婆身後，等太家婆吩咐。

滿人家裡，重姑娘，輕媳婦。貴族高官家庭，規矩尤其謹嚴。清制三百年，中原漢人自然受到滿人影響，特別許多在朝廷作官的人家，也學得滿清習俗。所以在陶盛樓，大姑婆二姑婆雖然已經出嫁，卻常年住在娘家，還是作姑娘的脾氣。聽到喊吃飯，兩個姑婆走進餐廳，看也不看外婆一眼，氣沖沖地坐下，一句話不說。

大姑婆只把桌上的飯菜看了看，就叫起來：「天天是雞，天天是雞，煩死了！」

「今天有兩尾武昌魚，剛從武昌送來，很新鮮。」站在一邊伺候的男僕二福小心地說。

二姑婆橫了二福一眼，說：「有什麼稀奇！」

大姑婆接著叫：「他們能不能想出點別的花樣來吃？把大廚身上的肉割一塊下來嘗嘗。」

二姑婆也點著頭說：「對，多加醬油。」

大姑婆坐著不動手，盯著面前的盤子碗，忽然用筷子揀起一塊肉，故意掉在桌面上，然後站起說：「我掉了飯菜，只好離桌。」

外婆睜大眼睛，才曉得陶家吃飯有這樣一條家規。

大姑婆得意地微微一笑，轉身就走，手臂搖動時，把那塊掉在桌上的肉碰掉到地上。

二姑婆馬上跳起來，叫道：「你瘋了，你把我的鞋弄髒了，你看看！你混蛋！」

「你罵誰？」大姑婆站住腳，回轉身，擺開架式，喊道：「你想打架，是麼？來，來！」

二姑婆撲過去，扭住大姑婆，兩個人嘶喊著，打起架來。

外婆從沒見過這樣的陣勢，縮進一個屋角，渾身打顫，緊閉眼睛，耳朵裡嗡嗡作響，什麼也聽不清楚。過了一會，外婆睜開眼，看見太家婆站著拍桌子，張大嘴巴罵。大姑婆二姑婆扭成一團，撕頭髮，抓衣服，踢腿跺腳，哭著叫著。大姑婆氣極了，見到窗台上有什麼東西，都隨手舉起來，朝二姑婆打過去，瓷盤花瓶，砸破在牆上桌邊，碎片四飛。二姑婆跳著躲，一邊尖叫。大姑婆從旁邊茶几上拿起一個關雲長泥塑像，舉起來，又要朝二姑婆砸過去。

太家婆大叫：「放下那個，放下那個！」

一邊二福也趕上前要去奪，一邊叫：「大小姐，這個萬萬不可，這個萬萬不可！」

二姑婆對大姑婆招著手，喊：「砸呀，砸呀，有膽子砸呀！你等著二弟回來剝你的皮。」

大姑婆舉著那泥塑，卻不敢動。二福趁勢奪下泥塑，喘氣道：「大小姐，可不能呀！二少爺今日回家，這個打壞，可要大家的命。」

大姑婆突然坐倒地上，打著滾哭鬧。二姑婆跳著腳，尖聲大笑。這時，一個僕人跑進來，指手劃腳說鄰居吳老太到了，大姑婆停了哭，二姑婆停了笑，兩個一齊跑進花廳牌屋。外婆忙扶太家婆也走過去。大家坐到麻將桌前，開始說笑打牌。外婆什麼也沒聽見，身子發著抖，站到太家婆身後，給太家婆搧扇子。

吳老太拿眼瞟著外婆，手裡摸著牌，說：「這就是新過門的媳婦嗎？模樣還可以，不算俊，也不醜，身子倒硬朗，該是個幹活的好手。就怕不勤快，媳婦總得管教一陣子才能服貼。」

她剛說完，太家婆便叫起來：「你會不會搧扇子？半個鐘頭，你就累了麼？我年輕的時候，每天給我的婆婆搧五個鐘頭扇子。連眼都不能眨一眨。你懶骨頭！站直，用力！」

外婆沒有作聲，繼續搧扇子。

二姑婆突然叫起來：「你偷牌！你偷一個八點，我看見。拿來……」一邊喊，一邊站起身，伸手到大姑婆面前去搶奪。

「你敢，你敢！」大姑婆右手晃著拳頭，左手把桌上的牌糊到一起，誰也分不出誰的牌了。

二姑婆跳起來，把桌上的茶杯抓起來，對著大姑婆砸過去。大姑婆低頭讓過，那茶杯砸到牆上，打碎，茶水濺開一片，染了牆上掛的一幅字。大姑婆看到，跳著腳拍著手叫：「好呀，好呀！你弄壞了趙孟頫這幅字，看二弟回來剁了你兩隻手。」

一邊太家婆大叫：「二福，二福，快把這幅字弄乾淨。」

二福忙跑來，手裡拿一團棉花，小心翼翼的擦字幅上的茶水痕跡，一邊說：「這是宣紙，拿些清水擦擦，擦得掉，二少爺看不出。」

大姑婆拍著手，喊：「我會告訴二弟。」

太家婆叫：「你不許！」

大姑婆指著二姑婆，幸災樂禍地嚷：「我就要告訴，就要看二弟發脾氣，打死她！」

二姑婆看弄髒了那幅字，有些心裡發毛，站了半天發愣。看大姑婆手指著她，她突然伸出胳臂，抓住桌布，把麻將一包，說，「我再跟你打麻將，就剁掉我的手指頭。」說著，她把桌布包的麻將抱在懷裡，衝出屋子。

大姑婆叫：「她又要燒麻將，她又要燒！還我麻將！」

太家婆氣瘋了，操起一把藤條雞毛撢，轉身朝外婆沒頭沒臉抽打。外婆倒在地上，縮成一團，竹撢雨點般抽打在她身上。她渾身打抖，血從她的牙齒和唇邊擠出，順著腮邊淌到地上。她仍然默不作聲，最後，似乎沒有了呼吸，也不再動彈。太家婆停了手，把她丟在牆角。

一個鐘頭以後，新的牌桌擺好了，新的麻將局又開始，大姑婆二姑婆又坐到一起玩起來。

外婆到廚房擦乾嘴邊的血，不回花廳。太家婆派她到後院工棚去紡線。紡車轉著，嗡嗡響，棉線打著抖，拉長。外婆坐在紡車前，默默紡線，胳臂上還留著竹條抽打的紅印，嘴角還結著血痕。一想起兩位姑婆，再想起從沒見過面的丈夫，外婆便禁不住打顫。

時間慢慢過去，日頭西斜。聽到前面喊開晚飯，外婆趕忙丟開紡車，跑到廚房，洗手端飯，伺候太家婆。兩個姑婆談論牌局，興高采烈，一頓飯算是平平安安。飯畢，外婆伺候太家婆清水漱了口，扶去堂屋坐穩，捧上瓷盞花茶，然後回餐廳收碗筷，突然間聽到前院二福高聲傳話：

「老太太，外面人報，二少爺進村了。」

外婆聽了，渾身打個抖，忙跑出餐廳，趕到後院草房。手裡搖著紡車，耳朵豎著，聽前面動靜。一時，聽得前院男女聲雜作一片：

「二少爺好！」

「二少爺萬福！」

外婆手裡的線扯斷了，一個線頭在空中飄蕩。她的心提到嗓子眼，眼前一片模糊。她想站起，但兩腿軟得很，站不起來。

三

這新郎，我的外公，陶希聖，他回到了家。

北京大學按西洋方法，每年根據陽曆放寒暑兩個假。農曆春節，總趕不上學校放寒假，只有除夕開始另外放五天年假。眼下雖然農曆臘月，卻是寒假已過、年假未到之時，學校照常上課。太家婆命外公請假回家完婚，不得有誤。別的事情可以改日子，算好了的結婚日子，爲了將來闔家安好，多得兒孫，可是絕對改不得！所以外公一個人回陶盛樓，伯公沒有一起來。原說是該昨天到，可外公算準日子，偏偏拖延一天。坐京漢鐵路火車，中午到漢口，坐黃包車到碼頭，搭二姑婆家陳鴻記運貨的船，下午到倉阜鎮。下了船，他又在鎮裡閒逛一個鐘點，在搾坊街上陶家屋裡翻翻幼時讀過的書經，在老屋邊的小攤上，吃了一碗餛飩，給了街上那瘸一條腿的老婦人幾個銅板，再也無事可做，這才慢慢騎上家裡僕人牽來鎮上，等了他兩天的馬，回陶盛樓去。

一路慢慢騰騰，東張西望，口裡還喃喃背些之乎者也，好像散心。僕人心急如火，卻不敢催促二少爺，只好忍住氣，在後面跟著。直到晚飯時間，外公才終於到了家門口。未及下得馬來，那隨行的僕人早將他的皮箱提進大門，一路小跑，送到堂屋裡去了。外公於是再不敢慢慢吞吞，急步跟進家門，跨上高台階，走進堂屋。

他個子不高，但也不算低，身體瘦瘦的。眼睛不大，但是挺亮、有神、機靈。摘下頭上的皮帽，露出一個比平常人略大些的額頭，向前崛著，在堂屋燈下發著亮，有點可笑。他穿著一件半舊的藍色長棉袍，裡面套一條學生西裝褲，身板筆直，顯得精神，也算一表人才。

他走到堂屋中央，一手撩起棉袍下擺，跪下身去，對面前的太家婆拜了一拜，口中說：「母親大人，兒遵母命請假回家來了。」

太家婆說：「你晚了一天，曉得嗎？」

外公仍然跪著，不敢起來，說：「前天學校有考試，不能耽誤。所以昨天才得以啓程，今日方到。不過，報告母親大人，前天的考試，兒子又拿到全班第一名。」

太家婆點了點頭，嘴邊上的皺紋舒展開去，對地上的二少爺說：「起來吧！」

外公這才站起身，拍拍西裝褲的膝頭，放下棉袍下擺，向側面退了兩步，站好，直起頭來。這時，他棉袍胸前衣襟上掛了個什麼，小小的閃著亮，吸引了陶家女人們的目光。

大姑婆手指著，問：「二弟，你那棉袍上掛的是什麼？」

「這是西式鋼筆，自來水的，新式寫字工具。」外公從袍上取下筆來，遞給堂屋裡的女人們開眼，邊說，「這是我在北京的報紙上登出第一篇文章的獎品。我知道我會寫文章，而且寫得好。我平常還是寫小楷，並不用這筆寫字，我只帶著它，會有好運氣。」

陶家的女人們手裡傳著這小小的新式筆，嘴裡讚歎著。陶家男人眞是不得了，二少爺才十九歲，便考進京城，念的全國最高學府，已經在報紙上登出文章來，還得了獎品，前途無量！太家婆沒說話，左右看看，外婆不在堂屋，想是躲回屋去了。

太家婆吩咐：「二福，把二少爺帶回來的東西，送他房裡去。」

二福應著，提了外公帶回來的書包、書箱、衣包，一起提起，出了堂屋。

太家婆對外公說：「到後面去吃晚飯吧！」

外公急忙應一聲，就往後面跑。

「站住！」太家婆又喝叫一聲，對站在門邊的外公說，「二福給你搭床，今晚就在花廳裡睡。你回家晚了，怪不得別人，明日拜了天地，才可以回你新房裡去。」

外公低著頭，應了一聲：「是，母親。」

其實他並不急著要見到新娘子，否則他也不會故意在路上耽擱，拖延回家時間了。他躲出堂屋，在餐廳裡磨蹭，四碗六碟，吃過晚飯。又到花廳，看著二福挪桌安床，鋪褥蓋被，又在屋角點起一個火盆，一切都妥了，才說一聲：「二少爺安臥。」然後輕輕退出去，掩了門。外公哪裡睡得著，搖頭晃腦，看一陣顏眞卿趙孟頫等幾幅字，拿著關雲長泥塑彩像看了許久，聽聽前面後面都沒了聲音，便輕手輕腳從後面側門出了花廳，繞石子路，悄悄走回西邊自己屋裡去。

這屋子外公一個人住的時候，原本擺設簡單，外屋不過一個書案，兩個小桌，幾把木椅，一排書架。裡屋靠裡牆放一張大木床，床頭一個小桌，上面立個蠟燭台。對面一個衣櫃，旁邊一把木椅。現在要成家了，太家婆親自安頓，二福帶僕人搬動了一些。外屋牆上貼了大紅囍字，正中擺一個八仙桌，桌上立一個高大的油燈。圍桌邊排幾把木椅。前面靠窗還是那書案，書案上擺幾本書，紙筆墨硯，案旁牆上掛一幅米芾的字。旁邊立著外公的書架，放滿書。書架牆角，一個小木桌上立一盞點燃的油燈。裡屋靠牆，放一張大木床，四腳立柱掛了大紅帳幔，床上被褥也是一色紅，繡著金黃花鳥圖案。對面衣櫃換了個高大些的，兩個大銅釦亮閃閃。外婆帶過門的兩只木箱挨衣櫃擺起。原來放在床頭的小木桌搬開，放到一個屋角，上面蠟燭台也換了一盞油燈，卻沒點亮。屋子中央，放一個炭盆，上面蓋了蓋，裡面燒木炭，紅通通，所以屋裡不冷。

外公沒聽太家婆的話，偷偷私自走進自己房子，輕輕推開門，側身挪進屋去。尚未拜天地，便與新娘同屋，可是背了祖宗章法，大逆不道。可是，這個婚禮，從一開頭，外公便沒有遵守規定，新娘過門他便不在，沒有按日子拜天地。現在再多破壞一次規矩，也沒什麼了不起！北京大學的學生，自主慣了，誰把祖制放在眼裡。

外屋有亮，不見一人。外公踮著腳尖，一步一步轉到裡屋門邊，望進去，黑暗暗的，只有門口透進外屋的油燈光。在這屋裡，一對新人終於見面了。

外婆坐在床沿邊，低著頭，手裡繡著一塊花手帕，針線笸擺在她身邊，五彩絲線散了一床。她剛在後院工棚紡線，聽見前院人喊二少爺到家，趕緊匆忙從牆邊小路跑到前院，想躲回自己屋裡。跑到前院，又站住，發了發呆，然後悄悄溜到堂屋門外，側身躲著，扒著門邊，從縫裡張望，把站在堂屋當中那個從未見過面的新郎看了一眼。雖然只有大概幾秒鐘時間，可是這個男人已經整個刻在她腦裡和心裡。外婆忽然覺得身子發軟，便扶著牆，一步一步走回自家屋裡，坐到床上，隨手拿起針線做，心裡好像空空的，什麼也沒想，呆呆坐著。牆角油燈快熬乾了，燈芯開始結燈花，跳了幾跳，漸漸暗下來，她也沒感覺，依然在暗澹中做著她的繡工，一直到外公走進屋來。

沒有拜天地，外公私自跑進屋來，外婆很覺恐懼，但是雖然心口撲通撲通跳，嘴卻喊不出聲，說不出話。面前站著的是她的丈夫，外婆從小就背熟了君臣父子夫婦的古訓。眼下丈夫就是要她立刻去死，她也不會說二話，只得老老實實地去死。

「怎麼這麼黑地坐著呢？」外公壓著喉嚨問。他說話慢條斯理，語音很溫和，並不像兩個姑婆那樣兇。或許他還沒有發作罷了，要不爲什麼兩個姑婆那般地懼怕他？

外公又說：「說話不要高聲，母親不許我今晚來看你。」

外婆更低下頭，氣也覺得喘不上來。

今天以前，外公從沒見過這個就要開始一起生活一輩子的女人，只曉得萬家中進士點翰林的，不計其數。等他進了北京大學，開始懂得自己應該選擇自己的命運，已經太晚了。他不知道是不是應該抗拒父母之命，但也沒有那個勇氣。一年時間在猶豫中過去，現在已經沒有退路。新娘子過了門，他也回家來成親。

裡屋油燈將熄，外公看到，趕緊走過去，背轉身，拿起一根鐵燈籤，把燈芯挑一挑，屋裡頓時亮堂起來。外公把手裡挑燈芯的鐵籤，擺弄幾下，放回到小台子上。用手抹抹台面，扶扶油燈旁邊的一副蠟燭，又用指甲從台面邊上摳下一小塊滴落乾了的蠟燭油。他轉過身，用眼角看看他的媳婦，看不清。她低著頭，在做繡工。

「這麼黑，能看見嗎？」他啞著嗓子問。外婆沒有回答。

外公朝前移了兩步，忽然停住，側耳聽聽，輕輕轉過身，躡手躡腳走到裡屋窗子前面，沉了一口氣，又輕輕把窗打開。只聽外面低低一聲驚喊，窗下擠著的幾個腦袋都埋下去。黑暗中，外公辨出是三五個男女僕人，磕磕碰碰，四散跑開去了。

外公探頭出去，看清楚再沒有人藏在邊上，才把窗又關起來。他不擔心，如果大姑婆二姑婆曉得了，早大喊大叫吵罵起來了，幾個僕人絕不敢把他私來新房的事報告太家婆。

聽見床邊外婆低聲笑，外公聳聳肩膀，在屋裡踱步，說：「我才不管那些老規矩！他們不許，我偏要做給他們看看。」外婆繼續手裡的繡工，頭也沒抬一下。

外公停在床邊，站在外婆面前：「你做什麼？能看看嗎？」

外婆不作聲，把繡工遞過去。是個小小的綠綢煙荷包，上面兩隻大紅喜鵲並站一個枝上。

外公拍著他的大額頭問：「我……是給我的嗎？這樣老式的東西，我若帶到學校，還不讓同學笑死了！……我不是成了秦磚漢瓦了嗎？」

外婆揚起頭，望著他，沒有明白。

外公接著說：「再說，我並不抽煙，要這東西也沒用。這麼老朽的圖案，陳舊的意義。我可是眞……你，你做什麼？你……」

外公叫起來。他看見外婆突然抓起針線筐裡的剪刀，照準那還沒完工的煙荷包剪下去。

「莫要，莫要……」外公抓住外婆的手，「莫剪，莫剪！你用了那麼多工夫！」

外婆捏著那隻煙荷包，抬起頭來，眼裡閃著一點淚光。

「莫哭，莫哭。我沒有想傷你的心，眞的！我不抽煙，可是我帶著它，好了吧，我答應帶著它。我藏在箱底下，沒人看得見。我不怕別人笑我，好了吧？」外公忙不迭地安慰外婆，一邊把剪刀放到遠遠那個擺油燈的小台子上，外婆手摸不到那裡。

外婆重新低下頭，用手撫平那繡著兩個喜鵲的小荷包。

「哦，對了，看這兒。我帶給你一點兒果丹皮。這是北京特產，湖北沒有，就像北京沒有咱們的孝感麻糖一樣。」外公說話，一會湖北口音，一會北京官話，讓人糊塗，聽不明白。

他一邊說，一邊走到門邊。二福早把他從北京帶回來的東西都送過來。他從一個書包裡取出一個鉛筆盒打開，從裡面取出一個小小的紙包。他走回外婆面前，揭開那個紙包，說，「你看，這樣的，用果子做成的，甜的，像糖，一大個薄片。你可以撕開了，小塊小塊的吃。我們同學把這一大片一卷，塞在嘴裡，咬著吃，更過癮！」

外公把果丹皮放在外婆手裡，見她不吃，有點急，說：「吃呀，莫怕，可以吃。我吃給你看看！我藏著專門帶給你的，我不藏，大姐二姐準都翻出來拿走。你吃吧，嘗嘗。」

外婆用指甲掐下一小塊，放進嘴裡。她用舌頭抿著，是甜甜的，也有點酸味。

「你怎麼又哭了？不愛？不愛就莫吃。我以爲……」外公看著外婆，不知所措。

外婆舉起手，用手背擦掉眼角的淚花，又把果丹皮一片撕下來，放進嘴裡。果丹皮不用嚼，在嘴裡自己會化開，滿嘴的甜味。

外公高興了，說：「你喜愛，你愛吃？那就好，你可以和我去北京住。」

他不過是個大孩子，一個挺可愛的大孩子。外公問：「你認得字嗎？」

外婆輕輕點點頭，看著他。

外公兩手背在身後，踱著步，慢慢地說：「大姐二姐早出嫁了，卻總回來住在家裡，纏在一處，一天到晚打架。大哥學土木工程，只曉得算數碼字。他恨不能一年三百天住在武漢不回家。辛亥革命武昌起義，大哥才十五歲，正好在武昌，當了義軍，差點把父親氣死！父親在朝廷作官，哥哥造朝廷的反，不就是造父親的反嗎！沒有了朝廷，還有父親的官麼？向大嫂人好，也認識字，可是一年三百天生病，只好住回娘家。你聽著嗎？」

外婆繼續做著她的繡工，不作聲。

外公低著嗓子問：「在這兒，你過得不快活，對不對？」

外婆頭更低了。他們誰也不說話，靜了那麼一會兒。

「北京下雪麼？」外婆忽然問。這是她進到陶家後第一次開口說話。

外公馬上答說：「北京冬天可冷可冷，冷極了！下雪、結冰，每年都下雪，三尺厚的雪。我住一個很小的公寓房子。早上走路上學，風大極了，有時候頂著風走不動路。我得轉過身，背頂著風，後退著走。我平時上學的路上，常在街角上買一套燒餅果子，北京人這麼叫，就是燒餅夾油條，一路走一路吃。冬天刮風走路吃不成，掖在懷裡，到教室才能吃。我常是上課晚到，所以也沒有時間吃。」外公在床邊坐下來，坐在外婆身旁。

「我告訴你個可笑的事情。」外公說，「我們的教室設備不大好。冬天的時候，瓶子裡的墨水，毛筆和墨都凍住了。上課了，教授要我們寫文章，可是寫不成，教授只好讓我們到教室前頭的大火爐邊去烤墨水瓶。每次都得十分鐘到二十分鐘，我們就正好乘機在爐子邊取暖。」

外婆忍不住噗哧笑了一聲，悄聲問：「你念書麼？」

外公說，「我念好多書。不過四書五經之類學校不教，只是我自己課後念念。我喜歡中國歷史。我到北大先上預科，考過了，現在念法科，還要四年才念完。我是班裡年紀最小的一個。我還念日文和英文課，也每天寫一百個毛筆字，……我喜歡寫字。」

外公站起身，走到書案旁，抬頭看牆上那幅字，一邊好像說給外婆聽，又好像說給自己聽：「這是我最喜歡的一幅字，爲什麼呢？也許因爲米芾是我們湖北老鄉，襄陽人。或者因爲他個性狂放，人稱米顛，是我夢想而作不到的。他的字也確實寫得好，字如其人，筆力剛勁，意態活潑，駿快跌宕，猛厲奇偉。宋元四大書家，蘇黃米蔡，這米芾居一，實在名不虛傳。」

外婆想起花廳裡的幾幅字，想起兩個姑婆打架，茶水潑在一幅字上，一家人嚇破了膽。

外婆問：「什麼叫法科？」

「就是學法律。中國人原先想，法就是皇上官老爺說的話。其實不是，不應該是。」外公走到窗前，把窗推開，說，「所以我要學這一門。」

外婆忙壓低喉嚨說：「莫開窗，讓人看見。」

外公說：「怕什麼！」

窗外是一片深沉的夜色。沒有月亮，只有幾顆小星懸在天邊，時隱時現。黑暗覆蓋著整個大地。立在前院裡的那棵樹，靜止不動，向夜空伸出它光禿彎曲的枝臂。

冷氣突然衝進屋，外婆打了個顫，忙問：「冷麼？」

外公說：「不冷，我現在熱血沸騰。」

外婆不再說話。

外公說：「多麼浩大，多麼浩大，這世界。」

外婆輕輕走過來，站在他背後。她在娘家作少女的時候，喜歡在窗下做針線，望著夜空，構畫許多神奇的夢想。此刻，跟丈夫在一起，她第一次感覺到有什麼新東西在她心裡翻滾。

「我要把你帶出去，到這個大世界裡面去。」外公沒有回頭。從那種女人的氣息裡，他知道外婆在他身後。

「麼什？」外婆問，湖北話把什麼說成麼什。

「我說，我要把你帶出去，到這個巨大的新世界去。」

沒有聲息。許久。

「你跟我去嗎？」

好像又等了許久，才聽到外婆的回答：「我等著。」

一對新人站在窗前，靜靜地站著，肩靠著肩，望著外面的世界。雞叫頭遍了，院子裡前前後後，堂屋中上上下下，男女僕人已經開始忙碌，掃院擦桌，張燈結彩。再過幾個鐘點，外公外婆就要拜天地了。

外婆到底膽怯，問：「你怎麼出去呢？到處是人。」

外公說：「我就這樣走出去，正大光明。」

四

過了一年，春天時候，外婆要生第一個孩子了。

三月中旬，日子到了，外婆躺在床上，好幾天了。全家大小女人們每天在外婆的屋門口等候。陶家的男人們，都不在家。太家公由民國大總統黎元洪任命爲黃陂縣長，仍居任上。伯公和外公在北京大學念書。自古至今，中國從來沒有女人生孩子要男人在身邊守著的規矩。

太家婆派人到倉阜鎮上找了幾位看相算命的先生來診過脈，看過星相，都說一定生個男丫。湖北人把孩童叫做丫。所以從太家婆開始，一家主僕都歡天喜地的等著，整日談論即將出生的小少爺。接生婆早請來了，在外婆屋裡忙。外面，陶家人手裡拿著鮮亮的虎頭小帽，或者繡著龍的小兜肚，還有幾張印著光屁股胖小子的彩畫，在門外等消息。

大姑婆二姑婆不高興。外婆生兒子，在家裡的地位就提高了，太家婆喜歡，對外婆就會好起來，大姑婆二姑婆便不能隨意欺侮她。可是眼下，太家婆期盼一個孫子，樂得合不上口，大姑婆二姑婆也只好悶在自己屋裡生氣，不敢到外婆房前生事。

除了兩個姑婆，陶家大院裡所有的人都聚在外婆屋門口，大小內外奴僕也一個不少，從早等到午，腿疼了，腰瘦了，頸扭了，眼裂了。廚房裡喊吃飯，也沒人離開。誰第一個把喜訊報告給太家婆，就領得一份賞，或許明年會長工錢呢！

接生婆的話傳出屋門：生的是個女丫。門外的人都愣了。這簡直不可能！

有人問：「眞的嗎？算命先生掐過的呀，怎麼會錯？」

但是，眞的，外婆生的是一個女丫，我的大姨。外婆叫她驪珠。

所有在門外等了許久的人都嘆一口氣，搖著頭，走開了。沒有人敢去向太家婆報告這消息。虎頭小帽，繡龍兜肚，還有印著光屁股胖小子的彩畫，都丟在門口地上，再沒有用了。當然，太家婆到底聽說了，回屋把房門鎖住，一整天沒有出來。

從外婆過門到陶家，一切都不按規矩來。外公沒有按時回家拜天地，外婆過門在轎上不哭，還沒成親外公就跑到新房去會新娘子，如今世道簡直不成體統。現在，本來好好算過會生個兒子，卻又居然變成了個女娃。顯然，外婆命不濟，說不定前世惹了觀音菩薩，現在來懲罰她，不許她生兒子。求老天開眼，陶家人可從來沒有得罪過哪位神仙，莫要給陶家降禍水呀！不孝有三，無後為大。太家婆心裡最怕的就是陶家沒有男兒後代，這是她在陶家做老太太的最大責任。只要她活著主持陶家祖業的時候，看見兩個兒子生四五個孫子。孫子長大又生了兒子出來，她對陶家便算建立了豐功偉績，這一輩子可以完完全全滿足，對得起陶家祖先。死了以後，埋進陶家祖墳，理直氣壯。眼下，因為這倒楣的二媳婦進門，她得孫兒的夢想或許算是破滅了。

大姑婆二姑婆開門出了院子，大聲說話大聲笑，前院當中，抱作一團，打架哭鬧。

倉阜鎮上只有一個接生婆，周圍村落有人生孩子，只有找她。這接生婆從她自己母親那裡學了這套手藝，從來沒進過一天學校。也許是屋子不大乾淨，也許是別的原因，反正小女ㄚ出生了，外婆受了感染，馬上就病倒了。

外婆躺在床上，剛出生的嬰兒靜靜地睡在旁邊。接生婆曉得生了女ㄚ，拿不到賞錢，早早溜掉了。外婆獨自一人躺著，身上一陣冷，一陣熱，打著抖，沒人理會。

幾天下來，外婆的舌頭腫得半寸厚，不能吃東西，喉嚨乾得像要裂開，可是她不能喝水。床邊一個小小的奶瓶裡有一點水，外婆不能喝。她得留著水，給她的女兒，我的驪珠姨。因爲產後就生病，外婆沒有奶，餵不成孩子。驪珠姨餓了，大哭，外婆只有忍著渾身疼，起身舉臂，顫動著手，用一個小棉花球，蘸蘸那瓶中的水，然後取出，移過，滴在女兒的嘴裡。驪珠姨咂著水滴，便稍稍停住一會兒哭泣。

聽到有人從窗外石子路上走過。外婆用盡力氣叫：「水，給我一點水，求求你，水……」可是沒有人答應。也許外婆聲音太弱，窗外的人聽不到，也許窗外的人聽到了，不搭理，沒有水送進來。這家裡前前後後二十多個男女主僕，沒有人理會這母女倆。太家婆一連幾天鎖住屋門生氣。大姑婆二姑婆天天幸災樂禍，前院後院尋事打架。男僕人們不能進月子女人住的屋子，樂得躲開遠遠的。女僕人們都不敢進外婆屋去伺候，怕惹太家婆不高興。只有一個六十歲的老女僕，每天送三頓飯給外婆。外婆求她多帶些水，她答應了又忘記。

「水，哪位好心人，給點水……」外婆叫著，沒有了力氣，停下了，眼睛半睜半閉，望著窗外。她好像沉陷在一個巨大的泥潭中，越來越深，周圍溼糊糊滑膩膩的骯髒泥水裹住她，壓迫她，窒息她。她除了疼痛、昏眩、悲哀，什麼也聽不到，什麼也看不到，什麼也說不出。

忽然，她似乎感覺到一個身影閃動。外婆鼓足所有剩餘的力氣睜開眼，終於恍恍惚惚看見一個年輕女人，穿著一身藍色長衣裙，輕輕地從門口走進屋來。外婆來到陶家一年多了，從來沒見過這人，但是她眞高興。這藍衣女人走到床邊，側著身子坐下來，把一隻手放在外婆的額頭上。那手涼涼的，好舒服。

「已經好幾天了，我一直想來看你……」藍衣女人開口說話，聲音柔和又溫暖，從外婆的耳朵裡聽進去，像一道清清的泉水，緩緩地流過她的喉嚨、流過她的前胸、流過心口、流過肺腑，流向全身。外婆的每一根血管和神經都在這柔美的話音裡震動通暢了。

藍衣女人接著說：「……可是家裡雇了好多木匠，在前院裡做活，我走不過來。今天木匠們都走了，我才來了。」

外婆想問問她是誰，可是嘴張不開，發不出聲，急得她出了一身汗，可還是說不出話來。

「你會好起來，」那藍衣女人接著說，「你會好，丫不能沒有娘，你一定會好。」

藍衣女人的聲音繼續震動外婆的血脈，每說一次「你會好」，外婆就感到自己的身體從那裏住她、壓迫她的泥濘中上升一截，她的身體輕鬆一些，呼吸寬暢一些，她那已經正在逝去的生命，漸漸地回覆到她的身軀裡來了。

藍衣女人說完這番話，又用手最後在外婆額上輕輕壓一壓，就站起身，朝門口走去。

外婆著急了，驚叫起來。可是藍衣女人沒有停，一直走出門去。

「莫走，莫走……」外婆拚命喊叫。

喊聲把外婆自己從昏睡中驚醒。但是，她不肯相信那只是一個夢，她要相信那是眞實，那是她的生命力量。外婆忍著疼，滾下床，用兩隻手在地上爬。驪珠姨在床裡大聲哭，外婆不管，只是往門口爬，她一定得找到那女人。她必須活下去，驪珠姨需要她活下去。

一個老女僕碰巧路過外婆房門，看見外婆半截身子橫在門檻上，張著兩手喊叫，嚇了一跳，忙顚著小腳過來，嘴裡說：「二少奶奶，你做麼什？月子裡，這樣招風，你不要命啦！」

外婆忽然覺得強壯起來。她抬起上半身，在空中揮舞著兩手，大聲叫：「快，快，把她叫回來，把她叫回來！」

那老女僕扶起外婆，問：「二少奶奶，你說的是誰？」

「那女人，穿藍衣裙。」外婆揮著手說，「那邊，那邊，快把她找回來！」

老女僕說：「我從那邊來，沒看見有人過去。那女人長什麼樣子？」

「長臉，」外婆喘著氣喊，「脖子左邊有一塊圓痣。」

老女僕聽了，想了一想，突然眼睛睜大起來，臉發白，抖著聲音說：「你說的是三小姐嗎？我的天老爺！藍長裙，脖子下有塊圓痣，就是她，三小姐！她原住這屋裡，四年前死了。我的天老爺，你怎麼會看見她？鬧鬼了！二少奶奶，你……」

「三姐麼？」外婆放下兩手，垂下頭問。

「二少奶奶，我走了！你趕緊回屋去吧！」老女僕不敢再逗留，也不敢再扶著外婆，搖擺雙手，顚動小腳，打著抖走了。走三步回頭看一眼外婆，看過一眼更加快了步子跑。

外婆安靜了，坐在門口，靠門框上，兩手擱在腿上，一動不動。屋裡驪珠姨哭累了，睡著了，一聲不響。外婆睜大眼睛，向天上望，什麼也看不見，只有一片藍色在閃耀，發著光亮。

這天之後，外婆的身體漸漸好起來。

過兩個月，外婆終於可以自己下地走路的時候，北京大學放暑假，外公回了家，剛好是驪珠姨過百天。這次家裡沒有人到碼頭去迎他，外公自己雇了一輛馬車回到陶盛樓。

他在黑漆大門外下了馬車，揚起頭來深吸幾口氣。他穿一件洗舊的灰布長衫，卷著兩圈寬寬的白袖口，下穿西裝褲，頭上戴一頂黑禮帽，腳下穿一雙黑皮鞋。他摘下禮帽，在面前搧，仰臉張望。一隻黃色小鳥從頭上飛過，很舒展的樣子。天空很藍，很深遠，好像一跳進去就會融化。

「誰說他可以回來？」

太家婆一聲吼叫從門裡衝出來，打散了寂靜的天空和大地。外公打了一個抖，趕緊提起書箱行李，走進門去。

「你好大膽，敢私自回家！」太家婆站在堂屋門前高台階上，兩手叉腰，臉色烏黑，叫罵，「你知道陶家規矩麼？陶家人把功業看得重。你父親絕不為家裡小事放了學業，跑回家來……」

「母親……」外公低著頭，小聲地說。他手裡還提著書箱和行李，不敢放到地上。

「我曉得，你媳婦會寫個把字，去了信，說她病了，好可憐！什麼大不了的事？家裡幾十人，不能看護她嗎？會看她死嗎？為老婆丟學業，你羞死陶家的人了！」太家婆不停地叫。

外公答說：「母親，沒有人給我寫信。」

太家婆聽了，更加生氣，喊叫：「那麼，你這個時候回來做麼什？想老婆了？羞不羞！你怎麼敢為了看老婆跑出學堂？好，好，你不用去學堂，住在家裡，守著你老婆，一天到晚睡在床上好了。書也不要念了，功業也不求了，沒出息的東西！陶家怎麼會出你這個不爭氣的兒！」太家婆一邊說，轉身邁進堂屋門檻，一邊在身後揮著一隻手。

外公提著書箱衣箱，低著頭在後面跟著。進了堂屋門，看見太家婆在當中太師椅上坐下，才開口答：「母親，我大哥早回來了，快一個月了。」

「你敢還嘴，是麼？」太家婆咆哮，一個手指指到天上，口裡連珠炮地罵：「你嫂嫂難產，住了武漢的醫院。兩個兒子，都不爭氣！什麼了不得的要命事？老時候，多麼難，還不是都在村裡生了？你們兩個，一個老婆生丫，要住醫院，男人回來守在邊上。一個老婆生病，男人也要請假回家。學堂裡有規矩麼？什麼世道呀！以往男人在外頭求功名，家裡老婆死了也不回家。現在好了，老大回來守著老婆生孩子，老二回來看老婆生病。老祖宗的規矩都壞了，都壞了！」

外公等太家婆吼完，說：「母親，學校現在放假。」

太家婆又喊：「放麼什假，學堂自古一年念書三百六十天，哪裡放那麼多假！」

外公說：「母親，北京大學是新式學校，一年有兩個假，一個寒假，一個暑假。現在是暑假，要一個半月呢！」

「什麼學堂，號稱全國最高學府，三天打魚，兩天晒網。念麼什書！」太家婆聲音雖然低下一些，還是氣哼哼，「你是陶家的男人，你該自己用功。他們放假，你不放，你自己念書。你爹爹，你父親，都是自己苦讀，成了功名。」

外公說：「母親，學校放假，就關門了。圖書館、教室都關了，教授也都回家了。」

「好，好，你有理，你有理！你住在家裡，吃，喝，看老婆。羞死人了！」太家婆一頭說，一頭站起轉身，走回旁側自己屋裡，順手一甩，砰一聲，把門摔得天響，又聽在裡面鎖住。

整個前院後院，滿家裡的人，都躲在各自屋裡，廚房裡，工棚裡，從窗帘後頭，牆角後頭，偷偷地看，沒人敢出來。連大姑婆二姑婆也沒敢露面。她們懂得，她們可以在家裡隨心所欲，欺侮別的女人和傭人。但是她們到底只是女兒，碰上伯公外公兩兄弟的事情，她們最好躲開遠遠的。陶家裡，男人才是頂頂要緊。太家婆可以罵，可以訓，旁人可一點也碰不得。

外公等太家婆鎖住門，又在堂屋站了半晌，才提著書箱和行李轉身朝外走。剛邁出堂屋，走下台階，要轉身朝自己屋子去，又聽見太家婆從她屋裡叫：「箱子放下，二福拿堂屋去。」

外公停下來，彎腰把書箱和行李放在堂屋門前當院地上。然後空著兩手，慢慢朝自己屋走。他不回頭，低著眼走路。他知道身後有幾十雙眼睛盯著他，幾十個指頭在指他的後脊樑。

屋門在外公身後輕輕關住，他們相見面了，外公、外婆和驪珠姨。

外婆一直抱著驪珠姨站在門邊，聽外面堂屋前太家婆罵外公。驪珠姨好像也懂事，不吭一聲，望著外婆。

外公外婆都低著頭，不看對方。驪珠姨在外婆手臂裡，直著身子，睜著圓圓的眼睛，看著外公。三個多月了，她沒出過這個屋門，只有一個老女僕進來出去。這是第一個生人在跟前。

外公說：「我不曉得你生病。」

外婆說：「現在好了。」

外公問：「珠丫好麼？」

外婆說：「她會笑了。」

一陣小小的沉默。

外公說：「你辛苦了！」

外婆突然覺得眼裡澀澀的，淚好像要湧出來。她急急地說：「你自己倒水，洗臉洗手，我放不下珠丫，沒有手給你倒水。」

「洗什麼，我來抱抱珠丫。」外公說著，滿臉堆笑，望著驪珠姨，伸手到外婆面前，要接過她來。驪珠姨轉身張手，緊緊抱住外婆的脖子，大叫起來。

外婆一隻手拍著驪珠姨的後背，搖著身子，說：「莫鬧，珠丫，莫鬧，那是爸爸。爸爸愛珠丫。」外公站著，不知怎麼辦。

外婆說：「她有點認生，過一陣，看熟了就好了。」

「對對，珠丫，你看，爸爸給你帶了好東西。」外公說著，忙伸手到長衫大襟裡，往外掏出一個小紙包，在驪珠姨面前晃動。驪珠姨果然回轉身，望著小紙包，又望著外公。

外公說：「你看，你看，我打開剝下來你吃，果丹皮，姆媽最愛吃……」

「莫開，莫開。」外婆忙伸手止住外公，說，「你發瘋了！珠丫才到百天，你給她吃這東西麼？她只會吃奶喝水，哪裡會吃這種硬東西。」

外公說：「呵，我沒想到，我以爲可以用這哄她讓我抱呢！」

「可以呀！她不認得，你不開包，給她拿在手裡玩，她也會高興。」外婆說著，轉臉對驪珠姨說，「你看，爸爸給你好玩的，伸手接了。」

外婆用自己的手舉著驪珠姨的一隻手，伸到外公面前。外公把果丹皮袋子伸過去，驪珠姨果然張開她的小手來，外公把袋子放進那小手掌。驪珠姨小手握起來，把袋子抓住了。

「好呵，好呵，珠丫抓住了，珠丫抓住了！」外公拍著手笑。

驪珠姨笑得咯咯咯的。

「好了，珠丫，爸爸喜歡珠丫，爸爸跟珠丫玩。」外婆說著，走到床邊，把驪珠姨放在床上，又招手讓外公過去，坐在床沿上，對外公說，「你用手指頭逗逗她，就好了。」

外公坐著，側著身子，一個手舉在空中，食指搖來搖去，嘴裡嘟嘟嘟叫。驪珠姨躺著，果丹皮袋子早掉到不知哪兒去了。她兩臂兩腳抬得高高，騰空搖動，嘴裡咯咯笑。外婆站在床邊，看著這一父一女玩樂，心裡暖暖的。從她進陶家的門，第一次，一絲淡淡的笑意浮上面孔，同時，一點淚光也在她的眼中閃動。

突然，傳來太家婆的怒吼：「男人回來了，作少奶奶了嗎？日子那麼好過，飯來張口衣來伸手麼？」

外婆聽了渾身一抖，馬上對外公說：「我走了，我去紡線。」邊說就邊朝門口走，到門邊，臨關門，外婆又轉頭低聲補充，「等會子珠丫要吃，抱到後院給我餵。」

說完，外婆走了，留下外公一人愣在屋裡，坐在床邊好久好久沒出聲，直到驪珠姨的鬧聲才把外公重又逗笑了。

紡車不停地轉，發出嗡嗡嗡顫動的響聲，外婆搖著紡車，手裡拉著長長的棉線。太陽西墜了，把紅色投在樹梢頭、後院裡、紡車和紡車旁邊的外婆身上。

驪珠姨玩了許久，父女兩人熟了。外公抱起她來，出了屋。這是驪珠姨自生下第一次出屋門，看見天、太陽、樹、房子、和人。驪珠姨非常興奮，兩手舞動，大聲歡叫。

外公抱著她在前院轉轉，然後往後院走過去。驪珠姨兩手玩弄著父親的臉，摸著他的大額頭。外公一邊走，一邊擺頭躲開驪珠姨的小手。他越是躲，越是引得驪珠姨要來摸，發出咯咯的笑聲。外婆坐在紡車後面，手不停，從窗中看他們玩耍，心裡滿是喜悅。

「多好啊，看看這個家。」突然，大姑婆壓低的聲音從牆後角落裡傳出來，打破了這一丁點歡樂。外婆沒有料到她們會躲在身後盯著她。

「小叫化子，有什麼可愛的？」二姑婆說。

大姑婆說：「一個醜丫頭，有什麼稀奇，早點死了才好！」兩人說完，走了。

外婆坐著，紡車越轉越快，越轉越快。棉線斷了，線頭在空中飄動，紡車還是轉，轉。

夜深人靜，前後院所有的人都睡了。驪珠姨睡在床上，外婆坐在床邊，拍著女兒，輕聲對外公說：「你不要抱著珠丫滿處跑了！」

「爲什麼？」外公脫下長衫，擺到衣櫃裡。

「大姐二姐看見，笑我們。一個女丫，不值麼什。」外婆說，淚水從眼裡大股大股無聲湧出。她顧不得擦，站起來背轉身，爲驪珠姨拉拉被子。小姑娘睡夢中咂著嘴巴，發出甜甜的笑。

「我不管別人怎麼說。我的女兒，我愛。關她們什麼事？」外公坐下來洗腳。

外婆拭去淚水，走過來，遞過擦腳布，沒有說話。

外公一邊擦腳，一邊說：「她們反正不肯讓我們好過。我偏要過好，讓她們看看！女兒怎麼樣，一樣，我的丫，我愛。」

外婆說：「你小點聲，讓全家人都聽見！」

「那又怎麼樣?我不怕了。」外公站起來，腳也沒擦乾，就踩在鞋子裡，在屋裡快步走動，搧得油燈火苗呼呼地搖，把他的影子投在牆上，倒下立起。

「收拾東西，快，我們今天走，離開這個家，去到天涯海角！」外公叫。

五

外公其實沒有那個勇氣，也沒那個能力。外婆心裡明白，根本沒有聽外公的話，收拾行李。不過，一九一九年夏天，外公剛剛在北京經歷了一場大動亂，確實與以往大不同了。

外公在屋裡走了一陣，終於停下來，看看外婆。然後坐到床邊，外婆的身旁。

「我告訴你一個故事，你莫害怕。」他小聲說。

外婆憋住氣，心跳起來。她想不來外公可能會講給她聽一個什麼樣的故事，但是從外公緊張的神色上，她能預感，一定是什麼危險的事情。

外公講起來：「第一次世界大戰結束了。我們中國也是戰勝國之一。中國代表就去法國首都巴黎參加世界大會。可是在簽訂和平條約的時候，我們中國受到不平等待遇，西方列強還是要瓜分中國的土地，把德國在山東的權利轉讓給日本。北京政府的代表居然準備簽字，答應外國列強的要求。北京的學生們知道了，不答應，聚到一塊，出去示威遊行，我也跟著去。遊行的同學裡，有人挨了警察打，有人進了監牢。那天是五月四號，我記得清清楚楚，永生永世不會忘。」

講到這裡，外公停住話，低著頭，好像尋找字眼繼續講述他的故事。外婆望著他，沒有作聲。

許久，外公忽然喘口氣，揚起臉來，看著外婆，說：「不多講了，講你也聽不懂！總之北京政府腐朽透了，居然要賣國，一定要打倒！」

外婆看他一眼，說：「我的二舅原在北京政府裡做肅政史，前些年做了件有名的彈劾案。」

外公突然抬起頭來望著外婆。自從外婆進了陶家大門，每日裡不是在廚房煮飯，便是在工棚紡線，要麼洗衣納鞋，一刻不停，彷彿女傭一般，卻忘記了，她原是大戶人家女子，從小研讀詩書，也可出口成章。外公想著，額上冒了一層汗，應聲道：「我聽說過，那是民國初年的事，還是袁世凱大總統任命的……」

外婆問：「你都曉得？」

外公說：「我酷愛讀史，自然熟知湖北的人物，何況是我的親戚，我也要叫二舅呢！你的母家，倉阜鎮北龍王墩夏家，眞是了不起。清朝末年，出了父子兩代翰林。淸宣統三年，你的二舅夏壽康先生，在湖北省諮議局任副議長。辛亥革命，做湖北省民政長，進京轉任肅政史，後來任平政院長。」

外婆說：「二舅人很好，教我讀過書。」

外公點頭說：「這位夏二舅平素不喜交遊，沉默寡言，忽然上摺彈劾京府要員，震動朝野，足見其爲人剛正，無愧肅政史之職，實在了不起！可惜，現在北京政府鮮有這樣的官員。」

民國初年，袁世凱任命王治馨爲京兆尹。這王治馨原來是袁世凱家的賬房，從前袁家公子們用錢，都向賬房去要。現在王治馨當了京兆尹，袁家公子們用錢，還是去找他要，京兆尹怎麼供應得起?久而久之，京兆尹就背了控告。當時肅政史夏壽康，我外婆的二舅，住在北京北池子，打電話給黃岡會館，叫一個周姓同鄉帶了筆墨到夏公館，連夜抄寫一份手摺，便是彈劾京兆尹王治馨的密呈。次日一早，夏公帶了手摺，親到大總統府呈遞。第三天袁大總統下令，將京兆尹王治馨押赴天橋槍斃。這就是外公外婆談論的京城彈劾案，我祖先的不朽政績。

外公說：「政局動盪，時事艱難，眞不知我們怎樣才能拯救得了中國！」

外婆說：「你要好好讀書，將來求功名，像二舅一樣進京作官，鋤奸滅寇。」

外公說：「我雖學法科，喜讀經史，卻對從政不感興趣。讀了那麼多史書，深知在朝廷作官，可不容易，不是我可以做得到的。」

外婆說：「你讀書不做舉業求功名，還能做麼什?」

外公說：「我可以當律師，可以當法官，可以研究學問，當教授。現在是民國了，不作官也可以幹出大事業來。」

外婆不說話，看著外公。

「外面世界大極了，只要我努力，將來前程一定會很寬闊。」外公拉起外婆的手，說，「我告訴你，我不會在這個家裡住下去。我將來一定帶你們跑出去!」

外婆說：「你到哪裡，我都跟著你，幫你。」

外公說：「你眞好!這次我在家裡住一個月，我幫你看丫，你可以休息一陣。」

外婆說：「你還要看書，不要荒廢了學業。」

外公說：「放假就是放假，我帶你去武漢轉轉。」

外婆說：「我要紡線，還要在廚房裡煮麵，一大家人要吃飯。」

外公說：「做飯有廚子，要你做什麼？」

外婆說：「我是媳婦，手不能閒，總要做事才好。」

外公說：「哪天我帶你去遊武湖，去倉阜鎭逛幾天。」

外婆笑了說：「那有麼什好逛，從小不知去過多少次！那年你陶家兄弟二人，伯伯中舉，父親拔貢，倉阜鎭上大喜慶。陶家人到萬家大灣，我家首先接待，大門內外擠滿了人，瞻仰風采。那年我五歲，躲在門後看，哪個是我日後的公公。」

外公說：「你竟然能記得，那次我也跟去，在倉阜鎭上老屋裡住了好幾天，很熱鬧。」

外婆說：「爲了招待你們陶家兩位舉人爺，我家出去借了債。」

外公說：「眞的嗎？我們一點不曉得。」

外婆說：「當然不能讓你們曉得。不借債，怎麼請得起客？」

外公說：「萬家那麼多進士翰林，竟會如此之窮嗎？」

外婆說：「我們萬氏的族規，有了功名不作官，才算高尙。有子弟考中舉人進士，作官以後，去職回鄉，兩袖淸風，便受敬重。當官發了財，縱使不犯法，宗族裡一樣看不起。如果犯了法，死了不能進萬家祠堂。所以數百年間，萬家不管有多少進士翰林，大抵一樣窮苦。」

外公聽了，不住搖頭，嘖聲不已，很是欽佩。

外婆接著說：「聽老人們講，乾隆丙辰鄉試，萬家叔侄弟兄四個，一榜中舉，第一道報條，鳴鑼送到，沒有桌子放，只好放在磨凳上。接著第二道報條到了，沒有辦法，只好壓在第一條上面。第三道報條到了，又壓在上面。第四道報條道了，再壓上去。四個送報條的人站在門外請賞，新科舉人無銀可賞，只好走了。」

外公聽了，哈哈大笑，連聲說：「有趣，有趣，可讚，可讚！」

門外有人輕輕敲了兩敲，二福隔著門板，輕聲說：「二少爺，安歇吧，時光不早了！莫驚動了老太太，全家都不得安寧。」

「是，二福，你也快去歇了。」外公低聲應過，便對著外婆嘻嘻笑著，一口吹滅了油燈。

第二年初，太家公在黃陂任上生了病。太家婆跑到官府去照料。花廳裡麻將局開不起來，大姑婆二姑婆回了各自夫家。陶家黑漆大門後面安靜了一年半。

陽曆一九二一年七月六日，外婆生下第二個孩子。這次懷孕期間，沒有倉阜鎮的算命先生來看相，陶家大院九個月間，毫無任何喜慶或者悲哀，甚至沒有人提起外婆要生小孩子這件事。只有外婆一人天天禱告，祈望能生一個兒子。

可是天不隨人願，外婆又生了一個女兒。外公給她起名，叫作琴薰，就是我的母親。

沒有任何歡樂慶賀，但也沒有任何失望和詛咒。只有外公和驪珠姨在身邊，跟外婆講些話。外公學校放暑假，大半假期都在黃陂服侍太家公，只因外婆要生產，才回陶盛樓幾日。

整個家院死一般寂靜，外婆心裡暗暗慶幸，希望這寂靜能更久繼續下去。

媽媽出生那天，下大雨。女人生孩子，身邊不能有男人，丈夫也不許看。外公在堂屋裡坐著等，聽報說又是一個女丫，發了一陣呆，怎麼又是一個女兒？愣過片刻，外公忽然衝出堂屋，衝過前院，衝出大門。

他站在黑漆大門前面的空場子當中，仰著臉，舉著手，讓那如注的雨水澆在臉上身上。洗舊的長衫立刻浸透了水，貼在他的軀體上。一隻鞋子在泥地裡粘掉了，外公也沒有感覺到。

「我要保衛我的女兒們！我要讓她們過上好日子！」外公在雨地裡睜大眼睛，望著天喊叫。

他不知道，他是在賭咒抵抗中國幾千年生兒育女的傳統，賭咒抵抗陶家大院殘酷嚴厲的家規，還是賭咒抵抗自己心底的失望和悲哀。他生了一個女兒，又生了一個女兒。但是，她們是他的女兒，他一樣地愛她們。他知道，女兒們將面臨怎樣一個不公平的世界，他必須盡一切力量保衛她們。或許，在這個世界上，只有他，能夠保衛她們；只有他，能夠爲她們創造幸福的生活。

天空佈滿厚重的烏雲，灰裡雜黑，翻騰滾動。遠處天地相接處，露出些許淡灰色天色。從黑雲到地面，立幾條黑線，彷彿幾團黑雲從天上拉下，接至地面，想必是什麼龍捲風之類。

外公舉起兩條手臂，對著天空，拚盡力氣，喊叫：「我向你老天發誓！」

話音剛落，一道閃電劃過，把黑雲撕裂開一條縫。接著一聲悶雷打過來，崩然巨響。外公渾身一顫，今天他像著了魔，能感受天意似的。他跪倒地上，趴下身，癱在泥水裡。忽然，他又直起上身，抹掉臉上的泥，仰臉對天，大聲呼喊：「老天爺，老天爺！我發誓，我要發這個誓！」

又一道閃電，又一聲悶雷。外公驚惶地停住嘴。老天爺好像能聽懂他說話，好像在跟他對話，這眞讓人恐懼。外公跪在地上，向遠張望。大雨傾盆，眼前村落房屋都模模糊糊，只顯出高高低低一些黑影，好像天空殘破碎裂的缺口。一兩處隱隱閃爍的燈火，在雨中飄浮不定，像墳場中游走的鬼火。滿天下，空無一人，渾渾世界，只他一人醒著、掙扎著，跟老天爺講道理。

外公半轉過身，透過雨水遮蓋的眼睛，望到身後自家的大院。院門高大的飛簷，好像一個巨大的惡魔，從烏雲翻滾的天空中撲下，張牙舞爪。門邊兩個巨大的石獅，偏著頭，怒目相對，張開的爪子好像正舉起，朝他頭上劈下來。大敞的門，黑洞洞，像張開的口，染著烏血一般。外公身子一軟，仰面倒在泥水裡，攤開手腳，不能動彈，像要準備接受老天爺的斬殺。

「老天爺，老天爺，你因爲我發這個誓而懲罰我麼？」外公滿臉雨水橫流。他在痛哭，淚和著雨水，流淌到胸前。他拚盡全身之力喃喃地嘟囔：「我非要發這個誓，非要保衛我的女兒們。我可以死，我不怕，你殺死我好了，我還是要發這個誓，只要我不死，我一定要實踐我的誓言，我要保衛我的女兒們，我要我的女兒們過上好日子。」

外公一邊嘟囔，一邊用力翻轉身子，可他只能翻到一半，臉浸在泥水中，重複自己的誓言，嘴巴在泥水裡張開合起，昏迷過去。不知過了多久，外公才醒來，張開眼，透過沾在眼上的泥，望見雨住了，雲開了。外公慢慢掙扎著坐起，用沾滿泥水的手，抹掉眼上的泥，仰起臉來。

藍天漸漸在雲後顯現。太陽還沒透出，但已可見在雲後的閃爍。遠處烏雲裂開一個半圓，當中一團雲打著抖，讓雲後的藍天和陽光照得雪白透亮，那黑白線條勾勒，就像畫出一張臉來。外公望著，像是看到老天爺的臉一般。他轉身跪在地上，對著那老天爺的臉，流著淚，說：「啊，老天爺，求你發發善心，接受我的誓言，讓我夢想成眞。」

「二少爺，老太太傳信回來，要二少爺馬上到黃陂去接老太爺回家。」二福站在大門口高台階上，對坐在泥地裡的外公招手，大聲喊叫，「老太爺去職回家，朝廷准了奏。」

過了三日，外公去了黃陂。又過半個多月，太家公、太家婆、外公和許多隨從僕人，坐了三輛大轎車，騎了十幾匹馬，趕著五輛行李大車，回到陶盛樓老家。大院裡的安靜日子立刻結束。

當天，大姑婆二姑婆便又帶了自己的小孩子，搬回娘家住。

立刻，房子不夠用。天又熱，太多人住在一個屋裡，難受得很。外婆懷裡有個剛滿月的嬰兒，更不可以擠。太家婆命令，讓驪珠姨夜裡搬到廚房頂的晒台上去睡。

當晚，大姑婆到外婆屋裡領人。驪珠姨躲在外婆身後不肯動。

外婆躺在床上對大姑婆說：「大姐，珠丫跟我在屋裡沒關係，她不吵人。我們睡得開。」

大姑婆說：「我只來領人。你有話找母親去說。」

驪珠姨抱著外婆的胳臂不鬆手，不停叫：「我不去，我不去！」

外公拉住驪珠姨對大姑婆說：「你就留她在這裡好了，我們可以睡在外屋。」

「這是你說的，我去回母親，她罵起來不關我的事！」大姑婆說完哼一聲，走出屋去。

外婆抱住驪珠姨，捂住她的耳朵，等著院裡太家婆吼叫。果然，幾分鐘後，太家婆吼起來：「好了，老娘的話也不肯聽了，還有王法嗎？要我親自領人麼？」

外婆摟著驪珠姨落淚，外公抱頭坐著不聲響。

太家公在後面自己屋裡喊：「你安靜一點好不好？」之後，猛烈地咳起來。

太家婆不理會，還吼：「陶家自那婆娘進門，越來越沒規矩了。」

外婆摸著驪珠姨的頭髮，輕輕地說：「珠丫，聽話，自己上晒台去睡，涼快些。」

驪珠姨哭說：「我不，我要跟姆媽睡。」

外婆轉臉對外公說：「你把珠丫帶上去吧！莫要母親罵，吵得父親不能休息。」

外公聽了外婆的話，上前拉住驪珠姨的手，朝門外走。驪珠姨一步一回頭，淚眼望著外婆。走出門口，外公忽然蹲下身，走不動了。他受不了聽驪珠姨那種壓制住不敢放聲的痛哭，每一聲都比嚎啕大哭更重地砸在他胸口，讓他的心粉碎。

大姑婆站在門外，手叉著腰看。見外公拉著驪珠姨出門，又蹲下不走了，便幾步上前，從外公手裡搶過驪珠姨的手，拉上急走。驪珠姨看大姑婆拉她，身後又沒有外婆，馬上把哭聲吞回肚裡，只敢流淚，跟著走。

兩歲的驪珠姨，晚上從沒離開過外婆。突然間獨自一人露天睡在房頂晒台上，明知不敢哭，半睡半醒時，也忍不住哭出聲。到半夜，更是哭叫：「姆媽，我冷！姆媽，我睡不著！」

外婆在屋裡聽見，頭蒙住被子無聲流淚。她正在月子裡，不能出門去照料驪珠姨。太家婆在屋裡大聲罵：「吵死人了！」大姑婆二姑婆跑到堂屋裡跺著腳叫。太家公在自己屋裡大聲咳嗽，喘不上氣。外公只好爬起身，披上衣服，到房頂晒台上。屋裡這麼一動，把剛滿月的媽媽吵醒，哭起來。院前屋後的叫罵更響了。

大姑婆叫：「一個頂上叫，一個下面哭，半夜三更讓不讓別人睡覺！」

二姑婆罵：「兩個小叫化子，有什麼寶貝，丟出去算了，省得吵人！」

外婆在床上急忙把奶頭塞進媽媽嘴裡，哄她停住哭。外公爬上房頂晒台，抱起驪珠姨。驪珠姨蜷在外公懷裡，求道：「可不可以回去跟你們睡？我不吵，我不出聲，不吵妹妹。」

外公聽了，說不出一個字來，只是緊緊抱著驪珠姨，拍著她，在晒台上踱步。頭頂上是深暗的夜空，星也看不太見。驪珠姨在外公懷裡，慢慢地睡了。

這樣折騰兩天兩夜，外公病倒了，一陣熱一陣冷，睡在床上不能動，兩次昏迷過去。外婆在床上照看媽媽，還要照看生病的外公。驪珠姨白天待在屋裡，按外婆指教，給外公擰冷水毛巾，拿藥送水，做過以後，爬上床來逗媽媽玩。

太家婆和大姑婆到屋裡來。外婆雖然還在月子裡，可外公病倒了，她只好自己下床，給太家婆端椅子落座，然後垂手站在一邊，等太家婆吩咐。

大姑婆站在太家婆身後，不理會外婆，對外公說：「你得病，是因爲這屋裡女人太多，你不能讓女人毀了你的性命。」

外公躺在床上，昏昏沉沉地說：「你們要我怎麼樣？」

「你不能再留這個女人在屋裡！」太家婆指著外婆，厲聲說，「她只會生女丫，沒有用。」

媽媽哭起來，外婆過去，把她抱起，依然站著。外公沒作聲，躺在床上，轉臉盯著太家婆。

大姑婆說：「寫一紙休書，打發她回娘家。」

外婆站在床邊，一動不動，摟著媽媽。媽媽好像聽出事情嚴重，不再出一點聲。驪珠姨縮在角落放油燈的小桌後面，一動也不敢動。

太家婆說：「聽見沒有，寫一張休書。現在就爬起來寫！」

外公躺在床上，掙扎幾次，爬不起來，就翻過身，把頭在床沿上碰，碰得額頭上流血。

大姑婆看見，有點怕，忙說：「好，好，不要現在寫。」轉身走出屋。

太家婆也站起，跟著走出門，說：「告訴你，陶家不能留這種女人，陶家要人續香火。」

外公躺著，頭疼得要裂開一般，臉紅得像燒了火。突然，他像發了瘋，猛地從床上跳起，衝到衣櫃邊，拉開櫃門，從裡面抽出一條綁行李的布帶，站在屋子當中，把那布帶套住自己的脖子，往緊勒。外婆看見，驚叫起來。媽媽跟著大哭，驪珠姨也拚命哭叫。

太家婆聽到，轉身回進屋，站在門邊，看著外公勒自己脖子，對外婆狂罵：「你們一家人能不能讓我們安靜一點。小孩哭，大人叫。這叫什麼日子！」

外公勒得更用力，倒在地上出不來氣，臉色憋得紫紅。外婆顧不得許多，把媽媽一把丟到床上，任她去哭，跑過來，跪在地上，拉住外公的手，放鬆那條布帶，一邊哭喊：「莫要，莫要呀！我走就是了，我走就是了。」

外公躺著喘息，鬆開的兩臂攤在地上，不住抽動，眼睛翻白，嘴邊流沫。媽媽在床裡哭，兩手在空中搖。驪珠姨縮在小桌後面不敢出來，雙手抓住桌腿，大聲哭。小桌搖倒，油燈掉在地上，打碎了。外婆跪在外公身邊，手捂著臉，拚命咬住嘴唇，眼淚瀑布般從手指縫中湧出。

太家婆站在屋當中，兩手叉腰，不住聲罵外婆：「都是你！你給陶家帶進來晦氣。你要害死我兒子，我不能容你。」太家婆罵得火起，跑到窗邊抓起雞毛撣，朝外婆身上抽打。

外婆先還努力忍著，跪在地上，挨太家婆的抽打。打得久了，外婆突然爬起身，衝出屋子，站在院子當中，一手扶著樹幹，一手捂著胸口，大口大口吐起血來。

她吐了又吐，轉著圈跳動，止不住。院子裡，地上、牆上、樹上，到處是血。僕人們看見，嚇得大叫。太家婆追出屋，手裡還拿著雞毛撣，要繼續打。猛然間看見到處那麼多血，也覺有點害怕，停住手，站在那裡愣住了。

大姑婆在一邊，兩手抱在胸前，嘴一撇，說一句話，轉身回屋。

六

媽媽十八歲生日的前一天，一九三九年七月五日下午，到黃詠琦家。見到黃詠琦的父母，臨出門時，聽黃詠琦的父親問：「請問令尊大人目前在香港嗎？」

媽媽嚇了一跳，眼睛睜得滾圓，緊盯著他，嘴唇哆嗦著答說：「在呀，黃伯伯，怎麼了？」

黃伯伯好像鬆了一口氣，又很奇怪地望了媽媽一眼，轉過身去，走回客廳，揮著手答：「沒事，沒事，隨便問問，隨便問問。」

媽媽於是只好低著頭走出黃家。一路走一路想了半天，想不出結果，不知黃伯伯那句問話什麼意思。媽媽有點著急，心想不去剪頭髮了，直接回家去問問清楚。走到半路，想想，父親明明在家裡，早上一塊吃早飯的時候，還說明天媽媽過生日，他要領全家去吃麵條，絕沒有要出門旅行的意思。於是，她又放下心，轉過身，決定還是先去剪頭髮，再回家去。

走進理髮店，媽媽把大包小包放在窗台上，坐到窗前的椅上，把書包放在身邊，取出剛買的英文版《簡·愛》，看書排隊。

理髮匠和客人們正在大聲閒談，自然是關於日寇入侵中國的大事，兩三個燙頭髮的婦女，頭上頂著大圓桶，不參加談話，卻都淚流滿面，不住地舉手擦。

「……我早就看出，汪精衛一定要賣國！」一個正在理髮的客人說。他有一張長臉。

提到汪精衛的名字，引起媽媽注意。她眼睛還盯著書，但耳朵豎起來聽。媽媽知道外公很敬佩汪精衛先生，跟汪先生是很好的朋友。

「說話歸說話，你不要搖頭。」理髮匠拍一下這位客人的腦袋，說，「這個道理大家都早看出，你也沒有什麼特別眼光。」

「汪精衛怎麼了？」一個穿西裝的客人問。他頭髮梳得油油的，不知來這裡做什麼。他說：「他不過主張和平解決中日戰事，你們以為中國會打贏嗎？」

「現在也不能說打輸了。君子報仇，十年不晚。越王臥薪嘗膽，還有滅吳一舉。」有人說。

長臉客人不理會，繼續：「汪精衛竟然跑到上海去跟日本人談判，還要組織新政府。」

西裝客人說：「談判沒什麼不對，和平解決戰端，當然要談判。汪先生不會另組政府。」

長臉客人有些生氣，提高些聲音說：「怎麼不會？去年底，日本首相近衛發表聲明，揚言徹底擊敗抗日的國民政府，與新生政權相提攜，建設東亞新秩序。什麼叫新生政權？哪裡來的？汪精衛不到一星期就發電報宣言響應，想作那個新政府，無恥至極！」

「人家把汪精衛的那封電報叫作艷電，是在香港發表的。聽說是陳公博和陶希聖兩個，帶了汪精衛這份聲明到香港來發表。顧孟餘看了，把他們兩人痛罵一頓，可還是在報上登出來了。」理髮師插話，他確實消息最靈通。

聽到人家直接提出外公的名字，媽媽乾脆把書塞進書包，垂著臉，豎起耳朵，聽談話。

邊上一個人說：「顧孟餘怎麼會罵陳公博和陶希聖，他們三個都是汪精衛的左右手。」

理髮匠說：「聽說顧孟餘不願意再跟著賣國，脫離汪精衛了。陳公博和陶希聖卻還是死心塌地跟著汪精衛。」

媽媽有點坐不住。外公很少跟家人孩子談論他的公幹，他跑來跑去，媽媽從來不清楚是做些什麼。現下聽到這些議論，頗感吃驚。她突然想起黃詠琦的父親看著她的眼神，問她的話。

長臉客人還在議論：「蔣委員長發表演說，痛斥近衛聲明表露日本野心，要併吞中國，根本消滅我中華民族。國民政府堅持抗戰，不可能停戰。」

理髮匠神秘地說：「聽說，汪精衛脫離重慶政府到安南河內，先住丹島的旅館，疑心有人要謀害他，搬到一個高級住宅區高朗街，住在一個西式洋房裡。想不到三月眞有人去行刺。誰知偏偏那一夜汪精衛與他的秘書曾仲鳴換了房間，結果打死了姓曾的，汪精衛逃了一條小命。」

有人應說：「我聽說，那夜是因爲曾仲鳴太太剛從香港到河內，汪精衛把自己的大卧房讓給曾氏夫婦睡。好心人命大！」

有人嘆說：「沒把他打死，實在可惜！不知那位大俠刺客何名何姓？」

理髮匠說：「聽說是戴笠派的殺手。」

有人接話說：「那麼一定也是蔣委員長下的命令了。」

西裝客人說：「或許汪先生受了這個刺激，才橫下決心，要去上海。否則，汪先生那樣的民族英豪，不會去投日本人。」

長臉客人罵道：「你小子同情汪精衛麼？」

理髮師打斷他們爭吵，又有新消息宣布：「內地報紙說，重慶國民黨中央常務會議決定，永遠開除汪精衛一夥人黨籍。」

有人應：「我也聽說，不知爲什麼沒有開除陶希聖。」

理髮匠說：「就是！聽說名單上原來有他，蔣委員長親筆把陶希聖名字劃掉，所以沒有開除他黨籍。現在他大概早已隨汪精衛到上海去賣國了。」

媽媽再也聽不下去，轉身從窗台上一把提過大包小包，站起來朝理髮店玻璃門口衝過去。拉門的當兒，手裡一個小包掉在地上，她用腳一踢，踢出店門，等店門在背後關緊了，才彎腰把小包拾起。她這下子才明白，爲什麼黃詠琦的父親要問外公是不是還在香港，又看著她搖頭。全香港的人，全中國的人，都以爲外公跟著汪精衛到上海去投降日本人了。

陰了一天，滂沱大雨終於傾瀉下來。銅錢大的雨點落在地面，噗噗噗地濺起一團團土塵。雨點拍在柏油路面上，啪啦啪啦響，砸出一個個白點子。街上的人不離開，在雨地裡站著，仰臉享受清涼，抓緊喘息的機會。下棋的人慌忙收棋盤，四下摸找滾散的棋子。支床掛帳的人亂了手腳，在雨地裡摘帳摺床。旁邊的人拍著手笑，撒尿挨罵的小孩更是跳著腳叫好。

媽媽顧不上等巴士車，在雨地裡往家奔跑。手裡提的東西都淋了雨，一大堆新買的衣服鞋襪都毀了，她也沒注意。到太子道時，媽媽已經渾身溼透。她站在巷口，透過雨帘，向自家住的351號兩層公寓張望。樓裡家家戶戶都開著窗，有些窗黑了燈，看不到有沒有人。有些窗還亮著燈，看到有人光著脊背坐在窗前，搧扇子。自家住的二樓上窗開著，燈亮著，但看不到人影。

「爸爸，爸爸！」媽媽一路喊叫，衝進家門。她臉上全是水，不知是雨是淚。

外公外婆和舅舅們聽見喊，都慌忙從各自屋裡跑出來，聚到門口客廳，張大眼睛望著媽媽。她衣服溼透，緊貼在身上，頭髮也緊貼在頭上，水流到臉上，書包背在肩上，兩手提著大大小小皺溼的紙包，一個包流下的水染成了粉紅色，滴滴答答，淌到地板上。

媽媽嗚咽著問：「爸爸，是眞的麼？你……你……要跟汪精衛到上海去？」

外婆把手一招，對幾個舅舅叫喊：「有麼什好看！姐姐淋了雨，不要你們禿頭小子們看，回你們屋裡去！」

全家人從來不敢跟外婆爭辯。舅舅們都默默走回屋去，關上了門。

「快到洗澡間去擦乾！這麼大了還瘋，在雨地裡跑，要生病麼？新買的東西淋了雨，怎麼辦？又要洗，又要熨。掉了顏色，染了旁的東西吧！你呀！」外婆一邊對媽媽叫喊，一邊過來，從媽媽手裡接過大小紙包，放到地板上，在裡面翻揀。

媽媽站著不動，臉上的水還在流：「爸爸，你要到上海去，是眞的麼？」

外婆大聲說：「先去換衣服吃晚飯，一家人都等你。吃了飯再講話。」

媽媽也大聲說，一邊還哭著：「不，先說清楚再吃飯，不說清楚就不吃飯。」

外婆站起身，更提高聲音叫：「先吃飯！」

「不吃！」媽媽乾脆嚎叫起來，聲音撕裂。

外婆揚起手來，好像要打媽媽的耳光。媽媽不動，站得直直的，還是拚命叫：「不吃、不吃、不吃！」

舅舅們又都跑出來，站著看。他們常見媽媽在家裡發脾氣，但是從沒有今天這樣暴烈過，都愣在那裡。晉生范生兩個躲到外婆身後，抱著她的腿張望。外婆的手還在空中揚著，卻打不下來。媽媽不叫了，但沒有動。空氣好像僵住了。

「你先去擦乾身子，換了衣服，我來跟你講明。」外公走到媽媽跟前，慢慢地對媽媽說。

外婆放下手，怒氣沖沖地嚷：「你們要講，你們去講，我們要吃晚飯了！」

「你們先吃，我們到我卧房去講好了。琴薰，先去換衣服。」外公說著，朝自己卧房走去。

「快去，快去，」外婆又對著媽媽叫起來，「我去給你拿衣服。」

媽媽抹著眼淚從幾個舅舅們面前走過客廳，到洗澡間去擦乾身子，換衣服。這段時間裡，她稍稍平靜下來。過了一會兒，她輕輕走進外公外婆卧房，看見外公坐在窗前一把椅子上發呆。隔壁廚房裡，外婆和舅舅們在弄碗碟，乒乒乓乓作響。外婆一路在罵，罵了泰來舅，又罵恆生舅，沒有什麼緣故，只是高聲罵不停。

外公對媽媽說：「坐下吧！」

媽媽坐下，有些緊張，有些害怕。她從來沒有這樣對外公嚷過。

「琴薰，」外公叫了一聲又停住。

窗開著，雨聲很大，窗外一定聽不到他們的談話，他們在二樓，開著窗，屋裡還是很熱，外公似乎喘不上氣，微微打著顫。一道大閃電照亮窗前兩人的臉，接著一串響雷滾過。

「琴薰，」外公又叫一聲。這次，停了一停，接下去說，「爸爸心裡很怕。」

媽媽嚇了一跳，看來外公參與汪精衛一說是真的。媽媽問：「爸爸，你說什麼？」

外公說：「我很怕離開你們。」

媽媽問：「不要，爸爸，你不要離開我們。」

外公說：「我不願意離開你，離開你們，可是做不到。」

媽媽問：「要去上海麼？」見外公沒有立刻回答。媽媽又問：「多少時回來？」

「不知道。」外公答過一句，停了一會兒，又說，「現在還不知道我是不是要去，如果去了，也不知道有沒有回來的一天。」

媽媽害怕了，說不出話來。

「琴薰，你是我家老大……」外公說，「我告訴你，爸爸現在進退都只有死路一條。」

媽媽問：「爲什麼？」

外公嘆口氣：「爸爸離開重慶，是背離國民政府，現在回不去了。我現在不知道怎麼辦，不知是該聽汪先生，還是不該聽。」

媽媽不說話，心砰砰地跳，理髮店裡人家的議論看來是眞的。

外公說：「你知道中國現在很危險。」

媽媽說：「我知道，日本入侵中國。我從北京逃難路上，見過日本兵。他們很殘忍。」

外公又嘆了口氣，好像陷入沉思，過了好一會，才像自語般說：「我從在武漢時就主張，中國對日本，戰則全面戰，和則全面和，戰由國府戰，和與國府和，這樣才不會落入戰既不能，和不由我的局面。一年多過去，我還這樣想。別人的立場可以轉變，我不改變。無論戰和，必得盡早結束這場戰爭才好。中國人民蒙受太多的苦難了！」

媽媽不知道外公是對她說，還是自言自語，不敢答話。

外公接著說：「尚未開戰，先自己扒開黃河花園口，燒光長沙城，死傷多少中國百姓。」

媽媽說：「誰做的？」

「重慶政府。那叫『焦土政策』，說是讓日本人占領一片廢墟。但，……過於殘酷了。」外公望望窗外，雨還下著。

媽媽問：「所以你離開重慶政府。你不同意他們的作法。」

外公說：「不是只我一人不同意這樣的作法。很多智者名人都這樣想，胡適先生就是其中一個，你認得的。」

媽媽問：「胡適先生，他不是在美國麼？」

外公說：「對，過去他是爸爸的教授同事，現在他是中國駐美國的大使。」

媽媽問：「大使做什麼？」

外公說：「他是中國政府在美國的總代表。」

媽媽說：「美國一定很好。你能當大使麼？」

外公說：「我當不了。當大使很難，要會說英文。」

媽媽說：「你會說英文！我看見你說英文，我也看見你寫英文。」

外公說：「還是不夠當大使。」

媽媽說：「我以後學英文，學好了，去美國。」

外公看媽媽一眼，嘆口氣，說：「只怕你上大學那時，只能學日文了。」

媽媽問：「爲什麼？」

「中國那時或許就會淪亡。」外公說完，仰起臉來，朝著天花板，眼睛緊貶。

媽媽說：「不會的，爸爸，你說過，中國有五千年歷史，哪裡會滅亡！」

外公低下頭，說：「自武漢、廣州陷落以後，中國沒有一個完整的師，打是打不下去了。財政一年二十七億，收入不到兩億。壯丁補充大大不足。這樣局面，應該考慮保存中華的辦法……。我們主張，從旁打開日本與中國談判的路，再勸重慶政府作和議。如果做不到，我們便退隱不問政事。我們一樣擁護蔣先生，不同的是，認定再打下去，只有更加淪亡，更加無望，應當及時謀求戰事的結束。」外公又苦笑一下，說：「書生而論政，論政猶是書生。」

媽媽望著外公，不言語。

「琴丫，你是……是我最愛的一個。」外公說，停了一下，又說，「琴薰，我告訴你，我如果聽汪先生的話，就要到上海去。」

媽媽問：「你決定了嗎？」

外公說：「還沒有。我還要看看汪先生準備怎樣行動。」

媽媽說：「上海是日本人的地方。」

「是的，上海是日本人的地方。」外公說來，悲憤交集。

媽媽說：「爸爸，我知道你不喜歡日本人。」

外公說：「世界上沒有多少人喜歡日本人。日本人生性狹隘、善變、冷酷、不擇手段、不得不屈服時，必至不顧顏面。他們居然因爲意見不和，五年之內，兩度殺死自己的內閣首相大臣。他們要殺中國人、殺汪先生、殺我陶希聖、殺任何一個中國人，還不就像殺死幾隻螞蟻一般。」

媽媽渾身打抖，恐怖地叫：「爸爸，不要去，不要去自投羅網。」

外公搖搖頭說：「汪先生一直在催促我去。」

媽媽說：「他要你去，你就去麼？」

「唉，我從十六年前在武漢軍校作教官起，汪先生就一直很看重我。他要我去上海，已經八九個月，從成都、到河內、到廣州、到香港，我實在不能不答應。而且……」外公忽然停下。

媽媽等了一陣，不見外公說話，又問：「你去做什麼？」

外公說：「汪先生的一些舊部，不同意他的作法，已經離他而去了。」

媽媽問：「誰？」

外公說：「說了你也不認識……顧孟餘。」

媽媽說：「那你爲什麼就不能也離開汪先生？」

外公說：「我想過，或許我也應該離他而去。可是，這種時刻，汪先生特別需要有人幫助。朋友情誼爲重，我不好看他孤自一人掙扎，狠心不去幫他一把。」

媽媽衝口而出：「幫他賣國嗎？」

「琴薰，不可以這樣跟我講話。」外公提高聲音，很嚴厲，然後又低下聲，說，「我們不是要……我們提倡和平運動，及早與日本人結束戰爭。中國禁不住長期戰亂之苦……琴薰，你出生那一刻，我發過誓，要讓兒女們有幸福生活。如果中國滅亡了，你們不會有好日子。」

媽媽哭起來，嗚咽著說：「爸爸，你不能去！你明知道，日本人很殘忍，他們一定要害你，幹嘛要去丟性命呢？我們就住在香港，哪也不去，爸爸。」

外公沒有說話，伸手摸著媽媽的頭髮，望著窗外的大雨。

媽媽靜靜坐著，努力忍住不動，眼淚噗答噗答地落到胸前。父女二人相對而坐，無言飲泣。過了一陣，媽媽忍不住了，撲過來跪在外公腳下，雙手抱住外公的腿，仰臉望著外公，堅決地說：「爸爸，你要去，我就跟你去。」

外公一驚，問：「你說什麼？」

媽媽說：「爸爸，從小，你去哪裡，都領著我。我們生在一處生，死在一處死。你如果要去上海，我跟你去。」

外公說：「不可以！我說過，去上海，會有生命危險，不是鬧著玩的。」

媽媽說：「你可以去，我也可以去。反正從小到大，我們跟著你，東跑西跑，到上海、武漢、北京、太原、重慶、安南、香港，出生入死也不是一次。你不怕，我也不怕！」

外公說：「這次不一樣，這次去上海，就是到日本人的刺刀下去冒險過日子。」

媽媽堅決地說：「我要跟你在一起。」

外公說：「我不會帶你去。」

媽媽說：「我十八歲了。我可以自己去。你如果去，你前腳走，我後腳就跟到上海。我只要去問汪先生，就找得到你。」

外公低下頭，盯著媽媽的臉看了許久。媽媽感覺到，外公的淚一粒一粒掉落在她臉上。

媽媽也知道，外婆一定站在門外走廊上倚牆聽他們談話。如果外婆不能留住外公，便沒有人能做得到。外公這人，也許書讀得太多，事情想得太多，性格上有些優柔寡斷，常常前思後想，不知如何辦法。但是，他一旦決定要做什麼，那就誰也擋不住。

「你不能去，琴薰。我不能看著你去送死。」外公舉手擦掉眼裡的淚，低聲說。

媽媽說：「那麼答應我，爸爸，你也不去。我們就留在香港，或者我們去找胡適先生，我們可以去美國。」

外公說：「好吧，我答應你，我再想一想。我現在還沒有決定要去上海，我再想想。既然顧孟餘先生跟隨了汪先生幾十年，可以離去，我自然也可以離去。我可以從此不問政，只作學問好了。」

「爸爸，」媽媽把臉埋在外公腿上，高興得又哭又笑。

電話鈴聲響了，響了好幾聲。外公沒有去接，媽媽也沒有去接。外婆在家從來不接電話。電話還在一直不停地響。最後，泰來舅跑出廚房到客廳接了電話，然後從客廳裡對外公叫：

「爸爸，汪夫人要來家裡看你。」

媽媽問：「誰？」

外公說：「汪夫人陳璧君。那可是個不好惹的女人。」

這女人到香港來找外公嗎？外公外婆大吃一驚，面面相視。外公走出卧房，走進客廳，到電話機邊，伸手接過泰來舅手裡的電話。

窗外雷聲大作，雨聲大作，聽不到人聲。

七

媽媽出生一個多月，一九二一年盛夏，太家婆與大姑婆一起，逼外公寫休書休掉外婆。外公不從，太家婆用雞毛撢把外婆打得跑到院中吐血，人人見了害怕，太家婆也覺不忍，自知管教媳婦有些過分，丟下雞毛撢，一時站在那裡，不知所措。大姑婆看見，走過太家婆身邊，輕描淡寫說一句：「什麼大不了的！女人每個月看見自己的血。鬧什麼鬼！」

太家婆聽到大姑婆的話，想一想，覺得也有道理，放下一點心，走回堂屋裡去。

這樣一鬧，外公終於沒有寫休書。他的病本來沒好，又添悲急交加，高燒不退，徹夜昏迷，挨到第二日黃昏，不顧外婆阻攔，掙扎起來，命二福備了馬車，帶個小布包，離家而去。學校仍在暑假之中，尚未開學，他到河南一個同學的家裡去住，等到開學再回北京。外公既然走掉，也就沒辦法馬上把外婆休回娘家去。驪珠姨可以回屋裡睡覺，夜裡不再哭鬧。日子平靜下來。

太家婆到底還是看見外婆吐血有些怕，不再進外婆屋。

外婆在床上將養數日，可以下地。又過幾星期，外婆開始到廚房幫忙，到工棚紡線。卻不想，太家婆發下話來：「二奶奶不要再到廚房工棚做事，只在自己屋裡休養就好。」

外婆心裡奇怪，又不敢違抗，在自家屋裡躺著，一天到晚，提心吊膽。

又過兩個月，外婆坐在床邊做針線，給媽媽縫小衣裳，驪珠姨坐在一邊玩碎布頭，伊伊哇哇講自己現編現續的故事。聽見外屋有人推門進來，外婆招呼一聲：「誰呀？」同時趕緊放下手裡針線，站起身，抬頭只見太家婆撩開門帘，走進裡屋來。

外婆嚇了一跳，忙趕過來，搬椅子伺候太家婆坐，轉頭看看，太家婆身後沒有跟來大姑婆二姑婆，安心許多，說：「母親有事，只管吩咐媳婦去聽使喚，怎敢勞動母親走過來。」

驪珠姨本已趕緊丟開手裡的布頭，跳下床來，準備見機逃出屋去，看到只有太家婆一人進來，面目和善，便又躲到床上帳角裡面，瞪著小眼睛，望望太家婆，望望外婆。

太家婆一邊在椅上坐下，打量著外婆，微微帶笑，問道：「你近來覺得麼樣？」

外婆站在一旁，低著頭，雙手緊握，不知如何回答。

外家婆說：「你坐下，莫站著。」

外婆不敢不聽太家婆的話，慢慢走過去，欠身坐到床沿上，仍低著頭，兩手握在腿上，等太家婆發話。外婆心裡實在怕，不知自己又惹了什麼錯，太家婆突然會這樣態度。

媽媽在床裡頭繼續睡著，因爲今天太家婆進屋沒有大吼大叫，所以沒有吵醒媽媽。驪珠姨見外婆坐下，便悄悄地爬過來，偎到外婆懷裡，讓外婆抱上，望著太家婆。

太家婆滿臉的笑，問：「奶好不好？丫夠吃麼？」

外婆低聲答說：「夠。」

太家婆坐在椅上，動了一動身子，說：「你曉得，你向大嫂一年多前生了個兒，鼎來丫。那是陶家的根苗。向大嫂呢，老是生病，沒有奶餵鼎來丫。」

「哦，莫要……莫要……」外婆喃喃地自語。

太家婆說：「先莫叫喊，聽我說。我們早先雇了一個奶媽，餵鼎來丫餵得好。過了大半年，跟著丈夫搬走了。又雇過幾個奶媽，鼎來丫長大了，認得人，試來試去，一個也不吃。」

外婆低著頭，不作聲。

太家婆嘆口氣，繼續說：「這些日鼎來丫常餓著，每天哭。向大嫂著急，也是整天哭。日子實在沒辦法過。」

媽媽忽然醒過來，哇哇叫起。外婆忙把驪珠姨放到一邊，轉身抱起媽媽。

太家婆停了一下，又說：「我看得出，向大嫂身子，不會再生育，那鼎來丫是陶家一棵獨苗。我只有求你救救陶家，你剛生過丫，奶夠多，求你幫忙餵餵鼎來丫。他認得你，會跟你。你餵了他，就是他的娘，你也就有個兒子。有一天，他考中了狀元，也會接你進京去見皇上。」

外婆沒有說什麼，只是把媽媽抱得更緊。

太家婆說：「不用擔心，琴丫長得大。姑娘家，日後總是人家的人。你想想你自己的將來，有個兒才好。」

外婆哆嗦著嘴唇，說不出話，忍不住眼淚流出來，抬手擦掉。

太家婆看著外婆的臉，過一兩分鐘，臉色嚴厲起來，又說，「你還夢想自己會生個兒麼？」

外婆的臉貼在媽媽的額頭上，淚水順著兩張臉流淌，她也不再擦了。媽媽張開小嘴，咂巴著那鹹鹹的母親的淚。

太家婆站起身，提高聲音說：「你想想吧！陶家只有鼎來丫一個根。你把鼎來丫奶大，也算給陶家積了德。陶家人都感激你，好日子在後頭。想想你自己將來，也想想你兩個女丫。」

驪珠姨見到太家婆變了臉，嚇得趕緊縮到帳子角落裡，拉起被子蒙住頭，不住打抖。

太家婆離開屋子後，外婆坐在床邊，一動不動，緊抱兩個女兒，一直到夜幕覆蓋整個天地。

第二天起，外婆開始給鼎來舅餵奶。每天四次，一個女僕從向大嫂屋裡把鼎來舅抱過來，到外婆屋裡。外婆坐在自己床上，給鼎來舅餵奶。餵過之後，或者留鼎來舅在屋裡玩一會，或者鼎來舅睡著了，僕人抱回向大嫂屋裡去。

外婆不必再去紡線，也不必去洗碗，或者洗衣，打掃廳堂。外婆根本足不出戶，只在屋裡將養，每天四頓飯，有僕人送來雞湯麵、排骨湯麵、豬蹄子湯。太家婆一天來幾次，問她要吃什麼。只要她開口，要什麼給什麼。但是外婆只要求兩件事，第一，得到一點安靜日子。第二，每餐喝豬蹄子湯，多下些奶水。

太家婆發一句話，都辦到了。大姑婆二姑婆都回夫家去住，陶家前後院裡的人，誰也不許在院內吵鬧，離外婆屋外十尺方圓，走路放輕腳步，說話不得高聲。給陶家保留一條根苗，比什麼都更爲要緊。太家婆不是惡人，並不存壞心，她只是遵從祖上舊制，用那一套老法子管理這個三代同堂的家族，管教兒子媳婦，一心一意給陶家光宗耀祖，不斷香火。只要外婆能餵鼎來舅吃奶，陶家的根就保住了。現在太家婆的心思全部都在外婆身上，只顧讓外婆滿意，別的都不在話下。雖然大姑婆二姑婆生氣，還是沒辦法，領著孩子走了。豬蹄子湯自然最容易做到。

外婆心裡想的只有一件事：盡一切可能吃好，生出更多的奶水。豬蹄子湯又難聞又難吃，含在嘴裡黏乎乎滑膩膩，可是外婆每頓飯，頭一件就要喝一大碗。喝過以後，總要歇息半個鐘頭，閉緊兩眼，憋住呼吸，一動不動，才忍得住不嘔吐出來。然後，她才再坐起身，勉強吃些青菜、雞蛋、排骨、魚，主要是喝湯，吃湯麵。外婆並不在乎她自己的身子，她只求能有足夠的奶水，同時餵養兩個孩子。

她想把自己的一個奶給鼎來舅吃，另一個餵媽媽。鼎來舅快兩歲，可以吃稀飯、菜湯；媽媽只有五個月，只能吃奶。可是，鼎來舅喜歡外婆，每次來，便叫喚著不要回自己屋，要外婆整日抱著他。男孩子胃口大，每次總是把外婆兩個奶都吸乾才罷休。很快，他長得又白又胖了。太家婆看了高興，從早到晚地笑。

媽媽沒有奶吃，只有糖水摻和著外婆的淚。五個月大的女孩，老是餓著，老是哭，皮包骨頭，不斷生病。她看來快要活不成了，外婆什麼辦法也沒有。陶家裡裡外外，所有的眼睛都盯著她餵養陶家的獨苗。外婆自己清楚，她絕對擔當不起讓陶家斷了香火的大罪名。她只有每天向老天禱告，求老天派個人來救救她們母女。

終於，救她的人到了。那是外婆娘家的一個姨母，媽媽後來給我講這個故事時，告訴我該稱她作太姨婆。她從倉阜鎮南萬家大灣老家去武漢看親戚，過了武湖，到得鎮上，專門坐馬轎，繞到鎮東陶盛樓停一停，看看她的外甥女，我的外婆。

太姨婆穿一身黑絲綢的襖褲，袖口褲口繡兩條綠紋，一雙小腳裹著一對繡花鞋，走路一顛一顛，由兩個男僕扶著，進了陶家大門。

二福忙迎上去請安，說：「老太太這會子剛躺下休息，不好打攪，請先到二少奶奶房裡小坐，過一會老太太起來，再行通報，請堂屋喝茶。」

太姨婆說：「也好，我本來是專門來看我外甥女的。」

二福把太姨婆引到外婆房門邊，對裡面叫：「二少奶奶，您家老太太來看你啦！」

「我自己會進去。」太姨婆一手舉著門帘，對二福說，「你去招呼跟我來的兩個傭人，喝口茶水。我自會賞你。」

「這個自然，不必老太太費心，小的當然會招待。」二福說著就走開了。

太姨婆推開房門，走進外屋，空無一人，轉去撩開裡屋門帘，便見外婆跪在裡屋當中地上，手裡抱著媽媽，仰著臉，流眼淚，不說話。

太姨婆嚇了一跳，忙問：「冰如，你怎麼了？」

外婆邊哭邊說：「姨母，你把外面門關緊。」

太姨婆趕緊轉身出去，把外屋房門緊緊關好，才又轉回裡屋來。

外婆仍跪著，抽泣著說：「姨母，救救我兩個丫！」

太姨婆忙上前扶外婆站起，坐到床沿上，並肩坐著，問：「麼什事？」

外婆抽抽搭搭，斷斷續續，把餵鼎來舅奶，媽媽沒得吃快要餓死的話，告訴給太姨婆。

太姨婆還沒有聽完，站起身，在地上跺兩個小腳，手指頭戳著外婆額頭，高聲罵：「你這是做麼什？你養一個，殺一個，殺命養命，你懂麼？你不能這樣，你怎麼做娘？」

外婆坐著，抱著媽媽，只是哭。媽媽也嚎哭不止。

太姨婆尖著喉嚨叫：「我告訴你婆婆！你跟我走，我也不去武漢了，我帶你回娘家……」

「莫叫莫叫。」太家婆在外屋一邊說，一邊撩起門帘，走進裡屋，臉上堆著笑。

「你來了，正好。我們把話講清楚！」太姨婆兩手叉腰，站在屋子正中，睜大眼，瞪著太家婆說，「我們教我家女兒忍，教我家女兒在婆家守規矩。冰如在你家哪一點做錯了，你打你罵，都由你。誰家媳婦都是打罵出來的，可是你不能這樣害她母女兩個。」

太家婆還是陪著笑說：「她給我陶家生兩個女，我陶家只有鼎來丫一條根。」

太姨婆朝婆婆逼近，提高聲音，大叫：「你斷定冰如不會給你生孫兒了？她才二十幾歲，往後有二十幾年可以生兒育女。你敢說她不會生幾個兒？」

太家婆說不出話：「她，她……」

太姨婆接著喊：「你自己生了幾個女，幾個兒？」

太家婆不說話，在一把椅子上坐下來。

太姨婆不住聲：「我現在把冰如帶回家去。我家女兒老實，但也不能受人欺。你陶家代代朝廷當官，自然了不起。我萬家在黃岡也是大族。遠的不說，只從康熙到光緒，萬家便出過九個進士，點過四個翰林。舉人貢士六十五位，湖北河南到處都是萬家青天大老爺。冰如的父親也是一縣父母官，呼得風，喚得雨。我把冰如帶回娘家，她父親自然要問，怎樣結果，我不敢說。」

太家婆把頭低下，不作聲。

太姨婆轉身對外婆喊叫：「冰如，收拾行李，我們起身。用不著怕，不用打抖。沒做虧心事，半夜不怕鬼敲門。」

太家婆站起身，伸著胳臂擋住太姨婆：「等等，莫急莫急。我沒講冰如在我家做錯什麼事，只是……她沒給陶家生個兒。你也作娘，作婆婆，你曉得這裡面的道理。」

太姨婆尖著喉嚨叫：「你把她逼死了，她才不會給陶家生兒。」

太家婆陪著笑臉說：「向大嫂整日生病，還不知能活多久，生育一定不成了。鼎來丫是陶家剩下的一條根了。冰如餵大鼎來丫，將來鼎來丫升官進爵，冰如也還不是要受封。」

太家婆指著外婆懷裡大哭的媽媽，說：「她拿什麼餵琴丫？那也是一條命，也是冰如身上掉下來一塊肉，也是你陶家骨血。你總不能那麼狠心，殺一個孫女，養一個孫兒。」

太家婆說：「我並沒有逼她。她自己願意幫向大嫂。她說不願意，我們再給鼎來丫找奶媽。家醜不外揚，你不能把冰如帶走，到處張揚陶家的事。」

太姨婆當然也曉得太家婆操心陶家香火後續，並非存心爲難自己甥女，聽這樣說，便鬆了口：「那好，你今天就去找來奶媽。現在我帶冰如走，對誰也不講，只算回回娘家，你什麼時候給鼎來丫找到奶媽，她什麼時候回來。珠丫琴丫一道走！」

「好，好，依你，依你！」太家婆擋住太姨婆，「我今天就去找，今天就找來。我再不要冰如餵鼎來丫，冰如只餵琴丫一個。你莫帶她回娘家，莫丟我陶家的臉，我錯待不了她。你莫把這點小事告訴冰如父親。他公事多，何必把些小事麻煩他老人家。」

太姨婆站著，沒動，也沒說話。

「好吧，」太家婆見太姨婆沒作聲，趕緊接下去說，「我擔保，我陶家上下，再沒人來麻煩冰如。這樣，這樣，讓冰如自己作主。她要跟你走，就跟你走。她要留下，就留下，聽她的。」

太家婆說完，轉身走出屋子去，到堂屋裡坐著，一邊等外婆的決定，一邊著急生氣，一邊發話馬上派人四處給鼎來舅找奶媽。

太姨婆和外婆坐在床沿上，不說話，兩個人都知道該怎麼辦，不必商量。

「我要餵琴丫一口了。」外婆說完，解開大襟，把奶頭塞進媽媽嘴裡。媽媽還哭著，便張開嘴，狠命地吸起來。兩個多月了，這是第一次，外婆可以敞開地飽餵自己的女兒。好久了，第一次，媽媽可以盡夠地吸食母親的奶汁。

外婆看著媽媽貪婪的吃相，滿足地笑了，眼裡的淚聚不住，順著笑紋橫流，也顧不得擦。

過了一陣，太姨婆問：「珠丫呢？這半天不見她。」

外婆說：「珠丫三歲了，自己跑出去耍，認得了所有的屋子。她曉得哪裡去得，哪裡去不得，誰喜歡她，誰不喜歡她。爹爹最喜歡她，她整天鑽在爹爹屋裡。聽見院子裡嚷，她更不出來。」

太姨婆說：「老太爺有病，不要染給珠丫才好。」

外婆說：「不會吧？爹爹的病是老年人的病，珠丫還小，染不上。」

最後，太姨婆走了，外婆沒有回娘家。太家婆給鼎來舅找到一個奶媽，不管鼎來舅喜歡不喜歡，反正外婆不餵他了。其實鼎來舅也到了斷奶年齡，多吃麵飯長得更壯些。

日子恢復往常。外婆又開始紡線，洗碗，洗衣，打掃廳堂。吃飯再也沒有人送，也沒有豬蹄湯骨頭麵。可是，外婆真高興，她有足夠的奶餵養媽媽。大姑婆二姑婆又帶了孩子搬回娘家，更變本加厲找外婆的差處，四處大喊大叫，指東罵西，摔盤子、打碗、燒痲將……。

驪珠姨在太家公屋裡玩了一早上，回屋跟外婆一道吃過午飯，便又跑回東廂房，準備回太家公屋裡。大姑婆的兒子，我叫大表舅，走過來，問她：「你去家公屋裡麼？」

麗珠姨說：「我去爹爹屋裡。」

二姑婆的兒子，我叫二表舅，在一邊說：「我們也要去聽家公講故事。」

大表舅說：「我抱你去。」

驪珠姨笑了，說：「你抱不動。」

大表舅伸出手臂，說：「我長得大，抱得動。我抱給你看看。」

驪珠姨掙扎著，大表舅便把驪珠姨抱起。可是他畢竟太小，力氣不夠，剛把驪珠姨抱起來，兩個人便一起摔倒在地。驪珠姨的頭碰在台階邊上，疼了，大聲哭起來。

太家公在後面聽見，大聲罵：「珠丫爲麼什哭？誰欺侮我孫女。叫過來，我打他。」

大姑婆，三腳兩步衝過來，打大表舅一記耳光罵：「你作死？你去惹她！」大表舅哭起來。

二姑婆也趕到，打二表舅一記耳光，罵：「你找死嗎？」

二表舅也哭起來，嚷：「我麼什也沒做！」

驪珠姨看見大姑婆二姑婆到了面前，慌忙停住哭聲，連走帶爬，忙不迭跑進太家公屋裡，跪在床前，抹著眼淚，說：「爹爹，我自己跌倒的。你莫打他們，莫罵他們。」

太家公把驪珠姨抱在懷裡，說：「爹爹看，哪裡跌痛了？莫哭，爹爹給你講好聽的故事。」

樓下大姑婆二姑婆還在打，一邊扯著嗓子罵，兩個表舅跳著腳哭叫。

太家婆跑進太家公屋罵：「你怎麼這樣！你爲麼什愛她這許多？一個女丫，有什麼寶貝！」

「去，去，去。」太家公揮著手，「我們要講故事了。」

驪珠姨整天待在太家公屋裡，幫老人遞水，找書。她玩弄老人的鬍子，逗老人發笑。她最喜歡坐在床邊，瞪大眼睛聽太家公講故事。太家公告訴她紫禁城裡有多少宮殿，告訴她科場考試有多麼難，告訴她北京多麼漂亮，冬天有多大的雪。太家公也講給她聽，在朝廷裡當官的歡樂和痛苦，見到上司時的恐懼，欽差大臣們的傲慢和貪婪。許多故事也許藏在太家公心裡幾十年了，現在他找到了一個忠實聽眾，可以肆無忌憚地述說。驪珠姨聽不懂，但是她不吵，她靜靜地聽。太家公便滿足了，高興了。然後太家公開始講《西遊記》，祖孫二人高興的笑。

但是，到冬天的時候，太家公死了。

八

驪珠姨最要好的朋友死了。

按照祖宗規矩，太家公的遺體裝進棺材，要在堂屋裡停放七七四十九天。兩班和尚輪流，日夜二十四小時不停，坐在靈堂念經，超度太家公升天。幾個香爐插滿了香，整座房子香煙繚繞。現今沒有皇上了，所以沒有朝廷的黃緞封誥送來。只有太家公原先一起當官的好友們寫來些輓聯悼詞，也有當地一些官僚友朋們前來弔唁。全家主僕都穿著白袍，頭紮白巾，腰纏麻繩。女人們都不准抹胭脂戴花，每天忙著招呼來人，做飯伺候，還要輪流排班，到靈堂去嚎啕大哭。

驪珠姨只要有機會，別人看不到，就溜進靈堂去。碰到二福擋她，她說：「讓我去一下，我想跟爹爹說一句話，只一句。我能讓爹爹坐起來，每次都是我讓爹爹坐起來，爹爹喜歡我讓他坐起來。我能讓爹爹高興，爹爹答應給我講更多的故事。」

二福帶她到靈堂上去。驪珠姨站在太家公棺木邊，朝裡看著，對太家公說：「爹爹，你醒醒吧！我來了，是我，珠丫，我是珠丫。我給你端熱水，放了糖，還有一片桔皮。爹爹，醒醒吧，不管你要什麼，我都馬上給你做。我不再耍賴偷懶了！」

二福拉著驪珠姨走：「爹爹要多睡一會，我們走吧！」

驪珠姨走一步，回一次頭，眼淚撒了一地。

最後，四十九天到了，老人棺木要啓動，運往祖墳墓地。全家人都站在靈堂裡，排列幾行，跪在地上。和尚們更提高了聲音念經。幾個族人上前，幫助伯公外公兩兄弟把棺蓋蓋上。全家人都趴下來磕頭。

突然，驪珠姨跳起來，尖聲哭叫著，衝到棺材面前：「莫蓋，莫蓋！」她一邊叫，一邊往棺材上面爬，「我要跟爹爹在一道，我跟爹爹一道躺裡面。」她哭著，叫著，往棺材裡鑽。

靈堂裡的人看了，都目瞪口呆，只是望著。驪珠姨身子已經進了棺材，跟太家公並肩躺著。外公突然醒過來似的，急忙探身進去，拉起驪珠姨，把她抱出來。

「我要跟爹爹躺著，我要聽爹爹講故事。」驪珠姨掙扎著，扯著喉嚨哭喊不停。

外公抱著驪珠姨。滿屋裡人嚎哭放聲。扛夫們抬走了太家公的棺材。吹鼓手們弄響了各種樂器。一行數百人排了隊，跟在棺材後面，打著幡，燒著紙，跌跌撞撞，往祖墳墓地走去。

太家公死了，驪珠姨在這個家裡只有跟著外婆。每天早上，外婆換好媽媽的尿布，餵完奶，哄她又睡著。然後，輕聲對驪珠姨說：「就睡在床上，莫動。等媽媽回來給你穿衣服。」

驪珠姨點點頭，躺在床上，望著外婆走出門去。

外婆去太家婆的屋裡，服侍太家婆吃茶，再熱好一碗燕窩湯端上。太家婆起了身，走進廁所。外婆趕緊換過床上的床單，抱到院裡，放水，擺搓板，捲袖子，用兩個手，使勁搓洗。一寸一寸都洗乾淨，擰乾，晾好，把每個布摺都展平。她知道，太家婆一直在屋裡的窗前盯著看她做這一切，有一點不周全，就要挨罵。她晾好衣服，又走回太家婆屋裡。太家婆坐在椅子裡，喝燕窩湯。外婆用手撣撣新換的床單，拉拉平。看地上有線頭、碎布，都揑起來。然後在門口站一會，等太家婆有什麼新吩咐。

太家婆一口一口喝完燕窩湯，放下碗，說：「好了，你去忙你的吧！」

外婆默默退出太家婆房間，一轉身，飛也似地跑回自己屋子。媽媽還靜靜地睡著，驪珠姨還在床上躺著，一動也沒有動。外婆讓驪珠姨起來，幫她穿好衣服、洗好臉、穿好鞋子。

驪珠姨壓著嗓子問：「大姑起來了麼？」

外婆說：「我好像看見她在窗前晃了晃，誰曉得她。」

「快，姆媽，快。我們走吧！」驪珠姨拉著外婆就往外走。

她們順著牆邊，輕輕走到後院門邊，誰也不說話。外婆打開後門，領著驪珠姨走出去。後門外的一片空地上，有個小小的竹棚，只有頂，沒有圍，不知原來做什麼用，已經很舊了。外婆領驪珠姨走到小竹棚下，安頓驪珠姨坐好。

「坐在這裡，莫亂跑。聽見沒有？」外婆再一次扣扣驪珠姨的衣領，拉拉她的袖子。她並不需要驪珠姨回答，女兒常乖乖坐在小竹棚裡等她，有時幾個鐘點，有時一整天。

「姆媽，我不亂跑，我就在這兒。」驪珠姨望著外婆。

外婆從身上口袋裡摸出一個麻團，遞給驪珠姨。

驪珠姨的臉笑開了花，站起身來，伸出手接了，說：「姆媽，我最喜愛吃麻團。我省著，慢慢吃，中午就不餓了。」

外婆很想跟女兒坐一陣，可是不行。她再看看女兒，看看周圍的一片空地，然後說：「姆媽做完事就來看你。」

驪珠姨坐下來，兩手裡捧著麻團，說，「姆媽，你看見麼?太陽多漂亮啊!」

外婆回到院裡，到洗衣房裡，站在大木盆前，接著洗更多的床單、被單、衣服、尿布。她只是洗，不知道洗的都是些什麼。

兩個鐘點以後，她回到自己屋裡。媽媽醒了，睡夠了覺，醒了不吵鬧，躺在床裡玩自己的腳，嘴裡咿咿呀呀說話。外婆給媽媽餵好奶，把小姑娘包好衣服，放到一個小籮筐裡，手提著，到廚房，放在一邊讓她自己玩。外婆去服侍太家婆大姑婆二姑婆幾個吃中飯，然後收拾乾淨桌子，擦淨地板，把太家婆和兩個姑婆在花廳安頓好打麻將。

之後，可以喘一口氣。外婆提起裝著媽媽的小籮筐，趕到後門外邊去。

驪珠姨還在小竹棚裡，麻團剩著一半。看見外婆，驪珠姨跳起來，張開兩臂，衝過來。

外婆放下裝媽媽的籮筐，拉住驪珠姨的手，便罵：「死丫，你怎麼不曉得脫棉夾夾呢?看看你的汗!太熱，要生病。把麻團放嘴裡，來，脫了棉夾夾。」

驪珠姨沒理會外婆的罵，歡天喜地，把麻團塞在嘴裡，嚼著，伸開雙臂，讓外婆把棉夾夾拉掉。外婆蹲下身，伸手幫驪珠姨擦掉額頭上的汗，又站起來，一手拎著裝媽媽的籮筐，一手領著驪珠姨走到竹棚裡的陰影下面。

「你看，姆媽，這裡不那麼熱。你覺得風麼?你這樣，伸著手，你能覺得風，這樣，姆媽。」驪珠姨說著，拉起外婆的手，舉高，讓外婆感覺那微風。

外婆說：「你跟我回去，你不能每天在這裡坐，冷了又熱，熱了又冷，要生病。」

驪珠姨說：「我不要回去！我不要聽大姑二姑叫喊。我怕。」

外婆說：「下午姆媽紡線，你跟我坐著。」

「呵！跟姆媽坐著呀，跟姆媽坐一塊呀！」驪珠姨高興得跳起來，拍著手。

外婆說：「只能坐著，莫多話，莫亂動。」

驪珠姨說：「是，姆媽。我跟妹妹玩。」

外婆領著驪珠姨的手，提著裝媽媽的籮筐，走進後門，來到紡線的工棚裡。安頓驪珠姨坐在身後，挨著裝媽媽的籮筐，然後開始搖紡車。驪珠姨用手逗媽媽的臉，玩了一會，膩了，不玩了，坐著，望著外婆，不說話。只有紡車發出嗚嗚的聲響。媽媽睡著了。驪珠姨忍不住了，開始求外婆：「姆媽，我想到外面去。我喜歡看天上的雲。」

外婆說：「不行，太晚了，外面冷了。」

驪珠姨說：「姆媽，我不冷。太陽落的時候，雲都是紅的，可好看了。」

外婆說：「不行。」

驪珠姨又說：「姆媽，我餓了。」

外婆說：「你沒見我忙著？」

「不麼，我餓了，我要吃……」驪珠姨說著，哭起來。

外婆說：「停住。你想讓大姑聽見你哭？」驪珠姨馬上停住哭聲，可是已經太晚了。

大姑婆在麻將屋裡叫起來：「那死丫頭又在哭麼?眞煩死了，要我死麼！」

二姑婆也叫起來：「這家沒法子住了，沒個淸靜地方，還是到尼姑庵去好了。」

驪珠姨忍著哭聲，眼淚還一個勁流，望著外婆。外婆只好拉起驪珠姨的手，默默地領她走出後院門，在漸漸蒼茫的天色中，送驪珠姨回到小竹棚裡。

驪珠姨手舞足蹈，大聲說話：「姆媽，你看，太陽已經下山了，天上多紅呀！雲彩多好看！我想畫畫。姆媽，你給我紙，我要畫。」

「給，這是筆。昨天給你的紙呢？」外婆從身上取出一截鉛筆，遞給驪珠姨。

「哦，在我口袋裡，我忘了。我接著畫。」驪珠姨從自己衣服口袋裡掏出紙，接過外婆手裡的鉛筆，趴到地上，把紙放在面前，鋪平，開始畫，不理會身邊一切了。

外婆一把把女兒拉起來，給她把棉夾夾穿好，一邊說：「天晚了，冷，穿好，莫著涼。」

「我不會。姆媽，我得快畫，過一會就沒有了。」驪珠姨匆匆趴下，重新開始畫她的圖。

外婆從身上掏出一個小紙包，放到驪珠姨面前，說：「這是一塊糢糢，涼了，你不餓，就不吃。等會子，姆媽來帶你回去吃熱飯，聽見麼？」

「姆媽，我不吃，我要畫圖。」驪珠頭也不抬。

外婆不能再多留一刻，她得回去服侍一家人的晚飯了。她拉拉女兒的領口，又拉拉她的衣服後襟，便站起來，望望西邊那消退下去的最後一絲晚霞，默默不作聲地走回院裡去。

過了沒多久，驪珠姨果然病了。

一九二二年陰曆三月，倉阜鎭周圍幾個村子流行麻疹，驪珠姨和媽媽都傳染上了，每天發高燒，躺在床上哭。那時，媽媽九個月，驪珠姨三歲多一點。外公在北京念大學最後一學期，排滿了考試，不能回家。外婆根本沒敢給他寫信說家裡的事，她只一個人照看兩個病孩子。

陶家大院裡還是一樣的熱鬧。木匠在院前院後忙著做工，每天從早到晚敲敲打打，吵得天翻地覆。太家婆、大姑婆、二姑婆整天約來鄰人老太太打麻將，爭吵打鬧。

驪珠姨的嘴和喉嚨都發炎了，一天比一天嚴重。她能聽見外面有人議論，村裡誰家誰家的小孩子死了。她很害怕，眼睛翻出白色，兩手也變涼了。

「姆媽，」驪珠姨拉著外婆的手說，「我會死麼？姆媽，我不要死，我的畫還沒畫完呢！」

外婆抓緊女兒的手，忍著自己的眼淚，安慰驪珠姨，說：「不會，珠丫，你當然不會死。你才三歲，你還要活好幾十年呢！姆媽要帶你去北京看爸爸，看下雪，看紫禁城。」

院子裡傳來雜亂的人聲，二姑婆託人從武漢帶了武漢造的餅乾，鄉下人從來沒見過，又好看，又好吃，香噴噴，甜脆脆。不光小孩子們，連大人們都叫好。

驪珠姨聽見了，問外婆：「麼什叫餅乾？姆媽，我可以不可以有一個，我不吃，我看看就好了。姆媽，我不哭，我聽話，我不喊喉嚨疼，可不可以給我一個武漢的餅乾？」

外婆忍著淚，說：「當然，珠丫，當然。姆媽給你留了一大盒，你可以吃個夠。可是姆媽現在不能給你，姆媽給你留著，等你好一點就給你。你現在好好躺著，吃藥吧！」

驪珠姨乖乖地吃了藥。她要快一點好起來，外婆就會給她一塊武漢造的餅乾。

外婆靜靜地坐著，掐著手指頭算日子。等女兒睡著了，走出後門，在那裡等到天黑。每星期一次，倉阜鎮上有個小商販到陶盛樓來，賣點針針線線，都是從武漢帶來的。村裡有人要買特別的東西，也可以託他去武漢買來。因爲陶家是大買主，所以他每次專門要到陶家來一下。外婆不敢讓別人看見，等在後門外，直到小販辦完了陶家旁人的事，手裡捏著錢，從牆角轉過來。

那小販聽到外婆叫，嚇了一跳，又滿臉堆笑，說：「呀，二少奶，我說沒看見你在前院。」

外婆說：「下禮拜來，煩你給我帶一盒武漢的餅乾。」

小販說：「那沒問題。二少奶要什麼樣的？」

外婆說：「什麼樣的都好。」

小販手比劃著說：「那我給二少奶帶一盒動物形狀的餅乾，小丫們最喜歡。」

外婆說：「好。這是錢，不知夠不夠？」

「看二少奶說的。」小販一手接著錢，眉開眼笑的說，「哪能用得了這麼多呢！都是二少奶奶好心，多賞了小的。」

外婆說：「只有一條，你記著。」

小販說：「二少奶奶儘管吩咐。一百條也行！」

外婆說：「下次來，我還在這等你。不能讓前院裡的人曉得我要你買餅乾。」

小販恍然大悟，說：「呵，我懂了，懂了。二少奶奶放心，我這嘴現在就貼了封條。我不讓別人曉得我給二少奶帶了東西，也不讓人看見我跟二少奶說話。二少奶放心！」

外婆說：「好了，天不早了。你去吧！」

小販說：「謝二少奶奶。下禮拜見。」

小販說完走了。外婆站著，又掐著手指頭算了算，才走回院裡去。

整個一星期，驪珠姨心心念念記著武漢的餅乾。她不哭，不鬧，叫吃藥就吃藥，叫睡覺就睡覺。可是，她的病越來越糟。外婆看著，心裡油煎似的，跑出去幾次，請倉阜鎮上的郎中來看，也說不出什麼，只開幾副草藥，就走了。

好不容易，又到了鎮上小販來陶盛樓賣針線的日子。太陽偏西，在後院門外，外婆終於等到了那盒武漢餅乾。她也來不及多謝那小販，拿過盒子，往大襟下頭一藏，便低著頭，匆匆忙忙趕進院子，躲在牆邊，走回到自己屋裡。「珠丫，珠丫，」外婆坐到床邊。

驪珠姨睡著，閉著眼睛。頭髮讓汗水浸溼了，粘在額頭上。臉發著一種粉紅色，沒有光澤，臉蛋上沒有了肉，腮陷下去，顴骨突出來，高高的；眼窩深深地陷落，整個都是黑色。嘴唇幾乎沒有了顏色，乾裂出一條條縫，黃白色的乾皮一塊塊掉落下來。

外婆輕輕搖搖驪珠姨，「你看，珠丫，你這個禮拜聽話，姆媽今天就把武漢餅乾給你。」

驪珠姨慢慢地睜開眼，望著外婆，眼裡沒有一點神。

外婆拿出那盒武漢餅乾，讓驪珠姨看，一邊說：「珠丫，珠丫，看，這就是武漢的餅乾，是小貓小狗的，你看這盒子上的圖，多好看呵！你看，你看！」

驪珠姨的眼裡閃出一點亮光。她笑了，身子用力掙扎著要坐起來。外婆站起身，用手扶著驪珠姨直起上身，抽過一個枕頭，墊在驪珠姨身後，讓她靠了。

驪珠姨捧著那盒武漢餅乾，放在膝蓋處的被子上，想把盒蓋打開，可是沒有那麼大的力氣。「姆媽，開。我……要……餅乾……」驪珠姨望著外婆說，聲音低得聽不到。

外婆幫驪珠姨開開盒蓋。滿滿一盒金黃色的餅乾，全是小貓、小狗、小雞、小老虎、小羊、小牛，非常誘人。

外婆說：「珠丫，拿一個，都是你的，拿一個。」

驪珠姨手拿起一塊餅乾，舉起來，想放進嘴裡。可是，做不到，她張不開嘴。外婆拿小勺，舀了一點水，灌進驪珠姨的嘴，讓驪珠姨的嘴裂開一道縫，又用手把餅乾掰下一小塊，塞進驪珠姨的嘴。驪珠姨嚼了好半天，但是她嚥不下去。「姆媽，疼，疼。」驪珠姨望著外婆，眼淚冒出了眼角。她的喉嚨已經腫了好久，怎麼也沒辦法嚥下。

外婆取過一個水杯，把餅乾泡在水裡，等餅乾的一個角軟了，就拿著餅乾，送到驪珠姨嘴裡，說：「珠丫，忍著疼，嚥一點。你想了那麼久，嚥一點吧！」

驪珠姨把眼睛閉起來，用盡力氣嚥。也許她嚥下了一小點，她喉嚨疼得眼淚直流。

「好了，躺下吧！」外婆抽掉驪珠姨身後的枕頭，扶她躺下。

看著驪珠姨，外婆心疼極了。她摸著驪珠姨的額頭，小聲說：「都是姆媽不好，姆媽該早點給你餅乾，都是姆媽不好。」

驪珠姨躺著，把武漢餅乾盒抱在胸前，一個手摸著盒蓋上印的小貓。她眼角上還掛著淚珠，可是她在笑。她有整整一盒武漢的餅乾，是她的，外婆給她一個人的。可是，沒有一個人在身邊，除了外婆，沒有別人，沒有任何人來分享她的快樂。

外婆說：「留著，珠丫，等你好了，再好好地吃夠。」

第二天早上，驪珠姨好像好了一點，對外婆說：「姆媽，可以去爹爹屋裡麼？」

外婆說：「做麼什？」

驪珠姨說：「我想爹爹了，我想不起他給我講的故事了。」

外婆說：「姆媽給你講，好麼？」

驪珠姨說：「我答應爹爹，給他看我畫的畫。」

外婆沒有辦法，只好把驪珠姨抱到太家公屋裡。一切都沒有變。自從太家公去世以後，再沒有人到這屋裡來過。外婆把驪珠姨放在太家公的床邊，她以前常常坐著聽太家公講故事的地方。她的胸前，放著那盒武漢餅乾，她的手裡捏著那張沒有畫完的日落圖。她靜靜地躺著，好像在聽著窗外的風聲。三歲的驪珠姨，就這樣，一動不動，靜靜地躺在太家公屋裡，側著頭，望著窗外的天空。一天一夜，外婆抱著琴薰，坐在驪珠姨身邊，一眼不離驪珠姨的臉，心像刀絞一般的痛。

「姆媽，外邊太陽落山了麼？」驪珠姨的嘴微微動了動，吐出幾個難以分辨的字。

然後，她就慢慢閉上了眼睛，沒有了呼吸。

九

驪珠姨死了。外婆也不想活了；可是，外婆身邊還躺著另外一個病孩子，我的媽媽。為了還有著一口氣的媽媽，外婆咬緊牙關，忍住悲苦，殘活下來。

外公在北京大學考完了試，一邊寫他的畢業論文，一邊申請安慶法政專科學校教書的職位。太家婆不許外婆寫信給外公，報告驪珠姨病死的消息。

太家婆教訓外婆說：「一個女丫，生死沒什麼大不了。體面一點埋了，就好了，不要驚動在外邊求功名的人。陶家祖上從來不拿家裡的一點芝麻事情，去打擾外頭做大事業的男人。你要是眞的愛丫，給我們生個男丫，大家都寶貝。」

外婆整日悶在自己屋裡，門上窗上帘子關得緊緊的，不露一道縫。外婆怕見人，羞見人，她覺得她不配作母親，她讓自己的女兒不到四歲就死了，她眼看著女兒在自己面前斷了氣。她實在沒有臉作母親。記不得多少天了，外婆從早到晚，不吃不喝，躺著，流眼淚。她的奶乾了，餵不成媽媽。她抱著女兒，也沒法子。媽媽餓急了，一個勁哭，最後張開小嘴，咂巴從外婆肥邊滴落下來的鹹鹹淚水。

村裡人幫忙埋了驪珠姨。大戶人家死了小孩子，消息自然會傳開。外婆娘家的那個姨媽，我的太姨婆，聽說了，馬上又雇了馬轎，跑來陶盛樓。

跨進陶家大門，太姨婆一路大聲罵，衝進外婆屋子：「你做麼什孽，丫三歲四歲讓她死了，你怎麼當娘的？冰如，你……你怎麼能……屋裡這樣黑，氣也不透，你要把小的也悶死麼？你瘋了麼……來人哪！」太姨婆一邊罵外婆，一邊從門口朝著院裡叫僕人。

媽媽在床裡面放聲嚎哭。二福急急忙忙跑進屋，陪著笑臉，聽吩咐。

太姨婆比手畫腳，發著狠罵：「給我把窗帘子都拉開！你們陶家院裡前前後後人都死光了嗎？看著二少奶奶這樣子，不來服侍，要她娘兒兩個都死麼？」

二福哪裡敢回話，按著太姨婆吩咐，猛力把窗帘拉開。屋裡立時有了亮，外婆忙舉手遮著眼，媽媽哭得喘不上氣來。太姨婆看二福開了窗，空氣衝進了屋，便叫：「滾，滾，滾！」

二福縮著頭，忙跑出屋子，在身後關住房門。

這時，外婆眼睛適應了光，一骨碌翻身從床上滾下地，跪在太姨婆面前，哭得上氣不接下氣，對太姨婆叫：「姨母，你把琴丫帶走養大吧！我不想活了！我活不下去了！」

太姨婆掄起手，啪一聲，狠狠打了外婆一記耳光，咬著牙罵：「不爭氣的東西！一個養不活，另一個也不要養了麼？」

外婆躺倒在地上，嘴角流著血。突然，她跳起身，躍到床邊，緊緊地抱起媽媽，好像生怕失去她，又像準備跟她一道去死。

太姨婆還在身後訓斥：「你給我把琴丫養大。你吃糠噍菜，流血掉肉，要把琴丫養大。你把琴丫養不大，看我告訴你娘，過來剝你的皮，抽你的筋！」

外婆摟著媽媽，跪在地上，不再嚎哭，只是抽泣，一邊靜靜地聽太姨婆訓斥。自從驪珠姨生了病，外婆除了自責，從來沒有聽到過人這樣地罵她。

媽媽仍然在外婆的懷裡大聲嚎哭。太姨婆的罵聲只在媽媽哭聲的間隙中聽得到。

太姨婆不停口：「……你還得生個兒，一定生個兒……」

外婆聽見這一聲罵，一屁股坐倒在跪著的後腿上，又失聲嚎啕：「我生不了兒。我生不了！人人都說，我沒福氣生男丫！我命不好！」

太姨婆走前一步，彎下腰，正對著外婆的臉，扯開喉嚨，罵：「放屁！那些人都是放屁！生男生女，誰能斷定得了。」

「我不想活了，姨母，我不要活了！」外婆摟著媽媽，坐在地上搖晃著身子，彷彿半昏迷了，邊哭邊說，「珠丫好可憐呀！從小受許多罪，一天好日子沒過，我沒跟她要過一天。天天把她一個人放在後門外邊，孤孤零零。到死，她沒吃上一口武……武漢的餅乾……」

太姨婆再罵不出口了，也跟著掉下眼淚來，從窗前拉過一把椅子，在外婆面前坐下，對外婆說：「丫已經死了，活不回來了。你愛她，就夠了，她在天上曉得，她不會怨你。」

太姨婆這一說，外婆哭得更厲害了，氣上不來，撒開了雙手，人往地上仰面倒下，昏死過去。太姨婆趕緊伸手從外婆懷裡抱過正往地上滾的媽媽。

「天，琴丫發熱呢！」太姨婆大叫，「冰如，你做孽麼？死了一個，還要再死一個麼？」

外婆躺地上，聽見太姨婆驚叫，從半昏迷中醒轉來，手捂住臉，哭得沒氣。太姨婆走上前，拿一隻小腳踢外婆的身子，連聲叫：「起來，起來，冰如，起來！收拾收拾，現在就走。我送你到倉阜鎮上船，去武漢，去找大夫，把琴丫醫好。快，起來！」

外婆停住哭，但是沒起來。她沒聽懂太家婆說的是什麼。

太姨婆又喊叫：「你現在就收拾細軟！我去跟你婆婆講明。我這裡有幾個銀元，你拿去用，救丫的命要緊！」說完，太姨婆左手抱著媽媽，右手從衣服大襟裡掏出幾個銀元，丟在地上外婆面前，然後抱著媽媽出屋門，任她哭嚎，到堂屋去找太家婆。

外婆從地上抓起那幾個銀元，塞在懷裡，衝到衣櫃前，打開櫃門，飛快地收拾衣服。然後又拿過桌上椅上床上地上媽媽穿的用的，亂七八糟包到一處。正這時，太姨婆回來了。

太姨婆抱著媽媽，把一隻手在外婆面前一攤，說：「走了，走了！你婆婆答應你去，還給了你幾個袁大頭。留著用吧！」

外婆從太姨婆手裡接過袁大頭，塞進大襟，走過窗前，對著牆上的鏡子理理頭髮。她已經記不得多少天沒有洗臉、梳頭、照鏡子了。鏡子裡人完全變了樣：瘦得皮包骨，兩眼深凹，顴骨高突，臉色臘黃，頭髮也好像灰白了。

太姨婆說：「洗個臉。」

外婆從門口鐵桶裡舀些水到臉盆裡，趴下身，用手撩水撲到臉上。水冰涼，刺痛了皮膚，外婆險些昏過去。她現在確實地醒了。「我走，快走，不能耽誤，洗麼什臉！我走！」外婆一邊說，撩起大襟，在臉上胡亂一抹，彎腰提起包袱。

太姨婆趕緊拿起背帶，幫忙把媽媽綁到外婆的背後，一邊說：「你第一次獨自出門，到處要小心。看好東西，莫讓人偷了。」

外婆眞有些怕。她聽人說，武漢大得很，比倉皇鎭大得多，走進去根本找不到鎭頭鎭尾。

太姨婆從床上拿起一塊布，包住媽媽的頭，說：「看丫燒成麼什樣，已經出不來聲了。再遲幾天，又是一個珠丫。」這一句話，把外婆趕出門去。她抱著媽媽走了，頭也不回。

太姨婆追出來叫：「莫走，莫走，二福去找我的馬轎去了，找來了我送你去倉皇鎭。」

外婆不理，她不能等。太姨婆的馬轎，不知到村裡哪家串門去了，一時半會兒找不到。天正午，太陽頂在頭上，外婆邊走邊算，十幾里路，她後半晌就到倉皇鎭江邊。晚上可以坐上船，聽說船逆水走，要一夜才到武漢。她明天一早找到大夫。想著，腳底下加了勁。走沒多遠，聽見後面有馬車聲音，漸漸跑近。外婆回頭看一看，發現不是太姨婆坐的馬轎車，便趕緊轉過臉，再不敢回頭去看，側身躲到路邊，讓車過去。

那馬車經過身邊，走前去五幾尺遠，聽見趕車人吆喝馬車停下來，轉身招呼：「喂，這不是陶家二少奶奶嗎？」

外婆抬頭看，原來是那個給驪珠姨買過武漢餅乾的小商販。他跳下車來，說：「我聽說大小姐病死了，眞可惜。」一句話，又把外婆眼淚打下來，止不住。

小商販趕緊說：「生死在天，二少奶奶莫太傷心。大小姐有你這麼疼她，會昇天過好日子。」這一說，外婆更是哭出聲來。

小商販慌忙改話題，問：「二少奶奶單身出門，去哪裡？」

一問，才把外婆從無盡的悲哀中喚醒。她怎麼可以在這裡耽擱時間呢？她急忙伸手到背後摸摸媽媽，還出著氣。她對小商販說：「我這丫也病著，去武漢看大夫。」

「你去倉阜鎮坐船？」那小商販忙張開手，招呼，「快上車！我捎你一程，送你到鎮上。」

外婆說：「不好意思，痲煩你，我可以走路。」

「哪裡，哪裡。二少奶奶是好人，給賞錢還少嗎？小的只怕沒機會報答呢！都是出門在外，捎個腳是當然的。」那小商販一邊說，一邊幫外婆先把小包裹放到車上，又小心翼翼幫外婆解下背上的媽媽，讓外婆抱著，扶娘兒倆上馬車，然後趕車走起來，一邊還說，「我今日不回武漢，要不可以陪你娘兒兩個一路。你頭次去武漢，可要小心。城裡人不比鄉下人，壞心眼多……」

十幾里路，馬車跑兩個多鐘點就到。倉阜鎮外婆來過幾次，都在鎮裡最熱鬧的地方轉，從沒到江邊坐過船。若不是碰上這小商販，外婆要找到上船碼頭也要費些時候。

小商販幫外婆買好去武漢的船票，安頓娘兒倆坐在登船口的長椅上，小聲說：「二少奶奶坐在這裡等，過一個多鐘頭有船走上游，去武漢，就是二少奶奶的船。看清楚了，莫上錯走下游的船。」

外婆坐著，抱著媽媽，對小販千恩萬謝，從懷裡掏出一個袁大頭給他，把那小商販嚇了一跳，搖著手連聲說：「二少奶奶，小的哪裡敢受這個？平日裡小的全靠幾位太太奶奶們照顧，才有這生意糊口。能幫二少奶奶一點忙，應該的，應該的！」

小商販邊說，邊伸手捂住外婆拿銀元的手，左右看看，小聲說：「二少奶奶記著，把錢收好，大庭廣衆下不可以露出錢來，叫人看見，要偷你。」說完，打著躬，一邊走開去了。

外婆收好銀元，拉拉身邊椅上的包袱，兩手抱著媽媽，坐在長椅上等船。也許馬車一路搖晃的緣故，媽媽睡得很熟，渾身仍然發燙，小臉通紅。雖然睡著，還是不停咳嗽。

不久，有一班船靠岸，外婆用心聽，碼頭上人喊：「走黃石」，那就是下游，不是去武漢，沒有很多人上船。又過一個鐘點，又有一班船靠了岸，聽船上茶房喊：「走武漢，武漢啦！」所有在碼頭上等船的人，一齊起身，簇擁相擠，要上船去。外婆一手舉著票，一手抱著媽媽，臂彎裡掛著小包袱，隨著人擠，走到登船口，又問收票的茶房：「是走武漢的？」

茶房眼也不抬，從外婆手裡搶過船票，咔喳一聲，打個洞，說：「走武漢，快上吧！」

外婆放了心，抱著媽媽，由後面人擁著，走過搖搖晃晃的踏板，上了船。

船上到處是人，跑來跑去。茶房們穿著灰布衣褲，胸前對襟一排大扣子，袖子都挽起來，露出一圈寬寬的白色。他們在搖搖晃晃的船上跑路，如履平地，做事麻利。一個茶房指給外婆說，她要下到統艙去。統艙裡一排排長椅上早都坐滿人。長椅走道邊堆滿籮筐、挑擔、行李、包袱，雞鴨亂叫，碎米滿地。

外婆抱著媽媽，沿著長椅，一排一排走過去，人人都歪頭看著她娘兒倆走，沒有一個人站起來讓座位。到武漢路遠，誰都不願意站一夜。

船開動起來，搖搖晃晃，外婆一手抱著媽媽，一手臂裡掛著包袱，手扶著柱子，一根一根地挪，繼續走路找座位。最後，遠遠看見長椅上有個女人揚手，招呼外婆過去。這女人渾身穿黑長袍，翻著兩個大白領子，頭上也戴一頂黑帽子，尖尖的，在萬家大灣和陶盛樓，從來沒見過那種帽子。就算倉阜鎮那麼大，也沒有見過人穿那樣的衣服。外婆側著身子從人腿縫裡擠過去。黑衣女人挪挪身子，給外婆讓出一點地方坐下來。

黑衣女人問：「你大嫂去武漢嗎？」

「是，丫生病，去看大夫。」外婆一邊說著，鬆開綁著媽媽的帶子。

那女人伸手摸摸媽媽的額頭說：「她燒得厲害，很久了麼？」

外婆點點頭，眼淚落下來。

那女人問：「武漢很大，有很多醫院，很多醫生。你去哪裡？找哪位醫生呢？」

外婆搖搖頭，說：「我只要找個大夫，能救她的命。」

那女人點頭說：「你認得字嗎？那好，我給你地址，你去找他，他一定救得你女兒的命。這樣吧！我給你畫個圖。你下船順街走，不用坐車，不太遠。這先生是很好的人。上帝保佑。」

那女人一面說，一面用右手在自己胸前點，頭上一點，肚上一點，左肩上一點，右肩上一點，好像在胸口劃了個大十字。然後她從自己口袋裡掏出紙筆寫寫畫畫，交給外婆。

指著那地圖，黑衣女人又解說：「你出了碼頭，順這條馬路朝左手走，過大概四五條橫馬路，看見一座水塔，就右手轉過去，你就可以看見一座白房子，上面有盧醫師的牌子，那就是了！」外婆看著那地圖，用腦子記牢。

黑衣女人從懷裡掏出一本小書，說：「我是耶穌派來拯救衆人的修女。人犯下太多罪孽，必得信服耶穌，改過更新，才得超生。你認得字，好好讀這本書，這是耶穌說的話，是《聖經》，會幫你走上人生正道。拉著我的手，我來替你和你的女兒禱告，求上帝醫治好她的疾病。」

那女人拉著外婆的手，閉上眼睛，嘴唇快快地翻動，默默地禱告。外婆也閉上眼，心情彷彿順著那修女無聲的禱告，飛升到天上去，心裡變得安祥靜謐，胸膛裡空空的，很舒服。

順著江，逆流而上，船眞的走了一夜。船裡黑黑的，所有的人都睡熟了。外婆抱著媽媽，搖搖晃晃的打瞌睡。半夜裡船停過一次，靠了碼頭，那黑衣女人下了船。外婆身邊寬了一點，多一點地方坐，可以伸伸腿，睡著了一小會。

第二天，天剛亮，船到武漢。茶房們大聲吆喝，在船上跑來跑去，震得底艙咚咚響。坐在身邊的人都急急忙忙站起，搶拿自己的行李包裹籮筐，跟著人群朝舷梯擠。

外婆看著，發了一會愣，好像不大明白發生了什麼事。圍在舷梯邊亂擠的人越來越少，人都下船了。外婆腦子轉過了彎，趕忙抱緊媽媽，準備下船。她彎腰到腳底下去拿她的包袱，包袱卻不見了。想來，是她睡著的那一片刻，有人偷走了她的包袱。太姨婆給的幾個銀元，都包在包袱裡。現在她什麼也沒有了，只有太家婆給的幾塊袁大頭在懷裡。外婆趕忙伸手摸摸胸前衣襟，能覺出那幾個袁大頭硬硬的還在，才放些心，卻不知夠不夠買一張回家的船票。

統艙裡最後一批客人起身了。媽媽醒來，在外婆懷裡扭動，張望周圍。身邊人走來走去，沒有人注意她們母女。最後，船上客人都下完了，只剩外婆一個仍坐在統艙角落裡。

一個茶房從艙門外走過，探頭進來，看見外婆還坐著，便粗著喉嚨嚷：「嘿，小媳婦，到啦！武漢，下船吧！」他喊完，走過去。這一喊，把媽媽嚇得大聲哭起來，這才把外婆驚醒。她把媽媽抱緊，站起來，下了船走到陸地上。

外婆兩手空空，抱著媽媽，到了武漢。

上了岸，第一件事，外婆在碼頭買下一張回倉阜鎭的船票。太家婆給的袁大頭所剩無幾了。

她算一算，也不知夠不夠媽媽吃幾頓米湯。武漢的吃食一定比陶盛樓小販們賣得貴吧！

在船上，那黑衣修女告訴的地址，外婆一夜之間已經不知在腦子裡背過多少遍，從碼頭到大夫家的地圖路線早都記牢了。她順著腦子裡的地圖，左轉右轉，順順利利找到大夫家門口。

那是一座白房子。門邊牆上鑲著一塊黃銅牌子，上面刻著「盧醫師診所」幾個大紅字，圓潤飽滿。時間還早，太陽未升，剛剛把東邊天際照出青白亮色。白房子台階上面，大門緊緊關著。外婆抱著媽媽，雙膝跪下，朝著門口，跪在台階下面。街對面，太陽的影子慢慢升到牆上了。外婆錯落著身子，跪坐在自己腳後跟上，低頭看看懷裡的媽媽。

「你在這裡做麼什？」

外婆聽見有人對她說話，趕忙跪直身子，仰起頭來，看見一個中年女人站在白房子前的台階上，短衣長褲，臂裡跨著一個菜籃子，低著頭，望著她。

外婆說：「求求您老人家，幫幫我娘兒倆。我丫快死了！」一見吵，媽媽嗚嗚哭起來。

「我家主人還沒開始診病呢！你等下子再來吧！」那女人邁開步子，繞著外婆身邊，走下台階，又回頭補充，「大夫剛吃過早飯，還在喝茶。還要半個鐘點才看病人呢！」

她走了兩步，回頭看見外婆不動，便又站住，轉身大聲說：「你這女人眞是！我對你講了，先回去，等下子再來。」

外婆還跪著，搖著身子，哄媽媽，對那女人說：「我沒地方可去，我從陶盛樓來。」

「去找個旅店吧！那邊不遠有一個，不貴。」那女人用手朝南邊一指，接著說，「你去找個房間住下，再過來正好。」

外婆不動，說：「我可以在這裡等一下子。您忙吧！」

那女人眞有點生氣，更提高嗓子說：「你跪在這裡，大哭大叫，有什麼好看。旁人不曉得怎麼回事，還道是我家主人做了什麼錯事。快走吧，快走吧！」

吵聲哭聲驚動了房子的主人。門打開，一位老先生走出來。

十

「劉嫂，什麼事?在這裡吵?」老先生開了門，朗聲問。

劉嫂趕緊應道：「先生，這女人跪在這裡半天，說她丫有病，求您診治。我讓她回去，等下再來，她不肯。跪在門前像麼什！」

外婆跪著，揚起頭，看盧醫師，他是個白頭髮老者，頭上一頂瓜皮小帽，身穿一件黃褐色長袍，腳蹬一雙黑布鞋。他的白鬍子有一尺長，臉一動，鬍子就飄起來，看去很慈祥。難怪船上那黑衣修女說，找他一定可以得救。外婆高呼：「求大夫救救我丫的命！」

老醫師一手撩動長鬍子，說：「當然，治病乃醫師本分。你先起來。莫跪著，不好看。」

外婆說：「我求先生答應看我女兒的病，才起身。」

老醫師笑起來，依然撩著長鬍子，說：「我今天一定看。不過，我現在還在吃飯。你看來是剛從鄉間趕到，還是先去找個地方住下。看病，也許要幾天，你總需有個住處。」

外婆低下頭，說：「我可以在這裡等，您老去把茶喝完。」

劉嫂高聲說：「你看，這鄉下女人不明事理。」

老醫師對劉嫂揮揮手，說：「她求醫心急，也是常理。劉嫂，你去買菜好了。」

劉嫂聽說，一扭身子，忿忿地繞過牆角，走了。

老醫師對外婆問：「你有什麼心事麼？」

外婆說：「我的包袱在船上被偷走。我母女什麼都沒有，只有給您老下跪，救救ㄚ。」

老醫師說：「呵，是這樣。快進來，快進來吧！」

外婆還跪著，說：「您老去吃飯，我在這裡等。」

老醫師走下台階，拉起外婆，說：「進來，進來。你一定也沒吃飯，隨便吃一點。」

外婆站著，低著頭，說：「我不要吃，我什麼也不要。只求您老救救我ㄚ！她姐姐剛剛病死了，我只剩這一個小的，要有個三長兩短，我是再活不下去了。求求您老人家！」

老醫師說：「我說過了，我一定診治好你女兒，你先進屋。在外頭吹風，女兒也不好！」

外婆這才悟過來，看看懷裡的媽媽，急急舉步，隨老先生上台階，進了門。到得前廳，四周牆邊繞圈擺滿椅子，看看像是病人候診的地方。外婆不肯再走進去，又在當廳，跪下兩腿。

老醫師剛關好門，轉過身，看見外婆正跪下去，忙上前拉住，說：「怎麼？莫跪，莫跪。」

外婆流著淚，說：「求先生救救我ㄚ！我跪在這禱告菩薩，歌頌先生大恩大德。」

老先生看看沒辦法，只好說：「好吧，我把小孩子抱進去看看。你是不能進去的。」

外婆說：「我都交給先生了，我在這裡等候。」

老醫師從外婆手裡接過媽媽，抱著走進旁邊一個門，又隨手關好。只這一刹那，外婆從門縫裡看見那屋裡擺著床，鋪著白布。

不一會兒，病人們開始來了，看見外婆跪在候診室當中，覺得很奇怪，都繞開她，坐到牆邊的椅子上。大約半個多鐘頭過去。老醫師一手撩著長鬍子走出來，後面跟著一個年輕漂亮的小姐，穿著白色的長衣裙，抱著媽媽。

滿屋的病人都站起身，恭恭敬敬地朝醫師欠身致禮，嘴裡叫著：「盧醫師早！」

老醫師兩手抱拳，對所有人拱拱，朗聲道：「各位早，各位早，請坐，請坐。」說著，盧醫師與她身後的小姐走到外婆面前。盧醫師一把拉起外婆，說：「起來抱你的女兒。」外婆站起，那小姐便伸出胳臂把媽媽交到外婆手裡。

盧醫師說：「你女兒得的是氣管炎。剛打了針，所以睡得安穩了。我曉得你身邊沒有錢，我不收你診費。這裡有些零錢，你去找個地方住。你女兒的病，會醫好，不過，起碼要三五天。」

女兒的命有救了，外婆看著懷裡熟睡的媽媽，一陣哭，一陣笑，眼淚鼻涕，糊了一臉，也顧不得擦。盧醫師說著話，伸手遞給外婆一卷鈔票。周圍等候的病人都讚歎起來。外婆雙腿又跪下去，兩眼流淚，不知該接還是不接。穿白衣的小姐伸手扶著外婆，不使跪下。

盧醫師說：「就算我借給你的吧，你以後再來武漢，有了錢，來還我。接著吧！」

外婆抖著嘴唇說：「我一定還您。謝謝您老人家，謝謝您老人家。大恩大德，重生父母，我母女倆今生今世不會忘的。」外婆顫顫地接過錢。周圍候病的幾個女人，都抹抹眼邊的淚。

盧醫師又囑咐道：「下午你還要帶她來一次，吃藥。明天開始，你每天要來三次，我的護士會幫著給你女兒吃藥。她叫什麼？」

外婆答說：「琴薰。」

「呵，瑤琴一曲薰風來。」老先生高興起來，搖頭晃腦地吟誦，又問，「她父親呢？」

外婆回答：「在北京大學讀書，夏天就畢業。」

盧醫師更高興了，手撩鬍子，笑道：「我說嘛，北京大學畢業，算是進士了，有學問的人。你放心，琴薰的病會好。她年紀小，抵抗力強。好了，你去吧，我要接著看別的病人了。」

他身後的那個白衣小姐便招手叫坐在椅上等候的另一位病人，走進診室。

盧醫師走到診室門口，又回過頭，看著外婆說：「你曉得麼？琴薰幾個月前得過一場麻疹，很危險。怎麼沒有找大夫看看呢？虧你女兒命大，活過來了。你該早些來。」說完進診室去了。

外婆抱著媽媽，彎著腰，慢慢地走向大門口。四周都是人，都拿眼睛看著她。經過這麼多日月，這麼多苦難，直到今天才有一個人，用這樣的話責備她，讓她覺得她還是一個母親。外婆感覺到心在隱隱地痛，好像在流血。外婆出了門，下了台階，抱著媽媽，走上街口。媽媽打了針，在外婆懷裡睡得很安靜。

街上到處是人，急急忙忙，走來走去，互相不打招呼，好像沒看見，頭也不點，就走過去。男的、女的、老的、少的，奇形怪狀，雜七雜八，盡是倉皇鎮上從沒有見過的模樣。有的頂瓜皮帽，有的光頭，有人短髮，有人還留著長辮子。有的穿大襟長衫，有的穿對襟短衣，有人穿的衣服不認得，胸口敞開，翻個三角領。男人們很多都戴寬邊禮帽，箍一圈黑色白色的帽圈，得意洋洋。碼頭上打工的，都扣了破舊的草帽，肩上扛著扁擔麻繩，跟倉皇鎮上的短工一樣打扮。來往的人，有的穿布鞋，有的穿黑亮的皮鞋，很多年輕女人穿的鞋後跟一寸高，走路搖搖擺擺。

外婆抱著媽媽，看著街上人景，信步走到江邊，找個地方坐下。從她過門到陶家，從來沒有這麼靜靜坐過一會，無憂無慮。看著面前流淌的長江，聽著懷中女兒的呼吸，伴著江水，一起一伏，簡直像音樂。外婆的心像醉了一般，迷迷濛濛。要是珠丫能來武漢一趟，會多麼快樂！她一定畫一張長江圖畫。想著，外婆的心又痛起來，針扎一般。

太陽偏過了頭頂，媽媽醒來，在外婆懷裡扭來扭去。外婆抱著媽媽站起來，逛到近處一個四川小麵館。外婆問清楚，一個銅板一碗擔擔麵，要了一碗，囑咐不加辣椒，可要加湯。

麵端上桌，外婆用調羹一勺一勺舀起，舉在嘴邊吹涼，然後一口一口餵媽媽。媽媽餓了，又從來沒吃過這樣的湯麵，高興地大口大口吃，小嘴咂巴得聲響連天，逗得旁邊人都笑。有幾人便也點了同樣的湯麵，要嘗嘗是不是眞那麼好吃。店老闆心裡得意，又送給外婆一碗麵，不要錢。媽媽幾乎一個人吃完半碗湯，外婆高興壞了，胃口好，說明媽媽的病已經好了許多。外婆向店老闆討了一個小瓶，把媽媽碗裡剩下的一半湯麵倒進去，留起來給媽媽作晚飯吃。外婆沒有奶餵媽媽，只好讓她吃湯麵。外婆謝過店老闆，走回盧醫師家，請護士小姐給媽媽吃第二次藥。這次她沒見到盧醫師，他忙著在診室裡給人看病呢。

晚上，外婆沒有去住旅店。她早上問過了，她有船票，可以走進碼頭去等船。那裡有個大屋子，讓人坐著等船，夠暖和。外婆抱著媽媽，斜靠在長椅上，半睡半醒過了一夜。她不能用盧醫師給的錢住店，她得省著娘兒倆吃飯。誰知道要在武漢住多少天，她得省。因爲吃了藥，吃飽了飯，媽媽睡得很好，一夜幾乎沒動。外婆心滿意足，她自己根本用不著住店，只要女兒能舒服就行了。

第二天，太陽升起一竿子高，外婆抱著媽媽去盧醫師家，護士把孩子抱進去，說是盧醫師要檢查。外婆在候診室裡坐不住，走到房子外面，東看看，西看看，直到聽見護士小姐喊叫她。

護士小姐笑著說：「盧醫師說，陶小姐的病很有起色，過不了三天就大體好了。」

外婆千恩萬謝，從護士小姐手裡接過媽媽，抱了出門。然後，外婆坐在台階上，把媽媽綁在背後，站起來，走到後院牆邊，拿起一把大掃帚。她剛才看清楚了，挨著房角街邊，給盧醫師家門外前後院掃地。盧醫師是大好人，救她母女二人，她一定得替盧醫師做點什麼事。她現在一天沒事做，決定要盡點心報答報答。她不敢問盧醫師要不要人幫忙做飯洗衣，城裡人講究多，誰知看不看得上粗手粗腳鄉下人呢！掃掃院子，是粗活，應該沒錯。她想好了，也看好了，她今天掃乾淨院子，明天把院前院後的花呀草呀收拾一下，她會整弄。然後，要是盧醫師許可，她也可以把房子裡面地板都擦一遍。

她掃著地，聽著刷刷的響聲。媽媽趴在背上，高興了，哇哩哇啦的講話，兩個小手在空中舞弄，有時捶打在外婆背上。外婆心裡澆了蜜糖一般，甜得發癢，止不住笑，一會，又流出淚來。她想起她的珠丫了。她也曾這樣背著珠丫，在草房裡紡線，在陶家前後院打掃。珠丫也曾這樣高興，這樣說話，這樣捶打過自己的脊背。那是多久以前的事了呢？好久了，好久了，外婆後來再也沒有跟珠丫好好地在一起過，她把珠丫一個人放在後門外竹棚裡，她讓珠丫得了病，她讓珠丫死了。外婆想著，眼淚滴滴答答落到地上，馬上被掃帚掃去。

外婆下午又去那家小飯店吃了麵，閒時坐在江邊養神晒太陽，晚上又去碼頭候船室過夜。她曉得武漢很大，也曉得武漢有許多萬家夏家陶家的親戚，可是她不曉得怎麼坐車走路，不曉得怎麼去找人，走前沒有問過一個地址，身上沒有錢，心裡又害怕。而且，她來武漢，給丫看病，只要看了病，別的什麼都不想。所以，整整三天，外婆只在這方圓幾步路的碼頭邊上度過。

連續三天，外婆按時去盧醫師家，給媽媽檢查，吃藥。到第四天頭上，盧醫師帶著笑，親自走出來告訴外婆，她們娘兒倆可以回家了，丫的病已經大體好了。盧醫師又給外婆一些藥，要她帶著，告訴她每天什麼時候吃，怎樣個吃法，還得繼續再吃三天才可以停。

外婆把媽媽在後背上綁緊背好，在候診室正中，當著衆多人的面，又給盧醫師下了跪，趴下去，響響叩了幾個頭，眼淚流了一地。她不知道該怎麼謝這位大恩人，作牛作馬她都願意。出門口的時候，外婆從懷裡掏出盧醫師給的那卷鈔票，還給他。盧醫師看見，嚇了一跳，錢居然原封沒動，分文不少。母女倆這幾天怎麼過的呢？可是也沒有辦法了，盧醫師只好默默收下。

當天晚上，外婆坐上船，回倉阜鎮。第二日早，上了岸，走路回到陶盛樓。

不久，外公也回到家。

這個夏天，外公北京大學畢業，得到了安慶法政專科學校的教職，便沒有回家，直接從北京到安慶去上任。在那裡教過秋天一個學期之後，年底才回家來過寒假。

剛過中飯時候，外公到家，走進大門，照例逕直先走上堂屋去。他知道太家婆正端坐在那裡等他，大姑婆二姑婆也一定在那裡。

外公走進堂屋，跪下，叩頭，說：「不肖兒希聖給母親大人請安。」

「起來吧！」太家婆應了一聲。

「謝母親。」外公說完，站起身。太家婆不說話。

「這裡是我教書第一學期的薪水，買了一點書本用具。收據都在裡面。請母親過目，也請母親替孩兒照看。」外公說著，雙手捧著一個紙包，送上一個紙包。

太家婆接了，看也不看，往懷裡一塞，仍不作聲。

外公又把隨身帶來的幾隻箱子推到太家婆腳前面，說：「這些都是帶給母親和各位親友的一點安慶特產，請母親保養身子用的。請母親代孩兒把東西分發衆人。然後差人把衣箱中孩兒的換洗衣服，送到孩兒屋裡來好了。」

說完，外公把身上穿的棉長袍也脫下來，順手掛在堂屋的衣架上，只穿著一件薄薄的長衫。他用手把全身上下拍打了一遍，說：「母親請休息了。孩兒等下子再來陪母親說話。」

太家婆忽然發話吩咐：「二福，把琴丫抱來見她父親。」

話音剛落，二福走進堂屋，抱著媽媽，交給外公。媽媽已經一年沒有見到過外公了，好像記得，好像不記得，想哭不想哭的樣子，綳緊了臉，直勾勾地盯住外公的臉看。

外公抱過媽媽，彎下腰向太家婆說：「謝母親。」

太家婆揮揮手說：「去吧！我要歇了。」

外公趕緊退出堂屋。他還不敢回自己屋，抱著媽媽，一邊逗她，一邊在前院裡走，挨門挨戶，把所有人都問候一次。他現在念完了書，不再是學生，大意不得。他有了工作，開始賺錢，全家大小便都把他當作大人來看。稍不留神，就會得罪人，別人再也不會當他是小少爺而原諒他。他不用猜也知道，自從家裡人得知他要回來過寒假，便都睜大眼睛等著挑他的錯處。

媽媽高興起來，趴在外公肩膀上，用手圍住外公的脖子，嘴裡叨叨嘮嘮講話，誰也聽不懂她講什麼，她只是一個勁講，唾沫順嘴流下，流進外公衣領，弄得他癢癢。外公擰動脖子，笑著用衣領把脖子上媽媽的口水擦掉。外公這樣做，更逗得媽媽樂，講得更歡。

前院都走完，外公把媽媽放到地上，一手領著她在地上走，轉到後院去。她剛會走路不久，歪歪扭扭，樂得咯咯笑，擺動兩條小腿，像是要跑。媽媽學會走路，只在屋裡地上走，從來沒在院子裡跑過，外婆不帶她到外面來走路。現在外公帶她在太陽底下走路，她可高興了！

外公走完前後院子，所有人都清清楚楚看見，他只穿了一件單長衫，身上沒有任何地方可以藏東西。然後，他終於可以回到自己的房裡了。那已經將近晚飯時分。

外婆坐在床沿上，手裡做著針線，腳下放一隻火盆。聽見外公走進屋，趕緊放下手裡針線，走到外屋，給外公倒水洗臉。外公在外屋門口鬆開媽媽的手，媽媽張著兩臂，朝外婆跑去，東倒西歪，外婆趕緊放下手裡的臉盆，伸出手接住撲進懷裡的媽媽，抱起來。

媽媽在外婆懷裡，擰著身子，用手指著門口的外公，告訴外婆：「爸爸，爸爸。」

「我看見了，好了，琴ㄚ。你看你兩個小手冰涼，快上床鑽被窩裡去。」外婆說著，一邊掏出手帕擦掉媽媽嘴邊的口水，一邊把媽媽抱進裡屋，放到床上，給她蓋好被。

外公站在外屋，沒有聲音。外婆朝外屋喊：「你只穿一件單長衫，在院裡走了半天，不冷嗎？快進裡面來烤火，我給你倒洗臉水，端裡屋來洗好了。」

外公站在屋門口，低著頭說：「我聽說了……可是，我……曉得，母親不讓我回家來。」

外婆沒說話，從暖瓶裡往臉盆裡倒熱水，放一塊毛巾，端進裡屋，放在火盆邊一把椅上。

外公跟著進了裡屋，說：「你沒給我寫信，我也不敢給你寫信。」

外婆坐到床邊，一手拍著被窩裡的媽媽，什麼也沒說。

外公接著說：「琴丫現在看起來很好。辛苦你了！」

外婆的淚開始往下落，掉在媽媽蓋的被子上。外公朝前走幾步，坐在外婆身邊，小聲說：「我不願意你在家裡受罪。我要離開安慶，到遠些的地方去做事，就不必回陶盛樓來。我把你接出去。」外婆抹掉眼淚，靜靜地聽。

外公接著小聲說：「北京大學有個教授，曾經介紹我去上海商務印書館編輯法律方面的書。可是我已經先接受了安慶的教職，所以只得先到安慶來教一年，再到上海去。那時我是有過工作經驗的人，跟大學畢業的學生不一樣。我可以要求高一點的薪水，就能養活我們一家人。」外公停下來，等著外婆說什麼。

可是外婆保持沉默。

外公趴在外婆耳朵上說：「好，你不反對就好。我過了年再教一學期的書，就給上海商務印書館寫信求職。如果書局要了我，我就來接你和琴丫一起到上海去，在那裡安自己的家。」

說到這兒，外公聲音更低了：「你曉得，這事不會容易。我家從來男人在外面做事，女人在家裡養孩子，頂遠住在倉阜鎮屋裡。除非作官，家眷可以住官府，從來不許家裡女人出去住。大哥現在在武漢做事，向大嫂也還是住在家裡。我到上海，並不是作官，要提出帶你們出去，就成了不孝子，永遠也莫想再回陶盛樓老家來了。而且，老家也不會接濟我們。就靠我這點薪水，日子會很辛苦。你要想明白，做好主意。」

外婆說：「你洗臉吧，水冷了。」外公便彎下腰，在臉盆裡洗臉。

聽見二福喊，外婆站起來，說：「去吃飯吧！前面在喊了。」

外公放下毛巾，問：「你呢？」

外婆把媽媽從被窩裡抱出來，站到地上，理理衣服，推到外公跟前，說：「帶琴丫一道去。從來沒有人帶她上大桌子吃過飯。」

外公又問一次：「你呢？」

外婆不理會，對媽媽說：「琴丫，跟爸爸到大屋去吃飯，要聽話，不可以吵，聽見麼？」

媽媽點點頭，拉著外公朝門口走。外公第三次問：「你呢？」

「去吧。又在喊了！」外婆一邊說，一邊又跑到門口，蹲下身，幫媽媽拉拉領口，說，「記住，琴丫，上大桌吃飯要有規矩。大人不坐齊，小丫不許伸手動飯菜，乖乖等著，聽到嗎？讓爸爸給你揀菜，要是把菜掉在桌上，就自己離開桌子，不許再吃了，曉得嗎？」

媽媽說：「我曉得了，姆媽。」

外公領著媽媽走了。外婆倒掉外公的洗臉水，便坐在床沿上，一動不動，靜靜發呆。

天漸漸黑下來。過了大約一個鐘點，外公領著媽媽回來了。媽媽高興得又唱又跳，她第一次跟大人在大桌上吃飯。外婆忙招呼媽媽洗臉、洗腳，一邊說：「洗臉，洗腳。琴丫，你瘋一天，要睡覺了。爸爸走遠路，也累了，都睡。」

媽媽說：「書，書。」外婆每晚給媽媽念書講故事睡覺。

「今天不講了！」外婆擦乾女兒的腳，抱她上了床。

媽媽張著手喊：「不，不。書，書。」

外公過來，坐到床上，說：「好，好，爸爸念書，爸爸講，只一個，你就睡。」

媽媽樂了，自己爬到枕頭，躺著等。外公坐在床邊，準備給媽媽念書講故事。

外婆說：「看好琴ㄚ，莫讓她哭。我去去就回來！」說著，外婆急急圍上頭巾，走出屋門。

十二月天冷，前院後院的人都早早回了自己的屋子，很多窗戶已經關燈。深沉的夜幕底下，一片寂靜，天地間只有寒風呼呼作響。外婆輕輕地順著牆根，走到後院門口，開門走出去，又輕輕把門在背後關住。這時，她的眼睛已經適應黑夜，可以辨認出一片空地上的小竹棚。外婆走過去，稍稍站了一會，然後又急急上路。她轉過一個彎，頂著風，加快腳步。

夜很靜，四周一點聲息也沒有，只能聽到自己的腳步聲夾雜在蕭瑟的寒風裡。外婆走了大約二十分鐘，停下來，左手邊是一片墳場。外婆揚起臉，朝著的天空，呼出一口氣。然後邁步走進墳地去，逕直到一個小墳堆前面，那是驪珠姨的墓，一個很小的墳頭，前面豎一小塊石碑。

外婆跪在地上，用膝蓋走著，睜大眼睛，繞著墳頭細看。即使在這漆黑的夜裡，她還是可以看到墳邊那些枯萎的小草。她伸出手，一根一根把枯草都拔乾淨。然後，又用兩手，把墳頭上的土拍拍平整。最後，她回到小石碑前面，跪在對面，手撫摸著那小石碑，石碑上刻著一行小字：

陶驪珠小姐　　民國七年—民國十一年

眼淚從外婆眼裡冒出，無聲的流，滴落在小石碑上，和她抱住那石碑的手背上。

「珠丫，姆媽來看你了！」外婆顫動著嘴唇：「姆媽想你，一直想你，白天黑夜都想你！」夜還是那麼靜，風似乎小了，撥動墳場的枯草。遠處似乎有個公雞叫了一兩聲。外婆停一會，又嘟囔：「珠丫，姆媽對不起你！姆媽讓你去了，姆媽不配當娘！珠丫，你好命苦呵！」說著，外婆從棉襖大襟裡掏出一個小紙包打開，接著說：「珠丫，姆媽沒讓你把你的畫帶走，你不怪姆媽吧！姆媽想留著看，看見你的畫，就像看見我的珠丫了。你趴在後院外小竹棚裡面，畫太陽落山，那麼用心，畫得那麼好！」

外婆把那一小片紙用手抹平，兩手壓著，放在小石碑上。那紙上是鉛筆畫的，一條地平線，一個巨大的太陽正落下去一半。近處有一個小小的竹棚，裡面有一個小姑娘，趴在地上畫畫。

「珠丫，姆媽還給你留著武漢餅乾，姆媽給你帶了一塊來！」外婆又從棉襖大襟裡掏出一塊武漢餅乾，放到女兒畫圖的紙上，接著說，「珠丫，你老說要聽講故事。姆媽從來沒給你講過一個，姆媽現在有空，姆媽來給你講個故事。珠丫，你好好聽著，吃著你的餅乾，莫吵，姆媽給你講個最好聽的故事，姆媽小時候聽娘講的……」

外婆盤腿靠著小石碑坐下，頭貼著小石碑，慢慢地講起來：「從前，很早很早以前，有一個小村子，也叫陶盛樓，在那個村子裡，有一個漂亮的小姑娘……」

夜越來越深，早先還隱隱閃動的星都隱去了，荒蕪的原野上枯草在寒風中斜斜地哆嗦。不知過了多久，外婆的故事講完了。她轉身跪起，摟著小石碑，輕聲說：「好了，珠丫，睡吧！你從出生，沒睡過一個安穩覺。從你一歲，姆媽就沒摟你睡過一夜，珠丫，現在，姆媽來了，姆媽摟著你睡，安安穩穩地睡。珠丫，不會有人再大聲罵你了。珠丫，整個世界都是你的。珠丫，就只有姆媽和你兩個人。」

外婆流著淚，說著，抽泣。然後，控制不住，哭聲越來越大，最後，嚎啕大哭，盡情地哭，無盡無止地哭。從驪珠姨死後，外婆第一次放聲地，自由地痛哭。

冬夜還是那樣的深，寒風還是那樣的吹動墳場上的草。外婆長長的，撕裂肺腑的哭嚎聲，在漆黑的夜空裡飄蕩，很久，很久。

十一

一九三九年七月五日，媽媽十八歲生日前一天，大雨滂沱之中，媽媽說服外公答應考慮脫離汪精衛，不去上海，留在香港自謀生路。正說話間，突然汪夫人陳璧君打來電話。她專程趕到香港，請外公北往上海。外公只好見了她，談過之後，到底又決定去上海，馬上動身。

八月二十六日，全家人一大早都起了床，忙忙碌碌，卻很少說話。外公今天要上船離開香港。從半夜起，就下雨，沒有雷，沒有閃，淅淅瀝瀝，難盡難止，似哭似泣。

外公吃過早飯，坐在桌邊，兩眼直直，盯住對面的牆壁。他穿著平日裡那套藍色舊西裝，打一條黃色斜紋領帶。腳上穿一雙黑皮鞋，鞋邊放一個暗棕色皮公文包，連個衣箱都沒帶，就像他平時出門上班或會客一樣，不像要出遠門的樣子。

外公平時不多跟孩子們談論自己的公幹。一方面孩子們還小，不大會懂。另一方面，他也不願小孩子替他擔心。今天他反常，忽然請外婆和幾個孩子們坐下說話。

「我坐麼什，那些碗要洗，那些鍋要收。」外婆頭也不回地說，依然湖北鄉音，手裡噹啷噹啷地洗碗，「你要講麼什就講麼什，我聽得到。哪個還要正襟危坐，聽你演講麼？」

外公突然站起身，急急來回踱步，面色通紅。他走了幾步，到底又回到桌邊坐下，對媽媽、泰來舅、恆生舅幾個說：「我今天就走！此一去，歸期渺茫。你們都是好孩子，都會聽姆媽的話。如果我們今生再不能相見，你們要記住，爸爸心裡一直很愛你們。只是，只是……只是也許這是命定，爸爸總要常常跟你們分離，不能照顧你們。」

這話媽媽聽過幾次了。泰來恆生兩舅好像聽不大懂。

外公繼續說：「你們要懂得，爸爸是去幫助汪精衛先生。我們原想先從旁打開一條路，然後說服重慶國府進行和談，結束戰爭。但是近來，汪先生身邊有些人主張汪先生到南京建立一個新政府，這與我們初衷不同。中國不能有兩個政府，否則戰既不能，和亦不由我了。」

媽媽問：「你去能幹什麼？」

外公看看媽媽，頓了一下，慢慢說：「春秋時代，楚國有兩個人：一個是伍子胥，一個是申包胥。他們二人是好朋友，但他們的志向卻完全相反。伍子胥說：我立志要亡楚。申包胥回答：我立志要存楚。現在，我到上海去，爲的什麼呢？周佛海、梅思平兩先生跟我是好朋友，他們立志要送汪先生到南京建立新政府，我呢，立志要去阻止汪先生這樣做。我留在香港沒有用，勸不動汪先生，一定要親自到上海去。我要去告訴汪先生，劃清主和與投敵的界限，把和平運動與分裂政府兩件不同的事分開。」外公停下話頭，誰也不敢搭腔。

牆上大鐘噹啷響一下，又靜下來。外公忽然說：「琴薰，給我去倒一杯茶來。」

外婆在廚房叫：「你不走了麼？」媽媽跑去廚房，給外公倒來一杯茶，遞到外公手裡。

外公接過，喝一口茶，接著又講：「我既決定要去上海，就必須快，趕在汪先生決定到南京組織新政府之前，去阻止他。如果去晚了，汪先生已經決定去南京，公開宣布組織新政府，那就遲了。我們的和平運動就完了，汪先生就完了，我也就完了。那時，我跟著汪先生，只有死。不跟著汪先生，也只有死。我今天告訴你們，我不會去參加新政府，更不會跟著新政府給日本人做事。所以，一旦汪先生決定要組織新政府了，那就是我性命完結的時候。你們如果聽到消息說汪先生決定組織南京新政府，就曉得爸爸……」外公說不下去，半句話停下來。

外婆在廚房裡嚷起來：「跟丫們講這些做麼什！你去哪裡，我們跟去哪裡。我們不能看著你跳火坑，怎麼也不能讓你就那樣死了！我的丫不能沒有爸爸。你記著我這話！」

「我是一個書生，」外公沒有理會外婆喊叫，接著說，「過去幾十年，本著祖傳的家教，研究了十幾年政治、法律和歷史，從不曾做過對不起人的事。現在我想賭著生命，到上海去糾正他們，以盡我心。這事可能成功，也可能不成功。不成功一定要丟性命，就是成功，也可能要丟性命。我早已告訴過你們，我的生命安全絕無保障。今天我活著，也許明天我就死了。上午我和你們在一起，下午或者就會遺棄下你們。這一次走，尤其可悲，以後我身邊的危險會更多。你們是知道我的，我留下一本日記，等我不幸死後，你們再慢慢地看吧！」

媽媽哭起來，說：「爸爸，你不要去！我們留在香港，我不讀書了，我去做工賺錢！」

外公聽了，嘆口氣，搖搖頭，又說：「我留在香港沒有用。」

「你只作你的學問，什麼都不管，還作教授，安安靜靜。」媽媽還在勸說，知道沒有用。

外公搖搖頭，說：「中國如果滅亡了，我作不成學問，也沒地方去作教授。中國書不許讀了，中國字不許寫了，還作什麼學問？我們、你們，子子孫孫都不會有好日子過。我要你們記住這段歷史，記住爸爸為什麼去上海找汪先生。這件事情，早晚有一天人家會問起來，也許會講許多閒話，你們明白爸爸，行得正做得端，問心無愧就好了。」

媽媽叫：「中國沒有我們的地方，我們到美國去，到英國去！」

外公說：「中國滅亡了，到外國去也不會有好日子過。我是一個有思想有感情的人，我能想像得出，沒有祖國的人，走到天涯海角，一樣讓人看不起。沒有祖國的人，沒有尊嚴，沒有驕傲，沒有力量，所以也沒有幸福生活。我從年輕時就想出國留學，但是我不能在祖國生死存亡的關頭，丟下祖國。待中國富強了以後，我才會出國去。」

外婆走出廚房來，掄著抹布到處擦桌子，說：「你哪有那麼多時間，莫講古朝了。」

說古乃為論今。外公此一去上海，以後世人定將議論紛紛。倘若外公為了投機或個人利益，他作北京大學教授多年，舒服富足有名有利。自應蔣介石先生之邀，赴牯嶺茶話會後，到國民政府作官，亦是安全穩定名利雙收。何以他要鋌而走險，丟開聲名地位，冒著性命危險，脫離重慶，轉道上海。他為了什麼？

外婆擦好桌，到臥房把一個小背包拿出來，頓到地板上，說：「還要幾個鐘頭作演講？」

外公看外婆一眼，提高聲音說：「你讓我對兒女講些話！或許這是最後一次跟他們講話。」

外婆聽了，不再言語，鐵青著臉，站在一邊。

外公轉臉說：「我隨政府民國廿七年九月底自武漢遷去重慶。十一月十九日，汪先生命外交部亞洲司司長高宗武和梅思平赴上海，與日本參謀本部中國課長影佐禎昭、軍部今井武夫大佐舉行會談，開展和平運動，設法免除中日開戰。二十日，簽署《中日關係調整方針草案》。汪先生及夫人陳璧君在重慶召集周佛海、梅思平、陳公博和我幾人會商多次，不能做出下一步行動的決定。二十一日，我們同機離開重慶到安南。我自此不可再回重慶棲身。」

媽媽揚著臉，不說話，用憂鬱的目光看著外公。對抗戰前景缺乏信心，以爲可以與日本人進行談判，免除中國人民戰亂之苦，本無可非議。熱中此議者，有許多仁人智士，包括胡適先生。實際上，開闢外交途徑，解決中日爭端，原是國民黨中央全體會議的決議，並非汪先生一人之論。不過在國民政府裡，蔣先生分工負責軍事抗戰，汪先生負責外交活動，主持和議行動。

外公長嘆一聲，道：「眼下沒有人能看清中日戰事之未來，我也不知道自己信念能否成功，只有向著自己相信的前途努力。現在，汪先生有難，招我相助；知遇之恩當以死報。」

屋子裡好一陣安靜，聽得到各人呼吸聲。

外公忽然說：「你們的爹爹在河南作官的時候，很努力。當時有個武藝很高的人，叫羅和尙，殺富濟貧，犯了王法，爹爹下令捕他。羅和尙因此幾次想刺殺爹爹，沒下得了手。爹爹的幾名保鏢手段也很高超。當地還有一個人，叫王策安，家有萬貫，蠻橫無理，傳說私下打死一個婢女，民憤很大。爹爹去查案子，在王家府上裡外搜，找不到證據，姓王的開口罵。爹爹正下不了臺，在院中踱步，忽然看到魚池，下令放水挖池，最後在池底挖出那個女屍，當下把王策安拘捕。他家使錢買通朝廷，替姓王的說情，北京下來文書。爹爹不從上命，最後把王策安處死，大快人心。羅和尙聽到消息，對人說：這樣爲民除害的官，我爲什麼要刺殺他……」

外婆不滿意，打斷外公說：「什麼時刻，你倒有心思。」

外公不理會，繼續講：「有一次，我跟爹爹坐船出門，在舵樓後面看見羅和尚，大家發一聲喊：陶老爺天天要捉拿的羅和尚，遠在天邊，近在眼前。爹爹不許捕他，卻請過來一起喝茶，問他在船裡做什麼。他說：當年黃天霸伺候施公，我羅和尚也可以給陶老爺作保鑣。爹爹自然放了他。從此，爹爹每次出門，車前轎後常有一陣小旋風跟隨著，只見風不見人。那就是羅和尚。」

媽媽和舅舅們覺得外公的故事很有趣，可是外公在這個時候講，用那樣一種神情聲調，讓人聽來，覺得很悲壯。

外公最後看了看手錶，站起身，說：「我們走了！」

雨還濛濛地下著。媽媽和泰來舅送外公上路，三個人默默走出門，泰來舅拎著外公的小背包。恆生舅吵著也要去，外婆不許，賭氣不送到門口，躲在自己屋裡，從窗戶向街上張望。外婆牽著晉生范生兩個年幼的舅舅，站在家門口送行。

打電話叫來接人的的士汽車（港人叫taxi爲的士）還沒有到，外公和媽媽泰來舅站在門外的屋簷下等，誰也不出一點聲響，看著面前的雨地。

外婆忽然從門裡叫：「琴薰，過來！」

媽媽回頭看了一眼，走回家門口。外婆伸手拍拍媽媽頭髮上的水，說：「過去跟泰來把傘打起來，頭髮淋溼了，要生病。」

媽媽說：「那邊的士車已經進了巷子，不過一分鐘就到了，沒關係，開傘收傘太麻煩。」

外婆說：「爸爸年紀大了，最近身體又不大好，禁不起雨淋。你要記得路上替爸爸打傘。」

媽媽說：「我記得，姆媽，的士車到了，我得走！」

的士車停到門前，媽媽趕緊跑過去，一邊張開手裡的傘。司機下了車，頂著雨，拉開後邊客座的車門。不等媽媽跑到，外公已經從屋簷下走出去，淋著雨鑽進的士車了。

外婆嘆口氣說：「眞不知到上海，怎麼照顧自己。」

泰來舅隨著外公，也冒雨走去，鑽進的士車。媽媽舉著傘，走過去，坐進車，才收起傘來，一邊回頭對外公和泰來舅說：「你們不打傘，姆媽不高興。」

車子駛過九龍，一路上沒有一個人吭氣，都悶頭坐著。最後，車子停在豉油街邊。車門一開，外公不聽媽媽喊叫打傘，冒雨搶出車去，默不作聲，提著小公文包，急急穿過馬路，走去海邊。媽媽忙拎起外公的小背包，和泰來舅一起，跑著跟上外公，也顧不上打傘，頭髮都淋溼。

走過馬路，下了堤坡，海邊竟有一個小小的碼頭，停靠一艘汽艇。外公不搭話，不打問，一步跳進去。艇上一人，穿黃油布雨衣，頭上帽子蒙住臉，也不搭話，隨手發動汽艇。媽媽和泰來舅趕忙衝過去，一起跳上汽艇，剛一落腳，汽艇便飛奔起來。

雨水斜斜射來，打在臉上，像許許多多小刺扎到皮膚上。幾分鐘後，汽艇駛到海港中央泊浮筒邊。那裡停著一艘日本郵輪，箱根丸三個大白字顯眼耀目。看到船上飄揚的日本太陽旗，媽媽打了一個抖。她實在難以想像，外公竟要跑到日本人占領的地方去。

又是事先說好，大船上有人從舷邊放下繩梯。外公手抓繩梯，搖搖晃晃，一步一喘，爬上甲板。汽艇上的人隨手提起外公的公文包和背包，一手一揚，把兩件東西甩上船舷。

郵船上的人沒有請媽媽和泰來也上去看看，即使他們請，媽媽也不會上去。她看到甲板上有幾個日本水手，穿著白色水手制服，後肩披著披風，上面劃著幾條海藍條紋，下雨也不穿雨衣，靠在欄杆上，嘰哩呱啦講話。媽媽心裡很不舒服，用手遮住眼睛兩邊，只望著大船上的外公。

外公站在舷邊，從身邊人手裡接過公文包和背包，朝船下的媽媽和泰來舅擺擺手，注視片刻，便轉身消失。前一夜已說定，誰也不道別。外公逕自上船，媽媽和泰來舅自管回家。雖然此一別，凶多吉少，難料將來，但是，不要眼淚，不要悲傷，也不能讓四周的人看出任何非常跡象。

汽艇載著媽媽和泰來舅，朝鼓油街那個小碼頭駛回。媽媽不住回頭張望，揮手。她什麼也看不到，只有海面上雨點打擊翻起的千千萬萬小浪花。她不知道外公艙房在哪一層，他的窗是哪一個。但是她確信，外公一定正伏在一個舷窗裡，透過雨霧，張望他們在汽艇上顛簸。

上了岸，媽媽不要馬上回家，淋著雨，靠在路邊一棵樹上發呆，眼前一直是剛才外公在船舷上朝他們注視的那一對眼睛，非常的憂傷。泰來舅催了幾次，媽媽都不動。泰來舅沒有辦法，只好陪著媽媽站在街邊，望著遠遠的那艘日本郵船。外公在上面。

過了一個多鐘頭，那郵輪開動了，先倒退出去，然後慢慢轉過頭，在雨幕中漸漸走遠。

媽媽和泰來舅兩個人回到家，還沒有邁進門檻，媽媽便依在門框上，忍不住哭出聲來。透過淚眼，她看到，又一次，外婆呆呆地坐在屋裡一個小凳上發愣。每次外公離家遠行，外婆總這樣坐在小凳上發呆，很久很久，一動不動。

外公眞的就這樣走了。但願像以前多少次一樣，這不過是又一次生離，重逢之日或許遙遠，總還在渺茫中存在。但願這不是一次死別，外公千萬不要從此在他們的生活中消失。媽媽無法想像，沒有外公的家會怎樣的寂寞，沒有外公的生活又會如何地悲哀。

突然，電話鈴聲響起。媽媽跳起來，下意識地衝過去，拿下聽筒，擦擦眼淚。這個時刻，媽媽旁邊的幾個舅舅都聽到話筒裡，對方急急的叫聲：「希聖兄，希聖兄……」

媽媽把話筒放到耳朵上，說：「請問哪一位？」然後聽了幾秒鐘，突然大叫一聲，往後坐倒在地上，話筒也丟開，大哭起來。

雨又大了，遠處有一道閃電，接著聽到一聲悶雷。

十二

一九二三年秋天，湖北老家陶盛樓，外婆又要生孩子了。外公還是照例不能回家。他夏天得到上海商務印書館編譯所的聘用，才到上海工作，不能請假。

陶家大院裡，上上下下的主僕，都像沒有看見外婆大肚子一樣。她依舊日日去廚房幫忙，在前院洗衣，到後院紡線。每天，媽媽坐在外婆身後玩草根，玩線頭，或者拿個鉛筆頭在碎紙上畫圖。媽媽最愛玩的，是拿個玻璃瓶蓋照工棚窗口射進來的太陽，在屋頂上搖晃一個圓圓的光點。望著那個小光點，媽媽可以想像出許多美麗的故事，嘰嘰呱呱說半天話。外婆聽著，常常會微笑起來。外婆再也不讓媽媽一個人到後門外的竹棚裡去了。

好多天，木匠不停做工，前院人來人往。裁縫也請來，做一家大小明年的衣服。後院擺開大案，幾個裁縫一起做。太家婆發話：「給我家男丫多做幾身和尙袍。和尙袍保丫們長壽。大小姐兩個，二小姐一個，向大嫂一個鼎來丫。每人做兩身。」

裁縫領班討好說：「那麼，二少奶奶呢？我看她快要生了。」

太家婆瞪眼問：「哪個？」

裁縫領班笑著說：「二少奶奶呀，快要生了，您老人家一定又多添貴子。先做上兩身……」

「她呀，」太家婆轉過身，一路走開，一路說，「她倒是作夢想生兒！打破她的前腦殼，撞破她的後腦殼，看能不能生個男丫！」

午飯時候，外婆到廚房幫忙，廚子給花廳上太家婆兩個姑婆和鄰家的客人燒飯。前後院裁縫木匠的飯，要外婆燒。外婆把媽媽安頓坐在廚房角落裡，玩一把勺子。然後自己挺著大肚子，站在灶火前兩個鐘頭，煮好三鍋麵，招呼二福找人端出去給木匠裁縫們吃。

前後院裡做工的人人說麵好吃，外婆坐倒在灶前地上，站不起來。二福看見，忙命幾個女僕把外婆扶起，攙回她自己屋裡，躺到床上。媽媽陪在身邊，給外婆擦額頭上的汗。

花廳裡人打牌，喊叫著要這要那。前院裡人做木工，喊叫著要這要那。後院裡人做衣服，喊叫著要這要那。陶家男女僕人，個個忙得腳不沾地，奔來跑去，哪個有空顧得上外婆屋裡哼哼的二少奶奶。屋裡黑了，連燈也沒人去幫忙外婆點亮。

晚飯時候，媽媽悄悄跑到廚房，跟大廚要了一碗麵，躲在廚房角落裡吃光，然後又端了一碗麵，回到自己屋裡，摸黑到床邊，給外婆吃。外婆哪裡吃得動，叫媽媽把麵放到床頭地上，媽媽爬上床，外婆摟住，聽著外婆哼哼，睡了。

入夜時分，外婆肚子痛得受不了，大聲叫：「快請接生婆來！」

媽媽嚇得哭，急忙下床，一腳踩翻地上那一碗麵，驚呼一聲，滑了一跤，頭碰在床棱上，痛得要命。前院後院人都睡了，沒人聽見，沒人動。

外婆在床上亂滾，拚命喊叫。媽媽又驚又嚇，頭上又碰得疼，大聲嚎哭，奔出屋門，站在當院喊叫。前後院還是沒有屋子點亮燈，不見有人出來看看。

最後，二福起身，提了馬燈，趕到外婆屋前，把媽媽抱起，送進門口，壓低聲對裡屋說：「二少奶奶，你把小姐管住，莫在院裡哭。二少奶奶忍一忍，我趕車去倉阜鎮接人來。」

一直到後半夜，二福才接了鎮上的接生婆，跑進院子。還沒見接生婆進門，小嬰兒已經生下來了。外婆躺在屋裡地下，疼得慘叫，昏死過去。

接生婆邁進屋門，什麼也看不見，屋裡沒有燈，便轉身朝門外，對二福說：「屋裡燈也沒有一個，怎樣生ㄚ呢？」

二福在門外站著，忙隔著門，把手裡的馬燈遞進去，輕聲說：「這盞馬燈你先用，我去叫老媽子起來，才可以進屋去。」

那接生婆提了二福的馬燈，走進屋，一眼看見到躺在屋子中央地上的外婆，嚇得半死，立時慌了手腳。外婆疼得要命，自己滾下床，爬出外屋來了。那盞馬燈搖曳的燈光照耀之下，外婆躺在地上血泊中，不省人事。一個小嬰兒，滿身血污，蜷在她兩腿中間，沒有生息。媽媽趴在外婆身上哭嚎，滿臉滿手也都是血。

二福跑到後院去拍老媽子睡覺的屋門。其實老媽子們早都讓外婆的叫聲吵醒了，不過沒有老太太發話，誰也不敢起來幫外婆的忙。現在聽見二福叫，才動作起來。

裡邊，接生婆慌忙放下馬燈，先過去從血泊中抓起剛出生的小嬰兒，倒提過來照背上拍打。拍了一下，沒有動靜，便又用力連著拍打三五下，小嬰兒突然哇一聲哭叫起來。接生婆便大聲喊：「快端熱水來，生出來啦，生出來啦！」接生婆一邊叫，一邊忙從隨身帶的包袱裡取出剪刀，剪斷嬰兒肚上臍帶，結紮起來。

屋子外面聽不到多少聲息，二福剛從後院跑回這裡，忙又折去灶間，一路都踮著腳尖，不願讓太太小姐們知道他在幫外婆的忙。

接生婆一邊忙著，一邊喘著氣對外婆說：「恭喜啦！二少奶奶，生了個大胖兒。」

外婆昏迷恍惚之間，聽得「兒」一個字，如雷貫耳，突地醒過來。她半睜開眼，借著馬燈，伸手把嬰兒從接生婆手裡搶過，聽著嬰兒呀呀哭，踢著腿。外婆眼睛看不清楚，只得伸手在小嬰兒腿間一摸。果然是個兒子。外婆一口氣喘不上來，摟住兒子昏死過去兩秒鐘，又醒過來，大喘著說：「快，快！告……告……」

「是啦，是啦！」接生婆跑到門口，扯開喉嚨，對著院子，喊叫：「稟告老太太，二少奶奶生了個大胖兒，好福氣呀！」

二福剛在廚房裡，倒了一盆熱水端著，踮著腳尖，朝外婆門口走，一聽接生婆這聲喊叫，腳板馬上放下，咚咚地跑過來，在門口把熱水盆遞到接生婆手裡，急忙轉身朝堂屋台階上跑，一路大叫：「老太太，大喜，大喜，二少奶奶生兒了，二少奶奶生兒了！」

一剎那間，好像早有準備似的，前院裡所有的門全打開了，後院裡所有的門全打開了。男男女女，主人僕人，都跑出來，一片聲地喊。只有大姑婆二姑婆的屋子沒有動靜。

太家婆爬起身，披著一件睡袍，拄著手杖，跑進堂屋，迎面撞上低頭猛跑的二福，打了趔趄，險些跌倒，被二福忙拉住。太家婆舉手打二福一手杖，罵：「你要死了麼？」

二福顧不得打罵，扶著太家婆，滿臉笑，嚷喊：「老太太大喜，二少奶奶生了個兒！」

太家婆一路喊：「我看，我看……」顛動兩個小腳，跑下堂屋高台階。

二福扶著太家婆，不停說：「老太太，看好腳底，莫跌倒。」

太家婆顧不得，深一腳，淺一腳，衝到外婆屋子。二福不敢跟著進屋，忙招呼旁邊兩個女僕攙了太家婆，一路跟進門去。裡面，接生婆還在給嬰兒洗身子，那小子啞著喉嚨哭不停氣。太家婆走到跟前，不顧水淋淋的，一把搶過來，對著燈仔細驗證，眞眞是個男丫。

太家婆樂得兩個小腳一跳，把嬰兒還給接生婆，轉過身，揮著手杖，朝窗外大喊：「二福，快，給我叫老媽子，給我找奶媽，快，伺候二少奶奶。怎的就讓二少奶這麼睡在地下麼？屋裡亮也沒有一點，黑燈瞎火，怎麼生丫呢？這麼久了，沒有人來服侍二少奶奶嗎？生了兒在地下躺著，受了涼怎麼辦？來人哪，給我把二少奶奶抬床上去……」

門外幾個老媽子一邊繫著衣襟，快快趕進屋，七手八腳，把外婆從外屋地上抬起來，抬進裡屋，放到床上。一個女僕趕忙把裡屋牆角的一盞油燈點亮起來。媽媽跟著進去，爬上床，大聲哭。外婆轉身把媽媽摟在懷裡拍哄。新生嬰兒在外屋，有接生婆照料著。

太家婆在外屋，連連打了幾個轉，破口大罵：「大半夜，沒人來給二少奶奶點盞燈嗎？傭人都死光了麼？去拿十盞大油燈來，把堂屋的大燈都拿來，給我都點上！我要看我的孫兒……衣服呢？衣服呢？紅的、黃的、藍的，快！去找二十套新衣服來給我孫兒穿……」

老媽子們衝出屋門去張羅。

太家婆又喊：「殺雞呀！大廚呢，死了嗎？給二少奶奶燒雞湯、燒骨湯、燒豬蹄、燒青菜，二少奶奶喜歡吃青菜，燒十樣青菜。打荷包蛋，打十個荷包蛋給二少奶奶吃……」

又有老媽子跑出屋門去傳話。

太家婆還不住嘴喊叫：「快來人哪！給二少奶奶收拾房子，這樣滿地血污污的，能讓二少奶奶住嗎？二少奶奶喜歡安靜，滿院前後，不許高聲說話、不許喊、不許吵，走路都給我放輕腳步，讓二少奶奶安安靜靜坐月子……」

太家婆下令要別人安靜，自己卻在外婆屋裡大喊大叫。

外婆躺在裡屋床上，摟著媽媽，看著太家婆，心裡說不出是什麼滋味。自從過門，太家婆打過她，罵過她，可是，眞心裡，太家婆並不是個壞婆婆，她只是按照幾千年的舊制當家，用打罵來管教媳婦。眼下，太家婆要關心媳婦的時候，什麼都爲媳婦想到了，可說是天下最慈愛的母親。

太家婆在外屋喊完，撩開裡屋門簾走進來，一邊問：「冰如，你講，你還要吃麼什，喝麼什，我喊他們給你做……」

這樣說著，太家婆一眼看見床邊地上那個踩翻了的麵碗，暴跳起來，揮著手杖，怒罵：「來人哪，都死光了嗎？」兩個女僕忙跑進裡屋，慌張地看著太家婆，聽吩咐。

太家婆接著罵：「你們眼睛都瞎了嗎？裡裡外外跑，看不見地下骯髒。你們要我孫兒這樣睡在垃圾堆裡麼？二少奶奶這樣睡著，壞了身子，怎麼給我孫兒餵奶？」

那兩個女僕手忙腳亂過去收拾地上的飯碗麵條，沒有工具，兩個人乾脆只好就用四隻光手，把地下的麵撈回到碗裡，端出去倒，又拿來掃帚抹布，掃了又擦。

太家婆還喊：「把二少奶奶裡屋收拾乾淨，把二少奶奶床上都換新的，褥子、被子、帳子、枕頭、都給我換！給二少奶奶把身上衣服，裡裡外外都換了。還有小姐身上，衣服也給我換乾淨……」

滿院子亂成一團，誰也顧不上放輕腳步，都是咚咚咚地亂跑。男僕們點起無數燈火，把前後院子照了個雪亮。沒事做的僕人老媽子，都站一字排在院裡等候吩咐。

二福靠在外婆屋門外邊，聽著屋裡太家婆的吩咐，向男女僕人們分派活計，一邊指揮在門上掛棉布帘子。他半夜裡頭一個起身，幫了二少奶奶的忙，趕到倉阜鎮去請了接生婆，端了熱水，報了喜訊，立大功一件。沒話說，明年老太太一定又給他長銀子。

那接生婆得意洋洋，功臣一般，抽個一尺長的煙袋，站在屋當中，指揮衆老媽子忙碌。女僕老媽子們在外婆外屋裡屋跑進跑出，端水的、倒水的、包嬰兒的、撕尿布的、送棉被的、找衣服的、換床單的、搬搖籃的、擦地板的、放油燈的、點油燈的、吹馬燈的、幫外婆換衣服的、幫媽媽換衣服的、給太家婆道喜的、在窗上掛帘子的、爲太家婆安放椅子的、在外婆床前搬桌子的、給外婆送燒青菜的、送荷包蛋的、送骨頭湯的……進了出了穿梭一般，撩得外屋門帘難得掛住，掛上掉下，門外幾個男僕累得滿頭大汗，又不敢抱怨，只能嘆氣，掉了掛，掛了掉。

雇來做工的木匠裁縫原都睡在後院外面的一排工房裡，也都讓二福派人去喊起來，進到院子裡，半夜三更，點燈開工。木匠們急忙在前院揮動刀鑿斧鋸，給新生的小少爺做木床，做搖籃，做小桌小椅小櫃。裁縫們也在後院大案上，鋪開幾疋大布，亂剪一通，給小少爺做內衣、外套、兜肚、軟鞋、虎頭帽。

外婆抱著媽媽，換好衣服，擁著棉被，縮在床角，看著女僕換床上的大帳子。媽媽從來沒見過這麼多人在自己屋裡，這樣大喊大叫，跑進跑出，嚇得拚命哭。可是屋裡屋外人多，吵聲更大，沒人聽得見媽媽哭。只有外婆不停哄著，拿手撫摸媽媽的額頭。

太家婆坐在外屋正中一張從堂屋搬來的太師椅上，新生的孫兒包得嚴嚴實實，只露一張小臉，放在她手邊的搖籃裡，任由他啼哭。太家婆愛聽孫兒哭，哭聲越大越好聽。

在這一大堆雜七雜八的人聲中，太家婆忽然又朝門外喊：「二福，叫灶上大廚燒糖麵，多燒幾鍋糖麵。」湖北鄉間習俗，家裡生了男兒，要請村裡人一道吃糖麵慶賀。

幾個廚子早在灶間忙得團團轉，趕緊再多點一個灶火，安鍋燒水。才半夜，天有點涼，冷灶火一時生著又滅，旺不起來，急得燒火廚子眼裡噴煙，鼓著腮幫拚命吹。二福跑來催了又催，大廚一邊罵燒火的太慢，一邊捋胳臂挽袖子，拿出先存的乾麵，排在案上，專等水開下鍋。乾麵太少，還得另作。大廚拎起一袋麵粉，倒進大麵盆，澆上水，掄開雙臂揉麵。那邊水終於開了，燒火廚子忙站起，揭開鍋蓋，抓起乾麵下進鍋，拿個大勺攪動。灶房裡立時滿是水氣，對面不見人。這邊和麵廚子，揮舞麵杖菜刀，急速切麵。一時間刀光勺影，喘聲水聲，混作一團。

忙亂之中，天色漸漸亮了。

太家婆仍舊穿著她的睡袍，顧不得換，拄著手杖跑出前院，趕上台階，後面二福急追沒追上，搶到門口。太家婆已經等不及二福動手，自己上前去拉門拴。二福幫著忙，打開大門。

太家婆大步走出去，下了台階，頓著手杖，站在門前場地當中，朝左喊：「鄉親們呀，快來呀，我陶家又生了兒啦！來吃糖麵呀！」喊畢轉身，又朝右喊：「鄉親們呀，快來呀，我陶家又生了兒啦！來吃糖麵呀！」

左右喊過一陣，太家婆又顛顛地拄著手杖，由二福攙扶著，繞著自家院牆外面，跑到後門口，站在路中，頓著手杖，叫喊：「鄉親們呀，快來呀，我家老二生了兒啦！來吃糖麵呀！」

村裡女人們都才爬起身，剛點著灶火準備燒早飯，聽見陶家老太太喊叫，趕緊又把自家灶火都撲滅，拉起還睡著的男人們孩子們，紛紛跑到陶家來吃糖麵。

太家婆樂得前院後院跑，在人群裡鑽進鑽出，手杖戳壞了石子鋪的路面。她見人就說：「我陶家好福氣呀，我家老二又生兒了。多吃些，多吃些。我家糖麵好吃呀！」

前前後後招呼一陣，太家婆又跑進外婆屋裡，大發脾氣，噴著唾沫罵：「門上怎麼還沒掛紅布條呢？還想讓臭男人們進來沖二少奶奶的喜麼？有沒有人伺候二少奶奶呀，地還沒收拾乾淨麼？我小孫兒呢，包好了沒有？怎的還讓他哭呢？他餓了，給他吃。搬到裡屋去，給他娘。冰如，快餵快餵！二福，再燉一鍋雞湯，這碗涼了，端走，再去殺個大肥母雞，殺三個……」

太家婆一路喊叫著，在外婆房子外屋裡屋打了幾個轉，又跑出院子去招呼村裡來道喜的人。

外婆仍舊躺在床角裡，一手抱著媽媽，一手抱著新生兒，兩個都在哭。可是她不管，讓他們去哭好了，哭夠。現在人人歡天喜地，沒人理會媽媽是不是哭。小姑娘從出生，就不敢放聲哭，每受委屈，只有吞著聲抽泣。好了，現在，哭去吧，去嚎吧！外婆躺著，沒有餵兒子，只是躺著，眼淚一串一串流，看女僕老媽子們忙出忙進，聽窗外人們的道喜聲，聽太家婆叫喊，罵人。

幾分鐘以後，太家婆又跑進屋來叫：「我的小孫兒好不好？呵，看他多壯實，呵，聽他哭得多響亮。他眼睛好大，好有神。快給他吃，給他吃。」

外婆只好打開衣襟，把奶頭塞進兒子嘴裡，可是他根本不要吃，緊閉著眼，把奶頭吐出來，繼續哇哇哭。太家婆看了笑，說：「那好，那好，等會子，等會子再餵。」

太家婆說著，又喊叫：「給二少爺報喜了沒有？快寫信，今天送倉阜鎮上去……」

這孩子，依照外公留下的名字，叫作泰來，就是我的大舅。為了他，陶家大院喜氣洋洋，和和睦睦，過了幾個月。先是泰來舅滿月，煮了幾大鍋紅雞蛋，給全村的人吃。又是泰來舅過百天，更大擺了宴席，雞鴨魚肉，請全村人來坐了吃，酒肉管夠。

接著過了陽曆年，又快到舊曆年。趁著太家婆因為得了孫兒，過節過年，心裡高興，外公決定向太家婆提出，要把外婆和兩個子女接到上海去。那是一道關口。外公先請一位以前在北京大學的同學張先生幫忙探探太家婆的口氣。張先生是湖北黃岡同鄉，住家離陶盛樓不遠，也是大戶人家。現在在武漢作律師，常常回黃岡老家。他以前來過陶家幾次，太家婆認得。

離春節還有一個月，張先生又回陶盛樓的時候，找了一天，到陶家大院來見太家婆。他到堂屋坐下，陪著笑對太家婆說：「我前些時到上海去過一次，見到希聖兄在那裡獨自一人過日子，清苦得很。他每天一定要按時去上班，遲一點，老闆就給臉色看。他又是剛去的年輕人，常常要加班，結果是吃不上，睡不好。我看他又黃又瘦。」

太家婆不作聲。

張先生接著說：「如今不同以前老人出門做事業。那時，一中舉人，就出去作官。作了官，自然有跟班，有傭人、有廚子、出門坐轎子，也用不著看鐘點升堂斷案。」

他停一停，聽見太家婆輕輕嘆一口氣，便又接著說：「現在呢，我們都是北京大學畢業。照早先制度，那是全國最高學府，考進去，起碼要算中舉。畢了業，就是考過了北京朝廷的考場，都算是皇榜上有了名，作了進士。照希聖兄在班上考前三名，那不是狀元，總也是探花，榜眼了。皇上殿試，依希聖兄的才氣，必是對答如流。皇上自然會派他個欽差大臣，點翰林，作到大學士，他還會缺吃短穿麼？冒昧說一句，皇上看中了，也許還招希聖兄作個駙馬，您老太太就成了皇親國戚，也會進京去，穿官服，戴鳳冠，朝見皇上呢！」

太家婆臉上露出喜色，嘆口氣，說：「不提了，不提了。世代不同了，沒那個福氣！」

張先生趕緊接說：「對呀！眼下，像希聖兄這樣大才子，也得自己點火燒飯，縫衣洗被。還要每日去上班，看人臉色。回家來，連個說話的人也沒有。時間長了，我怕希聖兄會生病。」

太家婆說：「怎樣呢？當初勸他不要去。上海那鬼地方，我早年去過，不過一片碼頭，沒幾個房子，哪裡比得了武漢，有什麼好？說過幾次，他不聽，自己從安慶跑去，現在吃苦頭，誰管得了？」

張先生說：「上海現在大得很，人對人不大友好。老闆按鐘點付工錢。希聖兄過日子實在緊。」

太家婆盯著他，半天才說：「他要回來？可以。像他大哥一樣，在武漢謀個差，不許回家來享受，陶家男人沒有閒在家裡的。」

「不會，不會。希聖兄絕沒有想回家閒居的意思。」張先生嚥了口唾沫，硬著頭皮說，「是這樣，希聖兄算了算，在上海，一個人過兩個人過，花錢差不多。如果希聖兄有個幫手在跟前，日子自然會好些，也許還多些時間，可以多作些工，多賺些錢。」

太家婆瞪了眼，說：「他要怎樣？還要我老婆子去上海伺候他麼？」

張先生趕緊擺手說：「哪裡，哪裡，也許……可能……二嫂去上海伺候他……」

「放什麼屁！」太家婆怒喝一聲。

十三

太家婆接著嚷：「我在陶家幾十年，從來沒聽說過這等事！我生他、養他，現在他讀了書，有了事做，有了錢，想翅膀一張，飛了。那麼容易麼？」

張先生從椅子上跳起，點頭哈腰，不知說什麼好，只有一連聲「是，是，不，不……」。

太家婆揮手罵：「滾出去！他要把他女人小丫帶走，他自己來講，用不著你來當說客。」

張先生慌忙撩著棉袍，匆匆跑了，帽子跌落在院裡地上，也顧不得拾，光著頭跑出大門。

外婆趁大舅睡覺，在後院紡線，聽見堂屋裡太家婆叫聲，停下手，才聽清楚太家婆在叫嚷些什麼。她趕緊放下紡車，抱起媽媽跑回自己屋裡躲著。她曉得，又有事要臨頭。

可是她無處可藏，還沒喘過氣來，太家婆已經在堂屋大叫找二少奶奶來。外婆聽見了，忙安頓媽媽躲在屋裡，不許出門，而後抱起泰來舅，跟著二福到堂屋裡去。

太家婆一見外婆就叫：「你聽見在說你男人麼？」

外婆忙說：「我在後院紡線，聽見泰丫哭，跑到前邊來餵他奶。」

太家婆看見外婆懷裡的泰來舅，便壓低一點聲音：「他吃了麼？吃了麼？」

外婆回話：「吃了，現在要睡。母親叫我有事麼？」

這一問，又惹起太家婆的火。她要發作，又不敢吵泰來舅，臉憋得通紅，喘著氣，恨恨地說：「你男人要把你接出去跟他過日子。你有麼什想法？」

外婆連忙說：「他怎麼會那麼想呢？發瘋了麼？我在這裡跟著母親，不愁吃，不愁穿，什麼都有母親想著。再說，我在這裡，隨著母親，還有許多事要做，有許多道理要跟母親學呢。希聖一個人在上海，給別人做事，就那幾個薪水，連房子也付不出，接我們娘兒三個去，喝西北風麼？我們去上海討飯麼？我不去。我要留在這裡，跟著母親享福呢。」

「哼，」太家婆臉上顯出一些放鬆，把身子往後靠到椅子背上，接著說，「我也說是這樣。他一個禿頭小子，哪裡曉得過日子是怎麼回事！」

外婆說：「如果母親沒有事了，我抱泰丫回去睡了。」

太家婆忙說：「去吧，去吧！多蓋一點，莫涼了他。」

「是。」外婆說著，急忙退出堂屋。

事情並沒有完。俗話說，躲得過初一，躲不過十五。陰曆年前，外公再也躲不開，非回陶盛樓來不可。他已經接到張先生的信，曉得事情是跟老太太挑明了，惹太家婆發了怒。

外婆聽說外公臘月二十七回家，就與太家婆說妥，臘月二十六中午抱著泰來舅，領著媽媽，坐了輛轎車，遮著棉帘，到萬家大灣，回娘家去了。說好除夕那天一大早回陶盛樓。

臘月二十七中午，外公進了家門，逕直走到堂屋，把手提的箱子放下，禮帽摘下，遞給二福掛到牆邊的帽鉤上，又把外面穿的皮襖脫掉，交二福收起。然後，外公撩著棉袍跪下，給太家婆叩頭請安。兩個姑婆都穿著絲綢棉袍，坐在一邊喝茶吐瓜子。

太家婆氣憤地高聲問道：「你還是想要帶你老婆孩子走麼？」

外公跪在地上，哆哆嗦嗦，說：「母親大人明鑑，兒子一個人在上海，日子實在太艱辛。」

太家婆把椅子扶手一拍，喝問：「你也配說過日子！你曉得日子是怎麼過法的麼？」

外公先一愣，隨即醒悟過來，馬上接話題，說：「母親說得極是，兒在家時，靠母親撫養長大，飯來張口，衣來伸手，從不知過日子是怎麼回事。所以現在一個人獨自在上海，不曉得怎麼吃，怎麼穿，整日裡吃不上，穿不上，日子窘迫。才去了半年多，我已經有過兩次胃痛，去看醫生，吃了藥才好。都是飲食不周所致。」

太家婆坐著不說話，心疼自己兒子，又不願說出來。

外公覺得有鬆動跡象，便接著說：「我算過細帳。我只有那麼幾個錢，不敢每天出去吃飯館，只得自己在家裡煮飯。我哪裡會煮飯，又不懂得買菜，不過有什麼吃什麼，亂吃一氣，常吃生菜生肉。也不會洗衣，只好送出去給別人洗，花很多錢，還費時間。我只身上這一件長袍，要每天穿去書局，一洗，來不及乾，急死人。」

太家婆仍舊不作聲，悶坐著，擺了擺手，讓外公起來。

外公慢慢爬起身，站著，又說：「我想想，要是接冰如過去，還是住一樣的房子，冰如吃不很多，也不多幾個飯錢。她在家做飯，我就省錢，不用出去吃飯館，而且可以吃好。我身體會好些，可以多做些事，多賺錢回家。洗衣的錢也省了，冰如可以洗。衣服破了，縫縫補補也自己做。」

外公見太家婆頭低下來，似乎在想，就提高一點聲音，接著說：「當然啦，冰如出去跟著我，要受苦。她在家，有母親照看，多享受。她或許不願跟我出去。」

太家婆聽了，順口答說：「那不能由她！」

外公一聽，忙又跪下，磕頭央告說：「兒子就全靠母親作主，不能由著冰如一意在家享清福。她也該跟了孩兒去分擔些艱苦。我實在需要一個人照看我的吃喝。」

太家婆說：「你只要媳婦一個人跟你去麼？你的兒女呢？」

外公愣了，他沒想到，還有接妻子去上海卻不帶兒女的可能，忙說：「小丫的事，自然由母親大人定奪。照孩兒思想，泰丫才幾個月大，要吃母奶，或許總還是隨著冰如更好些。琴丫三歲，大些了，會吃會喝，留在家裡陪母親大人樂樂也好。」

大姑婆喊起來：「留她在家裡，還要我們伺候麼？」

二姑婆也喊：「誰要聽她夜裡嚎哭！」

太家婆嘆了口氣，說：「你也太沒有良心，琴丫才三歲，你捨得她離開娘麼？」

聽這一說，喜從天降，外公忙又叩頭謝罪，說：「母親大人教訓的是，孩兒不該那般心狠，有丟開兒女的念頭。孩兒聽母親教訓，學會了，今生今世，富貴貧寒，永遠把兒女帶在身邊。」

太家婆又嘆口氣。

外公趕緊把早準備好的一席話說出：「我們一家到上海去，絕不再跟母親要一個錢。我們就用我的薪水過日子，過緊過鬆自己過。我們走，什麼都不帶，只帶隨身的行李。我們的東西都留在家裡。母親和姐姐們如果要用什麼，儘管取了用……」

大姑婆插嘴：「這是你說的話，我可要拿的。」

二姑婆說：「我要那個……」

太家婆嘆了口氣，搖搖手，止住兩個姑婆的話，還是沒說什麼。

外公從長袍大襟底下掏出一個紙包，雙手遞給太家婆，說：「這是一百塊大洋，是孩兒在書局做這半年工，省下來孝敬母親的。孩兒實在沒有更多了。這一點還不了母親這多年照看我一家老小的恩情。孩兒，孩兒……」外公心裡難過，說不下去，眼睛溼潤了。

太家婆沒有伸手接錢，坐著不動。外公站在一邊，兩手捧著那小紙包，低著頭。

堂屋牆上的大鐘滴答滴答地走。外公從來沒注意過，這鐘的秒針走起來會發出那麼大的響聲，好像一錘一錘打在人心上似的。

最後，太家婆又嘆口氣，伸出手來，接下外公手裡的紙包，什麼也沒說，站起來，轉身朝她自己屋子走去。到了門邊，頭也沒回，說了一句：「去接你媳婦回來，準備上路吧！」

外公聽說，不及回屋換衣，當下喊二福套好馬車，飛跑到萬家大灣外婆娘家，當晚把外婆娘兒三個接回陶盛樓，開始收拾行李細軟。他們得趕快，趁著太家婆沒改變想法，馬上離開。

太家婆不高興，連著幾天關在自己屋裡不出門。大姑婆二姑婆見了，都說回夫家過年，跑掉了。伯公回家來，照例每天帶了鼎來舅出去會朋友。前院後院，跟死了一般寂靜。只有向伯婆，拖著病身，過來幫忙照看一下泰來舅，讓外婆騰出手，整理行裝。

全院裡外，媽媽是唯一的一個，十分興奮。她不知道上海在哪兒，但是曉得那裡很遠，很大，很好玩，是個好地方。她幫外婆收拾東西，把自己的衣服都放到箱子裡。可是她不能大聲笑，不能大聲說話，也不能到院子裡或後面工棚裡去找她的玩具。外公對她說，到了上海會有很多新玩具，從來沒見過的。娃娃的臉是硬的，不像外婆手縫的布娃娃。上海的娃娃眼睛還會動，什麼樣的呢？媽媽想不來。她眞急得想馬上就到上海。

忙忙碌碌，三天過去。因爲這事，年也沒像往年那樣過。太家婆覺得她破壞了陶家幾百年的規矩，心裡又難過，又害怕。除夕年夜飯，太家婆也只到飯桌上稍坐了一坐，什麼話也沒說，便離席回屋去了，留下外公兄弟兩家，在餐廳裡享用年夜飯。桌上仍然擺滿大盤小碗，雞鴨魚肉，熱菜冷盤，紅白黃酒，同樣點了一隻火鍋，粉絲豆腐。

鼎來舅和媽媽還是很高興，抓這個，要那個，向伯婆招呼鼎來舅。外婆照管懷裡的泰來舅，沒有手管媽媽，只好叫身後的二福幫忙。伯公開始好像興致勃勃，吃了幾口之後，也慢下來。外公強作歡笑，光講話，好像怕冷場。

「大前年我三年級，過年沒回家，你們曉得爲麼什？」外公說。

他這故事可能人人都知道，可是無話找話，別人反正沒心思吃，沒心思聽，由他去重複嘮叨，「北京的報紙上出了十七個題目，徵修訂民法的文章。我決定應徵，馬上起草。初稿完成，十萬字。高一年級的同鄉黃先生也應徵，與我討論，看了我的文章，說：『法學文章不可太長，要有條有理，簡潔扼要。別人說十句的，你說一句。你說一句說不清的，說十句還是說不清。』我聽了覺得很有道理，就修改文章，縮成三萬字，每段加小註，說明引文來源。改好以後，用小楷抄清，釘成一冊，送到民法修訂館。那天是臘月二十九日，為了這篇文章，我誤了回家過年的火車。」

伯公一邊用筷子攪動糯米雞的肚子，一邊說：「母親除夕那天收到你的信。先發一頓脾氣，罵你不回家過年。後來又覺得好，你在外面努力做事，母親總是高興。」

外公笑了一笑，又說：「同公寓還住一位陝西同學楊先生，那年也沒有回家。除夕夜，他在住處煤球爐上燉了一大鍋牛肉湯。他用漢中家鄉法子，把三斤牛肉，放在砂鍋裡，加清水，不用鹽，從上午燉到夜間，牛肉爛熟，再加鹽。年夜飯時，他邀我去他房間，二人圍爐而坐，各人用筷子在砂鍋裡挑肉，用湯匙在砂鍋喝湯，一直吃到天亮，很是過癮。」

伯公笑了，說：「想來是像兩個野人一樣。」

外公不理，接著說：「如果他不請我，我連年夜飯也沒得吃。我身上只剩一塊銀元和兩吊票子一張。初一早上，公寓夥計來請安，那一塊銀元只好賞他。兩吊票不過值銅板二十枚，不好意思拿出手。沒回家的幾個同學約好，逛東嶽廟，身上都沒有錢，只好走路去。」

沒有人聽，外公說說也覺無趣，聲音低下來，最後停住。他閉了嘴，再沒人說話。又過了幾分鐘，各人都假裝打哈欠，推說時間不早，紛紛離桌回屋睡覺去了。

往年熬夜，大人小孩熱鬧得很，今年偌大一個院子，幾十間房子，黑燈瞎火，居然沒有人守歲。第二天初一，僕人們按規矩前前後後放鞭炮，鼎來舅和媽媽跟著跑，算是熱鬧了一會子。

外婆請外公照看兒女，她自己又跑到驪珠姨的墳前，替驪珠姨把墳上的草拔乾淨，對著墳頭說了好一陣話。然後掏出個小玻璃瓶，在墳頭上抓些土，又把剛拔下的一株小草都裝在瓶裡，把蓋子蓋好，塞進懷裡。外婆在墳前坐到太陽偏西，把眼淚流乾了，才起身回家。

晚上，媽媽和泰來舅都在裡屋睡了。外公和外婆坐在外屋，圍著炭盆，穿著長袍，沒合眼。屋門口地上，擺著他們要帶走的東西：一個被卷，一個裝四個人換洗衣服的箱子，一個網籃裝些七七八八零碎雜物，另外一個背包裡是泰來舅的水瓶尿布之類。

外公輕聲說：「我還有幾件心愛的東西，沒有帶上。」

外婆答應：「我們實在拿不下了。」

外公說：「我沒有想帶。除了吃穿要用的東西，我們什麼也不帶。」

外婆說：「什麼東西？」

外公說：「餐廳裡的幾個塑像，尤其那個關雲長。我最佩服關雲長，講義氣，重友情。還有花廳裡幾幅字，顏眞卿趙孟頫的倒不大要緊，那蘇東坡的一幅，是迪公三叔在四川作官，退休回家的時候，特別帶來送給我的。蘇東坡是四川人，在四川大名鼎鼎。我四歲啓蒙，二叔是老師，三叔也曾指點過我許多。再有就是我們屋裡掛的這幅米芾的字。」

外婆說：「下次有機會再來拿吧！」

外公說：「不知還會不會有機會回家來，他們不會再歡迎我們回來。我還是把這幅米芾的字帶走吧，沒有多重。」

外婆說：「你說了不拿旁的東西，就不要拿。下次回來，如果眞沒人要，再拿走不遲。」

外面敲了五更，天快亮了，外公外婆站起來，到床邊，叫醒媽媽，穿好衣，洗過臉，睡眼仍朦朧，滿地打轉。外婆幫著把背包背在媽媽背上。外公幫忙把還熟睡的泰來舅綁在外婆後背上，頭蓋一條棉被，也綁緊。外婆一手提網籃，一手領媽媽，等在門邊。外公把被卷扛到肩上一手扶著，另一手提起衣箱。四個人靜靜做著這一切，沒人說一句話。最後，他們一起出屋，關好門，不掛鎖。

他們走到堂屋前，把手裡的行李衣箱都放在高台階下，空手走上去，進了堂屋，轉到太家婆屋前。門虛掩著，是在等人的樣子。外公頭一個悄悄走進去，外婆背著泰來舅，領著媽媽，跟著進門，都不出聲，齊齊在太家婆床前跪下。

外公一手撩起床邊的幕帳，輕聲叫：「母親，母親，我們走了。」

太家婆沒應聲，翻個身，朝牆。

外公又輕聲說：「要省掉在武漢住一夜店，我們只好早些到倉阜鎮上頭班船。晚飯到了武漢，還可以趕上當夜去上海的輪船。」外公放下幕帳，接著說，「孩兒四個給母親叩頭了。願母親壽比南山，福如東海。」

說完，外公領著外婆和媽媽，叩下頭去。泰來舅在外婆背上睡著，也隨著倒下去。

「母親，母親……」外婆叫著，哭音打顫，說不出任何字來。她跪在那兒，眼淚一個勁流。

太家婆一動不動地躺著，連聲息也沒有。

最後，在寂靜中，外公四人站起身，悄悄退出太家婆屋子，輕輕把門關起。走出堂屋，下了台階，拿起自己的東西，在依稀的晨色裡，走過古老的院落，走出黑漆的大門。沒有人來跟他們道一聲別。沒有人知道他們離開。

那是大年初二清晨，太陽還沒有升起來，風很硬，很冷。露水落到臉上，像冰珠一樣。這雙年輕的夫妻，帶著他們的一兒一女上了路，走向他們自己的生活。他們迎著大風朝前走，一次也沒有回頭，沒有再去張望他們過去曾經度過許多歲月的地方。

後面馬車踢踢躂躂地響著追上來，是二福吆了馬車，趕上來送二少爺二少奶奶一家上路。因爲外公說過此次出門，不用家裡一分錢，所以也沒有要家裡備車送去倉阜鎮，連馬也沒有要一匹，準備一家人用兩條腿走路去。

外婆一邊扶著媽媽爬上馬車，一邊問二福：「是老太太吩咐的麼？」

二福說：「莫問就是了。」

外公不說話，如果太家婆不吩咐，二福哪裡敢套了馬車來送他們。外公上了車，幫助外婆從背上解下泰來舅，三個人坐穩。馬打著響鼻，快跑起來。一家人在車子裡顚動。

「爸爸，上海好嗎？」媽媽在暗暗的黎明天色中問。風把這問話吹開去，飄蕩在鄉間的土路上，落在一家人急匆匆趕路的車印裡。

外婆說：「莫想得美。在上海，沒有好日子過。」

十四

站在輪船甲板上，可以看到上海了。一片灰濛濛的天色中，隱約顯出一些高樓的影子。天還很早，媽媽和泰來舅都還睡在艙房裡。

一九二四年舊曆年初五清晨，外婆隨外公走上甲板。外婆非常敬佩丈夫，他去過北京，在上海做事。他什麼都見識過，什麼都不怕。這是她有生以來第一次走出湖北省地段，到一個全新的城市去生活。外公說，那裡人說話跟湖北人不一樣，很難聽得懂。

輪船從長江轉進黃浦江。蘇州河口流出混濁黃水，裡面飄著菜葉、破布、木片，各種垃圾，發出一種說不清的臭味。這就是上海麼？外婆心裡有點涼。

外公安慰說：「不是這樣。這是蘇州河，那些窮苦漁民一年四季住在船上，在這江裡洗菜、淘米、刷馬桶，所以成了這樣子。莫擔心，我租的房子離江邊很遠，聞不到這臭味。」

「我們也用這水洗菜洗衣麼？」外婆問，覺得手裡發黏似的。

外公笑了，說：「不是，我們住閘北華壽里，是一座小樓房，用自來水，很乾淨。」

外婆問：「自來水？怎麼挑法？」

外婆在家不用自己挑水，有男僕人挑水。但她曉得，吃水用水要挑。對她來說，這大概算是最苦的事，一路都在擔心，到了上海，沒有僕人，她只好自己去挑水。

外公大笑，說：「不必，你不用挑水。水在屋裡，用手一轉水龍頭，水就流出來了。」

外婆不明白，問：「為什麼呢？」可是她沒有時間得到回答。

船上茶房們拿著喇叭筒，四處喊叫，上海到了，招呼乘客們收拾自己的行李，準備下船。外公和外婆趕緊回艙房，媽媽和泰來舅都讓水手們的喊叫聲吵醒了，躺在鋪位上發呆。

別的乘客都是大箱小袋，五顏六色，手裡搖著鈔票，大聲招呼，叫茶房們幫忙搬運東西。外婆和外公只有三件簡單行李，又小又難看。他們自己提了一路，根本用不著麻煩茶房們。

船靠了岸，船員們跳過碼頭去拉纜繩，高聲吆喝。碼頭上，擠了一些人來接船。大冬天，上海人照樣穿得花花綠綠，竟然還有穿裙子的。男人們舉手杖，女人們舉手巾，對著輪船用力揮動，高聲喊叫。

船還沒完全停住，一大群碼頭腳夫忽然從碼頭上人群後面衝出來，跳上船，衝進艙房，從客人手裡搶過各種箱子、行李袋、衣包網籃，不管什麼，搶過來抓住就跑。乘客們跟著追，喊叫著，跌跌撞撞，一時間，滿船裡亂作一團。外婆站著，不知所措。泰來舅綁在外婆背上哭。媽媽嚇得躲在外婆背後，緊抱住外婆的腿。外公兩手抓緊衣箱行李。

一個腳夫，身穿短衫，腰紮布帶，滿臉汗，衝到外公面前，張開兩手，喊一聲：「先生，阿拉來幫儂好弗啦？」

不等回答，他一把從外公手上搶過行李，又一手搶過衣箱，轉身朝船下跑。外公趕忙提起網籃，緊跟著他跑。外婆背著泰來舅，拉著媽媽，也急忙東倒西歪隨著。

那腳夫一路跑不停，過了甲板，過了舢橋，下了碼頭，衝過出口，上了馬路，還在跑。外公外婆氣喘吁吁，根本來不及說話，只有跟著。一直跑過一個路口，那腳夫一頭衝進路邊一個小旅館低矮的門洞，才停下來，放下衣箱，再把肩上的行李往地上一丟。這時才看清自己扛了一路的是些什麼東西，他由不得把嘴一撇，吐口口水，朝那行李卷踢了一腳。

外公跟著跑進門，後面跟著外婆，都喘不上氣，彎著腰，臉色發白，呼呼地張大著口。只媽媽高興地跳，伸頭看牆上的彩色圖片。

「先生，銅鈿。」那腳夫說著，對外公伸出手，大而粗。

外公從棉袍下掏出一塊大洋，放到腳夫手上。那腳夫手把錢一捏，說一聲：「謝謝儂。」扭頭就走。

「喂，我不要住店，」外公叫那腳夫停下，「我有房子住。幫我找部車子好不啦。」

那腳夫回頭看他一眼，理也不理，逕自走掉。旅店賬房聽說外公一家不要住店，嘟囔一句：「娘希屁。」把櫃台上剛打開的小窗關緊，坐下抽香煙。

外公只好趕緊把行李箱子搬出旅館門，放到馬路邊。一家三口坐在上面。泰來舅還是趴在外婆背上，已經不哭，轉頭看面前那些過來過去的人。

馬路上人多得不得了。黃包車到處都是，跑來跑去，高大的車輪壓得馬路咯吱咯吱響。車上坐的都是穿長袍馬褂的人，頭上的禮帽都很講究。一輛黑色小汽車在黃包車和行人中慢慢開過，一路按喇叭，震天響。外公汽車見得多了，不稀奇，看也不看。外婆上次帶媽媽到武漢看病，也曾見過汽車，不過看到還是覺得新鮮。媽媽是頭一次聽到這樣響的喇叭聲，嚇得兩手捂著耳朵，眼裡都是恐懼。陶盛樓和萬家大灣都從來沒有汽車到過。

街上走路的人，有穿棉長袍的，穿馬褂的，帶皮帽，手裡搖手杖，看起來像有錢人。也有打短工的，東遊西轉，穿對襟短衣，長褲，布鞋，頭上戴的一種帽子，別處少見，粗粗的料子，圓圓的頂，壓住帽沿。一些女人們穿著大襟褂子，臂彎裡掛了菜籃子，急急走路。也有些女人，穿著旗袍，外面套毛衣或者棉背心，頭上戴各種各樣奇奇怪怪的帽子，胳臂上戴了長手套，搖搖晃晃走路。

牆邊轉角坐一個人，沒有腿，臉髒得看不清眉眼，頭上頂的不知是帽子還是破布，身上披的也不知是衣服還是破布。他手裡拿一塊木頭，用力敲打地面，想引起人們注意，施捨一點什麼給他。街對面放兩副擔子，都是一對大籮筐，一個籮筐裡坐一個男孩，一個籮筐裡坐一個女孩，都是兩歲模樣，清清秀秀，從籮筐邊探出頭，轉著黑黑的眼睛。男孩擔子後面坐了一個婦女，低著頭，看不見臉。女孩擔子後面坐一個男人，蒼老黃瘦，彷彿已經要死了的樣子。男孩籮筐上插個木牌，上寫「五十元」。女孩籮筐上插個木牌，上寫「十元」。

外婆把背上的泰來舅拉拉緊，不忍心再去張望街對面賣孩子的籮筐，轉過頭朝街遠處看。從來沒見過那麼多人一道走路，外婆過門成親那天請了差不多萬家大灣全村的人，陶家迎親的隊也才有二百人。去武漢給媽媽看病那次，說是武漢人多，卻遠比不上上海。光眼前就該有幾千人一道在馬路上走。這樣來來往往，做麼什？

那邊兩個高高大大的人，臉色黑黑，鼻子很高，不像中國人，穿著白色制服，腰裡紮著寬寬的皮帶，頭上纏紅布，一圈一圈，有一尺高，兩人手裡都拿著兩尺長的棍，在馬路上走來走去，神氣得很。外公說那是印度巡捕，專門從印度國雇來當警察，凶得很。

外公外婆正說話間，一個小孩子走來，臉上鼻涕眼淚糊一堆，分不出眉眼。身上沒衣服，只裹一堆破布。他伸出一個破碗，叫著要給點吃的東西。

外公才要說話，一邊走過來一個洋人，高禮帽下面是黃頭髮，看不清眼睛什麼顏色，眼朝天上望著，只看見一個大鼻子，鼻孔長長的，像兩條線。他穿一件黑色的衣服，長不長，短不短，到小腿半截，前面胸口敞開，腰後面分開兩片，一走路就飄動起來，像鄉下孩子帶的屁股帘。這洋人右手拿一根手杖，左手挽個中國女人。大冷天，那女人穿一件窄窄的旗袍，脖子上纏一條毛茸茸的白色狐狸尾巴，一路走一路笑，笑聲很好聽，脆脆的。

洋人走路快，轉眼到了外公前面，正碰見討飯孩子走來擋路。洋人把手杖舉起一揮，把那小孩打倒在地，碗也打破。洋人嘴裡咕嚕一句：「Sorry, boy!」一步不停走過去。

外公猛然跳起來，揮著手臂，朝那洋人大聲叫：「You, listen, you, stop. You cannot do that.」

那洋人聽見了，停住腳，回頭看見外公的手正指著他的脊梁。他聳聳肩膀，問：「What do you want?」

兩位印度巡捕走來，向洋人鞠一躬，咕嚕一句，然後過來，把跌在地上的小孩拎起來。

外公擋住他們的去路，指著那洋人，對兩個印度巡捕說：「He is the one, not the boy.」

印度巡捕們看看他，把手裡的棍搖搖，讓外公走開。

外公沒有動，站在巡捕們面前，大聲說：「This is the land of China. You foreigners cannot hit our boy like that. I will not let him go. He must say sorry to him.（這是中國的土地。你們洋人不能這樣打我們中國孩子。我不許他離開。他必須對這孩子道歉。）」

洋人鬆開手邊的女人，搖著手杖走回來，停到外公面前，說：「I said sorry.」

外公說：「Not in that way. We Chinese are human beings too. You cannot treat us like a pig.（不是那樣說法。我們中國人也是人。你不能像對畜牲那樣對待我們。）」

媽媽拉著外公的衣角站著，仰臉望著他。她從來沒有見過外公會那麼嚴厲，在一個高大的洋人面前，挺直腰板訓斥他，連兩個拿棍子的大鬍子巡捕都害怕了。

洋人說：「No, No, young man. Who are you？（不，不，年輕人，你是誰？）」

外公說：「I am a Chinese. Why？I am not afraid of foreigners. Do you want to sue me？Go ahead. I am a lawyer.（我是個中國人。問什麼？我不怕你們洋人。你想告我嗎？請便，我就是個律師。）」

「No, no. You are a good man. Let's make friends. How about a drink？（不，不，你是個很好的人。我們來交個朋友吧！喝杯酒怎麼樣？）」那洋人說完，伸出右手，要跟外公拉手。

外公不理會，指著在巡捕手裡掙扎的小孩，大聲說：「Let him go！」

那洋人對巡捕擺擺頭。巡捕放了那小男孩。

外公從長袍下面掏出幾個銅板，放到小男孩手裡說：「快跑吧，買些吃的。」

小男孩朝外公鞠了一躬，跑開去了。

外公彎下腰，看著媽媽，根本不去理會在一邊發愣的洋人。媽媽看著外公，眼裡充滿敬佩。過了大約幾秒鐘，洋人只好轉身走了。巡捕也走開了。

剎那間，外公和外婆身邊圍滿了人，對外公伸大姆指，嘰哩呱啦講上海話。泰來舅嚇得哭了，媽媽也打抖。剛才外公跟洋人吵架的時候，沒有一個人過來跟外公站在一處，罵那洋人一句。所有的人，都遠遠地站著，看西洋景。現在看到外公得勝了，突然之間都圍過來了，說說好聽的話，自己也成了英雄。沒幾分鐘，這些人散去，便又圍上來另一群討飯的人，老老少少，站著、跪著、爬著、伸著碗，伸著手，央求。

外公趕緊站起來，招呼外婆上路。他們匆匆提起箱子，扛起行李，拎起網籃，抱著泰來舅，拉著媽媽，慌慌忙忙，鑽出討飯的人群，朝前走。身後，那些討飯的人破口大罵，又是什麼赤佬西屁之類。還有人朝他們背後吐口水，丟石塊碎碗片。

外公抬頭望望天，長長嘆一口氣，說：「中國人哪！」

外婆喘著氣問：「我們多久能走到？」

外公停下，在街邊叫了兩部黃包車。外公一人坐一部在前面走，身邊座位上放了行李，衣箱網籃放在腳邊。外婆抱著媽媽泰來舅坐另一部，跟在後面，一道向閘北跑去。這是媽媽頭一回坐洋車，覺得很好玩，像個小椅，踩腳地方有兩根長棍，拉車的人在棍中間，抓著棍跑。坐在車上，身子向後倒，挺舒服。可惜天冷，洋車罩了篷，媽媽只能趴篷子邊的小窗，朝外張望。

一路上，媽媽張大眼睛，看路邊牆上張貼的巨大圖片，嘴裡尖叫。外公隔著車子告訴媽媽，那叫廣告招貼畫，爲了逗人看了去買東西。圖片眞好看，花花綠綠，有的上面都是衣服，有的上面都是鞋子、或盒子、罐子。有一張是一個女人穿著花旗袍，歪著頭，對著過路人笑。天下有長得那麼漂亮的女人嗎？是眞人，還是畫的？

好不容易，他們到家了，在一個窄窄的弄堂裡，兩邊都是石頭牆、大鐵門。已經過了中飯時間，大家都過於興奮，沒人喊餓。四個人在一個鐵門前停住，下了洋車，放下行李衣箱網籃。外公付過銅錙，洋車走了。

外公轉身，從棉袍底下取出鑰匙，打開鎖，推開鐵門，把手一伸，說：「請進，這就是我們自己的家。」

外婆抱著泰來舅，小心翼翼地走進門去。媽媽拉著外婆的衣襟，跟在後面。外公一件一件把行李搬進鐵門，然後關住門，扭住鎖，站在後面，看著外婆。

面前是一個很小的房子，兩層樓。從鐵門進去，房前邊有一個方圓十步左右的小天井。外婆一步一步在這小天井裡朝前走，左右擺著頭，細細查看每一處角落。這是他們自己的院子，他們自己的家，她就是這個家的主婦。這裡沒有太家婆主事，沒有大姑婆二姑婆說閒話，沒有僕人服侍。從此，什麼都是她一個人，好了，歹了，都是她一個人的事。她有點害怕，但是又很高興。

走過小天井，上兩格台階，迎面是一扇門，上面有玻璃窗，後面布帘蒙著。外公趕忙上前，用手裡的鑰匙開了房門，讓外婆走進去。門裡是一間屋子，四四方方，就像鄉下人說的堂屋，外公說上海人叫客廳，客人來了坐，都是木頭鋪的地板，舊了，走上去嘰嘰嘎嘎響。

外公說：「樓下總共只這一間屋，所以不能作客廳，不如作書房，又作餐廳。好在我們初到上海，沒有許多客人會來，也並不必有客廳。」

房間左手靠牆放了一張方桌，一看就知是吃飯用的，不頂牆的三個桌邊各放一把椅子，塞進方桌底下，空出地方來走路。右手邊靠窗，亮一點的地方，放一張很窄的小桌，上面擺一盞燈，顯然那是外公看書寫作的地方。

外婆看了看，奇怪地問：「這燈在哪裡放燈油？」

外公笑了說：「這燈用電，不用燈油。你看，把燈下這個小鈕一扳，燈就亮了。這個叫電燈，這個鈕叫作開關。」

外公一邊說一邊扭那個開關，燈眞的亮了，光有些發黃，但是比陶盛樓老家堂屋裡的大油燈還亮許多，眞稀奇。外婆想不來，不用油怎麼點燈。媽媽高興地學，把那開關扳了又扳，那燈便閃亮閃滅，逗得泰來舅叫起來。

外公對媽媽說：「現在看新鮮，玩一玩可以，以後不可以天天這樣玩。開電燈要花錢，開一次就要交一次的電錢。電燈泡開關多了也會壞，要買新的換。」

外婆馬上板起臉，對媽媽說：「聽到沒有，記住了，平時不許自己扳電燈開關。」

媽媽停下手，轉身看別處。新地方，可看的新鮮東西多著呢。泰來舅裹在棉包裡，哇哇叫，還要看電燈，外婆不理會，自顧自走開。

從客廳後面的小門出去，是一個又黑又窄的走道。一邊用磚砌一個灶，頭頂上懸空掛一條電線，吊起一盞電燈。

外公扭亮了電燈，指著電線，得意地說：「那是我自己去買了電線安裝的，還觸了一次電，跌了一跤，差點電死，又險些摔死。現在可以用，你做飯不用摸黑。」

外婆用手摸摸冰鍋冷灶，嘆了口氣，轉過身。

灶對面，走道另一邊，是一道窄窄的木樓梯，很陡直，順著樓梯慢慢上去，就算樓上。其實，樓上只是一個小閣樓，原來是放雜物的儲存室，有一個小窗。外公用來作睡房。房頂傾斜，所以一張大床放在門口房頂高的一邊，外公外婆睡。一張小床放在裡面靠窗，房頂低的一邊，讓媽媽睡。泰來舅還小，在大床睡外婆邊上。兩張床中間放一個木箱。

外公說：「那木箱是裝衣服的……都是臨回陶盛樓前，準備接你們來，我一個人搬的。樓上要放兩個床，地方太小，只好把那木箱當小桌用，也省地方。」

木箱上面也有一盞電燈，還有一個小座鐘，前面放一把椅子。

外公說：「白天可以坐，在木箱上寫字。晚上睡覺，椅子上可以放脫下的衣服。床不夠長，還可以在椅子上搭腳，一椅多用。」

外婆看過全部屋子，回到樓下客廳裡。媽媽獨自一個，還在樓梯上爬上爬下。

外公伸著手，對外婆說：「把泰丫放下來吧！你背了一路。」

外婆說：「放哪裡？等我來放。」

外公說：「我可以抱。」

外婆不理他，自顧自把大網籃裡的東西一件一件取出，放到吃飯的方桌上，然後把背上的泰來舅鬆開，抱下來，放進那網籃裡，剛好坐牢在裡面，像個搖籃。外婆把一路包泰來舅的棉被塞到網籃邊上，塞緊泰來舅四周，然後把網籃提到屋子當中地上，挽著袖子，對坐在窗前桌邊的外公說：「都餓了，我來點火燒飯。」

外公笑笑，站起身，說：「吃什麼？家裡什麼也沒有，吃麼什。米呀、菜呀、肉呀、柴呀，都要到市場上去買。我回湖北前幾日才租下這房子，沒有在這裡做過一頓飯，家裡沒有一粒米。」

外婆低下頭，沒作聲。她不知該怎麼辦。

外公說：「好了，不必急，我們先出去到飯館吃一餐，然後就去市場買明天的菜。上海人常常出去到街上吃飯，不稀奇。」

外婆去武漢給媽媽看病的時候，到飯館吃過幾天湯麵，曉得在飯館吃飯很貴，要花很多錢。

外公叫：「琴丫，快下來，我們出去吃飯啦！」

媽媽跑下來，站在屋中間，愣著不動，不知道爲什麼吃飯要出去。吃飯從來要麼是在自己屋裡，要麼跟著外婆到廚房去，或者跟著外公到後面餐廳去。

外婆說：「剛到家，又出去，丫們冷。我來點火，燒口水，給你泡茶，讓丫們暖一暖。」

外公說：「我們坐一坐，讓丫們暖一暖，可以。要點灶火燒水，可能不行。你去看看，灶間裡統共只有一根柴，是以前住的人燒剩了，沒有搬走，留下的。我過來幾天，根本沒生過火。你現在如果把這根柴燒掉，馬上必須出去買柴，否則明天早上就沒飯可吃。不過油鹽醬醋那些做飯東西，我倒是帶過來了，不用另買。再說，這屋裡一個多月沒住過人，沒燒過火，也並不暖，還不如到外面飯館裡去，倒更暖些。」

外婆無話可說，只有同意。

外公把兩手一拍，笑著說：「好了，我們第一天到上海，也該慶祝慶祝。這邊走過去幾步，就有一家小飯館，地道江浙菜，味道不錯，也不貴，我搬來以後，去吃過一次。」

外婆說：「吃過飯去買菜麼？我們要帶個菜籃。」

「那個我有，是以前住的人家留下的，我們可以用。」外公說著，轉到後面灶間，在角落裡找到一個舊的竹邊菜籃。

外婆又把泰來舅從網籃裡提出來，裹住棉被背到背上，手提菜籃。媽媽穿了一路的棉袍還沒脫下，把頭巾紮牢，外公領著，一家人又走出鐵門，去慶祝他們的喬遷之喜。

到了飯館，由外公點菜。獅子頭、豆芽菜、白米飯、豆腐湯。什麼叫獅子頭，外公說，就是肉丸子，因爲做得大，像獅子的頭一樣，上海人叫獅子頭，吃起來有點甜甜的。北京人也做大肉丸子，一個碟子裡放四個，不叫獅子頭，叫四喜丸子，也不是甜的。上海的豆芽菜很好，綠豆發的，冬天當青菜吃。上海的米吃起來有點發黏，軟軟的。媽媽吃得高興，不住嘴。外公說了，她要怎麼吃就怎麼吃，要吃什麼就吃什麼。這是第一次，她不用害怕，大人不管她。

外婆小口吃著，一邊一勺一勺餵泰來舅喝湯。

外公邊吃邊說：「還是北方飯花樣更多，麵條、包子、水餃、饅頭、烙餅分蔥油餅和餡餅。小吃更多了，艾窩窩、驢打滾、切糕、涮羊肉、烤鴨，太多了，說不完。說這些北京小吃，只能用北京話說，沒法子用上海話或者湖北話說。……早晚我要帶你們去北京。那時我領你們去沙鍋居吃白肉，去東來順吃涮羊肉，去全聚德吃烤鴨，去北海的仿膳吃慈禧太后、光緒皇帝愛吃的栗子麵和小窩頭。」

外婆聽得出神。媽媽學著用北京話說驢打滾和小窩頭，又問是什麼東西。

這樣在飯館裡磨了一個半鐘點，一家人身子都暖了，一件件脫下外面的棉袍，解下頭巾帽子，舒舒服服坐著。泰來舅裹的棉被也打開，鬆了手腳，手舞足蹈，呀呀亂叫。四個人都吃飽了，桌上碟子裡還剩些菜飯。外婆捨不得。在鄉下老家時，每頓剩飯，外婆在廚房收拾，都要留下來，下頓再吃。

上回，外婆帶媽媽去武漢看病，所有剩麵湯都倒在小瓶裡，晚上餵媽媽。現在，她身上沒有瓶瓶罐罐，怎麼辦呢？

外公笑了說：「你跟店裡要瓶子裝剩飯，讓他們笑死了，聽也沒聽過，眞是鄉巴佬。」

外婆說：「那麼如何辦法帶回去？」

外公說：「就剩那麼一點點，沒關係，不要了，反正不能把人家的飯碗碟子拿走。」

外婆最後說：「旣是如此，我就都吃光，不能剩。」說完，每個碗裡一粒一粒米吃乾淨，一口一口菜汁也都吃光。

這才心滿意足，背著泰來舅，領著媽媽，跟著外公，走出去了。

還有半個下午，第一件事，認菜場，以後要每天買菜。外公領著媽媽在前面走，外婆背著泰來舅在後面跟，都不說話，看馬路上的西洋景。上海男人，在弄堂邊對著牆撒尿，羞死人了。

外婆紅著臉，轉過頭，問外公：「北京人也這樣麼？」

外公說：「哪裡會，京城裡的人自然懂規矩。」

走來走去，繞幾條街。上海地方大，街名很多不通文理，奇奇怪怪。外公說那是從洋文名字照著發音寫出的漢字，沒有意思，所以特別難記。繞過幾圈，回到家門口，又路過才吃過飯的小飯館。外婆找到認路的標記，大約能夠自己辨認方向和街道了。雖是冬天，他們幾人也已經在外面走了幾個鐘點，可是沒有人覺得冷。

天漸漸暗了，外公帶她們去菜場。他只認得一個菜場，是個小小的房子，房裡擺些架子，放些肉、蛋、骨頭。房外搭個竹棚，放幾個籮筐，堆些白菜，蘿蔔之類。價錢貴賤也不曉得，沒得比較。外婆別無選擇，揀幾種最便宜的菜買一點，又買十個銅板一條瘦肉、兩個雞蛋，夠明天早午兩頓吃就好了。明日白天她要自己出來，多跑幾處菜場，看看價錢才能多買。

夜色裡，他們走回家。街上電桿上點著電燈，散下黃黃的光亮。外公領著媽媽在前面走，一邊講什麼好笑的事給媽媽聽，逗得媽媽格格笑。外婆背著已經睡著了的泰來舅，跟在後面，手裡提著菜籃，裡面裝著剛買的青菜肉蛋，走在鋪滿石板的馬路上，心裡喜孜孜的。

上海，這是他們自己的城市，他們自己的家，他們自己的生活。

十五

外婆在灶間裡放下菜籃，先上樓把背上睡熟的泰來舅放到床上，蓋實棉被，熄了電燈。然後回到樓下，來不及點火燒水了，便拿水桶接著，用一點水龍頭裡的冷水，幫媽媽洗了臉和手，冰得媽媽亂喊叫一通。外婆又把媽媽硬拖到樓上，給她鋪好床，安頓她睡到自己小床上。媽媽換了新地方，興奮過度，在床上翻來翻去，睜大著眼睛，望著小窗外面的夜空。

媽媽說：「姆媽，上海的天跟陶盛樓的天一樣。」

外婆坐在木箱前的木椅上，一手掖著媽媽身上的棉被，答說：「是一樣。快睡吧！」

媽媽又問：「姆媽，明天可以到馬路上去耍麼？」

外婆說：「天這麼冷，到哪裡去耍？」

媽媽說：「我們今天出去吃飯，也不冷。飯館的飯眞好吃。我喜歡吃上海的飯。」

外婆說：「好了，快睡吧！明天爸爸就要去書館做事了。」

媽媽轉過臉來問：「什麼是書館？爸爸不在學校了麼？」

外婆說：「不在了，爸爸在書館裡寫文章。」

媽媽說：「哦，爸爸寫文章。文章難寫麼？」

外婆說：「很難。要讀很多很多書，要會想很多很多事情，才會寫文章。」

媽媽問：「我長大會寫文章麼？」

外婆說：「當然，只要你喜歡讀書，喜歡想事情。」

媽媽答：「我喜歡。」

外婆又塞塞媽媽身下的棉被，說：「好了，快睡吧。我要下樓去了。」

媽媽又問：「姆媽，你在樓下，我叫你，你聽得見麼？」

外婆說：「你叫我做麼什？」

媽媽說：「窗戶外面會爬進鬼來麼？」

外婆裝生氣說：「瞎說，這麼大的上海，哪裡會有鬼。這麼多人，這麼吵，鬼不敢來。」

媽媽問：「姆媽，明天你敎我寫『上海』兩個字好麼？」

外婆問：「爲什麼這兩個字？」

媽媽答：「我喜歡上海。上海沒有婆婆和大姑二姑喊叫。我可以大聲說話，要做麼什就可以做麼什。爸爸跟我們在一道，你也不用到後面去紡線，可以跟我們一道耍。」

外婆拍拍媽媽：「乖，講夠了，快睡。要不，爸爸要生氣了。這麼半天不睡覺。」

媽媽說：「爸爸不會的。姆媽，我要下樓去跟爸爸講一句話。」

外婆說：「不可以，明天再講。」

媽媽還問：「爸爸還會帶我們去飯館吃飯麼？」

外婆說：「怎麼可以天天出去吃飯，太貴了。姆媽在家自己做飯吃。」

媽媽問：「你會做獅子頭麼？」

外婆說：「你不睡，我要爸爸帶我們回陶盛樓去好了。在陶盛樓，你每天乖乖睡覺。」

媽媽害怕了，忙說：「不要，我不要回陶盛樓。我不講話了。」

媽媽馬上停住說話，閉上眼睛。幾分鐘後，就睡著了。外婆摸著黑，下了樓，笑著說：「幸虧你教我們怎樣開關電燈了，要不，我一晚上也吹不滅樓上那盞燈。」

外公坐在窗前的小桌邊，點著電燈，看書，聽見外婆的話，也笑了說：「就是。我是聽說有這樣的故事，所以特別留心告訴你們。」

外婆說：「還有人比我更笨麼？」

「你怎麼算笨呢？」外公把書放到腿上，對外婆說，「書局同事告訴我說，一年多前，我還沒來時，我們書局旁邊街上新開一家店，賣榆林毛毯。陝北寧夏地方是出羊毛的地方，那店主從陝西來，很年輕。店開好了，他把老父親接來上海看西洋景，盡孝心嘛。老先生是陝西當地大財主，否則哪裡有錢到上海來開店。頭一天當然好，兒子帶老頭子逛上海灘的妓院，玩白白胖胖的妖女人，老頭子樂壞了。中國鄉村裡的人進了城，最耐不住的就是城裡女人。李自成造反，一進北京，頭一件事就是搶奪陳圓圓。李自成也是陝西人，哈！」

「怎麼講起女人來了？」外婆收拾著方桌上的雜物，聽外公講到女人，便不高興。

「不妥，不妥。」外公臉一紅，轉話題，「那兒子帶老子高高興興回到家休息。不想第二天一早，老頭子喊叫要走，回陝西。兒子問了半天，才問明白。老頭子一夜沒睡成覺。」

外婆笑起來，搶說：「沒吹滅燈。」

「那還在後。先是沒辦法睡那床。」外公笑著說，「陝西人睡炕，土塊堆的，你想多麼硬！大上海，兒子孝順，特地爲老頭子弄了個席夢思彈簧床，想讓老父親開開洋葷，睡著更舒服。老頭子剛一睡下，不想掉進一個軟窩窩裡，先嚇了一跳。睡慣了炕，軟床怎麼也睡不著，翻個身，床要彈好半天。老頭子最後一生氣，把床單被子拖到地板上，才睡舒服。然後就怎麼也吹不滅那燈，燈在房頂中央掛著，站著吹，頭也昏，背也痛，腿也痠，跌跤不知跌了多少。早上起來，頭昏腦脹，鼻青臉腫，非回老家不可。」外公一邊說一邊自己笑。

外婆聽著，也早笑得彎了腰，捧著肚子。

外公接著講：「孝順兒子只好到處打聽，全上海也找不到一座房子有炕，沒辦法，買了個木板床給老爺子睡。又帶老爺子多逛幾次妓院，才算完事了。」

外婆笑過去，站在飯桌邊，繼續收拾桌上，一邊問：「你原來住的地方離這裡遠嗎？」

外公說：「不近。以前我先是住在法租界辣斐德路。」

外婆問：「麼什叫法租界？」

外公嘆口氣，說：「這是中國大城市裡特有的事情。你到上海以後，慢慢就看得多了。鴉片戰爭，中國戰敗，外國列強侵入中國，在上海、天津、武漢這樣的口岸城市各自劃出一塊地面，算是他們自己的領地。法國人劃定的地面就叫法租界，日本人劃定的地面就叫日租界。在那些地面，各用自己國家的辦法管理，中國政府不能管。」

外婆說：「那還是上海裡面的地面，是中國的地方。」

外公說：「所以，那是中國人的一種恥辱。」

外婆說：「住那地方安全麼？」

外公說：「那又是中國奇怪的事情。因爲各處城裡的租界地面都各自獨立，別人管不著，倒是安全。比如在上海，幹革命的人，中國政府一要抓，就跑到法租界去住，中國政府便沒辦法。孫中山先生，還有那個寫小說的魯迅，都是住在上海法租界，所以活得下來。」

外婆問：「你住那裡去書館方便麼？」

外公說：「我是住北京大學一個同學家裡，他叫韓覺民，也是我們湖北同鄉。他家在法租界有一間房子，有個騎樓很寬敞，借一半給我住，連住帶吃每月八塊大洋。早上在韓家吃過早飯出門，到老西門搭電車到北火車站，再走路到寶山路商務印書館編譯所，不算太遠。中午在寶山路小飯館吃一碗麵。」

外婆看外公一眼，問：「每天都是一碗麵？」

外公說：「每天都是一碗陽春麵。最便宜。」

外婆問：「晚上做麼什？」

外公說：「還有麼事可做？看書寫信。韓覺民在《建設雜誌》做事，那是共產黨的刊物。每星期有一個人到韓覺民家，在我住的騎樓上談話。那人叫惲代英，人很和氣，也很有學問，講出話來，頭頭是道。他在中國跑過許多地方，跟他談話很有意思。他自然也是共產黨幹部。」

外婆問：「麼什是共產黨？」

外公說：「我講給你聽，你曉得就是了，不可以出去亂講。共產黨是犯法造反的組織。三年前，一九二一年才在上海成立起來。」

「你參加共產黨了麼？」外婆有些緊張，忙停住手問。

外公看看外婆，安慰她說：「沒有。不過認識些人就是了。」

外婆不滿意，說：「不參加，認識那些人做麼什？」

外公沒有回答，低下頭去看書。幾十年以後，媽媽曾經好幾次對我講過，她記得自己年幼時，外公有時提起，他從二二年在安慶時，便開始跟共產黨人接觸，二四年到上海以後，跟惲代英等共產黨早期要員往來很多，很熟識。

「這邊近處有沒有地方買布？」外婆收拾著東西，忽然問，「家裡沒有那麼多人了，事情少得多，我有時間，帶了針線，可以給你們幾個做衣服。」

外公放下手裡的書，想想說：「應該有吧！我不大曉得。這裡是居民區，住家用的東西都會有地方賣。不過有的地方便宜些，你得用些時間跑路，到處去看，挑準了再買。」

外婆應道：「哦。」

外公說：「我每月薪水是八十元，兩星期發一次，每次四十元。每天做滿六個鐘頭之後，還要做，就算加班，另外發錢，所以每月可以多拿一些回來。我算過，房租二十元；吃飯，六元錢一擔米，菜錢，油鹽醬醋，估計每月總要五六十元。總還要添置衣服用具之類。錢很緊。」

外婆問：「柴呢？哪裡去買柴？一根柴明天做過早飯就沒有了。」

外公說：「不曉得。這恐怕是最麻煩的事。我們得去看，可能價錢也大不一樣。」

外婆問：「我明天一早就去。遠不遠？」

外公說：「大概不會很遠。我不曉得。你認得回家的路麼？不要跑丟了，回不來。」

外婆說：「我老大人，怎麼會丟。」

外公說：「這是上海，大男人也會迷路。」

外婆說：「我不會，我會看太陽。只要到了近處，我就認得了。」

外公說：「我每天早上九點鐘上工，中午十二點回家吃中飯，下午兩點又上工，到下午五點下工。我總是每天找些工，晚上在書局多做個把鐘頭，才回家。」

外婆說：「我不嫌你晚回家來。就是丫們總想多跟你玩玩。」

外公說：「我不能曠工。曠工每七十分鐘算一點鐘，每七點鐘算一天。每年可以缺工三十天，如果不曠工，一年可加一個月薪水。我自然想多拿錢。不過，每禮拜天不上工，我們可以去公園走走。也可以去蕩馬路，聽說黃浦江邊有一條南京路，各家商場都去開店，越來越熱鬧。」

外婆說：「看麼什，又沒有錢買。浪費車錢。」

外公忽然嘆口氣，說：「眞到做事了，才曉得世態炎涼，不是年輕氣盛可以成功的。」

外婆停住手，轉身看他一會，不作聲。在她眼裡，丈夫是非凡的，什麼都做得來。

外公接著感慨：「書局編譯所的編輯都是以學歷定待遇。美國哈佛大學博士，又在國內哪間大學作過教授，可以作一個部的部長，月薪二百五十元。英國美國其他名牌大學博士，沒有在國內作過教授，月薪二百元。日本帝國大學博士，沒有教過書，一百二十元。日本明治大學畢業的一百元。國內上海同濟大學或東吳大學畢業的九十元。北京大學畢業六十元。等次分明。」

外婆問：「麼什是博士？」

外公說：「外國大學裡面最高的學位。大學畢業了，可以再多讀兩三年，拿到碩士。碩士拿到以後，再多讀兩三年，可以拿到博士。」

外婆說：「旁人說，你到北京大學讀了書，畢了業，就夠了進士。那些博士，不是比進士還要高，算點翰林了嗎？」

外公想了想，說：「不太一樣。而且，外國學校裡讀書，哪裡像我們讀書這樣苦。外國人不讀到博士，不大曉得讀書是怎麼回事。我們大學畢業出來，其實不比外國博士差。」

外婆說：「可是你說北京大學畢業薪水最低。」

外公說：「所以我心裡不服氣。美國哈佛博士，有什麼了不起，不過有個好聽的學位帽子，不見得眞有學問。」

外婆問：「旁人說，北京大學是中國最高的學府了，不如上海麼？」

外公說：「上海人一天到晚跟北京搶風頭，所以偏偏貶低北京大學。這是上海人天生的毛病，看不起外地人。可是上海沒出過一個皇帝，連個大學士也沒出過。乾隆皇帝南巡的時候，上海還是不毛之地。我有時想，如果現在哪個皇帝到上海來，還不知上海人會不會跪了接他。」

外婆說：「你是北京大學畢業，薪水比六十元多些，你是八十元，對麼？」

「我在安慶法政專科學校作過一年教員，自然薪水要比剛畢業的學生高一些，也不過才高二十元。」外公還搖著頭說，「一個同事周先生，到編譯所兩年了，什麼也做不出來，現在只看看法文書信。每月拿二百元，因爲他從法國留學回來。有什麼了不起，我不過沒有出過洋，可是我一個月打夜工能夠編出一部書來。」

外婆說：「我是省慣了的人，曉得怎樣過日子。」

外公說：「我曉得。那一部書，另算稿費一百元，就是我拿回去孝敬母親的。我平日拿的薪水哪裡會有那麼多節餘。」

外婆沒有說話。她收拾完了東西，搓搓兩手，抬起頭，望著光禿禿的牆。

外公覺察了，微微笑一下子，說：「不管怎樣，我們會生活下去。老家不會給我們任何接濟，現在，我們是失去家鄉生活，在都市人海裡飄泊之人。我不可以再送你們回陶盛樓，苦死也在一起。」

外婆低下頭，從棉襖大襟底下掏出一個小瓶，端放在桌上。那瓶裡裝著驪珠姨墳上的土和一棵已經乾枯的小草。外婆垂著雙手，看著這小瓶，心裡說不出是什麼滋味。她能吃苦，她能做活，她能把孩子們養大成人。再苦，還能比在陶盛樓更苦麼？再苦，她會讓珠丫那樣死掉麼？想到這些，外婆的眼淚又落下來。背著身子，外公看不到外婆掉眼淚，所以也沒有說話。外婆忽然說：「你說過的，要給琴丫買個娃娃，臉是硬的。」

外公愣了一下，想起來怎麼回事，忙說：「當然，下個禮拜天吧。爲什麼？」

外婆說：「我給琴丫做的兩個布娃娃她都沒有帶來，留在紡機旁邊了。丫總是要點東西可以玩耍。她還不到三歲，又是女丫。」

外公說：「在上海還怕沒有東西玩嗎？以後只怕她玩不過來呢！我們睡吧！坐三天船，睡不好覺。有些累，明天要上工。」

外婆說：「我給你燒洗腳水。」

外公說：「燒什麼水，沒有柴，不洗了，明天再洗。」

外婆說：「關你桌上的電燈。」

外公關了書桌上的電燈。外婆開了灶間的燈，等外公走過來，邁上樓梯，然後又關掉，跟著外公摸黑上樓。

黑暗中，外公忽然說：「有句話，我想對你講。」

十六

一九三九年初秋，外公禁不住汪精衛、陳璧君再三要求，終於離開香港，到日本人占領的上海去了。媽媽送他走了之後，才回家，便接到顧孟餘先生打來電話，報告外公，汪精衛已經決定要去南京組織一個新政府，外公沒有必要再去上海。外公走前曾幾次說，他去上海，是要阻止汪精衛組織新政府。如果早一天得知汪精衛已經決定組織新政府，外公一定馬上脫離汪精衛，絕不再去上海。可是他已經離開了，回頭也來不及了。外公講過，如果汪精衛組織新政府，他絕不參加，那麼他只有死路一條。

媽媽要馬上再坐船到上海去找外公。外婆不准，說要等外公來信說明情況以後再看。

好些天，外婆和媽媽舅舅幾個，早晚翹首，等外公消息。從九月初開始，隔不幾天，就接到外公一封短信，只報平安不報憂。這樣外婆媽媽至少得知外公目前在上海，還活著，能夠放心一半。捱過三個月，外婆每天說：「我們早晚要去上海，才能救他。這樣在香港，不是辦法。」

每聽外婆這樣說，媽媽總說：「我們現在去，明天一早走。早去了，早點救出爸爸來。」

外婆說：「早去沒有用，你爸爸一定在想辦法逃出來。他一個人好逃，一家大小都到上海，會拖累他的手腳。」

忽然之間，一個人急急地走進大門，穿著棉袍，行色匆匆。外婆媽媽和舅舅們聽到腳步，抬頭看去，卻原來是外公在北京時的一個學生鞠清遠。

鞠清遠拱拱手說：「學生此次乃受老師之託，專門從上海回來送信給師母。」

外婆大吃一驚，有些慌亂地問：「你怎麼一個人回香港來？許久無信，發生什麼意外麼？」

媽媽緊張起來，什麼信，那麼重要，不可以郵寄，要專門派他一個親兵跑回香港來送。外公在北京當教授，在北京大學、清華大學、師範大學幾處，有幾個最得意的學生，幫他作研究、編雜誌，跟著他東奔西跑，稱作外公的親兵。外婆、媽媽和舅舅們跟這幾個親兵都很熟。

外婆說：「琴薰，給鞠先生倒茶。」

鞠清遠趕緊擺手，說：「師母師妹不要忙。」

外婆說：「你請坐。」媽媽還是到廚房去給鞠清遠倒了一杯茶出來。

鞠清遠坐著，從棉袍大襟裡掏出一封信，遞到外婆手中，又壓低聲音說：「上海形勢非常嚴重。老師不肯繼續參加對日談判，更不肯簽署對日密約，已經引起日本人懷疑。」

外婆接過信，對鞠清遠說：「請喝茶。」

原來汪精衛帶領陳公博、周佛海、梅思平及外公等幾人自重慶出走，與日方談判，是受日本陸軍大佐影佐禎昭誘騙所致。這位影佐禎昭，在日本侵華初期任駐華使館武官，後升任日本參謀本部中國課課長。戰爭初期，日本軍閥揚言三個月內滅亡中國，可是開戰一年多了，中國軍民抵抗日益頑強，速戰速決，滅亡中華的夢想完全落空。於是日本政府改變策略，採取誘和攻勢。日本近衛首相一九三八年十一月十二月兩次發表聲明，對中國試探和談，均遭蔣委員長拒絕。汪精衛則表示不應放棄和平解決中日爭端的可能。於是影佐便與中國外交部亞洲司接觸，安排司長高宗武及第一科科長董道寧密赴東京，與日本高級官員會晤，鋪平了汪日上海會談的道路。

日本與汪精衛的正式談判，於一九三九年十一月一日開始，會議地點在上海虹口六三花園。日方代表是影佐禎昭，犬養健，須賀彥次郎海軍大佐等。汪方代表是陳公博、周佛海、梅思平、外公等。汪精衛本人並不出席日常談判。會議桌上，日方分發《日華新關係調整要綱草案》，逐條討論。由於草案條款廣泛苛刻，遠不同於以前雙方協議與近衛聲明宗旨，汪方代表頗感意外驚愕，會議中屢發爭論，外公在會中幾次提出激烈批評。十天之內，在六三花園開會七次，並有多次會外私下商談，日方毫不讓步，以爲已經吃定汪方，不論同意與否，中方必須接受所有條件。後來談判改在愚園路一一三六弄六十號繼續，日方堅持強硬立場，軟硬兼施，脅迫汪方接受日方全部條款，要求在年底簽約。此間，外公幾次提出不再參加會議談判，都爲汪精衛婉勸。

鞠清遠連著喝了幾口熱茶，容外婆看外公的信，又接著說：「七十六號已經開始對老師嚴密監視，老師恐怕有危險。」

所謂七十六號機關，是因爲當時駐滬日軍特務機關設在極斯菲爾路七十六號，故而代指。這裡院落廣闊，除日本特務機關以外，院後一棟小樓，還駐紮日本憲兵隊。另外，左右兩鄰樓房，則由丁默邨、李士群的一百多名日僞武裝特務居住。

汪精衛、周佛海、梅思平等原住虹口。虹口是日本軍區，到處日軍警備森嚴。外公自港抵滬，也先住虹口，兩三日後與汪、周等一起，搬到滬西愚園路。上海人時稱滬西為歹土，乃因此地原為公共租界越界築路的區域，眼下全由日本憲兵戒備，公共租界巡捕不能來此執行警務。愚園路一一三六弄樓房不多，但都很講究。巷內左側是汪公館，右側是陳公博公館，弄底三棟樓房，分住周佛海、梅思平和外公。弄堂口上是日本憲兵隊辦公室，一方面保護這批談判要員，一方面也軟禁監視這幾個人。

聽鞠清遠說外公可能會有危險，媽媽擠到外婆身邊，伸著頭，湊著看外公的信，一邊連聲問：「姆媽，爸爸說什麼？」外婆沒說話，坐在桌邊念信，兩手發抖，越抖越厲害。

媽媽看不成那信，著急地問：「姆媽，爸爸怎樣了？」

外婆臉色蒼白，將信遞到媽媽手裡，說：「鞠先生，多謝你冒險送信來。吃飯了麼？」

鞠清遠忙說：「師母請坐，請坐。學生很好，只是替老師著急。老師原還可能有機會逃出上海來，現在七十六號這麼一監視，卻是萬萬做不到了。我們必得設法將老師救出虎口方好。」

外婆說：「鞠先生，你先請坐，跟我們一起吃飯，我們好好想想，慢慢商議。」

媽媽接過外公的信，讀起來：「我自投到山窮水盡的境地，又不肯做山窮水盡的想頭。譬如污泥中的一粒黃沙，自己不想做污泥，卻已是污泥中的一份子了。有時一兩個好友在一起，談起我們所處的環境，總覺得只有研究如何死法：投水呢？觸電呢？自戕呢？然而這一粒黃沙還有留戀著不能死的必要。我的名譽地位，是我自己從千辛萬苦中奮鬥出來的，為什麼我要讓它們埋沒在污泥中，自尋毀滅？」讀到此，媽媽難以控制，大哭起來。

外婆說：「哭也無用，我們要想辦法救你爸爸出來。」

媽媽擦掉眼淚，大聲說：「我們現在就去救他。」

鞠清遠搓著手說：「此事要快，不能拖拉。如果汪日密約年底簽字，事態便十分危急，難以改變了。老師須於年底前離滬方好。」

外婆說：「琴薰，去給鞠先生倒熱水洗臉。先做飯，鞠先生遠道而來，當然要吃頓飯。」

媽媽聽了，默默走去廚房，給鞠清遠倒熱水，拿了毛巾，又端到客廳來，請他洗臉。

鞠清遠站起身，拿起毛巾，說：「謝謝師妹。」

外婆決然說：「到年底不到一個月。不能再拖延，我現在帶一家大小，馬上去上海。」

鞠清遠剛擦一把臉，聽外婆這樣說，有些驚慌，放下手裡的毛巾，說：「那樣師母及弟妹們全體都陷入虎口，如何了得？」

外婆決心已下，反倒平靜下來，說：「只有我們全家都到上海住下來，汪精衛、周佛海才不會懷疑，才能解救老師離開愚園路，搬回自己家裡住，我們才有時間一起想逃出上海的辦法。再說，我們全家都在上海，七十六號才可能放鬆監視，老師才有脫走的可能。」

鞠清遠點頭，說：「請師母吩咐，看學生能幫些什麼忙。」

「你馬上回滬，報告老師，我們就到了。」外婆靜靜地說。她一輩子洗衣做飯養孩子，但是每逢危機當頭，總會迅急決斷，調度有方，救外公於危難之中。外婆接著說：「我這裡立刻準備，給丫們辦理休學手續。幾日內啓程。」

鞠清遠答應一聲，就要走，說：「我打聽過了，今晚有船返回上海。」

外婆說：「現在還早，你去睡一睡，飯好了，叫你起來吃，吃過以後，再去上船。」

鞠清遠說：「學生只好聽師母吩咐了。」

第二天開始，一家大小六人，連日奔忙。過了一星期，到了離港赴滬的日子。那天早上，臨出家門，碰上郵差，收到外公一信。外婆命五個孩子站下，便在門口拆開信，讀了一讀。

信極短，字跡很草，顯是在匆忙中急就發出。信曰：

「你們欲來滬，極為安慰歡欣。我月底以後，個人生活恐有大變動，然此變動全合乎你們之心意，故你們之來，不但可堅定我心，且可從中幫忙。」

外公已見到鞠清遠了。可是外公所說的大變動是什麼呢？媽媽想不出來，不過外公說了他很歡欣，大概不會有什麼意外不測發生。媽媽在船上一路難得安寧，茶飯不思。

三日之後，一家人到上海。外婆立刻在法租界環龍路租下一所房子。電話打過去，外公馬上提請汪精衛先生許可，當日離開愚園路，搬來環龍路跟家人同住。

團聚，即使是在絞刑架下，也仍然讓人感到興奮和幸福，少不了擁抱，親吻和淚水。天底下還有比家更美好的地方嗎？尤其四處環繞陷阱沉淵，能有一刻躲在家中，看看妻兒愛女，當然會更覺溫馨，甜蜜，感受到無盡的深情。那一個時辰，外公外婆的表情心態，永遠印刻在媽媽的心底。三十年後，媽媽還曾幾次對我描述。

外公頻頻喘氣搖頭說：「總算不住在七十六號眼皮底下了。我們就會有辦法。」

媽媽問：「七十六號很可怕嗎？」

外公告訴她：「我們有一陣子天天在七十六號開會。有一天汪先生和我們在二樓休息室商討幾份名單。李士群提著手槍，帶了四五個部下，都持了槍，走進房間，要求在中央委員裡增加特工人員，好像不答應，他們就要當場開槍斃人。在場的人見了，無不面容改色，相顧無言。李士群可是個魔頭，殺人不眨眼。他手下那些人個個都是心狠手毒，可不好惹。」

當晚吃過飯，外公放下筷子，抹抹嘴巴，說：「兩個多月不吃家裡做的飯，肚裡不安。到底還是自己家粗茶淡飯好吃。」

外婆洗著碗，叫道：「你們幾個，都上樓去洗臉洗腳，準備睡覺，明天要去學校報名上課。」幾個舅舅蹦蹦跳跳上樓去了。

媽媽不動，說：「我要聽爸爸說話。我十八歲了，是大人了。」

外婆不言語，默許了。外公臉色莊重，說：「琴薰，還記得我在香港走前講過的話麼？」

媽媽說：「記得。你講伍子胥和申包胥的故事。」

外公長嘆一聲：「我發現對汪先生很難講話，無法改正他的行事方向。我是身陷敵營，想勸汪精衛停止與日方交涉，卻做不到了。我想過死，但又不甘願就此一死了之。」

外婆不滿，在廚房裡插話：「莫當著ㄚ面講這樣話！」

外公不理會，繼續說：「我追隨汪先生十四年之久，他提出和平主張，我支持，又隨他到上海。但是，我們所謂和平運動，眼看將要變成日軍傀儡。汪先生對實現眞正的日華和平，並無足夠的力量。他受到日本人控制，已無力實現自己提出的和平理想。唉，那樣一個革命英雄……」

一時三人都不言語，外婆洗碗也放輕了手。過一會，外公又說：「其實，汪先生……」

外公說了半句，沉吟半晌，重又講起來：「我自搬進愚園，每天在汪公館共用早餐。日方把他們的綱要交給我們的那天，早餐完畢，陳璧君留我談話，要我把綱要一條一條解釋給她聽。次日早上，她告訴我，她把我的解釋轉告了汪先生，說得不完全，也不詳細。她一面說，汪先生一面流淚。汪先生聽完之後說，日本如能征服中國，就來征服。他們征服不了中國，要我在他們的計畫上簽字。這文件說不上是賣國契，中國是我賣不了的。我簽了字，不過是我的賣身契而已。他們夫婦商量，要搬出愚園路，到法租界福屢理路去住，然後再發表一個聲明，他們停止一切活動，轉往法國。不想，這消息馬上傳到日本人那裡。影佐禎昭立刻到愚園路來見汪先生。汪先生講明自己的想法。他說一句，影佐在本子上記一句。記到最後，影佐兩行眼淚滴落在本子上。汪先生說完之後，影佐說：『我協助汪先生遷居，並請法租界捕房布防。然後我立刻回東京，報告近衛公，請求其出面干涉。』法租界當天眞的出動二百名巡捕，準備保護汪先生遷居。但是汪先生沒有搬家，留在了愚園路。他召集我們開會，說明他與影佐的談話，專門提到影佐流淚。他說：『看來影佐還是有誠意。』唉，汪先生居然相信鱷魚的眼淚。」

媽媽擦著桌子，問：「你們大家呢？周佛海、梅思平，你們有很多人可以勸他，幫他呢？」

外公更加沮喪，拍一下桌子道：「哪裡有很多人幫他的忙？所謂的同志當中，難以看到純眞無私的救國誠意。許多人並非眞心爲和平才出走，而是別具私心，爭名奪利，令人心寒。」

外婆插嘴問道：「高宗武怎樣？」

外公說：「高宗武和周佛海，從一開始就把汪先生的和平運動向日本方面提出。但高先生到上海後，對於在南京建立政府的問題，和周佛海發生矛盾。高先生的理想方案，由於形勢，無法實現。別人在決定重要政策的時候就疏遠他。他因此對和平運動已經喪失熱情。」

外婆喔了一聲。外公聽到，抬頭看看她，說：「我與高先生常常一起感慨。」

媽媽問：「為什麼不能和平呢？」

外公又長嘆一聲，回答：「現在看來，哪裡會有什麼和平。日本人是要滅亡中國。自六三花園至愚園路，與影佐機關談判之中，我發現中國存亡之關鍵，不在日本劃分中國東北、內蒙、新疆、華北、華中、華南、海南等六個地帶，或決定於日軍控制的方式與壓迫剝削的程度，而在於日本要與蘇俄一起，根本瓜分中國的圖謀。日本所預計之中國國土劃分，以潼關為西面界線，亦即以新疆、西北、華西、西南與西藏為餌，釣取北海之巨鯨蘇俄，二分東方世界。」

媽媽說：「這太可惡，太可恨了！」

外公低下頭，說：「是呀，所以這個和約我怎麼可以在上面簽自己的名字。」

書房裡電話鈴響起來。外公站起身，走過去接聽，聽了兩分鐘，只說了一個字：「好。」就掛斷電話機，走回到餐桌邊。

外婆問：「他們已經找到電話打來了麼？」

外公站在桌邊沒有坐下，說：「在上海城裡查個電話號碼，對七十六號來說，還不易如反掌麼？他們打電話來通知我，明天一早，廚師傭人各一名就來報到。」

外婆大出意外，問：「什麼廚師傭人，誰請他們來？」

外公說：「七十六號派的。」

外婆說：「來監視我們麼？」

外公說：「對，愚園路裡裡外外，我們身邊所有的人，包括給我開車的司機，都是七十六號派的。中國人幹特務勾當的傳統，可謂淵遠流長，早的不說，從明太祖錦衣衛算起，費盡心機，也有六百餘年，發展到今天，可以說已經嚴絲合縫，完美無缺了。」

外婆說：「琴薰，對丫們說清楚，有外人在家裡的時候，什麼話也不准講。」

媽媽答應：「是，姆媽。」

外婆說：「好了，去睡吧，明天要上學。」

雖然經過長途海上旅行，媽媽躺在床上，卻久久睡不著。這是第三次，她住到上海來了。望著窗外的夜空，她覺得又親切，又恐懼。最後，她掀開棉被坐起，渾身打了個抖，忙隨手披上一件棉睡袍，走出自己的臥房。側耳聽聽，外公外婆房裡毫無聲息，從門下縫裡看，他們屋裡也關了燈。於是，媽媽躡手躡腳走下樓去。樓下也都關了燈，黑黑的。媽媽不敢開燈，她想拉開窗帘，從窗外借一點光亮。卻不料，窗帘剛拉開一道縫，便看見一個身影在窗外閃動。媽媽差一點驚呼起來，忙拿手捂住嘴，但隨即看清，那人是外公。

他在房前天井裡，踱來踱去。夜色迷濛之中，身影模模糊糊，似乎有些蹣跚。媽媽開門走出天井，外公似乎也沒有聽到動靜。媽媽輕輕地問：「爸爸，你還不睡麼？」

外公看見媽媽來到，停住腳步，摸摸她的頭髮，嘆口氣，說：「常常這樣，通夜失眠。」

媽媽說：「你身體會壞。」

「咳，生死尚在旦夕，談何身體好壞。」外公說，拍拍她的肩頭，「陪爸爸坐一會。」

他帶媽媽走到屋門前，坐到台階上。揚頭看去，天井上露出一方夜空，沒有月亮，也沒有星光，可見是陰雲滿天，看不到北極星，辨不出東南西北。

外公貼著媽媽的耳朵說：「說話要小聲，我們這房子前後門外，布滿了密探。」

媽媽也貼著外公耳邊，說：「我們今天早上才租下這房子。」

外公繼續耳語道：「七十六號有成百專職特務，一個鐘頭就夠他們把我們團團包圍起來。」

媽媽也繼續耳語，可是語氣很恐懼：「他們會打暗槍麼？」

外公說：「那誰知道。特務們做事，哪有一定之規。我想，他們早晚要對我下手。」

媽媽說：「爸爸，你……」

「不過，現在還不會，我又沒有要怎樣。汪先生對我也很尊重。他們不敢，不用擔心。」外公突然站起身，拉著媽媽說，「我們出去轉轉，好麼？反正也睡不著。」外公說著，就走去要打開院門。

媽媽說：「我得換件衣服。」

外公停住手，站在院門邊：「快去快回，我等你。」

媽媽回屋，換了棉衣棉褲，然後又躡手躡腳，回到天井。

外公又附在她耳朵上，說：「車子已經開來了，在外面等我們。他們得看著我。」

媽媽也耳語道：「那我們還出去麼？」

「他們已經曉得我在大門口，不出去更引起疑心，就坐了車子去看看夜上海。我們以前在上海住過兩次，很多年，從來沒有這麼方便過，可以有自己的小汽車，不用走路，可以蕩馬路，不高興麼？」外公笑一笑，又壓低聲音，補充一句，「在車裡，少說話就是。」

媽媽說：「我記住了。」

父女二人假裝沒看見外面已有準備，開門出去，在弄堂裡走。媽媽留心查看小巷四周。弄堂對面正對自己家的那座房子，剛才好像確實有人在窗前。窗簾似乎剛剛放落，還在搖擺不停。窗簾搖開那一瞬間，縫中真有燈光閃出來。他們剛走到巷口，外公的司機便一步上前擋住去路，陪著笑說：「陶先生、陶小姐這麼晚還要出門麼？我送你們去。」

外公假裝吃驚，道：「老鄭，你這麼晚在這裡做什麼？」

「哦，我們給先生開車，隨時要準備好。這是工作。」老鄭急智之下，也算回答得好。

外公點點頭，說：「女兒剛到，舊地重遊，不過散散步，不走遠。琴薰，這位是老鄭。」

媽媽看他一眼。那司機也對媽媽點點頭，然後連聲說：「是，是，應該，應該。上海好地方，應當看看。有了車子，先生還可以走遠一點，小姐可以多遊些舊地。」

外公說：「難得你這麼熱心，我們就打擾了。」

「請，請。」老鄭打開車門，請二人上車。外公媽媽對視一眼，笑笑，坐上車。

老鄭在前面坐好，轉頭問：「先生要去何處？」

外公沉默一會，說：「十六鋪碼頭吧！」

司機老鄭似乎微微一愣，說：「十六鋪碼頭麼？」隨即點點頭，曖昧地一笑，說，「好，請坐好，我送你們去。」

十七

外公外婆帶媽媽和泰來舅從湖北老家搬到上海，開始了自己的新生活。那是一九二四年農曆正月初五。當日晚上，外公外婆關了燈，上樓去睡覺的時候，外公忽然說：「有句話，我想對你講。」樓梯上，外婆站住腳，向外公望，黑暗中，她看不見外公的臉，只有個影子。好像停了片刻，外公又搖搖頭說：「算了，現在不必講。我們剛到上海，先住下來，以後再說吧！」一邊上了樓，進了睡房，脫掉棉襖棉褲，上了床。外婆站在樓梯上，靜默了一陣，也上了樓，摸黑到小床邊，給媽媽蓋蓋被，然後自己脫下外衣，在泰來舅身邊躺下。

從那以後，每天早上天不亮，外公和兩個孩子都還睡著，外婆便先悄悄爬起來了。第一件事是上街去買菜，上海人叫買小菜。上海人生活講究，吃菜要吃新鮮的。這在陶盛樓不是難事，每天到門外菜地裡割幾樣就好了。可大都市裡，房前屋後不種黃瓜茄子，市民們只好每天一早上街去買。上海郊區的菜農，每日大早割菜，推車到城裡，在街上擺攤叫賣，攤前常是大排長龍。說是小菜，也不都是新鮮蘿蔔、油菜，像活雞、豆腐、百頁、蹄膀，也都在小菜場上買。

幾天過去，外婆已經找到了附近所有的小菜場，並且比較好了哪個攤子菜好又便宜。她學會了跟菜農討價還價，也學會跟上海市井女人們吵架爭奪。有時候，爲一把鮮菜，需要大罵出口。外婆原本性情強硬，可是記著娘的話，在陶盛樓一直強忍，從來沒有發過脾氣。現在到了上海，自己當家，沒有太家婆在一邊管教，外婆再不必那樣忍著，她自然性格中的剛烈開始慢慢顯露。而且，她現在每時每刻都必須爲了丈夫兒女的生存而奮戰，那種母親保衛兒女的英勇本能，更使得外婆面臨任何艱難困苦無所畏懼。上海人聽她滿口湖北口音，絕對看不起她一個外省鄉下女人。可是，外婆的執著和無畏，卻又總能戰勝上海人的驕傲，奪到要爭奪的東西。

外婆買好小菜，回家生火做早飯。早飯很簡單，一碗泡飯。上海人不煮粥，煮泡飯，就是前一夜剩下的米飯，放水煮軟了吃。一碟鹹菜，或者醃黃瓜，或者醬花生米，或者一塊腐乳。外婆每天給外公煎一個雞蛋，媽媽和泰來舅都沒有。早飯做好，擺到桌上，拿個碗倒過來，扣在煎蛋上保暖。之後，外婆到門外去把當天早上的兩三份報紙拿回來。

這時，外公起床下樓，在灶間拿個破鐵桶接水，刷牙洗臉。再到堂屋，坐下吃早飯，一邊看早報。外婆上樓去招呼媽媽和泰來舅穿衣，帶他們下樓刷牙洗臉。媽媽爬上飯桌去，跟外公一塊吃早飯。碰上外公沒有吃完專門給他的那個煎蛋，媽媽會跟外公討來吃，外公拿筷子把剩下的雞蛋分成兩半，用筷子夾起來一半，送到媽媽嘴裡，另一半夾起自己吃掉。父女兩人都擠著眼睛笑，不說話。讓外婆看見，會罵，外公要出去工作，所以吃一個煎蛋，不許分給丫們吃。

八點半鐘，外公穿上棉袍，戴上皮帽，出門去書局上工。外婆洗碗，收拾屋子，鋪床疊被。然後到天井裡，搬個大木盆，洗衣服。先要跑進跑出很多次，從灶間一桶一桶提水，灌到盆裡，氣喘吁吁。然後拿張小木凳坐在木盆前，拉起搓板，洗衣服。寒冬臘月，冰水刺骨，外婆又捨不得燒熱水，搓兩把，在嘴上哈哈兩手，再搓兩把。肥皀打上，搓夠了，擠乾，把肥皀水倒掉，再一桶一桶換清水，漂去肥皀水。一遍漂不乾淨，再換一盆清水漂。有時要漂兩三盆才行。換水一盆比一盆更冰冷。她不願把木盆端進堂屋，弄一地板水。一家大小每人只有那麼幾件衣服，不夠換，外公還要穿著外出上工，所以隔一兩天，就要洗一盆。天井裡只中午有那麼一點點陽光，洗完的衣服拿竹竿挑起，支在天井窗下，晒一晒。半下午，太陽沒有了，外婆就連竹竿帶衣服，一溜都掛到灶房過道頂上。外婆自己爬高，在房頂上拉了繩圈搭竹竿，繩子是從老家陶盛樓帶來的。做飯時灶上有點熱氣，可以烘烤衣服，乾得快一點。可是冰凍了的溼衣服也吸收許多屋裡的暖和空氣，讓屋裡更冷些。那也沒辦法，衣服乾不了，第二天早上，一家人沒得換。

三十幾年後，我剛懂事，大概四五歲時，媽媽頭一次對我講外婆的故事，便描述外婆整日坐在天井裡大木盆前洗衣服的樣子。那時媽媽三歲，每天趴在窗前，看外婆在天井裡洗衣服。那是最深刻地印在媽媽心靈中的母親的形象，也成爲印在我心靈中的外婆的形象。後來，我也親眼見到我的媽媽，每個星期天，坐在大木盆前給我們洗衣服。對我來說，沒有任何母性的身影比這更鮮明、更生動、更深刻了。

外婆的手皴了、裂了，常流血，對誰都不說，自己拿破布包一包，還是大早上街買小菜，繼續冰天雪地洗衣服。兩手骨節凍得疼，腫起來，做飯的時候在熱氣上烘一烘，夜裡壓在胸口底下暖。外婆捨不得燒熱水泡手，那要用柴，暖水瓶裡的開水得留著給外公泡茶。家裡柴只夠燒一天三頓飯，不夠用來燒火取暖。

中午十二點前後，外婆生火做中飯。常是隔夜剩飯剩菜，一點這一點那，併在一個碗裡碟裡，燒一根柴，熱一熱，便端上桌。實在沒有別的，便煮幾把掛麵，醬油拌麵，頂多放一兩片菜葉。沒有小菜，切些鹹菜絲，或者敲一個鹹鴨蛋。外公大約十二點半左右回到家，常常餓得很，在桌邊坐下，不論是些什麼，只管狼吞虎嚥。吃好之後，外公坐到窗前小桌前，喝一杯茶。那是一定要新鮮泡好的，冬天，自然是一杯紅茶，又提神又暖身。這時泰來舅坐到外公腿上，媽媽搬個小凳，坐在外公對面，聽外公講書局裡的事情，每天都會有些很可笑的事情，外公講起來，有聲有色，格外好笑。

休息一陣，下午一點半，外公又出門去上工。整下午外婆便在屋裡做針線。她給外公把要補的短衣長袍一件一件，細針密線都補好，所以外公多幾件可以換。她也給媽媽和泰來舅縫製衣服，小孩子長得快，衣服常常不知不覺短了小了，總來不及做。有了空，外婆也漿起碎布，拿個錐子，戴了頂針，納鞋底，給媽媽和泰來舅做鞋。

媽媽和泰來舅常要睡一會中午覺。起來之後，天氣冷時，外婆便在樓上做針線，讓兩個丫縮在床上被子裡玩。泰來舅拿幾個空紙盒子搭房子。媽媽趴在床頭大箱子上畫畫，嘴裡講：這是爸爸和媽媽，帶琴丫和泰丫，到公園去。公園裡有很多樹，有湖，還有猴子和大象。其實外公還沒有帶她去過，只是告訴她公園裡有些什麼，媽媽憑想像畫出來。天氣暖時，兩個人在客廳裡玩，外婆在地板上鋪塊布，讓泰來舅坐在上面，還是玩那幾個空紙盒，搭房子、輪船。媽媽趴在方桌上畫畫，看見桌上外婆擺的小瓶，瓶裡裝了驪珠姨墳上的土和小草，便會畫著說：這是珠丫姐，跟琴丫玩娃娃，過家家。

下午外公要到天黑以後才回家，他差不多每天加兩三個鐘頭班，爲的是多掙點錢。回家先吃飯，然後給媽媽和泰來舅講故事，不過一會兒，外婆就帶媽媽泰來舅洗臉、洗腳、換衣、睡覺。這時，外公坐在窗前小桌前，泡杯茶，看書，寫文章。

媽媽和泰來舅睡了以後，外婆關了樓上的燈，回到樓下，坐在飯桌前，借外公書桌上的電燈光，繼續做針線。過一會，站起來給外公換杯茶，或者送一碟花生米或者一包酥糖。屋裡很靜，什麼聲音也沒有，只聽到外公桌上的那個小鐘咯喳咯喳地走。外婆的手上，那些洗衣凍裂的傷口，有時疼得厲害，不得不停下來，用嘴哈著，抬頭看看外公。外公看書很專心，他的大額頭在燈光下發著亮，好像有反光，把書也照得更亮。外婆常會看上幾分鐘，然後不出聲地笑一笑，再低下頭去，繼續自己手裡的針線活。日子過得很艱難，但是她非常滿足，非常愉快。

早春的上海比冬天更冷。房子裡沒有取暖設備，只有一個小煤球爐，還是以前的房客留下的。可是煤球特別貴，外婆根本沒有買過一個煤球。所以一家大小在家裡也只好多穿衣服，媽媽和泰來舅當然每天從早到晚都穿棉襖棉褲棉鞋，都是外婆親手做的。有的時候，晚上在屋裡看書，外公也穿著棉袍。每次做飯以後，媽媽和泰來舅便蹲在屋後過道的灶前玩一陣。可是外婆只在做飯的時候，才會生火，做完了飯，火馬上就熄了，剩下半截柴，還要做下一頓飯。灶上的那一點餘熱也只能保留半點鐘而已。不論外婆怎樣省，眼看著柴又快要燒完了，外婆心裡打著算盤，數著手裡還剩下的銅板，希望能等到禮拜六外公發薪水以後再去買。

但是，等不到了，一家大小總不能一天不吃飯。外婆把所有的錢都捏在手裡，決定出去買一點柴，能買多少就買多少，走遠一點，找一家便宜店，多講講價錢。天實在太冷，外婆決定不帶媽媽。她幫媽媽一件一件穿上所有的厚衣服，跟媽媽講好一個人留在家裡等。外婆背著泰來舅上街去，泰來舅不到一歲，她不放心留他在家。

風很硬，吹在人臉上像鞭子抽打似的。外婆一家一家店走，問價錢，大聲爭吵，用盡一切方法多買一根木柴。最後，在一家店裡，她指著背上的泰來舅，對老闆講：「我小丫凍成這樣子，跑出來買柴，你積點德，多賣給我們娘兒一斤兩斤。」

那店老闆看了看外婆背上的泰來舅，皺皺眉頭，又伸手摸摸他，好像觸了電一樣，嚇了一跳，急忙答應多賣給外婆兩斤柴，打發她母子回家。外婆背著泰來舅，提著柴捆，頂著寒風，一步一步走回家，身子雖然打著顫，心裡卻挺高興。

外婆一進院門，看見媽媽在小天井裡，靠牆坐在窗下，那裡是唯一上午能照到太陽的一點地方。媽媽眼望著大門口，好像看見外婆進了門，但是沒有動，她坐著，緊蜷著腿，兩臂抱在胸前，手拉著衣領，臉色紫紅，頭髮貼在額頭上，結著霜花。

外婆高聲叫：「琴丫，叫你在屋裡，你跑出來做麼什？」

媽媽眼睛好像看著外婆，一動不動，也沒有出聲說話。

外婆在天井裡放下柴，轉身關好鐵門，一邊罵：「你不曉得外面冷麼？你怎不懂事！你要凍死你自己麼？」媽媽還是沒動。

外婆提起柴捆，走過去，一手拉起媽媽，喊：「快起來了，到屋裡去。」

媽媽根本動不了，腿直不了，胳臂也直不了。她成了一塊冰。

外婆嚇了一跳，馬上丟下柴捆，彎腰把媽媽抱起，跑進屋去，一路叫道：「啊，我的天，凍死了，凍死了！啊，泰丫，泰丫，我的天……天哪！」

她把媽媽放到屋裡地板上，忙把背上的泰來舅鬆開，放下來。泰來舅也完全變成一塊冰。外婆眼淚嘩嘩流出，用手摸摸，泰來舅全身冰涼僵硬，眼睛睜開著，眼皮和眼球已經都不會動了。

外婆不住聲喊叫：「泰丫，泰丫，醒醒，醒醒呀！」

泰來舅一點反應也沒有。外婆解開泰來舅的層層衣服，把手放在嘴邊哈哈暖，然後摸進泰來舅的衣服底下去，好像胸口處還有一絲暖氣。外婆忙把泰來舅衣服包好、放穩，然後跳起身來，衝出屋，從天井裡提回柴捆，急急忙忙拉出一根柴，塞進灶火眼，點燃，又回到屋裡，抱起泰來舅和媽媽，到灶間，把兩個孩子放到灶眼前烤火。

時間好像凍僵了。外婆坐在灶前，不住撥弄灶眼裡的柴，鼓著腮使勁對著灶眼吹，讓火燄熱烈燃燒，一手不住撫摸媽媽，一手不住撫摸泰來舅。火苗呼呼朝上跳，外婆的淚嘩嘩向下淌。媽媽似乎有點動彈。泰來舅還是冰塊一般。外婆站起身，把兩個孩子抱起，放在灶台上面，然後拿大鍋接滿一鍋水，回來放到灶上燒。然後站著，抱起媽媽和泰來舅，在水鍋邊上暖。

過一陣，鍋裡水開了，冒出大股熱氣，暖了兩個小孩子。媽媽開始緩過來，她忽然哭起來，使勁張著凍僵的嘴唇，說：「你莫生氣，姆媽，屋裡冷，我想太陽底下暖和。我不……」

外婆抱抱媽媽，緊緊地摟抱，用自己的臉摩擦著女兒的臉，說：「莫說了，莫說了，都是姆媽不好……是姆媽不好！」外婆把媽媽放到灶台坐著，任她去抽泣、取暖。自己則繼續抱著泰來舅，站在鍋前，借著蒸氣的熱量，暖泰來舅。

將近中飯時間，鍋裡的水幾乎燒完，灶火也熄了，泰來舅才緩過來。外婆把兩個丫抱上樓，都睡到大床上，蓋好被子，又把小床上的棉被也拿過來蓋上，安頓他們睡好。外婆躺在泰來舅和媽媽中間，雙手摟著，用自己的體溫暖著他們，不敢再離開一步。

外公回家來，沒有中飯吃。外婆從樓上喊，叫外公用鍋裡剩的那點開水，泡熱昨晚的剩麵，拿醬油拌了，就一點醬豆腐，作中飯。外公自己笨手笨腳弄了一頓中飯，吃過了，上樓來看看，外婆媽媽泰來舅三人都在被子裡躺著，便問：「丫不舒服嗎？」

外婆說：「你莫操心，下去自己用熱水瓶裡的開水泡一杯茶。」

外公便下樓，泡了茶，喝過以後，又去書局上班。

下午，媽媽完全好了，還是躺在被窩裡，靠在外婆身邊，聽外婆講小孩子借著雪地反光看書的故事。她不曉得雪是什麼樣子，湖北上海都極少下雪，有時下幾粒冰珠子，落到地上就化成水，外公說那不叫雪花。外婆說：「北京才下雪，爸爸在北京念書的時候，常看見。」

媽媽很羨慕，嘟囔說：「我也要去北京，看雪。」

外婆說：「爸爸說過，我們以後一定會去北京。」

里弄裡每天下午叫賣糖粥的推車小販來了。媽媽用被子把頭蒙起來，不要聽那饞人的吆喝聲。外婆看看兩個孩子，說：「你好好躺著，看著泰丫，不要從被裡出來。我下樓去一下。」

媽媽問：「姆媽，你去做麼什？」

外婆說：「你莫問。」說完，下了樓，在身上翻揀，一個銅板也沒有，都買了柴。她到自己的針線筐裡，找出一塊剛剛織好的小娃圍嘴，打開看看，一個可愛的小老虎睜大眼睛望著人。那是準備過年時候給泰來舅戴的。她把圍嘴一捲，從灶間拿了個大碗，走出門去。

推車小販把圍嘴翻過來轉過去，看了半天，終於答應跟外婆換一碗糖粥。

外婆端著糖粥上樓，一路叫：「琴丫，快穿衣服起來啦！快，糖粥要冷了。」媽媽一骨碌爬起來，棉被掀起老高。那賣糖粥的小販每天下午來，媽媽問過外婆好幾次，外婆從來不答應可以買一碗。今天媽媽沒有問，外婆自己倒跑出去買了一碗回來。

外婆進了屋，把糖粥放到床邊木箱上。糖粥冒著熱氣，立刻，好像整個屋子都有了糖粥的香味。媽媽急急忙忙穿好棉襖，外婆也幫著泰來舅穿好棉襖。兩個都坐在床上，靠著枕頭，用棉被擁住，看著外婆用調羹把糖粥攪攪，盛一調羹，用嘴吹吹，說：「一人一口，兩個分。」

媽媽說：「先給泰丫，我是姐姐，後吃。」

「乖丫。」外婆說著，把糖粥餵進泰來舅嘴裡。然後，又盛一調羹，吹吹涼，給媽媽吃。媽媽吃下去，咂著嘴，說：「眞好吃，姆媽，你也吃。」泰來舅跟著學說：「好吃，好吃。」外婆搖搖頭沒說話，只把糖粥餵給兩個孩子。

一碗粥，一會就吃完了。媽媽把碗要過去，細細地用調羹刮淨每一粒米，又用嘴把調羹舔乾淨，然後心滿意足地說：「眞好吃。姆媽，眞好吃！」泰來舅又跟著說：「好吃，好吃。」

三個人這樣在床上坐到後半下午，外婆看媽媽和泰來舅兩個確實都暖過來，也沒有病倒，這才領著下樓。到生火燒晚飯的時候了。

晚上，外公進門，媽媽跑去撲到他身上，大聲說：「爸爸，姆媽今天給我們買糖粥吃。眞好吃，爸爸，下次我給你留一點嘗嘗，眞好吃。」泰來舅也跟著嘴裡嚷：「好吃，好吃。」

外公把手裡的皮包放到地上，抱起泰來舅，領著媽媽，走到後面過道灶邊，灶火已熄，外婆正在盛飯。外公問：「有麼什好吃的呀？」

外婆不答，說：「擺桌子，吃飯。」

外公忙說：「好，好，擺桌子，擺桌子。琴丫，分筷子。」

一家人坐下吃晚飯。外公講書館裡的事。外婆一聲不吭。最後，吃好飯，外公到放在門口的皮包裡，取出兩根棒棒糖，回到飯桌邊，給媽媽和泰來舅一人一根，說：「明天編譯所不上工，今天發薪水，給你們一人一根慶祝慶祝。」媽媽高興的拍手，泰來舅也學著拍。

外婆說：「去吧，到旁邊去吃。」媽媽和泰來舅爬下飯桌，坐到樓梯上去吃糖。

外婆一邊在飯桌邊收碗，一邊說：「家裡一個銅板也沒有了。」

「我拿回來了，在這裡。」外公從棉襖底下摸出一個小紙包，遞到外婆面前。

外婆放下手裡的碗盤，撩起圍裙，把手擦乾，接過小紙包，打開，看看說：「就這許多？」

外公說：「明天書局不開工，少一天薪水。」

外婆問：「爲麼什不開工？」

外公說：「書局裡面搬房子。」

外婆不說話了，把錢放到自己衣服裡面，繼續收碗，拿到後面灶邊去洗。外公把門邊的皮包搬到自己寫字的小桌邊，從裡面取出幾本書，坐下翻看。外婆走來擦桌子，看見了，沒作聲，又走回灶邊收拾。過了好一會，外婆說：「家裡要柴要米，緊巴巴，你又去買那些書。」

外公聽見了，放下書，說：「我只買一本，其餘幾本都是圖書館借的。這一本非買不可。」

外婆說：「一定要今天買麼？等幾天，有了閒錢再買不行麼？」

外公聽了，愣了一會，說：「我們總不要就這樣過日子過下去，我總不能就在書局做一輩子。我得上進，非讀書不可。」

外婆不說話，轉過臉看看兩個丫坐在樓梯口興高采烈地吃棒棒糖，眼裡覺得澀澀的，說，「兩個丫今天險些都凍死。」

外公不知眞情，以爲只是比喻，說：「就是爲了讓兩個丫能過好日子，我才要努力。」

過了一會，外公又走到灶邊，對外婆說：「別急，我聽說，我給《婦女雜誌》寫的稿子下禮拜發表，所以我下禮拜可以拿到一些稿費。」

外婆聽了，不抬頭，說：「去看書吧，茶就泡好了。」

十八

外婆一直等著寄來稿費，過了三天，沒有收到。可是郵差送來一個從天津寄來的郵包。

外公晚上回家，一看郵包封皮，說：「夏安倫寄來的，北京大學的同學，有錢的學生。」說著話，外公打開郵包，裡面有一封信和一大卷股票。外公不出聲，快快看過以後，笑著抬起頭，對外婆說：「好啦！救星來了，解了我們的燃眉之急。」

外婆問：「麼什？」

外公說：「上海寶成工廠第二廠四月要開股東大會。這兩個同學家是寶成二廠的大股東，可是夏家在北京，湯家在天津，眼下沒有機會到上海來參加這次股東大會，請我代表他們兩家出席。這包裹裡一共裝了八百股股票，票面額是每股一百銀元整，共合銀元八萬元。」

外婆說：「再多，是人家的錢，又不可以我們用來買米買柴。」

外公拿起一張紙，對外婆搖搖，說：「他們另外還附了一張一百五十元的銀票，付給我做車馬費，差不多我兩個月的薪水。在這裡，寫了我的名字，我們可以用吧！」

外婆看了看外公，說：「人家付你這麼多錢，你要替人家辦好事情。」

外公說：「當然，這事有關經濟和法律，正是我愛的事業。還有兩個禮拜，我可以仔仔細細研究一下。我先寫封信去，告訴他們，我同意替他們辦這件事。」

外婆說：「我明天到郵電局把銀票換開，買些米麵柴油回來，你還要些特別的東西麼？」

外公已經開始寫信，頭也不抬，應了一句：「買包龍井便了。」

轉眼便到了四月，上海寶成工廠開股東大會的日子。那天是個禮拜天，外婆到教堂禮拜，背著泰來舅去。自從媽媽在武漢看病得救，外婆總忘不了船上那個穿黑衣服的修女，細細讀了幾遍那修女給的小書。陶盛樓沒有耶穌禮拜堂，外婆無從了解耶穌教怎樣禮拜。到了上海，禮拜堂多了，外婆禮拜天只要有空，就去離家最近的一個禮拜堂，聽講耶穌教的道理。

外公帶著媽媽，去開寶成工廠的股東大會。天氣很好，雖然初春，已經暖和。媽媽早早讓外婆幫忙穿好棉襖夾褲，圍了頭巾，在樓下跑來跑去，等外公。外公穿一件已經褪色的羽紗袍子，那是外公出門會客穿的，當年去安慶求職時穿的這件，後來到上海商務書局求職穿的也是這件，已經穿了五年多了。拿出穿上，準備出門時，發現胸前大襟掉了一個扣子，右袖子後面肘部也磨破了。外婆趕緊坐下，拿出針線給他縫好，一邊說：「人家給你一百五十元，應該去買一件新的。」

外公一笑，說：「衣服，身外之物。股東會下午四點開始，有的是時間，不必忙。」

外婆縫補好長袍，外公穿上，又戴了一頂灰呢禮帽。帽上那一圈黑色的緞邊已經有綹，外婆來不及拆下來熨，只好手捧點水，溼一溼，壓壓平。最後，外公提了皮包，領媽媽出門。出了弄堂口，叫一部黃包車，一路跑去寶成二廠。

那工廠在蘇州河岸。黃包車夫拉了外公和媽媽，跑過外白渡橋，媽媽看花了眼。那橋全是鐵做的，在天上支起許多尖尖的圖案，樣子很威武，很好看。橋上擠滿走路的人，大多是窮苦人，背包袱的、挑籮筐的、拉孩子的、推小車的，穿著灰色黑色的粗布短衣和草鞋，或者灰色黑色的對襟褂袍和布鞋。黃包車在橋上跑不開，走在路上的人都好像痲木著，聽不見黃包車的銅鈴，不給車子讓路。有的黃包車急忙趕路，碰倒了行人，倒在地上的人好像乾脆趁機休息，躺倒不動，不站起來，過往行人和車輛，只好嘴裡罵著，繞開走路。穿黑制服戴白邊警帽的警察，搖著警棒，在人群裡走來走去，什麼都不管，就算眼前殺人放火都與他們無關。

外公媽媽坐的黃包車，好不容易擠過外白渡橋。又跑一陣，街上漸漸變了樣子。都市高大的樓房和整齊的房子不見了，兩邊全是一排排低矮雜亂的木棚，兩層屋簷都曲曲彎彎，破舊不堪，許多屋簷低垂傾斜，滴答著黑黃色的髒水。棚上一格一格的木框窗口，大多沒有玻璃，有的露著黑洞，有的糊著報紙。前後左右看過去，只好像是大堆大堆殘破的鴿子籠堆積起來。街上看不出是不是鋪了柏油路面，滿地骯髒的泥濘，高低不平。到處橫流股股髒水，黃色、綠色、黑色，說不清是些什麼水。整條街發出一種說不出來的臭味，讓人頭昏。這裡那裡鴿子籠門口，坐著一些老年人，躬著背，用無神的眼睛望著過路的黃包車。幾群小孩子，身上都披一點破布頭，光著身子，在泥地裡奔跑玩耍，滾在髒水之中。

「爸爸，我怕。」媽媽說著，縮進外公的手臂裡。

「沒關係，爸爸在這裡。」外公摟緊媽媽，說，「這是有名的棚戶區，上海窮人住的地方。

我只聽說，從沒來過。沒想到今天會經過棚戶區，竟然如此地破爛。」

「先生，這條路近些。」車夫聽到外公的話，邊跑邊說，「阿拉在外白渡橋走得慢，要遲了，走近路。此地不過是棚戶區的邊上，還算好些的。走進去，才要壞了。」

媽媽用手蒙住臉，不再去看那些殘破的棚戶，骯髒的路面，愁苦的老人，和裸身的孩童。這幅可怕的圖畫印在三歲媽媽的心裡，一輩子忘不掉。三十幾年後，我第一次回上海前，媽媽還曾告誡我，萬萬不要誤入棚戶區。

最後，黃包車終於趕到寶成二廠的辦事處門口，外公多給車夫一吊錢。這裡房子街道雖不及市裡，總還算整齊乾淨，前後左右也沒有多少人走路，而且都穿得整整齊齊。

外公正正禮帽，扯扯長衫，領著媽媽的手，推門走進去，站在櫃台前面，呼叫櫃台後面的職員。那職員坐著忙他的事，抬臉看外公兩眼，話也不說一聲，又低下頭去，繼續做手裡的事情。

外公皺皺眉頭，從自己皮包裡取出兩大卷股票，往櫃台上一放，把手在櫃台上用力拍了兩拍，提高聲音叫：「你到底招呼不招呼我？」

那人聽喊，吃了一驚，抬起頭，一眼便看見那兩大卷股票，忙不迭站起身，繞著櫃台趕到前面，一邊拱手一邊連聲說：「對不住，先生，手裡有件急事，抱歉抱歉。儂先生要做啥事體？」

外公不理會那人滿口上海話，用北京話對他說：「引我去股東大會會場。」

那人竟也聽得懂，彎著腰，改用洋涇邦北京話答說：「當然，當然。先生請這邊走，慢一點，這邊有兩格台階，先生不要跌倒，要不要小的扶先生一下？」

「不要。」外公說著，轉身慢慢從櫃台上拿回股票裝進皮包。

那職員再瞇眼把外公看了看，穿一件褪色的袍子，貌不驚人，手裡握有如此多的股票，代表這麼多股權，很不平常。那職員想著，半彎著腰，在前面引外公走到會場，一邊哀求道：「大人不見小人怪，請先生不要動氣。小的剛才有眼不識泰山，萬萬請先生包涵。小的家裡上有老，下有小，保住這個飯碗性命交關。儂先生一句話，小的一家只有去吃西北風了。」

外公不耐煩，說：「不要囉嗦。我什麼都不提就是了。」

那職員彎腰更深，連聲說：「謝謝儂，謝謝儂。儂先生一看，就不是凡人。先生這邊請，股東大會已經開始了，先生只管走進去。找地方坐下來。小的給先生開門，慢慢走。」

外公領媽媽走進門去，身後的職員擦著汗走掉了。外公氣哼哼地對媽媽說：「這就是上海人，自以為精明，都變成勢利眼。只看人穿衣服，用外表來看人。衣服穿得好，就當有錢人，殷殷勤勤巴結伺候。衣服穿得不好，像我這樣，就看不起，要欺侮。」

媽媽說：「我不要作勢利眼。」

外公說：「就是，琴丫。富並不見得有什麼了不起，窮也並不見不得人。有思想肯奮鬥的人，是世界上最富有最高尚的人，不論衣服穿得怎樣，這樣的人都要尊敬。所以很多人說，上海人勢利眼，只有作小職員的材，沒有作大老闆的命。韓信能從流氓褲襠下鑽過去，那種人才作得了大元帥。」

媽媽半懂不懂，但是能明白外公的意思。三歲孩子的腦海，是一片未開墾的處女地，外公在這裡栽種下一棵人生之樹，根深蒂固，媽媽記住了，從此永不曾忘記過。

會場很小，大白天卻暗暗的，加上滿場人抽香煙，迷迷騰騰。前後左右長椅上，坐滿了人，還有些人抄著手站在旁邊。很多處有人三三兩兩在爭吵，房子裡溫度高到三十幾度，人人流汗。台上左邊坐著一個年輕人，穿著筆挺，西裝、領帶、皮鞋，頭髮梳得一絲不亂，油光水亮。他背靠在椅背上，架著二郎腿，悠悠哉哉，時不時抬手抹抹他的頭髮。看來他是大會的主席，可是他根本沒有聽股東們發言。正講話的股東揮著手結束，一邊擦著頭上的汗，一邊走下講台。那位主席聳聳肩膀，放下二郎腿，站起來說：「你的講話當然很對，不過，合約已經簽過，事體只好這樣做。」說完，他坐下來，接著翹起二郎腿。

外公趴在媽媽耳朵上，悄悄說：「你看看，那就是上海小市民得意以後的模樣。派頭太大了，自以為可以作洋人買辦，不得了了。你等著看，我等下子讓他下不來台。」

又一位股東上台去講話，他很激動，也很緊張，滿臉通紅，頭髮都溼了，黏在前額上，能夠看見他頭上在冒著蒸氣。他不住拿手帕擦汗。台上沒有麥克風，沒有喇叭，台下人聽不大清台上人講話，所以聽衆們越發在台下三一群五一夥開小會，台下越是吵，越是聽不到台上人講話。只看見台上的人流著汗，噴著口水，慷慨激昂，說些什麼，沒人聽見。一個鐘頭過去，幾個股東上台講話，每次講完下台，那位年輕的主席便站起，講一句：「合約已簽，事體必辦。」

外公坐著，他當然有備而來，現在東一耳朵，西一耳朵，是聽聽大多數股東們的心思。看看股東們話都說完了，汗也流乾了。底下的聽衆也吵完了，會場終於安靜下來一點。外公側過身，問旁邊坐的一個老太太：「請問一下，到底是怎麼回事情？」

老太婆說：「誰曉得！」

外公說：「我想，是這樣，寶成第二公司跟德國公司愼昌洋行簽了合約。由愼昌洋行投資銀元十萬，把寶成二廠作抵押，改組二廠董事會。董事會共五人，德國愼昌洋行出三人，原來寶成二廠的董事中間選出兩人，這樣寶成二廠大權就成德國人的了，股東不答應。是不是這樣？」

「是的，不錯，儂先生有辦法麼？」坐在媽媽身邊的一位大胖子聽見了，插進話來。「不管我們怎麼講，看來都沒有用。」

外公看看台上空空，台下的人都垂頭喪氣。那個主席得意洋洋的站起，一邊整理西裝領帶，好像要結束大會的樣子。外公站起身，大聲說：「我要發言！」

會場裡安靜下來，所有的眼睛都對著他。主席沒辦法，對外公招招手，又坐下，把二郎腿翹起來。外公把媽媽安頓到座位上，請旁邊老太太招呼一下。然後走上台，拍拍他的長袍，看看台下鑽動的人頭，說：「我代表北京的股東夏先生和天津的股東湯先生，合計共八百股，股份銀元是八萬元。」

外公停了一下，回頭看看主席。果然那位主席放下了二郎腿，坐直起來，開始聽他講話。

外公轉過身，接著說：「依照公司條例，公司財產抵押借款，應該開股東大會，而且必須有全體股東三分之二，或者股權三分之二以上的人出席，才有效。而且出席股東大會的股東與股權有超過三分之二表決同意，才能夠批准公司對外借款或者簽署合約。請問主席先生，本公司與德國公司愼昌洋行簽合約，是否按照公司規章，曾經開過這樣的股東大會？」

那位主席沒有講話，眼睛不看外公。外公又問：「那麼再問主席先生，有沒有三分之二的股東出席過這樣一個大會，討論與德國愼昌洋行簽約的事情？」

那位主席開始坐不住了，仍然沒有講話。

外公再問：「那麼參加這個大會的股東中間，有沒有三分之二以上，表示同意簽這個合約？」

那位主席漲紅著臉，像要站起來，卻終於沒有動。

台下人聲大作。外公搖搖手，讓會場安靜下來，繼續說：「那麼，今天的大會有沒有三分之二股東出席，有沒有三分之二股權？」

台下大亂，人們紛紛呼喊：「有啦，有啦！」

外公說：「如果今天大會有三分之二股東和股權出席。今天這個大會同意或者不同意簽這個合約，算不算數？」

會場裡忽然靜下來，好像大家都在想外公說的話。

外公又提高聲音說：「我再聲明一下，我代表的股權數目有八萬元，幾乎跟德國公司的借款相等。公司為什麼不先和股東們商討，請求增加資本，卻突然向外國洋行借款，還要把寶成二廠作抵押。這樣我們股東的利益何在？我代表股東們要求得到一個回答。」

會場裡的股東們開始歡呼起來，叫叫嚷嚷：「回答，回答！」

主席坐在椅子上，掏出手帕擦汗，不說話。

外公搖搖手，會場裡立時靜下。外公拿出夏湯兩家的委託書，搖著說：「現在我代表夏湯兩家八百股份，要求公司撤回合約，再行討論之後，才做下一步決定。同意我提議的請舉手。」

會場裡的手都舉起來，包括媽媽的兩隻小手。

外公說：「不同意的請舉手。」會場裡靜悄悄的，人們左右轉動著頭，沒有人不同意。

外公回過頭對主席說：「好了，今天股東大會，超過三分之二股東反對這個合約，請主席按股東們的意見做事。」

那青年主席站起來，結結巴巴說：「好啦，好啦！今天大會開過了。合約通不過，暫時中止。下個月在天津開股東大會再議。散會！」話一說完，便匆匆走到台邊，走出會場去。

會場裡人聲鼎沸，所有人都在歡呼，互相握手，祝賀成功。外公走下台，馬上被擁過來的人圍住，跟他握手的、拍他肩膀的，噴著唾沫對他講話的。外公只是笑，什麼也聽不見。好一會，才靜下來一點，有人提議：「改日我們大家請客！」

「先生住哪裡？」

「我們請先生作董事好不啦？」

「先生貴幹？何處高就？」

外公一邊忙著回答一二問題，一邊忙在人群裡找到媽媽，拉住她擠出會場去。

已經下午五點，蘇州河畔清風習習，甚爲涼爽，好像河裡的臭氣也飄散許多，不再那麼濃重。外公提著皮包領著媽媽在河邊慢慢走。媽媽很餓，可是她看著外公沉思的樣子，便沒有開口說，只是跟著他走路。外公在她眼裡現在是偉大得不得了，那麼多人，都那麼佩服他，那麼聽他的話呢！最後，外公站住腳，低頭問媽媽：「餓了吧？」

媽媽說：「是。」外公笑笑說：「爸爸也餓了。當領袖想不到還是蠻費力，會餓人。我們去吃飯吧！」說著，外公領著媽媽到路邊一家飯店去。

媽媽問：「爸爸，你在台上，不害怕嗎？」

外公領媽媽在一張桌邊坐下，一邊有些得意地說：「那有什麼害怕？我在安慶法政專科教過書，那些學生要難對付得多。我最大的本事，就是會作演講。」

媽媽問：「作演講很難嗎？」

外公從店小二手裡接過菜單，繼續回答媽媽的問題：「如果講得對，就不難；講得不對，就難。有道理，有條理，就講得對，讓人信服。沒有道理，強詞奪理，就講不對，人家不聽。」

媽媽說：「你講得對嗎？」

外公說：「我今天自然講得對，所以人家聽，還要請我吃飯。我念過北京大學，學過歷史、法律、社會，寫過文章，講過課。我自己曉得思想清楚，條理分明，自然講得好。不是人人做得到的。我們點菜吧！」

媽媽：「我長大，也上北京大學。」

「好，琴丫，有志氣。」外公摸著媽媽的頭髮，望著她，誇獎說，「我來教你，你以後一定比我講得更好，寫得更好。青出於藍勝於藍，世界才進步。」

店小二來了，外公點了菜，很簡單，一盤豆腐青菜，一碗蟹黃麵，父女兩人分了吃。

看外公點完菜，媽媽忙問：「藍是什麼？」

外公問：「什麼藍是什麼？」

媽媽說：「你剛說的，我講得好，就是藍。」

外公想想，笑了，說：「藍是一種顏色。」

媽媽說：「天是藍的。」

外公說：「對，天是藍的，所以又高又遠，沒有盡頭。我們做人的心胸、思想，我們將來，都要像藍天一樣。」

媽媽說：「坐飛機可以上天。」

外公說：「你長大以後，會坐飛機，到天上飛。你們一定會有好生活。」

媽媽說：「你一道坐，還有姆媽和泰丫。」

「是的，我們以後會一起坐飛機上天。」外公說，聲音不大，但很堅決，「我們現在很窮，但是我們有理想，我們肯努力奮鬥，一定會成功。」

飯菜端來了，外公把麵分成兩碗，遞給媽媽一碗，說：「你只管吃，吃剩下了，我吃。」

媽媽接過碗，吃了一口，又問：「什麼叫努力？」

外公吃著麵，說：「只要有時間，就讀書，學很多很多本領，想很多很多事情，寫很多很多文章，幫助中國社會和人民做事。做好了，成功了，不滿足，還要做，做得更多更好，這就叫努力奮鬥。努力奮鬥很辛苦，要一輩子。只有意志堅強的人才做得到。」

媽媽說：「我也努力奮鬥。」

外公高興了，說：「你是爸爸的女兒。琴丫，多吃些青菜。不吃青菜，姆媽要罵。」

媽媽夾了一筷子青菜，吃著，問：「爸爸，你吃完了嗎？我吃不下了。」

外公說：「拿過來，我吃。」

媽媽看著外公把自己剩的幾口麵吃光，又把盤中剩的豆腐青菜吃光，兩手拍拍肚子，說：「這下子吃飽了，又可以上台去講兩個鐘頭。」

媽媽問：「吃完了，回家麼？莫走棚戶。」

外公懂了，摸摸她的頭，說：「我們不走那條路，再也不要看見棚戶區了。」

第二天早上，外公起床遲了，匆匆洗漱完畢，早飯也顧不上吃，報也沒看，夾在臂下，嘴裡咬著燒餅，趕去商務印書館編譯所上工。到編譯所門口，看到一群人圍在門房前，七嘴八舌，亂哄哄。

門房老頭在人臂縫中望見外公走來，把手一指，說：「那個就是！」

十九

那群人轉頭一看，立刻衝將過來，圍住外公喊叫。原來參加寶成二廠股東大會的股東裡面，有一個是上海一家報館的記者，興奮之際，當夜把這次大會的前後寫成報導，一早登了報。外公平時早餐時看報，偏偏今天起晚了，沒時間看早報，不知此情。因為這家報紙的報導，外公一夜之間，變成了上海的小名人。商務印書館編譯局，一天之內來了不知多少人，要求見陶先生。

可是外公並沒有因此就變成巨富。他還在編譯所作小編輯。每次拿到《婦女雜誌》給的稿費十塊大洋，仍然得意洋洋，晚飯要加一個小菜。

六月初一天，吃晚飯時，外公舉著一封信，對外婆說：「《婦女雜誌》來信，邀請我去見他們的編輯，約在這個星期六，跟編輯一道吃晚飯。我給《婦女雜誌》寫稿已經寫了兩年，現在他們終於承認我的能力了。雜誌編輯通常不約見外面投稿的人。他要見我，就等於要我以後固定給他們寫稿，或者可能讓我開一個專欄，我就有一個固定的地方，連續發表我寫的文章，就有可能出名氣，以後上進，便有把握。」

外婆說：「你在上海已經出名了，你講的。」

外公說：「那種一夜而成的名，都是虛名。一夜來了，也可以一夜走光。」

外婆問：「你穿什麼去見編輯先生呢？」

外公低頭看看自己的長衫，笑笑說：「就這樣去，讀書人總是很清苦，編輯先生也曉得。」

外婆說：「我給你十六個銀元，去大倫布店買一件好長衫。我查看過，那裡的綫春比別處的好些，也不太貴。」

外公有些不解，問：「你哪來的錢？」

外婆說：「我一個銅板一個銅板積攢，想替你做件新長衫，都存在郵電局裡。」

外公對媽媽擠擠眼睛，說：「我要穿新長衫了！」媽媽抿住嘴笑。

外婆說：「明天晚上下班就回來，不要加班了，拿到錢去買綫春，我可以馬上開工，到星期六還有三天，來得及做起來。」

第二天晚上，外公果然不加班，一放工便回到家。剛進門，外婆在堂屋，一個一個數，在外公手心裡放下十六個閃閃發光的銀元，揮揮手說：「先去買你的長衫，回來再吃飯。」

媽媽跑過來拉外婆的衣襟，說：「姆媽，我要跟爸爸一道去，我不餓。我回來吃晚飯。」

外婆說：「去吧，去吧，莫吵就是了。」

「我不會吵。」媽媽蹦蹦跳跳拉住外公的手，就要出門。

外婆喊：「等等，等等，不再穿件衣服呀？」

媽媽說：「不要，外面不冷。」

外公也說：「不必了，也算快夏天了，不冷。」

看著父女兩個走出門，外婆又囑咐一句：「莫又去閒逛，早些回來吃晚飯。」

「不會的，」外公頭也不回答說，又補充，「不回來也不必等，你們先吃好了。」

父女兩人便拉著手上街。媽媽一路上蹦蹦跳跳，大聲講話。外公左手一直放在衣袋裡，捏著那十六塊銀元。捏得太緊，手心出汗，覺得銀元滑溜溜的，捏不牢，更要用力捏。他們才走過三條馬路，聽見後面有人喊叫外公的名字：「喂，希聖兄嗎？」

外公站住腳，回過頭去，看見一個人追上來，還繼續叫，「希聖兄，我正是在尋儂。」

那是王雲五先生，商務印書館編譯所的所長，外公的上司，中等個子，胖胖圓圓的臉，面色和藹，再加上笑，更是可親。他身穿一件淺咖啡色綢長衫，上面有些小暗花針織花紋，頭戴呢禮帽，腳蹬黑皮鞋，左臂夾個棕色皮包，右手揚在空中朝外公招著。他跑到外公跟前站住，有些喘息地說：「我有一件非常要緊的事體要同儂講，阿拉尋個地方，坐落來談一談，好不啦？」

外公左手在口袋裡繼續捏著那銀元，有點猶豫，沒有馬上答應。

「這小妹妹阿是儂的女兒？蠻高呀，小面孔蠻嗲。一看就曉得是遐其聰明。」王雲五彎下腰，摸摸媽媽的頭髮，滿口上海話，媽媽聽不大懂，只聽懂了一句問話，「叫啥名字？」

媽媽回答：「琴薰。」

王雲五點著頭讚說：「雅，雅。一定是爸爸起的名字。幾歲了？」

媽媽這也聽懂了，伸出三個手指，說：「三歲。」

王雲五又問：「小妹妹，喜歡不喜歡我帶你到一家飯店裡相去吃頓飯呀？」

上海話說話長了，媽媽便聽不懂，搖搖頭。

王雲五奇怪地問：「爲啥儂不要呢？」

外公笑了，說：「她沒有聽懂你的話。琴丫，王先生請你到飯店裡去吃飯。」

媽媽這才懂了，對王雲五說：「我們去過兩次飯店。一次是爸爸、媽媽、我和泰丫，一道去的。還有一次，只是爸爸和我。」

外公笑了，說：「你看這嘴巴會不會講話。」

「這叫將門出虎女，才三歲，可以講出句子來。」王雲五直起身，對外公說完，又低頭對媽媽說，「我們現在再去一次。好了，走吧，希聖兄，前面有一家江浙菜館，小菜味道蠻好。」

王雲五不容分說，拉住外公便朝前走。走進飯店，裡面不大，客人也不多，明明亮亮，整整齊齊。王雲五領外公和媽媽，在桌子間繞來繞去，到窗口找到個空桌子。兩個人先把媽媽安頓坐好，然後也在桌邊對面坐下來。王雲五招手叫來店小二，不看菜單，直接口說，點了香酥悶肉、龍井魚片、松子雞卷和蝦仁冬筍四個菜，另點冬瓜盅作湯。

店小二笑著說：「先生必是老主顧，曉得本店的招牌菜。」

王雲五也笑道：「我看你面孔生生的，新來？」

店小二說：「做了大概一個月。」說著，走開去。

「多拿一把調羹來，小妹妹要用調羹吃飯。」王雲五對店小二喊一句，又對外公說：「對不起，我要去洗洗手。你們要不要也去擦把臉？」

外公說：「請便，請便。我們免了。」

王雲五起身，到飯店後面洗手間去。過了一陣回來，臉上光光。他坐下來，向前趴著身子，湊近外公，壓低著聲音說：「儂曉得麼？上海出了大事體了。」

外公說：「上海每天有很多大事，你講的是哪一件？」

王雲五連連搖頭說：「不，不，都不是。這是不得了的大事。」

外公說：「你是講五月三十號的事麼？」

「就是，就是。」王雲五忽然停住話，等店小二走到桌邊。店裡沒有幾個客人，菜燒得快，很快就端上來，碗筷盤碟，還有瓷罐瓷盅，很好看。店小二先擺好菜飯，然後專門在媽媽面前擺下一個調羹，說：「這是小妹妹用的。好了，兩位先生，慢慢吃。」說完，他走開去。

王雲五說：「看這個香酥悶肉，很好看吧？大砂鍋裡燜兩小時，放瓷罐裡蒸，到肉酥透爲止。紹酒當水，小火燜煮，菜色紅豔，汁濃醇香，肉酥不碎，肥不膩口，杭州風味。」

外公笑了搖頭說：「想不到，王先生烹調在行，講論食譜也出口成章。」

王雲五哈哈大笑道：「我哪裡會燒飯！不過每日在菜館裡，吃得多了，不免隻言片語，道聽塗說些燒菜方法。我們這種人，會寫會說，只是自己做不來。」

外公用筷子點點問：「那麼，那盤龍井魚片怎樣做法呢？」

王雲五看外公一眼，說：「要考我麼？聽好。青魚切片，長寸半，寬六分，厚一分。那是標準尺寸，你看這一片就不大對，哈……下油煎十秒鐘盛起，再用中火燒熟，放進泡好的龍井茶葉，淋些熟豬油，撒上火腿末，就好了。玉白鮮嫩，翠綠清香。」

外公大笑起來，搖著頭，說：「江浙名餚，魚也要用龍井茶葉來燒，別處哪裡做得到！」

「點到爲止，再講就俗了。」王雲五也笑，轉臉問媽媽，「儂喜歡吃什麼？自己吃吧！」

外公說：「我來給你揀一點。」

媽媽說：「我要吃罐罐裡的。」外公給媽媽的碗裡每樣菜夾了一些，讓女兒開始吃飯。媽媽倒要先從瓷盅裡喝些湯。她覺得新鮮，湯可以放在那麼小的瓷盅裡。

王雲五自己盛著飯菜，說：「小妹妹蠻有趣。」

外公安排好媽媽，自己添飯，問：「你剛講到，工廠工人罷了工，怎麼樣呢？」

王雲五嚼著飯，壓低聲音說：「哦，英國巡捕和外國警察在租界開槍打死了人。」

「這我曉得，太過分了！」外公揀塊香酥悶肉，放進嘴裡嚼著，慢慢說，「本來是日本紗廠大班開槍打死中國的罷工工人。中國人抗議遊行，英國巡捕又來開槍打死中國人。東洋人西洋人，都是洋人，從來不把中國人當人看。可恨，可恨！」

王雲五放下碗，向前探著身子，說：「這就是我要尋儂來講的言語。我們中國作家和記者，一定要出面做些事體來。這件事實在太不可以容忍。你曉得誰領頭？」

外公問：「領什麼頭？」

王雲五說：「領我們上海作家記者們參加這場五卅運動呀！是鄭振鐸先生，有名的人。」

外公應一聲，說：「剛剛在上海創辦《公理報》雜誌，我前兩天還想寫篇文章投去。」

王雲五先生拍拍手，說：「那好極了，儂的機會到了，寫篇文章出來。你從北京大學法科畢業，能不能從法律角度講些意見？」

「當然，」外公應著，也放下碗，用筷子點著桌子，說，「我就舉英國的法律來講。根據英國普通法，軍警如果遭受群衆的暴動或者襲擊，必須由當地的市長或者鎮長出面，向聚集群衆三次宣布解散令。再過一小時十分鐘，如果群衆仍然不解散，而且繼續暴動和襲擊，此時，警察才可以開槍。如果警察沒有經過這些手續和時間，就開槍殺傷了群衆，應以殺傷論罪。」

王雲五聽著，眼睛睜得大大，顧不及吃飯，盯著外公看。面前這個瘦瘦小小貌不驚人的年輕人，在書局見過幾次，都是沉默寡言的樣子，不料居然一口氣講出一大套英國法理。

王雲五端起碗來，不吃，連聲說：「實在好，實在好！儂把這些材料寫出一篇文章來，直接送到《公理報》去，請鄭先生過目，在他的雜誌上發表出去。」

外公說：「這個，當然可以，不過編譯……」

王雲五拿手裡的筷子搖一搖，搶先說：「編譯所裡的事體我來安排。儂要多少時間，盡管做。要到編譯所來做，就來做；不要來，就在家裡做，都算儂上工。不過要快，越快越好。」

外公想了想，答說：「好，我兩天後交稿。」

「一言爲定。」王雲五高興極了，站起身來，兩手一抱拳，說，「我還有事體，一定要走，失陪失陪。我現在去跟鄭先生講一聲，下期雜誌等儂的文章。儂曉得《公理報》在啥地方？」

外公點點頭，也站起身拱拱手，望著王雲五，沒說話。

王雲五說：「不要急，通通吃光，我在前面付賬，不要擔心。再會再會！」說著，急匆匆走掉了。

生人走掉，媽媽開始說話，一邊吃，一邊嘟嘟囔囔。可是外公沒有聽，也沒有吃什麼。他坐著，一直在沉思，一直到店小二走來催他們走路。出了店門，外公朝左轉去。媽媽拉住他的手，問：「爸爸，你去哪裡？媽媽講的，你去買長衫。」

外公猛醒過來，應道：「哦，對對，我們去大倫。」，一直走到櫃台前。櫃台後面一個穿長衫的人，站著摳指甲。

外公問：「可以不可以看看你們的線春，作長衫用的。」

櫃台後面的人上下看看外公，回身取下一匹線春，往櫃台上一放，一個字也沒說。

外公問：「這線春多少錢一尺？」

那夥計又把外公上下看看，不情願地說：「儂先生還是樓上去吧！」

外公問：「爲什麼要上樓？這不是線春麼？」

「線春不論尺賣，樓上賤價洋貨，才論尺賣。」那夥計把櫃台上那疋線春捲起，轉身放回架上，不再說話，只管摳他的指甲。外公站在那裡，足足兩分鐘說不出話。最後媽媽拉拉他的手，叫他：「爸爸，我們買不買呀？」

外公這才覺悟過來。他把左手從口袋裡拿出來，在櫃台上攤開，噹啷噹啷響，排出十六個閃閃的銀元，問那夥計：「這多銀元可以買一件線春長衫？」

那夥計聽見銀元響，抬頭看過來，大吃一驚，又聽外公講完話，臉上立刻堆起一團笑，連聲說：「哪裡要那麼多，哪裡要那麼多。……先生莫非要做幾件麼？」

外公一收手，把那一排銀元捏起來，放回口袋裡，說：「我原要做幾件，現在不在你這裡做了。」說完，拉起媽媽的手，轉身走出店門。那發呆的店員在櫃台裡，直勾勾地望著他們。

外公嘆口氣，說：「你看這店裡的夥計，因爲我身上長衫破舊，看不起我。他哪裡曉得，我口袋裡裝了十六個銀元。可見不能以貌取人吧？他丟了生意，有什麼好處。」

媽媽問：「我們去別的店嗎？」

外公說：「姆媽見我們不回家，不會等我們，他們會自己吃飯。天還早，我們到東方圖書館借些書。」外公叫了部洋車，兩個人坐車跑到東方圖書館。商務書局的編輯們有證件，都可以利用東方圖書館的藏書。外公常常來借書，像法國的社會連帶學說、美國社會法學大家龐德、英國歷史法學家梅因、日耳曼法學家爾克，或者中國社會組織的書，特別是喪服喪期方面的研究著作。還有民族學方面的書，進化論、傳佈論、或者批判主義，外公都愛讀。中國思想流派及其演變的書更借得多。

外公在圖書館裡一邊走，一邊對媽媽說：「書店和圖書館是我最喜歡的地方。」

「我也喜歡。」媽媽第一次進圖書館，隨著外公一個一個跑藏書庫。看到那麼多書，一架一架，書架從地架到天花板，媽媽眼睛看不過來，興奮得滿臉通紅。

外公說：「書是所有發明創造中最偉大的一種。書記錄人類知識文化，傳播歷史文明，推動社會進步。喜歡看書是努力奮鬥的開始。像那店員，一天站在那裡摳指甲，多麼無聊！」

媽媽說：「姆媽每天教我看書，我喜歡看書。」

外公說：「好孩子。我曉得你喜歡看書。」

媽媽問：「爸爸，我要看多少年才能把書看完呢？」

「沒有人能夠把書看完。」外公一邊領著媽媽轉到外文書庫，他今天要借《英國法律大全》，一邊繼續回答媽媽的問題，「一個人每天光是看書，一輩子也只能看很少的一部分。書永遠看不完，知識永遠學不完。你看，這個圖書館裡，到處都是書，你光看書名都看不完，誰能把所有這些書都看完呢？」媽媽喔了一聲，有點失望的樣子。

外公借到幾本想要的書，可是還不滿意。出了圖書館的門，馬路對面一家書店他常常去，便又領媽媽過馬路，走進書店去，左看看，右看看，又買了兩本書。

天很黑了，兩個人才回到家。外婆一見，就問：「怎麼去這麼久？線春呢？」

外公把手裡的書一搖，說：「在這裡。」外婆一屁股坐到椅子上，半天說不出話來。

媽媽看見外婆的臉色，不敢說話，悄悄溜過外婆身邊，跑上樓去。

外公說：「我不要去《婦女雜誌》見編輯了，所以也用不著線春做長衫。」

二十

外公一連兩天沒有到書局去上工，從早到晚坐在家裡書桌前，看書寫文章，很少說話。外婆知道他寫文章，也是書局的事，不去打攪，每天領著媽媽和泰來舅躲開外公，要麼在樓上講故事，要麼出去買菜，在附近街上蕩一蕩，在街邊小公園玩一玩。外婆現在對這塊地面已經熟悉得不得了了。

第三天一早，外公吃過早飯，穿上褪色的羽紗長袍，把兩天裡寫的文章裝進皮包，急急出門，坐黃包車，趕到《公理報》社，交給主編鄭振鐸先生。文章隔天就發表出來。

這不是外公第一次在報紙雜誌上發表文章，但這是外公第一次發表專業的法律論述。而且，這是一個中國人，二十幾歲的年輕中國人，用中文，依據英國的法律，猛烈指控英國巡捕在上海槍殺中國工人的違法行爲。上海的中國人看了都大聲叫好，奔走相告。上海學生聯合會因而派代表，找到上海商務印書館編譯所來，堅決邀請外公作他們的法律顧問。

這當然讓英國人和所有洋人惱羞成怒。自一八四零年鴉片戰爭以來，西方洋人三番五次侵略中國，以爲用槍炮打敗了幾萬萬東亞病夫，連滿淸朝廷命官都事事讓這些大鼻子三分。英國巡捕不過打死了個把中國窮工人，頂多發幾塊銀洋撫恤金也就算了。誰想半路殺出個程咬金。一個名不見經傳的書局小編輯，竟敢公開指責大英帝國軍警的行爲違法。而且，這個不知天高地厚的中國人，竟然引用他們本國的法律，來指責他們在中國的行爲，讓他們難以辯解。於是英國駐上海領事館也找到編譯所來，控告上海商務印書館誣蔑英國警察。

外公苦笑，同在一天，上午由於上海市民的叫好而滿意，下午由於英國領事館的控告而慌張。因爲是外國領館遞的狀紙，上海法庭不敢怠慢，不過三日，已經宣布開庭審理這樁案子的日期。商務印書館約請了一位有執照的趙律師作代表，同時也要求外公直接參加法庭辯論，不必每天去書局上工。外公是直接當事人，而且也是法學家。

外公很覺緊張。他雖然熟讀法律，但是到底從來沒有眞的上過法庭，更沒有出庭進行過辯論。連著幾天幾夜，外公忙裡忙外，蒐集證據，準備問題和答案。他每天去趙律師的辦公室一次，把一大堆新的文件資料放到趙律師的桌上，讓這位趙律師皺眉頭。

趙律師從辦公桌後面站起來，繞過桌來拍拍外公的肩膀，說：「不要緊張，年輕人。阿拉的材料足夠，一定打得贏這場官司。走，走，去吃點點心，好不啦。」

外公說：「我沒時間，我還有很多……」

「不要緊的，時間多得很。好啦，跟我一道去。」趙律師看看錶，補充說，「我有個約會，要見一位有名的人，跟我一道去，給你介紹介紹。」

不管外公怎樣推託，趙律師拉住他就走，出了律師樓門口，走幾步便到了一家小小的西洋式咖啡店，店名小巴黎三個字不寫在門上，卻印在門邊的玻璃窗上。趙律師領外公推開門，聽見叮噹一聲鈴，外公嚇一跳，慌忙跟著趙律師走進去。趙律師在靠裡地方找到一張桌子坐下，讓外公坐在另一邊，說：「他馬上就會到。」正說話著，又聽見店門叮噹一聲鈴響，走進兩個人。趙律師一見，馬上站起招手，叫道：「此地，此地，此地。」

那兩人走近來。前面一個，瘦瘦的個子，穿一件灰布長衫，好像很隨意。窄窄的長臉，有些蒼白憔悴。兩道眉毛微微倒垂，顯得憂傷，可是長長的鼻子下面，嘴唇緊抿，兩個嘴角下墜，又顯出一種倔強。頭髮剪得很短，年紀不大，已經有些禿頂。兩個比常人都大些的耳朵，很顯眼。

趙律師伸手指指外公，說：「我來介紹一下。這位是上海商務印書館的法務編輯，剛剛在《公理報》上闖了大禍的陶希聖先生。」

「哦，讀過，讀過，很有見地。」長臉人伸手，握住外公的手，直直望著外公的眼睛。

「這位呢？」趙律師繼續介紹道，「是陳先生，陳布雷。聽過這個名字麼？當然。他是上海鼎鼎有名的記者。我應該說，是全中國鼎鼎有名的記者。」

「過獎，過獎。」陳先生說著，臉露得意，坐下來。

聽到陳布雷這個大名，如雷貫耳，外公又是欣喜又是驚慌，連忙兩手拉扯拉扯自己身上的長衫，沒有說出話來。

「那麼，這位呢？」趙律師看到陳先生後面還跟著一位先生，高高大大，方頭圓臉，滿面放光，西裝筆挺，領帶整齊，卻不認得。這位先生主動前來，自我介紹：「周佛海。」

趙律師豁然開朗，兩手一抱拳，說：「久仰，久仰，大名鼎鼎的職業革命家。」

周佛海擺擺手，說：「我哪裡是革命家，不過是個窮學者、窮作家、窮教書匠。」

趙律師說：「周先生是汪精衛先生的高參，哪個不知道？只是久聞其名，未見其人。今日得見，三生有幸。」周佛海過來，笑著，跟外公點頭握手。

「請坐，都請坐。」趙律師伸手請周先生在桌邊坐下，又對外公說：「曉得汪精衛先生麼？中山先生去世之後，汪先生接任國民黨主席，在廣東集黨政軍大權於一身，不得了的。」

周佛海看了外公一眼，說：「我想，北京大學學生一定熟知時事，用不著你講吧！」

陳布雷搖著腿，眼睛盯著桌邊，一個手指敲著桌上的台布，說：「我看，還是邊喝邊談。」

趙律師說：「對，對！喂，Boy, Boy.」

侍應生走過來，穿著筆挺的白色制服，一件紫紅的小坎肩套在外面。

趙律師點道：「四杯咖啡，誰要加糖？周先生是一定不要的，革命家不吃甜東西。哈哈……陳先生呢？呵，陳先生也不要？陳先生也變成革命家了。」

陳布雷做點苦像，說：「不是，近來有點牙齒痛。我不要咖啡，還是一杯清茶最好。」

趙律師說：「陳先生來一杯茶，鐵觀音？我的咖啡要加糖。希聖兄呢？也加點糖好了。」

外公坐在那裡，根本沒注意聽趙律師說些什麼。他一直盯著周陳兩位先生看。這兩個名字他當然都十分熟悉，也讀過這二人許多文章，對他們很敬佩。尤其是陳布雷先生，還在浙江高等學堂讀書時，就開始在報紙上寫文章。畢業以後到上海，進《天鐸報》作記者，天天寫短評社論，筆鋒銳利，議論風發。辛亥武昌起義成功，陳布雷連寫十篇文章，積極歌頌推翻帝制，建立共和。最有名的是應邀把孫中山先生的英文《對外宣言》翻譯成中文，典雅流暢，一時傳爲美談。

近年，陳布雷在上海《商報》作主任編輯，名氣越發響亮。他坐在桌邊，瞇著眼睛，似在思索。

周佛海先生圓圓的臉，戴一副金絲邊眼鏡，尚不過中年，身體已經有些發胖。坐在那裡，左顧右盼，一派志得意滿的樣子。

趙律師問：「要吃點心嗎？」

周佛海說：「兩塊雞蛋糕好了。」

陳布雷說：「你曉得我有胃病，只吃烤焦的東西。」

趙律師說：「那麼要兩客烤麵包，烤焦一些。希聖兄呢？」

外公說：「肚子不餓，不必吃點心。」

周佛海笑說：「餓了吃飯，不吃點心。點心本就是肚子不餓時，吃著玩的。跟我一樣，吃雞蛋糕吧！」

外公點點頭。趙律師於是點好咖啡和點心。侍應生走開去。

周佛海望著外公說：「年輕人看來有點睡眠不足。」

趙律師笑了，說：「不是不足，是這幾天根本沒有睏過覺，所以拉他出來休息腦筋。緊張得要命，他自己惹的官司。」

周佛海翹起一個大拇指：「好樣的，初生牛犢不怕虎。」

「我聽說，法官是個中國人，主張從寬從緩解決。」陳布雷慢慢地說著，看著侍應生在他面前擺下一杯茶。

周佛海拿起面前的咖啡，但沒有喝，又放回桌上，對外公說：「英國巡捕房的律師呢，其實也並不想大鬧一場。五卅事件已經鬧得全中國人怒火燃燒了！他們只盼著讓中國人忘掉呢，哪裡還想去法庭上爭吵，火上澆油？只是英國領事館那些官老爺，他們有領事裁判權，做什麼都不必怕，威風慣了，嚥不下這口氣，非要告到法庭不可，還要嚴辦，哼，他能怎麼個嚴辦法呢？」

陳布雷端起茶杯，喝一口，搖著頭品味道，說：「這茶不錯，只知英國人會喝茶，想不到巴黎人也會泡茶。」

趙律師笑了說：「這家還是中國人的店，哪裡是法國人，當然會泡茶。」

陳布雷看一眼外公，說：「你放心，不會嚴辦的。明明英國人沒理，欺侮中國人。」

周佛海又端起咖啡來，又不喝，說：「他們對我們一無所知，總是低估了我們。」

陳布雷問：「你參加上海學術界十人聯署宣言，對五卅慘案表示抗議。對不對？」

外公答說：「是的。」

「你在上海，現在也算個法學家了。」陳布雷笑笑，一臉苦相，又說，「我正在為《商報》寫一篇社論，支持你們的宣言。」

外公說：「謝謝。」

陳布雷喝了一口茶，繼續說：「不要怕，年輕人。王雲五先生很有信心，英國人把我們怎樣不了。王先生在上海也是個大人物，這次是因為英國領事找麻煩，否則也根本不會上法庭。」

周佛海終於喝了一口咖啡，苦得皺了臉，說：「上海很多組織，實際上，全中國都站在你背後，用不著怕。」外公坐著，聽兩個有名望的人鼓勵，心裡踏實下來許多。

趙律師笑說：「我們是開討論會，還是閒談休息？快吃，蛋糕上奶油要乾了。」

「吃，吃！」大家笑應。

出庭的日子到了。王雲五先生作爲上海商務印書館的法人代表，自然要到庭。所以便把外公帶著，坐他的小轎車一起去。外公一直不喜歡編譯所上下工打卡的規定。現在出庭打官司，王雲五先生一句話，免掉外公打卡，每日都算全勤，外公很高興。

趙律師引著王雲五和外公進了法庭，到旁聽席最前一排坐下，然後說：「前面還有幾個案子，很小的。要等他們都判過去，才是我們。先坐一坐，不急。」

外公回過頭，在後面旁聽人衆裡找到外婆，抱著泰來舅坐在腿上。身邊卻不見媽媽，她沒有來嗎？外公正納悶，左邊有人碰他手臂，轉頭一看，是媽媽。外公把一個手指豎在唇上，噓了一聲。媽媽點點頭，知道不能出聲。外公轉過頭，看看右手邊。

王雲五先生從公文包裡取出稿件，放在腿上，已經專心做他的編輯工作，好像法庭上的事與他無關，他不過來應應景。外公便也從自己的公文包裡取出材料，拿在手裡看，但是看不進去。

媽媽碰碰外公的手臂。外公側過臉，低下頭，看著媽媽。媽媽朝外公招招手，讓他把耳朵靠過去。媽媽把嘴貼在外公耳朵上，問：「我們在這裡做什麼？」

外公轉臉，也把嘴對著媽媽的耳朵，說：「這裡是法院。」

媽媽耳語問：「法院做什麼？」

外公答：「有人做了事，不曉得是不是錯了。有人說做錯了，有人說沒有做錯，就到法院來，講給法官聽，讓法官決定到底是做錯了，還是沒有做錯。」

媽媽說：「我做了事，姆媽說做錯了，就是做錯了。不用到法院來。姆媽是法官麼？」

外公說：「你做的是小事，這裡講的都是大事。你長大以後，在外面不要做錯事。只要做錯事，一定逃不脫，會被捉到法院來，得負責任的。聽到嗎？」

媽媽說：「我不會做錯事。爸爸，法官說的話都對嗎？」

外公想了想，說：「也不是法官說了就算，法官要根據法律來決定才可以，法官不能照自己的喜好作決定，所以大家才信服法官。」

媽媽問：「姆媽說的也可以不算嗎？」

外公說：「在家裡，姆媽說的就算。在外面，只有法官說的才算。皇帝老子說的也不算，那才叫民主社會，才叫共和國。」

父女兩人嘴對耳說著話，法官關炯之走來，穿著黑色長袍，坐到法官席上，宣布開庭。外公對媽媽噓了一聲，又用手指指指外婆，要媽媽回到外婆身邊去。媽媽點點頭，躡手躡腳地離開了。外公身邊的王雲五頭也不抬，繼續編輯他的文件，甚至沒有注意到媽媽來了一趟又走了。

外公坐直身體，盯著關法官看。讀大學的時候，他曾經夢想有一天可以穿上長長的黑袍，坐在那個位子上，判決人們的生死。可是他從來沒有經歷過眞正的法庭操作，這是頭一次。而且自己不是旁觀，是當事人，感受自然大不一般。

第一案，一個頭纏紅布的印度巡捕站起，告一個癟三模樣男子打破商店玻璃。被告坐在一邊，沒有律師辯護。關法官聽完訴狀，隨即宣布：「罰大洋一元。沒錢繳納罰款，坐牢十日。」

第二案，同一個印度巡捕又站起，告一個學生模樣的瘦高個子，在大街上小便。這學生漲紅著臉，不說話。關法官聽完訴狀，又宣布：「罰大洋一元。」那學生馬上從口袋裡掏出一塊大洋，揚起手來，要把銀元丟給高台上的法官。法庭職員忙止住他，領他到前面桌邊交錢，畫押簽字。然後，那學生便低著頭，匆匆跑出門去。

第三案，兩個鄰居發生爭吵，一個撕破了衣服，一個跌破了頭，都要向對方索賠。關法官聽了一陣，打個哈欠，宣判兩人回家各自反省一禮拜，如果依然不服，再來告。

第四案，一間學校告一名教師偷學校的東西。那名教師斷然否認。學校請了律師來法庭告狀，講解當天的情況。沒講幾句話，關法官打斷他說：「法庭不是警局，不負責調查案情。原告把材料交到警局報案，由警局立案調查，然後再告上法庭來。」

最後，終於聽到關法官叫商務印書館的案子。趙律師馬上站起來。外公也慌慌忙忙站起來，腿上的材料掉了一地，唏哩嘩啦一陣響。外公嚇得臉色發白，急忙彎腰到地上去撿，一邊對趙律師說：「你們先過去，我就來，不要晚了。」

趙律師笑起來，彎腰拍拍外公的肩膀說：「不必慌，不必急。」

王雲五一邊收他正編輯的文章，仍舊坐著，一邊歪頭對外公說：「希聖兄，忙什麼。」

外公在座位下撿紙頭，聽見趙律師在身邊站著，大聲說：「商務印書館代表在這裡。」

外公不及站起身來，沒有看到這個莊嚴時刻，心裡好難過。他曾經夢想過很多次，站在法庭上宣布自己是律師代表時的神氣。

旁邊王雲五先生早收好了皮包，仍舊大模大樣地坐著，連站也不站起來。

外公再也顧不得地上的紙頭，站起身來看，聽見關法官問：「原告怎樣說法？」

原告席上，一個穿西裝的高個子洋人站起，懶洋洋的說：「本律師尙未準備完畢，請求延期審理。」進法庭來時，看到一高一低兩個洋人坐在原告席那一邊，原以爲高個子的是英國領事，低個子是律師。不想剛好相反，那彎腰曲背病怏怏的低個子，卻是脾氣大得不得了的領事，聽說他是個英國爵士呢。

關法官發話：「延期一星期，下周再來。」說完，把手裡小木槌一敲，宣布閉庭。

外公站著，今天這就完事了。他掉在地上的紙頭還沒有撿起，人也沒走到被告席上去，一場官司就算打過了。他眞失望，重新蹲下身去收起地上掉的紙片。

王雲五笑笑，站起身，提著公文包，對趙律師和外公說：「走吧，到北四川路去吃飯，那裡有一家店，叫作新雅，味道不錯。賬都開在書局頭上就是。」

外公根本沒有興頭去吃飯。他站著，回頭看看，外婆領著媽媽泰來舅還坐在那裡，都望著他。外公於是說：「我不去了。我全家都在這兒，我最好跟他們一道回去。」

「哪裡，哪裡，就請大嫂一道去吃飯。」王雲五說著，回過身，一邊招呼著外婆和媽媽，一邊便走過去。外公忙跟過來，介紹說：「這位是我們編譯所所長王雲五先生。」

外婆紅著臉站起，不知該打萬福呢，還是該鞠躬。

王雲五摸摸媽媽的頭說：「我們一道吃過飯，老朋友了，對不對？小弟弟幾歲了？」

媽媽伸出一個手指頭說：「泰丫一歲半。我剛才過去跟爸爸講話，看見你在寫字。」

王雲五假裝不滿意，說：「是嗎？我怎麼沒有看見，應當跟我打個招呼。」

媽媽說：「爸爸不許我出聲。」

外公對外婆說：「今天法庭的事已經完了，王先生要請我們去吃中飯，因爲你們也在，王先生好意請你們一道去。」

外婆忙把鬢角頭髮一捋，說：「莫要，莫要。你們公事，我領丫們回家去了。」

外公對王雲五說：「他們剛從鄉下來不久，不大會應酬，不必難爲他們。」

王雲五笑笑說：「恭敬不如遵命，那麼只好不勉強了。」

外公說：「你們還是坐黃包車回去，抱著丫走路，不方便。」

外婆說：「抱著走路慣了，不要緊，可以走。」

王雲五轉身對媽媽說，「好了，再會了。我要爸爸給你帶回去一個洋娃娃，好不好呀？」

媽媽眼睛睜很大，問：「什麼是洋娃娃？」

王雲五更顯得吃驚：「你從來沒有過娃娃麼？」

外婆忙說：「從小都是我用手做布娃娃給她玩，不叫洋娃娃。」

王雲五恍然大悟，笑說：「哦，那是因爲大嫂手巧。我們家裡人都不會做針線，只好到外面去買。洋娃娃也是一種玩具，可是長的是洋人的臉，穿洋人的衣服。」

媽媽問：「爲什麼要洋人的臉，穿洋人的衣服呢？」

王雲五笑起來，對外公說：「是呀！問得好。大概因爲要換個樣子吧！看見就曉得了。」

媽媽突然高興起來說：「是不是娃娃的臉是硬的？」

王雲五又不明白了，問：「什麼臉是硬的？」

外婆忙解釋：「我手做的布娃娃臉是一團棉花，是軟的。來上海的時候，講給她聽，上海的娃娃，臉是硬的。」

王雲五笑得響，連聲說：「呵，對，對，上海洋娃娃的臉是硬的！」

媽媽舉著手說：「還會眨眼睛。」

王雲五更笑得響，說：「對，講對了，買一個會眨眼睛的，好不好？」

外公裝出兇臉，對媽媽說：「小丫，那麼多話。」

外婆拉起媽媽的手，忙說：「再會，王先生。」

母女三個匆匆走，到門口，外婆又轉身，對外公招手。

外公趕過去問：「什麼事？」

外婆說：「你的官司就完了麼？」

外公說：「還沒有完，不過延期了。下禮拜再來。」

外婆說：「那法官看去很兇，那些洋人也不好惹。你免不掉吃官司坐大牢。」

外公說：「不會的，莫擔心。」

外婆說：「我只想，你坐了牢，琴丫泰丫兩個可憐。」

二十一

一九三九年十二月初的一晚，外公和媽媽睡不著覺，一起坐車逛夜上海。司機老鄭是七十六派來監視他們的特務，所以他們到十六鋪碼頭，也並沒有下車，只看了看，又轉了轉別處，便回了家。

將近年底，十二月二十六日晚上，月明星稀，慶賀耶穌聖誕的狂歡還正濃厚。外公沒有按往日的時間回家吃晚飯，也沒有打電話回家說明。全家人一直等到七點半，廚子傭人都下工回了家。恆生舅餓得叫喊，外婆把飯菜熱一熱，讓媽媽和舅舅們先吃。

牆上大鐘敲過九點，外公終於回到家，臉色蒼白，一句話不說，逕直上樓走進自己的臥房。外婆見到有異，忙跟上樓，進了臥房。媽媽也追上樓，站在門邊聽。

外婆問：「怎樣？」

「汪先生今天召集我們全體開會，聽取整個談判經過報告，隨後審查全部文件。」外公半靠床頭，一手遮眼，有氣無力地說，「汪先生宣布，談判已告結束，日方條件全部接受，三十日雙方簽字。」屋裡好一陣靜默。

外婆在靠牆一張椅上慢慢坐下來，問：「陳公博怎樣意見？」

外公說：「他明天有事回香港去。」

「躲開了。」外婆坐著，手裡揑著腰間的圍裙，說，「他走得了，你爲什麼走不了？」

外公放下遮眼的手，額頭滲出一層汗，在燈下亮閃閃。他停了一會，才說出話來：「公博在河內時有一次對我說：他和顧孟餘兩個，一起跟隨汪先生多年。二人不同之處在於，孟餘冷得下來，他卻冷不下來。汪先生要來上海，孟餘能夠決然脫離汪先生，而公博明知不會有好結果，還是跟著汪先生來了。現在，公博到底也冷下來，一走了之。」

外婆說：「你呢？你要到什麼時候才冷得下來？」

「我，我……」外公說不成句。

外婆說：「你準備簽字麼？」

外公說：「不簽字就死在此地。七十六號已經計畫好，殺了我，再開追悼會。」

外婆說：「簽了字比死好些麼？」

外公喃喃道：「我原以爲前途尚有一絲曙光，斷不致落於奸人之手，所以心存生機，只要良心自問可以無愧，不必強求旁人諒解；一天陰雲或可由此散開。」

外婆站起身凜然說：「我把我的性命來換你逃走。如果走不出去，我們一家都死在這裡。那字萬萬簽不得。」

媽媽在門邊只能看到外婆背影，她感到外婆此刻何其悲壯，簡直像高歌待發的荆軻，或者烏江邊上的項羽。

她一步跨進門去，大聲說：「對，爸爸，你不要簽字。我們一起死在這裡好了！」

外公看看門邊的女兒，搖搖頭說：「你們還年輕，怎麼可以這樣輕易死掉！」

外婆走到窗邊，把窗簾放下，對媽媽說：「說話小聲。莫叫外面人聽到。」

外公聽了，長嘆一口氣說：「生而無自由，只可謂苟延殘喘，這叫什麼日子！」

「你先休息，等下叫你吃飯。」外婆說著，走出臥房門。

外公有氣無力地說：「我們在汪府吃過了。我，實在也吃不下，你們自己吃吧。」

外婆在樓梯上說：「都吃過了。我給你燒茶。」

媽媽走到外公床邊，說：「爸爸，我幫你捶捶背。」

外公不說話，把身子歪歪。媽媽站到他身後，兩個拳頭輕輕捶起來。牆上的掛鐘敲過十點，滴滴答答的秒針響個不停。父女二人靜靜在屋裡，誰也不說話。

許久，外公終於開口了：「琴薰，十幾年前，你三四歲，經常這樣給我捶背。那時我在商務書局作小編輯，連個洋娃娃也買不起。」

媽媽說：「可你也不必操心簽不簽什麼密約，用不著擔心你的性命。爸爸，那密約要怎樣？」

外公說：「一言難盡。我親眼見到的密約，除《日支新關係調整要綱》之外，還有《關於日支新關係調整的基本原則》、《關於日支新關係調整的具體原則》、《秘密諒解事項》等八份文件。這些文件的條件非常苛刻，日本要的地域從黑龍江到海南島；所包括的事物，下至礦業，上至氣象，內至河道，外至領海。從東南至西北，一切中國的權益，都要讓日本持有或控制。他們要我們白紙簽上黑字，借中國人的手葬送自己的江山，此事斷不可為。」

媽媽說：「日本人可恨之極，我們都親眼見過。爸爸，我們再回重慶去。」

外公搖頭說：「我哪裡有自主與自由行動的餘地。我脫離重慶，背叛政府，至香港不願去廣州，不肯來上海。來了上海又不願參加談判，既參加談判又拒絕簽字。凡此皆屬徒然。」

外婆走進來，端了一杯茶，放到床頭小櫃上，說：「哀聲嘆氣，有麼用？要想辦法離開上海。明天開始，不去愚園路了，留在家裡。」

外公說：「怎麼可以？人家會來問。」

「生病，問麼什！」外婆聲音非常堅決而又鎮靜，「所有要出門的事，都由我去做。辦法總能想出來。我們從日本人手裡逃脫過一次，這次為什麼要坐在這裡等死？」

第二天，外公留在環龍路寓所，稱病不出，早上躺在床上，吃吃早點，喝喝茶，看看報。中午下樓，吃過中飯，坐在客廳裡專心擺弄一盆叢綠如煙的雲竹，一盤潔白似玉的水仙。

下午三點多鐘，媽媽放學回家，在弄堂口碰上高宗武先生，坐了小汽車，要轉進巷子去。高先生看見媽媽，忙叫司機停下，搖開車窗朝她喊：「陶小姐，坐進來，我帶你回家。」

媽媽停下腳步，看車窗裡高先生一眼，也看到前面坐的司機，戴個鴨舌便帽，正歪頭看她。媽媽想，那一定也是七十六號的特務，於是笑著回答高先生：「不用了，謝謝高先生，只幾步路，上車下車的功夫，也走到了。」

高先生說了聲：「也是。」對媽媽招招手，關好車窗，車子便開進弄堂裡去。

媽媽走到家門口時，看見高先生在客廳裡跟外婆點頭問好。高先生中等身材，戴副金絲眼鏡，身穿筆挺西裝，學者氣質，風度翩翩，見到外婆、媽媽和舅舅們，總微微帶笑，話語斯文而清晰。難怪中日雙方一致公認，高先生是中國最年輕有爲的外交官。

外婆指著樓上說：「希聖昨晚不知怎的著涼了，頭昏腦脹，渾身無力，沒有胃口。現在在樓上房裡睡著，高先生自管上去好了，我來燒茶。」

高先生說：「大嫂不必忙，宗武小坐一坐就走。」說著上樓。

外婆燒好茶，媽媽端進外公房間，看見高先生坐在外公臥榻旁邊，兩個人頭碰頭，小聲說話。看見媽媽走進，便停了話頭。媽媽放下茶杯，轉身走出房間時，放慢腳步，豎著耳朵，斷續聽到外公低聲對高先生說：「他們早已監視你，現在你有生命危險。」

高先生也低聲說：「走了吧！」

外公說：「這事很機密。我有幾個學生很親近，靠得住，能幫忙接應。」

高先生說：「我發求救電報給香港的親戚。」

外公說：「最好能請杜月笙先生幫忙，我跟他有過一面之交。估計他不會不伸手。」

高先生說：「杜先生也在香港。我這就去辦。」

外公說：「小心，小心。」高先生茶也不喝一口，匆匆告辭而去。

當天夜裡，不知爲什麼，牆上大掛鐘半夜十二點鐘響，把媽媽吵醒。她爬起來，披上棉襖，走出自己臥房門，不料看見樓下燈光還亮著。外公還沒睡麼嗎？

媽媽扶著把手，輕輕走下樓梯，還沒下到底，便聽見外婆的聲音。媽媽趕緊停住腳，不敢再走下去。只有外公一個人，她可以半夜三更下去跟他說話，甚至出去逛上海灘。如果外婆也在樓下，那就不行，外婆會罵，這麼晚了還不睡。於是媽媽坐到樓梯上，聽他們說話。

外公說：「我曉得，重慶政府不會饒我，中國人民也不會饒我。我只有到海外去，吃學問飯，再不論政，希望他們不派人追到海外去殺我。那時只怕重慶上海兩方都要殺我。」

外婆說：「有什麼辦法跟重慶商量商量？」

外公說：「高先生跟我談過。我們也只有試一試而已。不曉得重慶政府肯不肯接受。」

外婆說：「怎樣辦法？」

外公說：「我們要把他們跟日本人商定的幾件密約，設法拿到香港報紙上公布天下。」

外婆說：「就是你不肯簽字的這些密約。」

外公說：「對，就是那些密約。這樣或許可以將一點微功去抵我們的死罪。」

外婆說：「怎麼抵法？」

外公說：「中國還有些人對日本人有幻想，像我過去一樣。國際上也有人以爲日本並沒有滅亡中國的意圖。我們把這些密約一公布，天下人便都明白了日本人的狼子野心。中國人抗戰意志會更堅強，國際上也會更加支持中國反對日本。那麼我們算是對國人敲響警鐘，喚起警覺。只不知這樣是不是夠抵我們脫離重慶的罪過。」

外婆說：「現在不管哪種辦法，靈不靈，都只有試一試。不試，是個死；試了，頂多不成功，還是個死罷了。」

外公說：「這樣一來，就把汪先生得罪到底了，這是我心裡非常難過的。我參與了這次談判，就有義務保守秘密。」

外婆問：「一是汪精衛，一是中國，你怎樣選擇？」

外公說：「這個我自然明白。日本要滅亡中國的企圖，汪先生也不可私爲秘密，以求自己一時成功。如果他們成功了，就是中國的失敗。爲了中華民族和子孫萬代的獨立、自由和生存，對汪先生的道義責任當然不復存在。不過，還是覺得很對不起汪先生就是。他對我一直很敬重。」

外婆改話題，問：「你手上有那密約麼？」

外公說：「我們一共只有一份，由梅先生保管，因爲他最精明。」

外婆說：「那麼你怎麼弄得到手呢？」

外公說：「我和高先生已經講好，這件事由高先生去辦。他會把密約拍成膠片帶出去。」

外婆說：「高先生弄得妥麼？」

外公說：「不曉得。梅思平實在厲害。」

外婆說：「他有三頭六臂？」

外公說：「差不多。你知道李士群，七十六號的二頭目。殺人放火，心狠手辣，無惡不做，外號叫狠客。他跟梅思平不合，總想把梅先生擠開。有一次大家開會，李士群當汪先生面，報告一件事辦糟了，講了半天。這事是梅先生主辦的，可他沒有提梅先生的名，當面指控，又不提名，手段夠狠。汪先生聽完，問梅先生：『你看這事怎麼辦？』若是旁人，大概早慌了手腳，怎樣說都不好。梅先生若無其事，答一句：『請先生以不變應萬變。』這句話是汪先生一次講話最得意的警句。汪先生聽了，連連點頭，事情就過去了。後來連李士群都搖頭，說：『梅思平果然厲害！我說了十句八句，敵不過他一句。』」

外婆說：「如果密約弄不到手，怎麼辦？」

「高先生手也不軟，他說他去弄，應該會弄妥吧！」外公嘆口氣補充，「弄不到手，只好兩手空空跑出去，聽天由命了。」

媽媽聽到這裡，身子發抖，木板樓梯發出嘎嘎響聲。外婆聽到，走過來，抬頭見到媽媽坐在樓梯口上，便大聲罵起來：「你作死麼？半夜三更，跑來坐在樓梯上。天這樣冷，要生病麼？快回去睡覺。大人說的事情要你小孩子聽麼？你把耳朵嘴巴都封緊了，今晚聽的，跟誰也不許講一句半句。曉得麼？性命交關。」

外婆一邊說，一邊走上樓梯，拉起媽媽向她房裡推。媽媽小聲說：「我十八歲了，我懂。」

外婆還在罵：「懂，懂麼什？睡你的覺，念你的書。家裡的事情我們自會都辦好，好歹讓你念完書，以後過好日子。快睡下，我再拿床被子蓋上。手腳都冰涼，眞要生病了。」

媽媽小聲問：「姆媽，爸爸決定要逃出去了？」

外婆還罵，聲音壓低了：「你不要出去亂講。」

媽媽說：「那就好了。爸爸不在賣國密約上簽字，中國人不會再罵他。」

外婆說：「但願他能走脫。」

媽媽說：「我們跟爸爸一起走嗎？」

外婆說：「不曉得，大概不會。一個人容易走得脫。」

媽媽說：「那爸爸走了，我們怎麼辦？」

外婆說：「車到山前必有路。」

媽媽說：「反正只要爸爸走脫了。我們就是死在上海也沒關係。」

外婆說：「莫亂講，你才十八歲，還有幾十年前程如花似錦，我們會讓你死在這地方嗎！」

媽媽抱住外婆的脖子，緊緊抱住，忽然在外婆耳邊問：「姆媽，你愛爸爸嗎？」

「你亂講什麼？鬆開手。」外婆說著，伸手從身邊推開媽媽。

可是，媽媽不鬆手，把臉使勁貼在外婆臉上，她能感覺到外婆的臉上越來越燙。媽媽笑了，心裡暖暖的，像有一大片浪潮向四散蕩開去，越蕩越遠，無窮無盡。這樣挨著外婆，就是此刻死去了，媽媽也會覺得幸福。呵，十八歲的少女。

二十二

一九二五年五月三十日，上海工人罷工，遭英國軍警槍殺，全國轟動。外公在報刊上發文，怒斥英軍違法行爲。英國領事發了怒，把商務書局告到法庭，非把外公關進牢房不可。

可是，法庭上，書局案子一個星期一個星期拖。王雲五已經很久不再到法庭去，只是趙律師和外公去點個卯，每次都是英國律師說一聲沒有準備好，就算了。英國領事也不再露面。

外公雖然心裡忿忿的，卻倒是覺得不壞。每個星期，他總有一天出公差，早上八點進書局，不用打卡片，在辦公室坐一坐，看看材料，十點鐘前後，王雲五總經理到了，派他的車子送外公去法庭，就算全天上工。

到法庭坐在那裡，看西洋景一般，一個案子一個案子的聽。中午又到街上吃一頓飯，或者北四川路上的新雅，或者武昌路上的廣州酒樓，都是趙律師一起去吃，由趙律師付賬，算在編譯所頭上。兩三個月下來，法律和法庭漸漸在外公的心裡減弱了原有的那般神聖光彩。

忽然今天，也沒有什麼辯論之類，英國律師提出要罰商務印書館六千大洋。趙律師不置可否，既不表同意，也不表反對，根本沒有辯論的打算。

關法官轉頭，看看英國律師，又看看外公和趙律師，想了一想，說一聲：「本庭判罰上海商務印書館向英國領館賠款四千大洋。結案。」

一場英國領事狀告中國商務書局小職員陶希聖的官司，就這般結束了。兩位律師握握手，約好晚上一起到日租界的札幌酒家去吃日本壽司。英國律師走出法庭，向英國領事報功去了。書局要向領館賠款，自然是英國領事勝了這場官司。

趙律師連皮包都沒有打開，順手拎起，說：「今天很早，不到午飯時間，我們不去吃中飯了吧！我現在回辦公室，下午再給王先生打電話。你願意的話，可以回家，或者回編譯所。」

兩個人一起向門外走。外公問：「就這麼完結了麼？」

趙律師說：「當然，還要怎樣呢？四千大洋，大事一樁，誰也沒輸，誰也沒贏。」

外公說：「怎麼說沒輸沒贏？書局要付賠款，英國人贏了。」

趙律師說：「英國人本來一要關你坐牢，二要書局登報道歉，三要書局賠款兩萬銀元。現在都沒有做到，怎麼算贏？」

外公說：「爲什麼要罰編譯所？我們又沒有錯，他們沒理由告我們，完全是誣告。」

趙律師停了一步，轉身看了外公一眼，又邁步走起來，邊說：「看你寫的文章，好像蠻有學問，原來是個書呆子。年輕人，你冒犯了政府，曉得麼？政府，中國政府，英國政府。」

外公說：「法律面前人人平等，沒有官民之分。」

趙律師搖搖頭說：「哈，果然是個書呆子！」

他們走出了門，站在高高的台階上，身上披著秋天的陽光。

趙律師拍拍外公的肩膀，好意地說，「對不起呀，年輕人，這是在中國，不要忘記。在中國，任何時候，只要冒犯政府，不管你有理沒理，不管政府是不是有錯，就是你的錯，大錯，特錯，是犯罪。你若是想不犯法，只想就一件事論一件事，反對政府的做法，指控政府做錯事，指望政府會認錯改錯，或者讓政府伏法，那你就全想錯了。中國政府，一千年一萬年，絕不會向老百姓認一個錯。這不是書裡寫的文字，這是現實。書可以一把火燒成灰，現實，你改不了。」

到底是律師，口才好，能說。也許這些話趙律師心裡不知翻來覆去想過多少年了，經常用來說服他自己吧！他的話又是心酸哀怨，又是氣憤無奈。

外公聽完，靜了好一會，才說：「所以在中國，法律沒有用，一分不值，不過兒戲。」

趙律師看他一眼，嘆口氣說：「年輕人，我剛從學校出來的時候，跟你一樣的心氣，也憤憤不平過許多年。可是怎樣呢？除了得胃病，什麼也沒有。在中國，只有政治和權力，沒有法律，沒有公正。其實，全世界哪裡都一樣，什麼法律，全是政治或者權力而已，不過西方裝璜得漂亮些，不那麼露骨，好像法律獨立的樣子。中國呢，就是明目張膽地蔑視法律。老百姓自然無所謂，不指望依靠法律爭取公正，只想等個青天大老爺來平反冤案。只是我們吃法律飯的，有時覺得臉上無光。咳，也只有你們這樣初生牛犢才會動氣。年輕人，沒辦法的。」

外公的頭低得無法再低，抬不起來。

趙律師拍拍外公的肩膀，說：「我勸你老弟，以後還是在書上作學問爲好。寫寫書，可以生活在夢想裡面。作個教授，也可以在課堂上大講眞理，義正詞嚴。如果沒耐心，不要吃律師這碗飯。中國法庭內外，沒有法律，全是政治和權力，還有金錢的神通。我走了，老弟好自爲之。」趙律師握握外公的手，揚長而去，把外公丟在那法庭房前台階上的燦爛陽光裡。

天氣很好，外公沒有心思去書局上班，甚至沒有心思去圖書館或者書店逛。他無精打采，在馬路上蕩了蕩，最後還是回家了事。天下偌大，喜怒哀樂之時，總覺無處可去，只有回家。

媽媽和泰來舅都在前面小天井裡，見外公進門，便都奔跑過來，撲上身。外婆在後面大叫：「手上都是泥，莫要上身。」外公趕忙抓住媽媽和泰來舅的四隻手，翻過來看，二十個手指都是泥。外婆在天井裡栽花，媽媽和泰來舅跟著玩泥土。

外婆喜愛花草，也會弄花草，在萬家大灣作姑娘時學的。在陶盛樓，沒有她的自由，當然也不能種花養草。到了上海，有了自己的天地，外婆便把小天井開出了小花園。她在湖北鄉下，沒有見過玫瑰花。到上海，發現上海人喜歡玫瑰花，經常用玫瑰花送禮，很覺驚奇。後來曉得那是西洋人的習慣，上海人學會了。外婆自己養了一年，發現玫瑰確實美麗，也喜愛起來。玫瑰花有許多種，顏色大小都不同。天井太小，種不了許多，外婆挑選了一種紫紅色的，一種黃色的。花朵都很大，花瓣層層疊疊，豐滿華麗。花開時，色彩嬌艷，滿院芬芳。花開盛之後，開始凋謝時，用剪刀把花枝一一剪下，拿回屋裡，插在瓶中，灌了清水，讓那花朵繼續在屋裡開放。等到瓶中花朵萎縮飄落下來，外婆將花瓣都扯下，放在瓷盤裡，留在桌上，每天在上面淋些清水，屋裡便能仍然保留許多日玫瑰的花香。最後花瓣都乾枯了，外婆研碎，包在麵粉裡，蒸出香噴噴的玫瑰糖包。

外婆領媽媽和泰來舅到後面廚房洗過手，回到大屋。外公站在方桌邊，看著桌上瓶插的玫瑰花，一朵紫紅色，一朵黃色。旁邊一個小小瓷盤裡，也放了些半枯的兩色玫瑰花瓣。

媽媽爬上桌邊的凳子，問：「爸爸，你要寫字嗎？我來幫你磨墨。」

外公轉臉笑了一下，說：「好呀，你來磨墨，我來寫字。」說著，走到窗前書桌邊，取來紙墨筆硯，從那插玫瑰的瓶中倒出一點水，淋在硯中，讓媽媽磨墨。

外婆在屋子中間安頓泰來舅，扶他在地板上坐穩，周圍堆了些天井裡撿的小石頭子。

外公鋪開紙，閉住眼，沉思片刻。然後提起筆來，在媽媽磨好的墨裡蘸蘸，懸肘寫了八個字：**學問艱難，人生甘苦**。

媽媽問：「爸爸，你寫的什麼字？」

外公說：「人生不容易。」

媽媽說：「我也要寫。」

外婆說：「琴丫，莫搗亂爸爸。」

外公說：「我今天沒有事情做，很覺無聊，讓丫們玩吧！琴丫，你會寫字嗎？」

媽媽說：「我會畫圖，我畫得好。」

外公幫媽媽把紙鋪好，幫媽媽拿毛筆蘸了墨，在紙上畫圖。媽媽一邊畫，一邊念叨：「這是爸爸寫字，這是姆媽縫衣服，這是琴丫畫圖畫，這是泰丫在地上爬。」

外婆聽了，心裡忽然一陣難過，並不言語，跑到後面廚房去了。

外公問媽媽：「有沒有畫雲竹呢？前天買的雲竹長得好嗎？」

媽媽放下筆，跑到窗邊，指著窗台上放的一盆雲竹，說：「長大了，長大了！」

外公走過去，坐到窗下，把媽媽也抱起，放到腿上，看著雲竹。細細薄薄的雲竹葉，一片片，一排排，層層疊疊，濃濃淡淡，若隱若現，很好看。

外公說：「琴丫，知道麼？竹子是不可以彎的。你要彎竹子的話，竹子就斷了。竹子可以斷，可是不彎。」

媽媽說：「雲竹好看，很多層。風一吹，會搖。」

外公說：「竹子裡面是空的。就像我們作學問，要虛心。不必總覺得自己的文章好，別人的文章不好。自己的文章其實每一篇都不能夠滿意，別人的文章，又總有各自的長處。」

外婆回大屋，手拿針線，聽到外公的話，說：「你說這些做麼什，丫懂麼？」

「好了，好了，我們來玩點別的。」外公說著，把媽媽放到地上。

泰來舅坐在屋當中，玩面前幾塊長長圓圓的石頭，挪過來，掉過去，嘴裡嘟嘟囔囔，口水有時滴下來。

外公看看，心裡難過，不禁說出聲來：「家境貧寒，丫只能玩些石子而已。」

外婆坐在桌邊，手裡針線不停，說：「也沒什麼，丫們都一樣，給他多麼貴重的玩具，也未必喜歡。倒是些舊盒子、爛石頭，他能擺弄半天。一去天井裡，就到牆邊去挖石頭。」

媽媽說：「這些是我給泰丫找的石頭。姆媽說，找圓的，不會割破泰丫的手。」

外公搖搖頭，有些感慨地說：「我小的時候，跟爹爹在河南官府裡，玩的東西很多，男丫們玩些彈弓、袖箭、鏢、劍，單刀之類，都是從開封大相國寺買的。我最喜歡的有兩件，一是放風箏，有五星箏、七星箏、九星箏。蜈蚣箏最有力量，要專門纏的生絲粗線才拉得住。十三星風箏叫作十三太保，直立起來有屋簷那麼高。」

「我們能放風箏嗎？」媽媽聽得入迷，手舞足蹈，問外公。

「上海這麼擠，房子這麼多，沒有辦法放風箏。放風箏要很寬大的場子。在開封就有大片空地，要跑多遠就跑多遠，風箏才放得起來。」

外公說著，忽然站起身說，「我們去吹肥皂泡吧！那天我見人家在江邊吹，好像很好玩。吹泡泡不要很大的地方，天井裡也可以玩。」

外婆問：「什麼肥皂泡？怎麼弄法？」

外公說：「我想，顧名思義，拿肥皂泡水，我見人是用個棍，上頭有個圈，蘸了肥皂水，拿嘴對著圈一吹，就有泡泡飛起來。」

「跟我洗衣服一樣道理。」外婆放下針線，朝天井走出去，一邊說，「我來試試。」

媽媽一蹦一跳的跟出去。外公抱起泰來舅，也走出屋。外婆在洗衣盆邊找出肥皂，用手掰下一個小角，在窗下牆角找到一個瓶子，把肥皂頭放進去，說：「我去弄水，就來。」

天氣晴朗，只有幾絲細雲高高的飄蕩。外公把泰來舅往地上一放，他便邁開小腿朝牆角走去，蹲下來撥弄地上的石頭。

媽媽朝泰來舅喊：「泰丫，你莫弄那些花，姆媽出來罵你。」

外婆在屋裡裝了水出來，手裡舉著瓶子，說：「能吹出來。」她拿一根筷子，頭上綁好一個瓶圈。

外公看了，說：「就是這樣的工具。」

媽媽等不及，跳著腳搶那筷子。外婆說：「先看怎麼玩法，你才會，莫搶。」

外公接過瓶子筷子，把筷子上的瓶圈放進瓶子，蘸肥皀水，然後取出舉到嘴邊，對準瓶圈輕輕一吹，一串肥皀泡就從瓶圈上飛出來，晶亮透明。媽媽興奮得雙腳一跳，歡呼起來。泰來舅聽見，回過頭來，看到在陽光下五顏六色的肥皀泡，也叫起來，急忙站起，卻仰面跌倒。外婆幾步跨過去，把他扶起。泰來舅顧不得痛，摸著頭跑過來，伸手接那些空中落下來的肥皀泡。

外公蘸蘸肥皀水，又吹出一串一串泡泡。媽媽和泰來舅轉著圈跑，追泡泡，伸手接。肥皀泡一碰他們的小手，就爆裂掉，逗得他們大笑。外婆坐在窗下，抿著嘴樂，望著三個人。看見泰來舅要摔倒，便隨時伸手扶一把。一家人笑呀，叫呀，樂瘋了。

晚上，孩子們很快都睡熟了。他們都玩累了。外婆倚著床頭，還在做針線。外公躺著，睜大著眼，望著窗外的星空，睡不著。

外婆說：「算啦，睡吧，想那麼多做麼什？害自己得病。」

外公說：「那麼我們的希望呢？」

外婆說：「你現在不用擔心了，沒事了，就好了。」

外公說：「我自由了？沒那麼容易。這些日子，我總是覺得有人在監視我們。」

外婆忽地坐直身，停了手裡的針線，緊張地問：「眞的麼？」

外公說：「莫急。我也沒看見什麼人，只是感覺。」

外婆說：「怎麼辦？我們有兩個丫。不會出事吧？」

外公說：「誰曉得，也許我們要離開上海才好。」

外婆問：「去哪兒？回陶盛樓麼？」

外公說：「不，老家回不成。但是我們不能永遠這樣，丫們可憐。他們應該有好日子過。」

「其實原本這樣已經很好，你偏要去惹是生非。」外婆說，抬頭想想下午一家人在天井裡吹肥皂泡的情景，笑了笑說，「只要一家人在一道，有吃有喝，就夠了。你不去惹禍，我們會過得好。」外公沒說話。外婆看他一眼，又說：「你自然也要做事順心才好。」

外公嘆口氣，說：「全中國到處在打仗。找工作大概不容易。」

外婆問：「你要怎樣？」

外公說：「我要換工作，換地方。」

二十三

兩三個月過去，外公沒有換工作，也沒有換地方。一九二六年一月，上海商務印書館編譯所給外公漲了薪水，每月一佰元大洋。辦公桌也換了個大些的。

外公和外婆搬家到寶興路逢源坊。房子大了一些，房租也高了，每月要二十五元，比先前每月多出九元。薪水多了，外公去北四川路內山書館和南京路中美圖書公司的次數也就更多。結果，外公每月多拿的薪水，差不多一半交了房租，另外一半拿去買書，每月家庭日常生活費用，柴米油鹽，並未增加多少。外婆還是要一個銅板一個銅板的算著使用。

三月，媽媽的第二個弟弟出生了，取名祥來，是我的二舅。因爲在上海生的，家裡沒有那麼多人，不像在陶盛樓那般熱鬧，沒有煮糖麵大家吃。又是一個兒子，外公寫了封信回陶盛樓報喜。只要陶家兒孫多，香火旺，太家婆總是萬分高興，寄來一大包小娃娃穿用的衣服鞋襪，還有一大盒武漢餅乾。看見餅乾，外婆又禁不住想起驪珠姨，好幾日以淚洗面。這樣一來，奶水就沒有了，只好買罐頭牛奶餵養祥來二舅。

上海當時最有名也最便宜的罐頭牛奶，是美國磨米克公司出產的「寶華」牌人造乾牛奶，到處出廣告說：**強國必先強民，強民必先強兒。吃寶華牛奶，有七大好處，乃強兒之道。**

外公看了生氣，偏偏不買美國牛奶，要外婆看準牌子，只買中國造的菊花牌牛奶。

外婆不滿意，說：「菊花牌比美國牛奶貴。」

外公說：「我可以多寫兩篇文章，賺錢來買。我本來常給《良友》雜誌寫文章。他們現在給美國牛奶公司出廣告，還鬧什麼健兒比賽，喝美國牛奶就健康嗎？我決定不跟他們來往了。」

外婆說：「何必認眞，我們不過賺錢吃飯養丫。誰給錢給誰作，什麼便宜買什麼。」

外公說：「有些事情可以馬虎，有些事情一點不能馬虎。」外婆不說話了。

因爲辦了幾件轟動上海的大事，外公現在成了名人，外面各種組織都紛紛來邀請他參加活動。他常去的地方有文學研究會，《東方》雜誌，《小說月報》等處，常來往的也多是博學多才之士，像鄭振鐸、葉聖陶、胡愈之、沈雁冰等等。外公經常不回家吃晚飯了，去得最多的是北四川路新雅飯莊，一夥人聚在一起，吃茶聊天，高談闊論。每次吃完飯回家，必帶些雜誌報紙，其中一本叫《醒獅》，外公最爲熱心，每期一出，必是徹夜不眠，一氣讀完。

夜讀之後，吃早飯時，外公一定眼圈烏青，血絲密布，卻是精神抖擻，連聲叫好：「內驅國賊，外抗強權，旗幟鮮明，意志堅定。」

外公又應邀參加獨立青年社，主編《獨立評論》，所以更加忙碌。差不多每晚都要伴燈伏案，寫稿、編輯、校對、發行。媽媽聽見外公與外婆兩人深夜爭吵的次數增多了。頭幾次聽見，媽媽很覺恐懼，不知他們爲什麼吵嘴。後來聽的次數多了，也聽明白了，不過是爲了錢。外公的

《獨立評論》雜誌是幾個友人合辦，各人捐資，並無資產，所以經費不夠，外公向外婆要，外婆手裡錢捏得緊緊的，一分不給。她要養活一家五口人，衣食住行，一天不能少。逢年過節，還要買禮送回陶盛樓。她不能減少家裡日常費用，用來貼補外公在外面的社會活動。外公晚上只好更加晚睡，多編寫些小冊子、小文章，賣給商務印書館或者其他報紙雜誌，拿到小量稿費，添補作《獨立評論》的印刷發行費用。

《獨立評論》在社會上日漸醒目，外公在家開口閉口國家主義。不僅媽媽學會了，連泰來舅也常常一邊在廳堂地板上堆擺空菊花牌牛奶罐，一邊嘴裡嘟嘟囔囔：「國家主義，國家主義。」

一日晚上，外公回家吃過晚飯，坐在桌邊喝茶看信，忽然大叫：「好極，好極！」然後把手裡的信一揮，得意地對外婆說，「我在《獨立評論》上鼓吹三個自決，到底有人贊同了。」

外婆斜他一眼，說：「你自己小心，在家莫多吵。泰丫跟著學，說出去不得了。主義，思想，又不是四書五經，不明不白。」

外公搖頭晃腦地說：「哪裡不明不白，絕對清清楚楚。三個自決，乃民族自決、國民自決、勞工自決。民族自決乃一次大戰後的潮流，亦即民族主義。國民自決，乃民主主義，是現代治國之本。勞工自決，提倡勞工自主，尊重工會權利。我提出這一條，爲的是反對職業革命家發動政治鬥爭。一批人拿革命當職業，就變成政客，所作所爲，便不再爲人民大眾，而以一己利害爲依據，就會禍國殃民。國民黨黨部來信，認爲我的三個自決與他們的三民主義相契合，他們不再反對我。共產黨嘛，都是職業革命家，只會搞政治鬥爭，別的什麼都不懂，正是我最反對的。不過他們也支持三民主義，不能說我提出的三決有什麼不對。」

外婆手裡做著針線，頭也不抬，冷冷地說：「麼什社，麼什黨，惹是生非。」

外公沒聽外婆的話，興奮地說：「我上次認識的那個周佛海也參加了我們獨立青年社。」

外婆說：「有什麼了不起。」

外公說：「他是大名鼎鼎的革命家，國民革命的高參，汪精衛先生的左臂。我們《獨立評論》現在如日中天，像胡適先生那樣的名人，每期寫稿子，又有周佛海這樣的人加入，陣容越來越強大。」

外婆嘟囔：「有什麼了不起，沒見拿回一分錢來。」

外公毫不理會，繼續高談闊論：「我的社會政治關係左至共產主義，右至國家主義，可以說頗爲廣泛，乃我最得意之處。我的社會政治思想路線，論左，不至共產主義，說右，也不至國家主義。我左翼熟識共產黨人惲代英、沈雁冰，右翼認識國民黨人陳布雷、周佛海。」

「好啦，好啦，誰要聽你的主義黨人。」外婆差點叫起來，才打斷外公。「你給《婦女雜誌》寫文章，有稿費。在上海大學兼課，有薪水。你編《獨立評論》雜誌，一天忙到頭，丫見不到你人影，不賺錢，反賠錢，有麼什用！」

外公忽然說：「記得我們剛搬到上海那天晚上，我說有一句話要對你講麼？我要告訴你，自我到上海以後，就開始參加國民革命了。」

外婆說：「這些事，我和兩個丫來上海以前，你就已經做了？」

外公說：「對，不過那時沒有現在這麼多活動。我想過告訴你，可是想，還是等你們住下來再說不遲。你們那時剛到，事情已經夠多，何必再爲我操心。」

外婆說：「操麼什心？」

「參加國民革命，要殺頭的。」外公說完，在桌上鋪開紙筆，準備寫作，一邊說，「我決心參加革命，就算殺頭也不怕。我不要琴丫長大，還像你我一樣，再過一輩子苦日子。我不要琴丫的女兒將來有一天，再像珠丫那樣死去。我們一定要革命，把舊中國打倒，建立新中國。」

外婆突然呆了，心裡又是傷心，又是感動。她沒有想到，驪珠姨之死，在外公心裡那麼深刻。外公從來沒有說過什麼，但是，他從來沒有忘掉過。如果外公所做的一切，他的努力、他的獻身，真能建立一個新制度、建立一個新社會，驪珠姨不會死，琴丫不會死，所有的女兒都不受打罵虐待，那可是夢想成真，天大好事。外婆想著，眼淚落下兩滴。她撩起衣襟擦擦，放下手裡的針線，到灶間燒些水，沖了一杯龍井茶，端到外公書桌前。

外公抬起頭，聞到茶香，問：「龍井。我們怎麼有龍井？是我們買了要送陶盛樓的麼？」

外婆故意皺起眉頭，說，「你莫管，寫你的文章。我明天再去買一包就是。」

「自然，自然，龍井一口，今晚自然文章要出色。」外公說完，端起茶杯，用嘴略一吹，就杯沿上細細抿一口，嘖嘖不已，搖頭晃腦，眼都瞇起來，很是得意。

外婆看了，由不得微微一笑，又馬上裝作不耐煩，大聲說：「早寫完早點睡了。」

「遵命。」外公說著，放下茶杯，提筆伏身，寫他的文章。

第二天，外公編好一期《獨立評論》，鬆一口氣，答應外婆，星期日全家人到虹口公園去玩一次。可是沒想到，次日夜裡，外公一夜沒有回家。

那是星期四，下午外公照例到上海大學去教課。上海大學是于右任先生開辦的，請外公兼一門法學通論的課。外公先只想，那是很簡單的一份工，可以輕鬆賺外快。後來，外公異常地熱心起來，常常一去深夜不歸。他更喜愛上海大學門外的那個上海書店，每星期去，必在上海書店裡買些邪門左道的雜書，比如瞿秋白編譯的唯物辯證法專著《社會科學概論》等等。

晚飯時，外婆以為外公又泡在上海書店裡了，便招呼三個孩子吃過飯，洗臉洗腳刷牙換衣。一切妥貼之後，祥來舅便睡了，媽媽和泰來舅則在樓下堂屋裡多玩一會，等等外公。到九點鐘，還不見外公回來，外婆便趕媽媽和泰來舅也上樓去睡了。十點左右，下起雨來，外婆開始有些不安。才五月天，誰想到會下雨，外公沒有帶傘，若在路上淋雨，就不好。

外婆坐在外公的書桌前，一邊做針線，一邊望著窗外。心神不定，針線做不下去，站起身來，收拾書桌書架，周圍地板。到處是書和紙，外婆曉得不能亂挪動，不過原地擺擺整齊就是。忽然一眼間，在地板上看到一本《良友畫報》。外婆記得外公說過，他跟《良友畫報》已經沒有來往了，外婆拿起翻看，是今年一月的。那時祥來舅還沒出生，無須買罐頭牛奶，外公還在給這雜誌寫文章。外婆翻到裡面一張全頁廣告，由不得笑起來。

廣告上是一間大玻璃窗的客廳，一個圓桌上擺個花瓶，桌邊沙發上坐個男人，長袍馬褂黑布鞋，手捧一本書，正轉過頭來看。身邊一個年輕女子走過來，長裙絲襖都繡了邊，圍著披肩，腳穿高跟皮鞋，戴著耳環，伸手遞過一筒香煙。廣告詞說得明白：**美人可愛，香煙亦可愛，香煙而為國貨則猶可愛**。那香煙牌子叫白金龍，當然一定是國貨。

外婆笑笑，抬頭四望，自己家裡跟那個廣告裡的客廳差得實在太遠。在上海，什麼人家才住那樣的房子，穿那樣的衣服，抽那樣的香煙，過那樣的生活呢？外婆慶幸，外公不抽煙，所以也不在意這樣的廣告。

低頭放下這本，不料又看見一本《良友畫報》，封面上印著一個大大的女人像。外婆心裡一跳，拿起細看，卻是五月號，剛出版的。怎麼來的呢？外婆坐到椅子上，心裡有那麼一點異樣的感覺。《良友畫報》裡面印著幾張女人像，說明是時下流行的婦女服裝，有旗袍、長馬甲、日本袍，斗篷和在家臨時披的花圍觀。幾個女人都註了姓名，封面上那位叫楊愛立。幾個女人都有一排秀髮垂在眉前，人稱瀏海，風姿婀娜。外婆伸手摸摸自己額頭，哪裡有瀏海，整天忙家務，爲少妨礙，頭髮一齊都梳到後面。再看看身上，大襟布褂，自己手縫，顏色都洗掉了，哪裡有畫報上那些女人的衣服好看。畫報說明介紹，圍觀是女人們在家洗浴之後或者上床之前臨時穿的。外婆家裡連澡也洗不成，哪裡需要穿那東西。畫報又說，斗篷是女人們出外跳舞前後圍的。外婆上街，除了菜場柴廠米店，別的地方從沒去過，就算經過舞廳，外婆也不可能進去。她有家要照料，有孩子要養，沒有時間去跳舞，也沒有閒錢去跳舞。

夜半三更，窗外下著雨，外公不知在哪裡。外婆心裡忽然覺得有些難過，坐著發呆。手裡那本印滿漂亮女人像的畫報溜到地上，她也沒感覺，只是發呆。

十二點鐘響，把外婆從沉思默想中驚醒。外公仍沒回來，外婆著急了。撐了傘，跑出弄堂口去張望，一條大街空蕩蕩的，雨點打在水泥地上，啪啪作響，始終沒有看到外公的影子。

外婆回進屋，改坐到飯桌邊，打開針線，重新做起來。在陶盛樓的七年歲月，到上海的兩年光景，一幕一幕在她眼前閃過。牆上鬧鐘敲過兩點。

突然，大門衝開，外公跌跌撞撞跑進屋來，一身是雨，頭髮黏在額上，滿臉流水，身上長袍已經溼透，腳上皮鞋灌滿了水。他的耳朵根、下巴頂、手指尖、長袍邊，到處往下滴水，才進屋一秒鐘，廳堂裡已經水流滿地。

外婆嚇了一跳，跳起來，大叫：「你，你搞麼什鬼！」

外公不答話，攤著雙手，渾身打抖，嘴巴也打抖，直直站在屋當中，望著外婆。

「快脫下衣服來。我給你拿乾毛巾。」外婆一邊說，一邊跑出跑進，「老大人，不會照料自己，在大雨地裡跑一夜。」

外公長衫已經脫下，正要往椅子上搭。外婆叫起來：「莫要，莫要。那溼衣服，就丟地上。莫往椅上掛。我擦地就好了，還要擦桌椅麼？」

外公把長衫丟在地上，拿起乾毛巾擦全身。

「我去給你燒熱水。身體擦乾些，我給你拿乾衣服。」外婆叫著，上樓下樓，燒水取衣。好一陣忙亂，外公才算把身體弄乾，到灶間裡，就著臉盆，用熱水洗臉擦頭髮。

外婆到天井裡把洗衣大盆拿進來，將一地溼衣都丟進盆裡，再把盆端到灶間角落，明天洗。做完這些，外婆回進堂屋，跪在地板上，拿塊毛巾，用力擦乾地板上的水，一邊對灶間裡的外公叫：「灶上燒著薑湯，洗好了自己倒出來喝。」

外公聽了，便到灶台上提起鍋子，往碗裡倒薑湯。手抖得厲害，一下子沒拿住，把薑湯倒在灶眼裡，哧啦一聲響。外公嚇了一跳，心一慌，手抖得更兇，險些把鍋子丟掉，忙把鍋放在灶台上，呼呼喘氣。

外婆聽見水響，跑過來，看見灶台上都是水，一把推開外公，說：「連碗薑湯也倒不成，打了鍋砸了碗，怎麼了得。去，去，我給你倒。」

外公指指灶台上那個薑湯碗，說：「我端這半碗去先喝著。」

外婆一揮手說：「你莫走半路又潑翻了，過去坐著，我倒滿了端過去。」

外公再不說話，轉過身，哆哆嗦嗦走進堂屋，坐到自己書桌邊的椅子上。

他剛坐穩，外婆把那碗熱氣騰騰的薑湯端來，放到書桌上，說：「慢慢喝，莫打翻了。」

外公點著頭，伸出微微抖動的手，端起碗來，喝了一口，燙得噴嘴。

外婆又急急跑開，上樓取了一條毯子下來，圍到外公背後。然後重回屋子當中那一大片水中，蹲下身去，用力把地板擦乾。最後走去灶間，把溼毛巾丟到洗衣盆裡，才回進堂屋來。忙了一個多鐘頭，總算都弄妥了。外婆走過來，看見外公額頭上冒出一層汗珠，臉色發出紅暈，手不再抖，呼吸也平穩了，便轉憂成怒，開口罵：「你要死麼？光了頭在雨地裡跑。」

外公繼續喝著薑湯，說：「我到法租界十六鋪碼頭去送人。」

外婆說：「麼什人，那麼要緊，可以賠了命！」

外公說：「上海大學的學生。」

外婆心裡更是氣了，說：「哦，他是皇親國戚。」

外公又喝一口薑湯，然後說：「他們是秘密轉往廣州去參加國民革命軍的，可不是兒戲。廣州是國民革命大本營，正在積蓄力量，訓練幹部，準備北伐，要來消滅上海的孫傳芳。到廣州去，如果讓孫傳芳的兵捉到，要殺頭的。」

外婆說：「你去送行，不怕殺頭麼？」

外公揚起頭，把碗裡最後一口薑湯喝進嘴，說：「這不是第一次，前幾次都成功了！」

外婆不作聲，從外公手接過那薑湯碗。

外公說：「上海大學是國民黨的革命前哨，這些學生到廣州進黃埔軍校，將來是北伐軍官，國家棟樑。去送的還有校務長鄧中夏、教務長瞿秋白、中文系主任陳望道、教員蔡和森、惲代英，我早認識的，張太雷、向警予、蕭楚女、沈雁冰、施存統，都是有名的人物。」

「前幾次都沒有這麼晚。」外婆還是氣呼呼的，但是聲音已經放低許多。

外公說：「還有薑湯麼？我再喝一碗，多發些汗才好。」

外婆不說話，走到灶間，給外公又倒一碗薑湯，端回來。

外公正用腳在地板上踢周圍幾本弄溼了的雜誌報紙，見外婆端著薑湯碗走到跟前，一邊接過碗來，一邊說：「地上這些不要了，拿出去丟掉，都弄溼了。」

外婆彎腰拾起那些雜誌刊物，把那本印著女人像封面的《良友畫報》擺在最上面，顯給外公看，一邊說：「都丟掉了嗎？這一本是新出的呢！」

「都丟掉好了。」外公低頭喝著薑湯，揚起眼睛看了一下，說了一句。又嚥下那口薑湯，放下碗，說，「這本《良友畫報》弄弄乾，留下也好。我給《婦女雜誌》寫文章，講到婦女從家庭走到社會，拿這幾幅廣告做事例引用，或許留下，以後參考也未可知。」

外婆把那本《良友畫報》擦乾，放到外公書架底層，說：「下雨天為麼什不坐車？」

外公把一碗薑湯喝完，把碗放到書桌上，說：「船誤了鐘點，大約十點鐘才開出，在碼頭上等了兩個多鐘頭，只好湊錢吃頓飯。一個學生出身貧寒，身無分文，到廣州船要走兩三天，他連飯也沒得吃，大家又把身上帶的錢拿出來給了他。我原以爲內衣裡還有幾塊錢，夠坐車，便把外面口袋裡的錢都給了他。不料船走了之後，我去叫黃包車回家，才發現那幾塊錢不見了。沒辦法，只好走路，碰上下雨，鬧得這般狼狽。沒事，薑湯一喝，乾衣一換，蒙頭一睡，明天就好了。」

第二天，外公一直覺得有點累，以爲是沒有睡好覺所致。下午回家，晚飯也不吃，早早上樓去睡。到半夜，突然間「咚」一聲滾下床來。

二十四

外公得了病，發高燒，渾身滾燙，半夜起身，咚的一聲，滾下床去，爬不起來。

外婆嚇壞了，又不敢喊叫，怕吵醒媽媽和兩個舅舅，只好把媽媽從小床上抱到大床上睡，然後一個人連拖帶拉，把那張小床從樓上搬到樓下，放在堂屋一角。再上樓把外公扶下樓，睡到小床上。外公喊熱，蓋不成被。不一陣，外公要大便，可是爬不起身來。外婆把馬桶提到堂屋，放在床邊，扶外公欠身起來，坐到馬桶上，竟然是瀉水。大瀉一陣之後，外公身子軟下來，外婆一把沒有扶牢，外公跌倒下來，癱在馬桶邊上。外婆忙連拉帶抱，把外公扶上床，蓋好被子。

外婆蓋了馬桶，說：「你病成這樣，我去請醫生。」

外公臉色血紅，有氣無力地說：「請誰？」

外婆沒答腔。外公又說：「你有多少錢請醫生？」

「那麼就等死麼？」外婆這麼說，但也無法。

兩個人相望發呆，無可奈何。外公躺在床上，只管冒汗。外婆坐在床邊，不住用毛巾替他擦。好不容易，熬過三個鐘頭，到了早上。外公說：「我寫個信，你幫我送到編譯所，請所裡的顧壽白先生來看看。他懂醫，我想他不會立刻收現錢。」

外婆說：「丫們在家，你照看麼？」

外公說：「兩個大的留下，自己會玩。小的你抱走，我不會餵奶，他哭起來我沒辦法。」

外婆只好到灶間，把早飯做好，然後上樓一邊給媽媽和泰來舅穿衣服，一邊交代好，自己下樓吃好早飯，再上樓來自己玩，不許吵爸爸。爸爸生病了，要睡覺。外婆給祥來舅餵好奶，綁在包裹裡，背到背上，一個人出了家門，去編譯所。

到了書局，她把外公寫的信交到門房，門房喚她等一等，跑進去，過一會，出來對外婆說：「顧先生上午就會去，你先回去吧！」

外婆回家，才進門，顧先生就到了，他坐黃包車，快得多。外婆忙給顧先生搬了把椅子到外公床邊，然後回灶間燒水沖茶。

顧先生問過外公近幾日飲食生活，知道昨夜淋了雨，然後給外公把脈，量體溫，望舌苔，查大便，聽胸音，坐了大約一個鐘頭，最後說：「我想希聖兄患的是傷寒。一時並無大礙，但也非幾日內會好。我過些時來看一次，需服一段時間藥。」他開了個藥方，又匆匆趕回去上工。

外公外婆拿著藥方，不知怎麼辦。顧先生看病的錢，同事面上，可以緩一緩，有了薪水再付不遲。買藥錢，卻不能賒，藥房的人不認識陶希聖爲何人，只能一手交錢，一手交藥。而且誰知這病要拖多久，要買多少藥，哪個肯欠。

外公說：「我給母親寫封短信，借些錢吧！」說完，外公側臥病榻，給陶盛樓寫了一信：

母親大人：

自拜別慈顏，來到上海，兩年間未曾花費過家裡一分錢。今日突然病重，無錢醫治。若是死了，搬棺材回家鄉，也需花錢，不如將棺材錢和運費先撥給我治病。病好了可以作學問做事業，報答母親。如果家裡不足，可以把源華礦業公司我這一房名下的股份，都折錢寄來救我一命，從此源華公司不必再付我一分錢。

兒 希聖頓首

上海湖北一封信來回要好幾天，等不得，外婆只好到後門外一位林先生家去借。外婆曾有幾次幫忙林太太洗衣服，也曾幫林太太做飯、收拾房子、招待客人。眼下有難，只好去求。那林太太倒極爽快，一口答應先借外婆買五天藥的錢，以後外公錢到了，或者病好了再還。林太太說：「你先生有病，你最好在家招呼，我上街買小菜，就幫你把藥買回來了。錢我先墊上。」

外婆眼裡流淚，跑回家，取了藥方子，送過去給林太太。

外公當天下午吃了藥，馬上睡著了覺。一家人放下心來。

十天過去，外婆掐著手指算，天天跑去郵電局問，陶盛樓沒有回信，也沒有寄錢來。外公不能上班，自然沒有薪水拿回。一家幾口的生活有了困難。期間，顧先生又來看過兩次，開出新藥方，要外公好生將養。外公無奈，請顧先生帶信給王雲五所長借錢。

下午，王雲五來看外公，說：「你早該告訴我。生病是常有的事，怎麼拖得起？」

外公說：「張口借錢，難以啓齒。」

王雲五從皮包裡拿出大洋十五元，放到外公枕邊，說：「這些錢你先買幾天藥，以後需要，只管跟所裡借就是。」外公拿著錢，不說話，想心事。

外婆一臉愁容，端了茶來，交給王雲五接住，說：「多謝王先生來看希聖。」

王雲五欠欠身，說：「家裡添了病人，大嫂更辛苦。」

外婆說：「只說他快些好起來，可以去上工，又急忙不得好。」

王雲五說：「大嫂不要急，生了病總要養，養好了再說，才能上工。」

外婆說：「他不上工，一家人怎麼吃飯。」邊說著，邊轉身回灶間。

王雲五站起身，把茶杯放到書桌上，對外公說：「我是有事路過，特來看望一下，不能久留，隔幾天有空再來看你。」

「王先生請略坐。」外公忽然說，自己歪歪斜斜爬起，走到書架取過一本文稿，雙手遞給王先生，說：「王先生，這是我在安慶法政專科教書時的一份講稿《親屬法大綱》，你先拿去作抵押。我等身體好些，把這稿子改出來，請商務出了書，就可以還錢。」

王雲五一手接過稿子，一手扶著外公回去坐到床上，然後自己也重新坐下，翻看文稿，眉開眼笑，說：「你好好養病要緊，這稿子先不必……」

外公坐在床邊，喘著說：「王先生不要客氣。你現在不拿走，我也還要送編譯所去。」

「那好，恭敬不如從命。」王雲五說完，把外公的文稿放進自己皮包裡，站起身說，「我先代你存放幾天。我有約會，實在不能久留，過幾日再來看你。」

王雲五揮手告別。外公撲倒在床上喘息。

第二天，王雲五所長派人送來大洋五十元，外公曉得這是《親屬法大綱》的抵押借款。外婆馬上去給外公買了一批藥，又買回柴米油鹽、青菜豆腐，以及外公養病所需的維他命、廣柑、西瓜、和雞汁等，也買回一大箱菊花牌罐頭牛奶，還還了借林先生的藥錢。

一個月後，外公傷寒好了，卻轉發肋膜炎。顧先生每日來，一連打靜脈注射十四針，才算好轉。外公終於能夠拄個拐杖站起身來，所以非要親送顧先生出門一次，以謝救命之恩。

顧先生見那日天氣尚暖，豔陽高照，也就答應。久病之人，亦需晒晒太陽，消消毒。兩個多月，外公第一次出外，很覺興奮。媽媽自然也跟了外公出去走走。在弄堂口，送別顧先生之後，外公扶著媽媽多站立一刻，才慢慢轉身回家。兩月不走，巷口邊新來一個皮匠小販，坐在那裡給一個客人做活，看外公走過，小聲對那客人說：「這個人快要死了。」

外公聽到，停下腳步，轉身對那皮匠笑笑說：「我是死了又活過來的。」那皮匠和客人都嚇了一跳。

回到家裡，外公坐在堂屋的床上喘息，看到泰來舅站在屋當中，朝著一面牆上發呆，好久不動，便問：「泰丫，你在做什麼？」

泰來舅回過頭，走過來，拉起外公的手。外公站起身，跟著泰來舅走過去。泰來舅伸手去摸牆上一塊陽光的斑點，嘴裡嘟囔：「動，動。」

媽媽拉開門從天井裡跑進屋，牆上的陽光斑點動起來，飛揚老高，然後又回到原處。那光斑原來是屋門玻璃窗的反光。泰來舅看到光斑搖動，高興得又是跳，又是拍手，哇啦哇啦不停口。

「你喜歡這些嗎？爸爸來給你做。」外公微微笑著，拉著泰來舅的手，走到書桌邊，把窗帘拉開，太陽光立刻照進屋來。外公又拉開書桌抽屜，在裡面翻騰半天，很失望，只好對著後面廚房叫：「冰如，你有一面小鏡子嗎？」

外婆在圍裙上擦著手，走進堂屋問：「麼什小鏡子？大呼小叫。」

外公說：「把你小鏡子給我用用。」

外婆走到洗臉間，拿了小鏡走出來，碰上媽媽跑過，便把小鏡子遞過，說，「琴ㄚ，拿去給爸爸。小心呀，莫跌跤打碎了。」媽媽答應著，跑進堂屋，把小鏡子遞給外公。

外婆還站著灶間裡嘮叨：「發麼什瘋，忽然間要小鏡子。」

外公接過小鏡子，對泰來舅說：「你看好了，那邊牆上，有動的了。」說完，外公手拿著小鏡子，伸到窗口射進來的陽光下，前後左右動一動，鏡面反光投射到屋裡對面牆上，暖暖的、亮亮的，上上下下、左左右右地晃動。泰來舅興奮得跳起來，衝到牆邊，伸手摸那個晃動的光斑，剛摸到了，光斑又跑開了，又過去摸，又跑開了。泰來舅樂得咯咯笑，拍得牆壁咚咚響。媽媽看到，也高興起來，跑過去跟泰來舅一起摸那塊反光，跳著、笑著。

外公在窗前搖動鏡子，哈哈地笑。外婆聽見，走過來倚門站著，手裹在圍裙裡，看著外公，看著媽媽和泰來舅，也舒心地笑了。

又過一月，外公覺得自己能夠上班了，拄個拐杖到編譯所。王雲五一見，大吃一驚，說：「希聖兄，你這樣子，怎能上工，快回家休養。」

外公說：「一家大小，五口吃飯。」

王雲五只好說：「只上半天好了，能來則來，不能來則不來。能做多少就做多少，不要勉強，我要他們每日付你半天薪水就是。我要他們給你換把藤椅坐。」

外公聽見，更是感激。商務印書館編譯所規定，月薪一百元的只能坐木板凳。要到月薪一百五十元，才能坐藤椅。王雲五所長要照顧外公，特別破例，又不知會引起多少閒話。想著走著，在走廊上碰到陳會計，嚇一跳，說：「希聖兄，你好像回到高中去了。」

外公一笑，回答：「我現在體重大概只有七八十斤（中國市斤爲二斤等同一公斤）。」

陳會計招招手，說：「你跟我來，我給你個單據。你的情況，可以領到疾病扶助金三十七元五角。你拿單據到古醫生那裡簽個字，就可以過來領錢。」

外公跟到會計室，拿了單據，又到書局醫務室。古醫生很忙，又不認得外公，見他進去，並不打招呼。外公默默坐在門口一條板凳上等。許多人排隊，大多是書局印刷廠的工人，穿著短衣褲，有看病的、有簽字的，一個一個過去。那邊門一開，過來一個女醫生，看見外公穿長衫擠坐在一堆短衣褲的工人中間，便朝他笑笑。她走過去，彎腰跟古醫生說了幾句話。

那古醫生歪頭向外公看看，用英文對那女醫生說：「These people are trying to cheat the company by getting paid for doing nothing.（這些人總想騙公司，只拿錢不做事。）」

滿屋的病人，都聽不懂英文，對著古醫生陪笑臉。外公卻聽得懂，坐也不是，走也不是。走了，拿不到錢。錢現在是家裡的急需。坐等，看古醫生眼色，實在難過。若與他吵一架，外公也沒有力氣。正猶豫之間，便輪到外公。他走到古醫生桌前，站著，拿出單據，請古醫生簽了字。然後，外公轉身走開，走了幾步，又轉回來，對古醫生用英文說：「How much money have you contributed to this company with your own work？（你替公司賺到了多少錢呢？）」外公說完，掉頭走出屋門，把古醫生丟在身後，瞪著眼睛，張著嘴巴，說不出話來。

外公氣得哪裡都不去了，直接回家。吃過中飯，帶了媽媽，拄著拐杖，到後門外林先生家致謝。林先生家亂成一團，行李鋪蓋，丟了一地。一問才知，林先生剛接到北京清華大學的聘書，正整理行裝，要起程北上。

人家忙碌，外公不便久停，略說幾句一路平安，就告辭回家。一進家門，外公便對外婆說：「林先生放在堂屋當中兩隻鐵皮箱，好是氣派。對不對，琴丫？」

媽媽伸手比著尺寸，告訴外婆：「兩隻鐵皮箱，這麼大，很好看。爸爸和我摸過，很牢。」

外公坐下，搖著頭說：「將來我到北京去教書，定要裝置兩隻這樣的鐵皮箱。」

「你先養病，拐杖還丟不開，又要想入非非。」外婆說，一邊把菜籃子跨好，說，「我去買菜，下午有些攤子小菜便宜。」

外公說：「明天就可拿到疾病扶助金，三十七元五角。」

「那夠幾日？下禮拜要交房租。」外婆說著，走出屋去，又叫，「琴丫，信來了，拿去給爸爸。」媽媽跑出去拿信。

泰來舅坐在堂屋中央，拿空牛奶罐搭房子，搭兩個倒下來，又接著搭。祥來舅坐在牆角搖籃裡玩自己的兩隻空手。外公搖頭嘆氣，眼裡酸酸，接過媽媽遞過來的信，慢慢拆開。看到第三封，外公忽然放下信，自言自語：「那還用說嗎？」

正跟泰來舅一塊擺牛奶罐的媽媽抬起頭，望著外公，問：「你跟我們講話嗎？」

「沒有，你們玩吧！」外公說著，打開墨盒蓋，把毛筆尖含在嘴裡潤潤溼，自語道，「我來寫封回信。」沒幾分鐘，信便寫好，外公招呼一聲，拄了拐杖，領了媽媽和泰來舅，走上街，到就近的郵電局。回家路上，在弄堂口，碰上外婆拎著籃子回家。

「你們幾個跑出來蕩馬路，祥丫一個在家裡？」外婆一見就喊叫。

外公說：「不過才五分鐘，到郵電局發了一封信而已。」

外婆一面急著跑，一面說：「不能等我回來再發，什麼急事！」

外公只好也拖著拐杖，跟著往家裡跑，氣喘吁吁地說：「剛接到一封信，是上海法政大學來的，要聘一位講師，講授親屬法。聽說我在安慶法政專科教過這門課，問我可否擔任。」

「你不要命了麼？」外婆剛跑進家門，大聲說，「你不能再多兼課。先休養，好了再說。」

外公邁進天井，說：「信發掉了，已經答應他們。幾個月沒薪水，一家人要吃飯。」

外婆跑進大屋，見祥來舅在搖籃裡睡著了，才放心，走進灶間，放菜籃子，說：「一家人要吃飯，你才不可以去送性命。你累倒下來，大家喝西北風。」

外公進屋，坐下來，說：「那課我一學期教一次，教過兩次，都在肚子裡，容易教。」

外婆走回大屋，在祥來舅搖籃邊蹲下，順手掖一掖他身上的小被，又站起來，對外公說：「我算過的，只要你每天到書局上半天工，這些錢過日子夠了，還要外快做麼什！」

「我想吃肉。」外公像小孩子一樣說。幾個月了，外公一天到晚吃素，大概已經饞瘋了。

外婆轉臉看著外公，一臉驚訝。外公想吃肉，說明身體確實在恢復。外婆說：「還是少吃油腥，我給你煎兩個荷包蛋好了。」

第二天上午，做完半天工，外公到商務印書館會計部，領到疾病扶助金，拄著拐杖，正要回家，在編譯所門口碰到法制經濟部梁先生。

梁先生一見，拉住外公說：「有空嗎？一道出去吃中飯，我請客。跟你說個事情。」

外公苦笑一下，說：「我吃不得油膩，你請客浪費了。」

梁先生說：「那好，我現在跟你說事情。這頓中飯留下來，以後補，如何？」

外公說：「自然。」

梁先生說：「我在東吳大學兼授一門政治學的課。家裡太太要生小孩，找個人照料不大容易，只有我自己招呼，實在忙不過來。想請人代一學期課，你老兄最合適不過。可是你近來身體欠安，卻不知閣下意思……」

外公說：「現下好得多了，謝謝關心。你在東吳用什麼課本？」

梁先生說：「美國蓋特耳的《政治學》。」

外公說：「我以前學過這本書，教起來應該沒有問題。不過，我要自己選定上課時間。」

梁先生聽外公答應代課，喜得抓耳撓腮，一口應承，說：「這個自然，自然。我今天便去跟東吳大學說明。他們請到這樣教授，一定高興死了，哪有不由你定上課時間的道理？」

外公問：「哪天開始代你的課？」

梁先生說：「那全在希聖兄的身體，我是隨便。哪天你能夠開始，便哪天開始。」

外公說：「一星期幾節課？」

梁先生說：「一星期只一節課。」

外公說：「那麼下個星期開始好了。」

梁先生說：「那太好了，我替太太感激希聖兄幫忙了。」

外公說：「不必客氣，教書也是我樂意做的事情。你明天把課本講義都帶來交給我準備。」

梁先生說：「一定。希聖兄去東吳大學教書，若能結識徐志摩先生，也算不枉一行。」

外公一驚，問：「徐志摩先生在東吳教書嗎？」

梁先生說：「不在。不過你一去東吳，自然要認識吳經熊先生，他跟徐志摩是要好朋友，一定會介紹你們認識。」外公聽說，欣喜異常，身體覺得更好了許多。

這樣，外公病剛好不久，便又開始奔波勞做。每日上午到編譯所上半天班，然後星期一下午，先到金神父路上海法政大學講親屬法，再到圓明園路東吳大學講政治學。兩校之間坐黃包車趕路，自是兩間大學分帳。星期四下午還是到上海大學講法學通論。其餘時間，下午都在家裡，編改安慶法政專科學校那份《親屬法大綱》。

十一月之後，外公身體復原五成，開始到編譯所上整日工，每天多上兩小時，積攢工時，用於一星期兩個下午，到三間大學兼課。改書稿的事，只有每天晚上熬夜做。十二月，《親屬法大綱》書稿終於完成，送到編譯所，王雲五看過，立刻出版。外公領到五百四十元稿費，還清所有債務，還剩二百多元，可以有錢過元旦春節。

扯下一九二七年新年日曆第一張的時候，外公落下淚來，說：「我們一家總算活過了一年。」

二十五

新年一月，商務印書館照例加薪，外公每月拿到一百二十元。這次，外公沒有像去年一樣興奮搬家。一場病，使他對都市人情，社會生活有了更進一層的體會。

不幾日，翼聖伯公突然到上海來。他身材魁梧，作土木建築工程師，整日野外勞作，更加體格健壯，滿面紅光，穿一身筆挺的西裝，相貌堂堂。媽媽在陶盛樓，常見伯公，但那時不足三歲，沒有多少記憶。這次見到，才發現伯公比外公高大得多。伯公下午四點鐘到了外公家，一進門就高聲叫：「冰如，快穿戴一下，我們出去吃飯。」他聲音很響亮。

外婆忙出來迎他，說：「翼聖大哥好，先請坐一坐，喝杯茶。希聖還在上班。」

伯公說：「車子在門外等，不能坐了，我們順路到書局接他一起去就好了。」

外婆聽這樣說，看看牆上掛鐘，一邊朝樓上跑，一邊叫：「琴丫，快換衣服。」

伯公在樓下堂屋裡踱步。外婆在樓上幫泰來舅祥來舅換好乾淨衣服，又幫媽媽把自己換好的衣服扯一扯平整，一起下樓，跟著伯公出了門。

伯公的小汽車停在門外等著。一家四口隨伯公上了車，到商務印書館去接外公。伯公坐在前面司機旁邊。外婆抱著祥來舅，和媽媽泰來舅三個坐後排座位。媽媽很興奮，在上海整天看見小汽車在街上跑，不知裡面什麼模樣，也不知坐車是什麼滋味，現在曉得了。汽車比黃包車快得多，從車窗看出去，街上的招牌往後閃，看都看不清。

外公還差十幾分鐘下班，聽門房進來傳話，打了工卡出來，抱起泰來舅，擠坐車後排座位。

翼聖伯公在湖北作水利工程，有了名氣。伯婆和鼎來舅也跟著離開陶盛樓，住到武漢去了。江蘇中部淮河下游，近來年年夏天發大水，江蘇省政府決定，請伯公來，幫忙勘測設計一個淮河治理規畫。所以伯公一個人來，估計一兩個月後就回武漢去。因爲是特聘的治水專家，伯公一到上海，江蘇省政府就派了汽車，供他個人使用。在上海住兩天後，便開車到蘇北去。

伯公作工程，走南闖北，走哪吃哪，所以很會吃。他以前也來過上海，很懂江浙吃法，專門開車到最熱鬧的靜安寺，卻不去國際飯店吃那些西洋餐，而到旁邊的這家滬江餐廳來。

伯公說：「要吃西餐，應該到歐洲去吃，在上海當然要吃江浙菜。」

一家六人坐好，點了一大桌：南肉春筍、無錫排骨（是外公自己點的，他不能吃太重的葷油，點個排骨最素）、翡翠蝦斗、八寶全魚、蘇州滷鴨、冬菇麵筋（是外婆要的一碟素菜）、豆腐羹作湯。媽媽比比劃劃要一個小瓷盅的湯，說了半天，外公才懂，是上次王雲五所長請吃飯時點的冬瓜盅。飯店夥計說，冬瓜盅是夏季時令菜，冬天做不容易，菜單上不列。客人要點，可以特別做，但是價格自然要高。伯公不在乎，點了一份。

媽媽跟外公在外面飯店吃過不少次飯，但是這樣豪華的去處，還是第一次來。地板都是紅漆的，走在上面嘎吱嘎吱響。房頂是一個一個塗金邊的方格子拼起來，橫樑雕著鳳，立柱畫著龍。有圓桌，有方桌，都鋪著雪白的桌布，摺縫筆挺。桌布上碟子筷子勺子都擺得直直，發著亮，能照見人臉。每個桌子邊都立了一圈用白手巾疊成的花朵，座椅都包了紅布。店夥計們都穿著筆挺的白制服，胸前銅鈕釦金光閃閃，每個人臉上都帶著笑。伯公和外公大大咧咧地坐著，恣情說笑。外婆顯得有點緊張，不知這種地方該怎麼應付，只好不斷擺弄泰來、祥來兩個舅舅，掩飾自己的慌張。媽媽拿著桌上擺的醬油瓶醋瓶看不停，那些瓶子形狀很奇怪。

伯公看到，便笑著說：「這些飯店在桌上的醬油瓶醋瓶上面很肯花錢，講究得很。我在廣州，去過一家餐館，坐下來，桌面上空空的，沒有醬油瓶、醋瓶、鹽瓶。問他們要，他們說店裡沒有。爲什麼？答說，他們店裡的大廚天下第一，做出的菜一定是標準口味。只要客人口味正常，一定覺得可口。如果客人說菜鹹，那麼是這客人口味淡。如果客人說淡，那麼是這客人口味重。反正錯的是客人的口味。廚子做的菜斷不能添鹽加醋。」

外公問：「結果怎樣？」

伯公說：「名不虛傳。我吃起來覺得不壞。可見我口味正常。」

外公笑了，說：「那廚子應該到醫院去開一處口味科，診斷各人口味標準，不用儀器，只需擺一桌酒席，便可診出病人的口味毛病。或者統一味覺，會有助於統一中國，也未可知。」

菜上來了。伯公舉起筷子，對夥計說：「能不能簡單講講貴店裡這些菜怎樣做法？」

夥計馬上笑著說：「當然，當然。先生一點菜就知是行家，本店都是地道江浙作法，一點不馬虎。這個南肉春筍作法不難，鹹肉切條，鮮筍滾刀，先用旺火煮，烹酒以後，移微火再煮十分鐘，淋雞油，鑲青菜，春筍爽嫩，南肉香糯，湯味鮮美。那個無錫排骨聽來沒有什麼特別，卻是眞正功夫菜，先要醃十二小時，燒也要近兩點鐘，色澤醬紅，肉質酥爛，味香濃郁，鹹中帶甜。小妹妹面前的翡翠蝦斗配一色綠，蛋白裹蝦，清炒淋油，青椒刻瓣，放進去，顛翻起鍋，香菇裝盤，色如翡翠，朵朵如花，清香爽口，鮮嫩柔軟。中邊那一盤八寶全魚，魚腹裡裝了火腿丁、蝦米、香菇丁、筍丁、雞脯丁、豌豆、蛋糕丁，香氣濃郁，原汁不走，肉質鮮嫩，湯清多味。小弟弟面前那盤蘇州滷鴨，紅豔光亮，皮肥肉嫩，吃起先甜後鹹，小骨嫩酥，鮮美可口。兩個素菜特意擺在太太面前，冬菇麵筋，菜色金黃，冬菇脆嫩，麵筋柔糯，味香清口。什錦豆腐羹，配料精細，豆腐細嫩，湯汁濃醇，鮮香味美。每人一碗冬瓜盅，瓷盅美觀，湯味鮮美。」

夥計一口氣說完，外公一家聽了，驚歎不已，目瞪口呆。伯公對那夥計笑了笑，誇獎說：「講得好，菜擺得也好！」邊說邊從口袋裡掏出一個硬幣，遞到那夥計手裡。

那夥計接過錢，一個勁點頭稱謝：「謝謝儂，謝謝儂。慢慢吃，慢慢吃。」後退著離開了。

伯公說：「上海人作跑堂，天下第一，能言會道，又會看眼色，比別地方人伶俐得多。」

外公說：「我看北京城裡的跑堂，比這裡人還會說，我們見識過。京油子、衛嘴子、保定府的狗腿子，論能言會道，還數北京天津兩地的人。」

伯公說：「那是講耍貧嘴，北京天津人厲害。上海人嘴頭兇，用在做生意上，不一樣。」

外公說：「那還不是看我們坐了汽車來，你穿著這身衣服請客，所以刻意招待。」

伯公說：「這種氣派的店裡，大概人都會客氣一些。阿貓阿狗反正也來不起。」

外公說：「還沒邁進門檻，就趕走了。上海人對穿破衣服的人很兇，我自己很有經驗。」

外婆聽了，狠點了幾次頭。

媽媽一直用手轉著冬瓜盅，現在趁機說：「這些盅比上次那些漂亮多了。」

伯公聽了，揮動筷子，說：「開動，開動，不要光講話。」他說著，動手給每個孩子小碟裡夾菜，又說，「這裡菜色香味，還都不壞。」

外婆簡直捨不得下筷去吃。看見伯公幾筷子把個八寶全魚戳得稀爛，從裡面夾出配料來，外婆心裡覺得不舒服。可是伯公把魚夾到外婆面前小碟裡，外婆又擋不住，只好道謝，而後小塊小塊放進嘴，果然好吃。

外公大病初癒，並不怎麼能吃，只是陪著，慢慢動筷子。他來吃飯，真正關心的是打聽武漢時局。伯公剛從武漢來，自有第一手消息。外公憋了半天，看大家都放鬆吃起來，忙偏過頭去問伯公。外婆看他們一眼，大聲招呼孩子們吃菜，喝湯，添飯，熱熱鬧鬧。

伯公外公兩人頭靠到一處，壓低聲音，交談起來。外公的胃口也覺得好多了，聽著伯公說話，一邊加大口裡吃的菜。

辛亥革命之後，孫中山並未能領導中國建立民主共和國家。袁世凱竊國稱帝，簽訂對日賣國二十一條，國人皆恨。袁賊死後，北洋軍閥內訌，中國一時五分四裂。段祺瑞皖系投靠日本，占北京並安徽山東浙江福建四省。馮國璋吳佩孚直系得英美支持，擁江蘇江西湖北河北中原地帶，與皖系對抗。張作霖奉系依附日本控制東北三省。這三大系軍閥之外，各地還有像山西閻錫山晉系，雲南貴州唐繼堯滇系，廣東廣西陸榮廷桂系等等軍閥，擁兵割據，連年戰事不休。孫中山在廣州任大元帥，十年間數次舉兵北伐，意在消除軍閥割據，統一中華。一九二四年在廣州專設黃埔軍校，命蔣介石為校長，培養國民軍力。可惜壯志未酬，孫先生於一九二五年三月在北京逝世。一九二六年六月，蔣介石繼承孫先生遺志，在黃埔軍校發誓言：「兩年之內克定武漢，三年之後統一中國」，而後再度揮師北伐，摧毀強敵，克復武漢，據有兩湖，直指江西，聲勢之盛，前所罕見。廣州國民政府隨即搬到武漢，武漢成了中國國民革命的中心。外公對武漢很嚮往。

第二天，伯公走了。外公下午下工回到家，家裡冰鍋冷灶，樓下根本沒有人。外公叫了幾聲，也沒人應。外公脫下棉袍，搓著兩手，走上樓梯，聽到哭聲。外公急忙幾步跨上樓，衝進臥房，看見外婆坐在床沿抱著泰來舅哭，媽媽坐在床上哭，祥來舅躺在床上也哭著。

「怎麼了？」外公慌忙上前，一把抱過泰來舅。

泰來舅渾身滾燙，臉上通紅，好像有些昏迷，閉著眼，呼吸也很微弱。

外婆擦著淚答：「不曉得。或許是昨天出外著了涼。從一早就不舒服，不肯起床。中午你回來，他也沒吃飯。你走了，我才知他發燒。」

外公又問：「怎麼回事？」

「已經發燒一天了，怎麼不抱他去醫院呢？」外公急了，大聲埋怨，抱著泰來舅朝樓下走。外婆急忙在床上拿棉被裹起祥來舅，抱起來跟著下樓。媽媽趕緊跳下床跟上，拉住外婆的手。

外公顧不上多說，到門口，把泰來舅交給外婆，自己三下兩下穿上棉袍，不繫鈕釦，把泰來舅抱到胸前，再將棉袍大襟把泰來舅一裹，用自己胸口暖著，衝出門去。

「等一等，等一等！」外婆一邊叫，一邊急急忙忙蹲下，幫媽媽穿上棉衣，自己也顧不上穿，順手拉了自己一件棉袍，抱著祥來舅，領著媽媽，跑出去。跑出巷口，剛好見外公叫住一部洋車，正抱著泰來舅邁上車。外婆急跑兩步，抱著祥來舅，拉著媽媽，跳上去。

車夫問：「你先生去哪裡？」

外公叫：「醫院，最近的一家醫院。要快！」

「不遠、不遠，幾步路。」說完，車夫拉起洋車，快跑起來。

外婆坐在車上，才有空把自己的棉衣穿起，又從懷裡掏出一塊錢準備付車錢。她不能從外公手裡抱過泰來舅。泰來舅沒有穿棉衣，裹在外公的懷裡。

真是不過幾步路，轉個彎就到了。外公抱著泰來舅跳下車，衝進醫院大門。外婆把手裡的一塊錢塞在車夫手裡，抱著祥來舅，拉著媽媽，跟著外公跑。

「急診，急診！」外公在走廊裡跑，一見到穿白衣服的人便問。然後順著那些人的手指，左轉右轉，到了急診室。護士們把泰來舅一抱，都嚇壞了，急忙抱進診室，跑著找醫生。外公外婆和媽媽才喘一口氣，坐在走廊上的椅子上。外婆抱著祥來舅，閉上眼睛，雙手合十，嘴裡無聲地嘟囔禱告。

醫生來了，戴著眼鏡，跑著，繫白衣鈕釦，護士在後面跟著。他們顧不上跟外公打招呼，一直跑進診室去。外公抱著頭坐著，不說話。聽見診室裡，泰來舅開始哭起來，越來聲越大。外婆眼還閉著，手還合著，嘴唇動得越來越快。媽媽坐在外婆身邊，一動不敢動。祥來舅看著外婆，不出聲。過了一會，醫生走出來。外公站起來，望著醫生。

「淋巴腺發炎，有些嚴重，腮下需要動手術。」醫生摘下眼鏡，揉著眼睛說。

「能動手術嗎？他才剛過三歲。」外公聽著診室裡泰來舅的哭聲，問醫生。

醫生說：「年齡沒有問題。最好快做。」

外公問：「今晚就能做嗎？」

「我看一下有沒有手術室。通常晚上不安排手術。」醫生說完，戴好眼鏡，走開去了。

護士把泰來舅從診室裡抱出來。他渾身包著白衣服，外面裹一條毯子。護士見外公伸手接，便把泰來舅交給外公，另一手把提著的泰來舅自己的小衣服遞給外婆。

泰來舅在護士手裡還大聲哭著，一到外公手裡，便不再大聲哭，只是猛烈地抽泣。泰來舅從懂事開始，就怕外公，在家裡不大說話，規規矩矩，力爭做個好孩子，讓外公滿意。

醫生來了，說可以馬上動手術。手術室已經準備好了。外公抱著泰來舅，跟著醫生朝手術室走。聽見開刀兩個字，泰來舅嚇得不顧一切，在外公懷裡哭喊起來：「爸爸，我要聽你的話，我要聽你的話。爸爸……」他一邊哭著，從外公肩膀上朝後望著外婆，張開兩手，要外婆抱。可是，外婆不能接，只是抹眼淚。

不管泰來舅怎樣哭鬧，外公把他送進了手術室。手術室門一關，便聽不到泰來舅哭聲。外公背著手踱步，外婆抱著祥來舅坐在椅上禱告。媽媽坐在外婆身邊，望著牆上的大掛鐘。

過了大約一個鐘頭，醫生走出來，摘下口罩，對外公外婆說：「手術很成功，你們可以回家了，明朝以後每天到醫院來換一次藥，直到傷口完全好了。我會寫處方給你們。」

護士把泰來舅抱出來，他還在痲醉裡昏睡。外公把他重新裹在棉袍大襟裡，在夜色裡走回家。外婆抱著祥來舅，領著媽媽跟在後面。

開刀之後，泰來舅不再發燒，除了脖子上裹著一圈紗布，其他也已正常。可是，外婆每天最難過的一刻，是帶泰來舅到醫院去換藥，去了好些天，開刀的傷口一直不收口，每次換藥，泰來舅會疼得發抖大叫。外婆不敢告訴外公。

「怎麼還是不好呢？」中午外公回家吃飯，坐下拿起筷子，看見泰來舅脖子上的紗布，皺著眉頭說，「我看得去問問醫生了。」

門外有摩托車響打斷了他的話。那摩托車一路進巷子來，停在外公家門口，然後聽見一個粗喉嚨喊：「陶希聖電報。」

外公在北京念書的時候接到過幾次電報，忙走出去簽字。外婆在屋裡站著，有些緊張。當時中國，電報很昂貴，平常人平常事，不大用。通常只有壞消息，像家人重病去世之類，才發電報。不知出了什麼事，要發電報來。媽媽和泰來舅蹦蹦跳跳跟著爸爸出門，他們第一次這麼近看一部眞正的摩托車。那騎摩托車的人穿著皮夾克、長筒靴、戴皮帽子，臉上架著一副大大的寬邊風鏡，好威風。外公接了電報，又從大門口天井地上拾起一疊信。信差每天來，從大門信口裡把信和其他郵件塞進來，落在天井地上。

外公一邊走進門，一邊打開電報封套。媽媽伸著兩個手，學著騎摩托車的樣子，跑進來，嘴裡「嘟嘟嘟」地叫著。泰來舅脖子上裹著紗布，也跟著跑，學著叫「嘟嘟嘟」的聲音。

「陶希聖電報。」媽媽揚著一個手叫。

「陶，陶，報。」泰來舅學著叫。祥來舅安安靜靜坐在桌邊，看媽媽和泰來舅跑。

「好了，好了，莫吵，看看是麼消息。」外婆擺擺手，對媽媽說，一邊抱起泰來舅，放回到飯桌邊的椅子上。外婆自己的眼睛一直盯著外公看。

外公站在門邊，把電報看了一次，翻過來看看封面，又掉過去，再看一遍。

「麼事？」外婆問。

「簡直不可能！」外公還在看著電報，自語道。

「麼事？」外婆又問。

外公抬頭，看著外婆，說：「武漢中央軍校請我去作政治教官。我要穿軍服，配戰刀了。」

外婆問：「你說麼什？我們要回武漢麼？」

外公說：「對，對，這是我多年的夢想。」

外婆說：「麼什夢？去當兵麼？」

外公說：「我不是去當兵。我去當官，中校教官。」外公站直身子，挺起胸，舉手把頭髮壓一壓，問外婆：「你看我有沒有點教官的氣派？」

外婆噗哧笑起來，用手捂住嘴。

外公拿手在左邊腰裡一拍，說：「這裡還要跨一把明晃晃的指揮刀。頭上戴的是大殼帽，上面有軍徽。哈，過幾年，說不定我就作將軍了。」

外婆說：「吃飯吧，飯都涼了。作將軍也要吃飯。」

外公坐下來，一邊繼續吃飯，一邊說：「辛亥革命武昌起義時候，翼聖大哥十五歲，正在武昌，便參加了國民義軍。回陶盛樓，一色藍布軍裝，左襟上掛一塊白布標誌，上面寫藍色文字，是隊伍番號。大哥走來走去，神氣十足，說話大喊大叫，當兵都是那樣子。我看了羨慕得要死，可是年紀不夠，無論如何參不了軍，氣得要命。」

外婆問：「我們眞的去麼？」

外公說：「當然，這是我們的機會，逃出上海。」

外婆說：「什麼時候？」

外公說：「越快越好。要不，上海警察會找我們麻煩。」

外婆問：「還是因爲書局的官司麼？」

外公說：「不是。武漢現在是國民革命總司令部，到武漢去就是參加國民革命。國民革命就是打倒地方軍閥。上海五省聯軍司令孫傳芳就是一個地方軍閥，所以不准上海人去武漢。」

外婆打斷外公的話，招呼媽媽說：「你吃完了吧，放下碗，上樓去畫你的圖吧！」

媽媽說：「我要畫騎摩托車的人。」

「我也要！」泰來舅學著說。

「好的，都去，畫吧！琴丫照看著泰丫，聽到麼？」外婆打發媽媽和泰來舅走了，再回過頭來對外公說，「你不要讓丫們聽見，出去亂講。」

外公說：「對，我們要保密，你對琴丫講，不可以對別人說我們要搬走。」

外婆問：「你說武漢跟上海要打仗麼？」

外公說：「現在還不大會，不過早晚要打。」

外婆問：「爲麼什打仗？」

外公說：「上海都是洋人，官僚資本家，孫傳芳軍閥政權，北伐軍一定要打過來，是蔣介石校長親自指揮的北伐軍來打上海，一定勢如破竹。」

外婆問：「北伐以後怎樣？」

外公說：「工農翻身，當家作主人。」

外婆問：「作誰的主？」

外公說：「作自己的主人。工農要掌握中國的政權，坐天下。」

外婆問：「工農會坐天下麼？誰作皇帝呢？」

外公說：「工農政權沒有皇帝。工農代表管理國家，代表大家選。以後所有的政府官員都是人民選舉，都是爲工農大衆做事的，不可以騎在人民頭上作威作福了。」

外婆問：「你的官誰選的？」

外公頓了一頓，說：「現在是戰爭時期，非常時期，軍隊可以上司任命。」

外婆問：「你的上司是哪個？」

「周佛海和惲代英。都是熟人，就是他們發信邀請我去作教官。」外公一邊說，一邊又隨手拆開剛從天井地上拾回的信。看過幾封，突然又叫：「不好！」

二十六

「姆媽，你愛爸爸嗎？」

一九三九年十二月二十六日夜裡，媽媽偷偷跑到樓梯上，聽樓下外公外婆談話，被外婆發現，挨了一頓罵，躺回床上以後，反摟住外婆的脖子問這句話。媽媽十八歲了。

像大多中國母親一樣，外婆自然絕不回答媽媽這個問題。但是媽媽從外婆滾燙的臉上得出了結論。媽媽相信，雖然外公外婆是父母之命結婚，但是他們兩人患難與共，同喜同哀，成就了一對恩愛夫妻。前些年，外公在上海南京北京各大學作教授，領導社會史論戰，成了社會名流。許多文人，到那樣地位，便把鄉下小腳女人拋掉，另結新歡。可是，外公不僅從未流露過對外婆有絲毫不滿意，在家而且對外婆相敬如賓。媽媽暗裡希望，日後也能找個外公一樣的如意郎君，朝夕相處，耳鬢廝磨，兩情相悅，白頭到老。

外婆拍了媽媽一記，假裝生氣，罵一句：「老老實實睡覺。你再敢起來，小心你的皮。」

媽媽躲在被窩裡，笑著，點點頭。外婆關了電燈，拉緊房門，走了。

外公在家裡一連睡了三天，大門不出，二門不邁，電話不接，來人不見，說是實在病得不輕。外婆不離左右，日夜服侍，媽媽在一邊總是笑瞇瞇地望著外婆忙。外婆心裡明白，有意無意瞪媽媽兩眼，或者乾脆找岔子罵媽媽兩句。媽媽不理會，心知外婆罵她的用意，更笑起來。外婆只有搖頭，不再罵了。

女兒大了，十八歲了，虛歲就是十九歲，開始懂得人事，心裡不免會生出些花樣月樣的夢，所以會問出那些沒輕沒重的問題來。外婆正是十九歲那年，坐花轎抬進陶家大門。外婆忽然發覺，她要開始看管媽媽這檔大事了。娘兒兩個幾天裡，這樣相互琢磨，更覺親近許多。刀口上的時日也好像輕鬆了些許。看看一九三九年最後一天就到了。

借著放年假，兩天以前，外婆便打發每日早來晚走的廚師傭人各回各家團圓去了。外婆和媽媽兩個做家裡的一切事情，洗衣、做飯、買菜、掃院。屋裡沒有了外人，大大小小都覺得自由輕鬆。恆生三舅趁外婆不見，在客廳地板上打滾。晉生四舅見了，也跟著學，滾幾圈。

十二月二十九日汪精衛先生派愚園路兩個醫生，一高一低，一胖一瘦，來家給外公診病，忙了半天，都說不出個所以然。外公體溫正常，喉不紅舌不腫，但是心律不齊，呼吸急促，四肢無力，頭昏腦脹。兩個醫生都開不出藥，商量半天，想是勞累過度，憂慮成疾，神經受損，只有囑咐臥床休息，不可急躁，三五日裡不見好轉，需去醫院，作心電圖腦電圖胸鏡胃鏡X光等全面檢查。汪先生和愚園路的要人們聽了兩個醫生的診斷報告，也只好不再強逼外公去愚園路開會。十二月三十日汪方與日方簽署密約，外公沒有到場，沒有在那些條約上簽下自己的名字。

陽曆一月一日元旦，外公不得不起身出門，到愚園路去，抱病沿家拜年。他坐七十六號派的車，兩邊車門外各站一個李士群派的保鑣，一手扶車門，一手提槍，殺氣騰騰，哪裡有一點過年的喜慶樣子！外公吃過早飯走的，大概十點多鐘，在愚園路一直磨到下午四點多鐘才回到家。外公一走進門，大衣未脫，便坐倒在客廳門邊的一個沙發上，右手提的一個紙袋掉落地板上，鏗噹一聲，不知裡面是什麼。

外婆從廚房裡走出來，問：「吃過中飯沒有？」

外公說：「在周佛海家吃過了。」

外婆看他臉色發白，驚魂未定，就打發泰來舅幾個上樓去玩，只留媽媽在樓下招呼。媽媽也不敢說話，幫助外公脫掉身上的大衣，掛到壁櫥裡，回轉過身，坐在一側椅上，等外公吩咐。

外公坐在沙發裡，一動不動，過了約莫一個鐘頭，一聲不吭。外婆在廚房給外公泡了茶，端出來放在沙發邊的茶几上，過一陣，見外公不喝，茶冷了，便又端去廚房，倒掉冷茶，重添熱水，再端出來。這樣出來進去幾次，外婆只是察看外公面容，並不說話，讓外公想自己的心事。

媽媽坐在一邊，目不轉睛盯著外公。外公生性沉穩，熟慮深思，雖內懷激情，通常喜怒不形於色。但是此刻，依稀可見他面色忽而發紅、忽而發白、忽而發青。眼睛雖然瞇縫著，卻也可感眼神忽而亮、忽而暗、忽而喜、忽而哀。嘴角緊閉，忽而上、忽而下，忽而可感牙關死咬，腮邊一跳一跳。他心中不知是怎樣地激蕩，如雷霆萬鈞，似狂浪濤天。媽媽看著，自己心裡也好像隨著外公的感受，翻上倒下，或喜或憂，酸甜苦辣，渾作一片，胸口一陣陣痛楚難忍。她只求能夠替外公分擔這苦痛，共冒這生死。如果她能夠，她一定去做。如果她能略微勸說，解脫外公的苦惱，她會絞盡腦汁。可是她知道她做不到，所以也不敢開口打擾外公。

天色暗下來，電燈打開，飯菜擺上桌，外婆擺好桌子，一家人坐下，準備開飯。媽媽輕輕走到外公跟前，叫：「爸爸，吃晚飯。」外公好像沒有聽見。

外婆一邊擺弄范生舅，一邊不耐煩起來，大聲說：「一家人都陪你挨餓麼？過來吃飯。」

外公這才說：「你們吃吧，我不想……」

外婆把筷子往桌上一拍，站起身，聲色俱厲地說：「大不了是個死！我們一家早已從死裡逃過幾次了。大大小小，幾個丫都在面前，你這樣哀聲嘆氣，愁死餓死，給他們作榜樣麼？」

這一說，外公猛地一驚，抬起頭，望著一桌大小。他想起，他一生使命乃是要保衛自己的兒女，讓兒女永遠不必再重複他們曾經歷過的苦難。不論他是否能做得到，他一定得拚盡性命去努力。千難萬險，他不能就這麼倒下，他要向前邁過去。

「好，好，今天元旦，我們一家團圓吃飯。」外公說著，坐到飯桌邊，抓起筷子問晉生舅，「你要什麼，爸爸給你揀，一片粉蒸肉，一筷髮菜，好不好？姆媽做的冬菇髮菜最好吃。」

媽媽端著碗，拿眼睛從碗邊望出去，看見外公強作笑容，給舅舅們揀菜，自己一口都沒有吃。外婆眼睛裡淚汪汪的，在范生舅面前的桌上，撿起掉落的飯米粒。泰來舅照例在飯桌上不大講話，埋頭吃飯。恆生舅幾次像要開口，都被媽媽在桌下用筷子戳戳腿止住了。於是，恆生舅嘟個嘴，悶聲吃飯，不再抬頭。一家人元旦晚飯在靜悄悄中進行，在靜悄悄中結束。

「你們吃完了，去吧！」聽見外婆這一句話，幾個舅舅都解放了一樣，急急忙忙跑回樓上各自屋裡。泰來舅靠在床上看書，恆生舅趴在桌前裝礦石收音機，晉生舅蹲在地板上搭積木，范生舅在椅子上觀察瓶子裡自己捉的小蟲子。

媽媽在樓下幫外婆收飯桌。都是外婆拿手菜，一盆粉蒸肉、一碟冬菇髮菜、一盤木耳豬肝、一碗炒豆絲，平時這四樣菜一上桌，轉眼就吃完了，今天四樣菜每樣都剩了許多。平時飯後一定鍋底朝天的豬肚湯，今天也剩了一半。外公面前一碗米飯還是滿滿的，根本沒動。

外婆對媽媽說：「飯倒回鍋裡去，菜留在桌上，扣上碗暖著，等會子他又要吃了。」

外公仍坐在桌邊，手裡仍捏著他的筷子，忽然說：「我一定逃不脫，字非簽不可。」

「瞎講！」外婆洗著碗，頭也不回，毫無猶豫地說。

外公說：「我到汪府，一進門，才坐下，陳璧君就要我馬上補簽密約。我對她說，我是抱病拜年而已，這幾日頭痛得很，連筆也拿不住，最好現在不看文件，不談公務。那女人一意不肯答應，非逼我簽字。幸虧這時汪先生走下樓來，聽到了便說，此刻不必勉強，過幾日等病癒再補不妨。這樣算是救了我，否則我今天就回不來家了。要麼簽字，做千古罪人，無顏再見家中妻女。要麼不簽，當場自盡了結。」

外婆說：「少說倒運話！汪先生給了你幾日，你便設法走掉了，何必這般垂頭喪氣！」

外公彷彿沒有聽到，繼續說：「汪先生說我面色蒼白，病似不輕，問長問短，甚是關懷。」

外婆回頭看了外公一眼，大聲說：「怎樣，你又捨不得他了？」

外公說：「人是好人哪，可惜……」

「你只管你自己不昧良心就是！幾個兒女還有幾十年日子在前頭。」外婆收拾好鍋碗，一邊說，「琴薰，去招呼丫們睡覺。」

媽媽說：「我不去，我要陪爸爸。」

外婆看了媽媽一眼，只好說：「我去。爐子還沒有封，爸爸要吃的時候，飯菜放回鍋裡熱一熱。先熱菜，湯最後熱。」

媽媽答應：「我會，姆媽。」

外婆在圍裙上擦乾了手，脫掉圍裙，拍著衣襟，走上樓去，招呼舅舅們刷牙洗臉換衣，眼看著大的一個一個躺進被窩，然後坐在床邊，給兩個年小的舅舅講故事。

牆上掛鐘滴滴答答地走，將近九點鐘了。樓上已經安安靜靜，舅舅們都睡了。外婆還沒有下來，大概范生舅又有什麼麻煩，外婆只好陪著他。樓下，外公和媽媽坐在飯桌邊上。每次都這樣，外公心裡最難過的時候，總是媽媽陪著他。

「爸爸，你冷嗎？」媽媽似乎看見外公微微打了個抖，輕輕地問。外公搖搖頭。

媽媽挪挪自己坐的椅子，挨到外公身邊，把頭靠到外公肩上。外公伸出一條臂，摟住媽媽。

「姆媽還不下來。」外公忽然說。

媽媽問：「你要姆媽來嗎？」

外公說：「有姆媽在跟前，會覺得安全。是不是？」媽媽沒有說話，聽著外公的呼吸。外公接著說：「姆媽一輩子不容易。這個家沒有爸爸可以，沒有姆媽就不行。以後，要聽姆媽的話。」

媽媽忽然抬起頭，望著外公，問：「爸爸，你愛姆媽麼？」

「什麼？」外公像沒有聽懂。媽媽重複自己的問題：「你愛姆媽麼？」

外公沒有答話，轉頭看著媽媽。他好像忽然才真的看到，女兒十八歲了，大人了，要有愛和感情生活了，所以開始觀察父母之間的關係了。外公回轉頭，靜默了許久。媽媽也不敢再問，重新把頭靠在外公肩上，感覺外公胸膛的起伏。

外公說：「沒有這個家，沒有姆媽，我早就沒有這條性命了！」這是外公對媽媽的回答，又說：「她是一個鄉下女人，心裡倔強，從不訴苦。她愛得狠，肯犧牲。她是一個母親。」

媽媽心裡有一種異樣的感覺。在她十八年生命中，有過窮困歲月，也有過富足時光。一家人好像習慣了在一起，從來沒有想過，外婆怎麼會總是這樣跟著外公，貧賤不移。也沒有想過，外公怎麼會總是這樣帶著外婆，富貴不棄。生活好像不會是另一種樣子，誰也沒有談論過道義和感情。外公總在外面忙忙碌碌，外婆總在家裡洗衣燒飯。誰曉得，外公對外婆如此深情。

外公又說：「琴薰，也許這是爸爸今生最後一次跟你單獨講話，所以對你說這些。你今後跟著姆媽，還有幾十年。姆媽會好好照料你們，聽她的話，你們長大，要作正直高尚的人。」

「爸爸。」媽媽輕聲叫著，流下眼淚來，落在外公的肩上。

外公接著說：「琴薰，你是最大的一個丫，你是個好孩子，會幫助姆媽照料弟弟們。你作榜樣，弟弟們才會好好念書，長大成器。爸爸不能保衛你們了，你們要自己保衛自己。」

媽媽說：「爸爸，我們生在一起生，死在一起死。」

外公說：「不，爸爸可以死，你們不可以年紀輕輕就死。爸爸死，也是要用死來換你們不死。你們以後有好日子在前頭，好日子多著呢！」媽媽說不出話，只是流淚。

又過了一陣，外公忽然小聲說：「琴薰，你去我椅邊把那紙袋拿來。」

媽媽擦乾眼淚，站起身走過去，把門口地板上的紙袋拿到桌邊，遞給外公。外公伸手從袋裡取出一瓶葡萄酒。媽媽大吃一驚，說：「爸爸，你買了酒來？」

外公說：「不是買的。汪先生送的。我兩手空空去，他卻送了我禮。」

媽媽說：「爸爸，你從來不喝酒。」

「一直聽說酒能澆愁，今天想喝一點。」外公說著，打開酒瓶蓋。

媽媽說：「可是，爸爸，借酒澆愁愁更愁。」

外公說：「給我拿個杯子來。」媽媽只好不作聲，到灶間櫃中取了個玻璃杯，放到外公面前，看著外公把酒倒進杯中。那酒紅色略帶褐，像鮮血一樣。

樓上外婆叫：「琴薰，睡覺了。」

媽媽應：「來了！」

外公擺擺手：「去吧，琴薰。」

媽媽站起身，說：「爸爸，你不要喝太多，會喝醉的。」

「莫管我。離開上海，離開……我心裡實在很難過。」外公說，端起酒杯。

樓上外婆又叫一聲：「琴薰。」

外公說：「你去睡吧！」

媽媽默默地走上樓，刷牙洗臉洗腳。媽媽以為外婆見到外公喝酒，會罵。側耳聽，卻無聲息。媽媽換好睡衣，又踮著腳尖走到樓梯口坐到樓梯上，彎腰朝下張望。

外公外婆面對面，坐在飯桌邊。外婆兩手支在桌上，望著外公。外公一臂彎在桌面，枕著頭，身子搖搖晃晃，略微抽動，好像在哭。媽媽記得看見過外公三次流淚。第一次是在北平，蘆溝橋事變，外公一人離開北平到廬山牯嶺開會之前。第二次是兩個月前在香港，外公決定要來上海之時。眼下這次是痛哭，比前兩次都更猛烈，酒伴著淚，淚伴著酒，酸甜苦辣，燒心燎肺。媽媽看著，自己的眼淚也默默地流下來，浸溼了胸襟。

外公走得脫嗎？一家人都能走得脫嗎？這眞是最後的死別了嗎？

電話突然響起來。一月一日，深更半夜，誰會打電話來？總是凶多吉少。

二十七

外公在上海商務書局作編輯，那一日中午回家吃中飯，接到一份電報，是武漢中央軍政學校的聘書，便得意洋洋，高高興興，準備帶領全家離開上海，去武漢參加國民革命。正說笑間，外公拆開另外一封信，看罷大叫：「不好！」

外婆忙問：「麼什？」

外公說：「上海法院要我去走一趟。不去！我們明天就走。」

外婆問：「我們的東西呢？」

外公說：「現在就收拾，我下午不去書局了。」

外婆說：「那麼你這兩個禮拜的薪水呢？不領了麼？」

外公說：「不領了。」

外婆說：「我們要出門，要錢，怎麼可以不領了？我在家收拾東西，你到書局去，算一算你做的鐘點，把薪水先領出來，我們再走。」

外公左右一看，兩手一擺，笑笑說，「其實我們有多少東西要收拾呢？把能帶的都帶上，也不過兩隻箱子。」

外婆問：「你去一趟書局，也要說一聲才能走。」

外公想了想，說：「那倒是要說一聲，不可以不辭而別。好吧，我現在去一趟，預支我的薪水，拿到就回來。我不想見到王雲五先生，給他留一封信，告訴他家裡出了急事，要趕回湖北老家去幾天，事辦完了，即刻回來再上班。」

外婆說：「你快些去，快些回。」

外公說：「其他幾所大學，我只好今晚寫信去辭行了。」

外婆說：「從書局回來，就去十六鋪碼頭買船票。」

外公說：「船票我們明天走時，在碼頭上買就可以。我走了。」

於是，一九二七年一月，外公帶著全家，坐了江輪，西上武漢。輪船上，每個小房艙的門板背後都掛著一個大鏡框，裡面張貼一張布告，是由駐紮上海的五省聯軍總司令孫傳芳簽署的命令：**查緝奸細，鎮壓叛亂，嚴禁投敵**。

外公一家大小進了艙，馬上緊鎖艙門。小孩子一概不准出艙，那一個小小的圓窗，便是媽媽和泰來舅瞭望外面世界的地方。祥來舅年紀尚小，只能躺在外婆鋪位上。

三年前外公外婆媽媽泰來舅四人，從老家到上海來的時候，坐的是統艙，票價低，只四元五角一人，連票價給茶房七元，就可以坐統艙而吃房艙飯。統艙飯一人一份，自己坐在鋪位上吃，只有米飯，沒有肉菜。房艙飯可以坐在桌邊吃，有米有菜，不過桌子還是擺在統艙裡，並不能上到房艙上去。現在從上海回武漢，一家人有錢可以坐房艙，可以到房艙餐廳，坐在桌邊，吃房艙飯。可是外公卻又不許，每次吃飯，只有外婆一人到餐廳，買回飯菜，大小五人在艙裡，坐在鋪位上吃，就像吃統艙飯。不過有飯有菜，肉菜也比統艙裡的房艙飯多許多。

上海開船之後，查過兩次票，也有士兵舉了槍，檢查身分證，一概都由外婆應付。外婆說一口湖北話，一身鄉下婦人打扮，都以爲是在上海作傭人的，回湖北老家，沒有人懷疑。

船外是噗通噗通的水聲，媽媽和泰來舅趴在小圓窗上張望。外公躺在鋪位上，望著天花板。外婆坐在另一個鋪位上縫衣服，祥來舅靜靜地睡覺，誰也不說話。

過了大半日，忽然有人敲敲門。不是吃飯時間，票也是一個鐘頭前才查過，怎麼此刻會有人找上門來？外公外婆跳起來，站在艙房中間，不知該如何辦法。

門本鎖著，居然有人從外面能開鎖，然後輕輕推開，一個船員探頭進來，看見外公外婆，微微一笑，說：「對不住，打擾。」說著走進來，手裡提了一大串鑰匙，轉身舉臂，把掛在艙門板上的那個鏡框翻過去。誰料那鏡框背後，也貼了一張布告，是國民革命軍總司令蔣介石簽署的命令：**保護行旅安全，歡迎參加北伐**。

「前面就到安慶了。」這船員轉頭，對外公外婆說了一聲，便轉身出去。

外公馬上衝過去，打開艙門，探頭張望。左右前後，各艙裡的人都跑出來，在走道裡奔跑。許多年輕人，成群結夥，說說笑笑，衝上甲板，唱歌跳舞。他們都是到武漢去參加北伐軍的。

外公大開艙門，招招手，對媽媽和泰來舅說：「好了，到了安慶，便出了孫傳芳的轄區，我們出去，上甲板去玩。」媽媽和泰來舅歡呼一聲，搶在外公前面衝出去。

「莫跑丟了！」外婆急忙在後面叫。

外公說：「你也去透透風吧！順便照看丫們。」

外婆走去把祥來舅從床上抱起，穿好棉襖棉褲棉鞋，戴上一頂棉帽，然後外面包了一條毛毯，拉拉緊，這才轉身，對外公說：「我們走吧！丫們莫跑丟了。」

上了甲板，外婆找到媽媽和泰來舅，扯著喉嚨喊過來。身後身邊，一群群年輕人大說大笑，過來過去。祥來舅在外婆懷裡，瞪著眼看天。媽媽和泰來舅，靠著欄杆向岸邊上張望。

外婆從自己衣服口袋裡扯出兩副毛線手套，遞給媽媽和泰來舅，說：「自己戴好，一月天氣，冷。」媽媽和泰來舅老老實實戴好手套。他們手扶著船欄杆，也確實冷。

外公伸手指給他們看，說：「你們看，那就是安慶，看到那個鐵塔沒有？那是迎江塔，像一隻帆船頭上的桅桿。四年以前，我在那裡的法政專科教書，教了一年。這樣遠遠看過去，那裡好像沒有什麼變化，一切還是老樣子。那些靠碼頭的輪船，看見嗎？那是招商局的輪船，安慶只有招商局的輪船可以靠碼頭。看見那邊幾條船嗎？那是怡和、太古和日清公司的輪船，都只能在江中停泊，上下客貨要用駁船運過去，才能上岸。」

外婆問：「在學校教書和在書館作編輯，那樣好些？」

外公說：「那要看在哪裡教書，在哪裡作編輯。若在北京大學教書，那當然最好。若在安慶教書，就不如在商務書局作編輯。」

外婆說：「你在安慶教書時候，薪水比在書館多。」

外公說：「我原想大學剛畢業能有四五十元就不錯。安慶給我月薪一百三十元，實在出乎意外，不平常。不過，我在安慶，從沒有打算長做。現在想想，只有兩件事還記得。」

媽媽聽見外公要講故事，很高興，連聲喊：「爸爸講，爸爸講！」

外公說：「學期完了，大考之前，學生們總要求教員們先出題，或者劃定考試範圍。那天我一進教室，學生們就提出這個要求。我說，先上課，下課時劃範圍。學生們老老實實上完課。下課的時候，我翻開講義，宣布：緒論不考。然後，第五頁到第十二頁要考。第十四頁到第二十六頁要考。第二十八頁到第四十頁要考。一直說下去。學生們跟著我在講義上打記號。我說完走出教室，到休息室坐著，等學生們來找。要是他們到宿舍找到我，會把我的鋪蓋行李丟出去。安慶學生慣會抄教員宿舍。學生們果然到休息室來了，他們對著書一查，發現我劃的範圍，一百六十頁講義，要考一百四十頁，等於沒劃範圍，他們要我重劃。我說：我不是賣菜的，不講斤兩講價錢。他們說：你們北京大學考試也劃範圍。我說，北京大學先生有的劃，有的不劃。劃範圍的課我都沒學好，不劃的課我都學好了。我上學的時候，罵不劃範圍的老師，出了學校罵劃範圍的老師。學生問：你現在要怎樣？我說：我寧可你們現在罵我一頓，不要你們出了學校罵我一輩子。學生們走了，事情沒完。考試前一天，教務長找我說：學生宣布要罷你陶先生的考。你最好現在給他們題目去準備。我說：他們明天不會不考。第一，他們是畢業班，罷了考，下學期還要回來重念，不值得。第二，明天省裡高等檢查官來監考，罷考丟面子。教務長把我的話轉給學生們，風波才算完。第二天學生們都按時來考試。」

外婆撇著嘴說：「作教員的，欺負學生，算麼本事。」

外公很認眞地說：「安徽的學生可不得了，不能小看，動不動就罷課。讓學生罷課容易，讓他們復課可不容易。但是我做到過一次。」

外婆低頭，把泰來舅的帽子拉一拉，說：「你那些故事，沒有人要聽。」

外公不理，自顧自講：「安徽教育界很混亂。老師們爲薪水，常跟省教育廳發生衝突。我在安慶只一年，就碰上一次。老師們找省長交涉，不歡而散，大打出手。老師回校便鼓動學生罷課。我聯合幾個不想罷課的老師，召集學生開大會。我問：昨天省裡開會打架，誰跑得最快？學生們看著我，不知怎樣回答。我說：我逃跑得最快。學生們笑起來。我說，我要趕緊回來捲行李回湖北。你們安徽教育界太亂，教員派系之間自己會內鬨。學生是一期一期的，教員是一年一年的，可是學校是永久的。老師爲薪水要學生罷課，學生罷課，誰受損失？老師不受損失，學校遭損失。老師怎麼對得起學生，學生怎麼對得起學校？你們安徽教員，在一條船裡自己打，翻了船大家一道死。我行李已經打好，今晚就回湖北，不要跟安徽教員們一道淹死。你們學生何必跟著教員派系去罷課。學生們說，全省都要罷。我們不能一個學校復課，對不起別的學校。我說：全省只我們一間法政學校，一直是安徽學校的領袖。如果我們要復課，星期一復，今天決定，明天是週末，各位分頭通知別的學校，大家星期一一起復課。學生們商量一陣，表決通過復課。能鼓動學生復課，是我平生得意之作。」

外婆說：「你在安慶教書，全是些師生鬥氣的事，難怪你要離開。」

外公說：「哪裡，在安慶的第二學期，實在很愉快。法政專科在百子亭，是座公園，雖無奇花異草，卻也林泉清朗。每日晚飯之後，將近黃昏，與曾伯猷散步談天，很是愜意。」

泰來舅聽這些故事覺得沒意思，吵著要看船。媽媽雖然只有五歲半，可她從小聽外公講大人話，講大人故事，聽懂聽不懂，她愛聽。她覺得外公總有許多話，她一聽就能記住不忘。

「去吧，琴丫，帶泰丫到處跑跑看看，莫像個小大人一樣，整天聽你爸爸講這些事。」外婆對媽媽說，推媽媽帶上泰來舅跑開去。姐弟倆笑著，叫著，在人群裡鑽出鑽進，急急忙忙。

外婆看了一陣，又轉過頭對外公說，「沒想到，你在安慶也還有個朋友。」

外公得意地說：「當然有朋友，不只一個。法政專科朋友有曾伯猷、馮若飛、胡家榮。一中教員有易君左、郁達夫幾個。我們這一群，常去迎江樓菜館或者大觀亭聚會。至今記得他們幾個人的名字模樣。」

「琴丫，慢跑，泰丫會跌倒。不聽話，就回艙房去了。」外婆聽外公說著話，眼卻是看著媽媽和泰來舅，兩個跑近時，便囑咐幾聲。

外公又說：「那郁達夫最有趣。我們一班人，都沒有帶家眷，只有郁達夫帶了太太。他對那鄉下女人很是親愛。星期天上午他出門訪友，一定在十二點結束。我們在迎江樓聚餐都是十二點半。他十二點要趕回家一趟，再來聚餐。平日哪一天他要約會，也一定在十二點半。十二點下課之後，還可以回家一趟。安慶是個山城，雖有人力車，大家都不坐。郁達夫走路很快，只要有十分鐘十五分鐘，他一定旋風一樣，回家去看看太太。確是文學家，這等情濃似海。」

外婆聽了笑起來。

外公說：「他們現在不知如何？是否仍然相親相愛。他現在很有些名氣了。」

外婆說：「如果當年那樣要好，當然還是一樣。」

外公說：「不一定。我看郁達夫那樣的文學家，感情不容易穩定。他寫的小說，常寫人在性生活上的苦悶和墮落，寫得那般細緻深入，不由人不以爲那是他自己的情緒。」

外婆忽然轉話題：「莫去管人家的事。你不想作書局，又想去教書了麼？」

外公說：「不是，我說過，我要去參加中國大革命。辛亥起義的時候，大哥在武漢，穿軍裝，扛洋槍，我沒趕上。這次我要穿軍服，掛軍刀。」

「打仗，有什麼好！」外婆說著，叫起來，「琴丫，琴丫，莫跑太快，莫落下水去。」

媽媽答應著，又跑開了。泰來舅跟著跑，搖著手喊叫。

外公說：「你曉得孫中山這個人。中山先生創建了中國國民黨，中國國民黨領導推翻了滿清朝廷，建立了中華民國。孫先生作了中國五千年來第一任大總統，他死了以後，他的兩個助手接管國民黨，一個是蔣介石，一個是汪精衛。」

外婆總結說：「說來說去，不過是三個人的事。」

外公說：「國民黨現在領導北伐，消滅地方軍閥，統一中國。北伐軍大本營在廣東，湖南湖北都是北伐軍占領。現在武漢是北伐軍總司令部，這或許是中國幾千年歷史上最後一次最偉大的革命了。成功之後，中國從此統一，民主制度從此建立，中國從此國富民強，長治久安。我要在革命中建功立業，這是最好的，也可能是最後一次機會。我怎麼肯錯過？」

外婆說：「你槍沒放過一聲，刀沒舉過一次，到軍隊裡去沒事做。」

「我作教官。」外公停了一下，仰起臉，瞇著眼，望著西墜的太陽，慢慢地說：「我北京大學畢業，研讀中國社會、歷史、政治，也研讀西方法律。在上海小試身手，已屬不凡。此一去，全是我的天下，鵬程何止萬里。」

外婆問：「作教官不打仗麼？」

外公回答：「我想不會。要打，也沒什麼可怕。當兵打仗，受傷掛彩，才是英雄。」

外婆說：「莫嚇人！手無縛雞之力，還誇口要打仗掛彩。」

外公有點陶醉，笑說：「哈哈，羽扇綸巾，先定三分天下。」

外婆忽然皺皺眉，問：「我們住武漢，還是回陶盛樓？」

「不曉得。」外公想了想，說，「我想，北伐尚未成功，大軍還會北進。」

外婆問：「你跟他們去麼？」

「我在軍校任教，軍校通常都不在前線。不過，身爲軍人，自然要服從命令。……誰曉得，也許並不那麼簡單。」外公說著，聲音有點不安似的，「現在國民黨和共產黨組成聯合陣線。我此一去，也要親眼看一看，二者怎麼聯合。信仰不同，恐怕難免貌合神離。」

外婆問：「你在哪個黨？」

「我？現在不曉得。」外公一笑，說，「也許，君子不黨。」

太陽完全落下，馬上覺得有涼意。江上的風好像也大起來，吹得人頭髮直立。甲板上的人，三三兩兩，慢慢離開。外婆叫住媽媽和泰來舅，五人一起走回艙房去。

這餐晚飯，幾個人都一起大模大樣，走到餐廳裡，坐在桌邊，說說笑笑地吃。然後外公又喝了一杯茶，大家隔窗看了江邊兩岸日落的美景之後，才回艙房，到各自鋪位上休息。外公半靠著看書，外婆坐著縫補，媽媽趴著畫圖，泰來舅躺著自說自話。祥來舅是一吃過晚飯，就睡覺了。

外公忽然放下手裡的書，說：「我來講個笑話你們聽。」

媽媽和泰來舅馬上歡呼著，跳起來，鑽到外公的鋪位上，擠成一團，圍在外公懷裡。外婆抬頭看一眼，依舊繼續她手裡的針線。

外公開始講：「我在北平念大學的時候，同學們常常去聽京戲。京戲是這樣的。」說著，他搖頭晃腦地哼起來，幾句西皮，幾聲搖板。媽媽和泰來舅都笑起來，外婆也微微一笑。外公說：「你們看，我懂京戲。所以總有人會請我去看戲，我自己從來不買票。同學裡有人願意裝模作樣，像個大戲迷，大大方方買很多票，請同學跟他一道去看戲，跟著他給他喜歡的角捧場，隨著他鼓掌喝彩。我才不在乎，只要能看戲就好。有一次，我們去聽譚鑫培的戲，他是一代京戲宗師。那天是他告別戲院的最後一場演出，他要退休了。照說這樣一場戲，會有很多達官貴人捧場的，可是那天很奇怪，場子裡見不到一個。那天戲是擊鼓罵曹，你們不曉得這個故事吧？那是一千多年前吧，一個人，得到一個機會，去罵一個大官，旁邊有一個人打鼓。什麼時候鼓聲停了，就不可以再罵了。只要鼓聲不斷，那人就可以一直不停地罵。明白了嗎？」

媽媽又問：「罵那麼久，他不累麼？」

外公聽了，不由一笑，卻並沒有理會，接著講他的故事：「那天譚老闆出了台，開始唱。正演到中間，有個人忽然從邊幕出來，到譚老闆耳邊說了幾句話。那人走了之後，譚老闆好像停頓了幾秒鐘，然後站在台前，開始大罵起來。一口氣不停，激昂慷慨，罵聲不絕，比平時要多罵了好幾十分鐘，還沒停。他不停，鼓也不敢停，跟著譚老闆，不停地敲。他加了好多好多詞，也許一百多句吧，旁邊兩個角兒站著發愣，不知該怎麼辦。台下的戲迷全高興瘋了，這可不常常有，碰上了，太幸運，可以多聽譚老闆唱。譚老闆從此以後不再登台唱戲了。最後，譚老闆終於停了，發出一陣大笑。我聽過他很多場戲，從來沒聽過他那麼笑過，那麼痛快，那麼長時間。笑過之後，他一轉身，走下台去了。戲還沒完呢，他走了，不上台了。因爲聽他多唱了許多，戲迷也沒不滿意。出門的時候，你們曉得怎麼？」

外公故意停下來，望著媽媽和泰來舅，壓低了聲音說：「外邊的人告訴我們，袁世凱死了。曉得他麼？民國大總統，大軍閥，大陰謀家。他原是滿清的軍隊將領，爲皇上在天津小站訓練新軍，專門鎮壓革命黨。光緒皇帝看到日本明治維新成功，國力大興，想在中國也來個戊戌變法，改革舊制，振興中華。他曉得京中禦林軍都是保守黨西太后控制，就請求袁世凱帶新軍從天津進京護駕。誰料，這傢伙這邊答應好了光緒皇帝，那邊就出賣給慈禧太后。因此戊戌變法失敗，光緒皇帝也關到中南海裡。中國振興無望，更多受到西方列強欺侮。孫中山先生領導國民革命，到底推翻了滿清王朝，建立了民國。因爲袁世凱當時仍然握有重兵，爲了國內不出大兵變，孫先生只好請袁世凱出任大總統。這傢伙，一貫仇視國民革命，現在見到大勢所趨，竟然恬不知恥，眞作了民國大總統。可他心眼裡夢想的是什麼？是重新作皇帝，讓民國退回到封建君王制去。最後他到底封自己作洪憲皇帝，可是，只作了八十一天，就垮台了。中國已經走到了共和，哪能再回到君主制呢！哈哈，你們曉得，譚老闆唱戲那天，這竊國大盜死了。那半路上台的人，就是告訴譚老闆這個消息。所以譚老闆就開口大罵一頓，出出心裡那口惡氣。哈，眞痛快極了！」

外婆、媽媽和泰來舅誰也沒說話。他們沒有全懂，裡面有太多的歷史背景，他們不了解。

不過，外公也不在意，還一個勁的講：「袁世凱死了，可是他手下的軍官們還沒死。沒人管了，又相互不服氣，便一個一個搶占山頭地盤，擁兵割據，都作起軍閥來。後來又各自投靠西方洋人，分為皖系、直系、奉系等等，禍國殃民。國民革命軍北伐，就是要掃平軍閥，統一中華。袁世凱的餘孽快要死到臨頭了。哈，如果北伐成功，眞是太偉大。」

外公自顧自大笑起來。媽媽和泰來舅發呆。外婆停下手裡活計，走過來，拉起媽媽和泰來舅，說：「小丫，聽不懂，講些麼什！快去，刷牙洗臉，睡覺了。」

「什麼時候才到武漢？」媽媽問。

二十八

從上海到武漢，在長江裡逆水而上，船走得很慢，又過了一天一夜，清晨時分才到。雖然不過才離開湖北三年，近鄉情切，外公外婆都已耐不住了。

外公提了兩隻皮箱，外婆背著祥來舅，一手領著泰來舅，一手提個網籃，媽媽提了一個網袋，跟在後面，一家五口早早上了甲板張望。外婆用手指指遠處的一些樓房建築，對媽媽說：「琴丫，你還記得那些地方麼？那是武漢，帶你來過兩次了。一次帶你來看病，盧醫生救了你的命。第二次我們去上海，在這裡換船。記得麼？」

媽媽搖搖頭。一歲的孩子不記事，三歲也記不清楚多少。

外婆又對泰來舅說：「泰丫，你更記不得了。這裡是湖北，我們的老家。你在湖北黃岡陶盛樓出生，以後你走遍天涯海角，永遠不可以忘記自己的老家，聽見麼？」泰來舅點點頭。

船慢慢駛近漢陽門碼頭，還沒靠岸停穩，外公大叫：「變了，變了，大大不同了！」

從前的碼頭，不分晝夜，只要輪船到岸，腳伕便奔上船，爭生意，跟客人講價錢，搶著做。

如今，天亮不久，正是做工時分，卻看不見很多碼頭工人，也不上船來幫忙。客人們自己勉強把行李拖下船，到碼頭上，見到腳伕，打招呼要幫忙。幾個腳伕橫七豎八，懶洋洋的，躺在麻包上，愛理不理。許多客人見狀，知道惹不起這些工人大爺，便低著頭，搬著行李，匆匆離開。有個客人，顯然不懂規矩，自己一人搬不動行李，便走過去，求一個腳伕幫他扛包。那腳伕躺在麻包上，氈帽遮著眉毛，愛搭不理，看了那客人一眼，開口要價：「一塊大洋。」

客人有點猶豫，陪著笑說：「一塊大洋太貴了吧，我走遍全中國，到處都沒有這樣的……」

那腳伕暴跳起來，把那客人的行李踢一腳，嘴裡嘰咕罵一聲，並不說話，把手裡扁擔一豎。旁的腳夫看到那豎起的扁擔，扭過頭來，認淸那客人模樣，再轉過臉去。

那客人見這腳伕不肯幫他，只好走開，東問西求，沒有腳伕理會。那客人只好自己來搬，卻不料，旁邊腳伕們一齊破口大罵，不許那客人搬自己的行李。那客人無法，只好又去求那個豎著扁擔站在一邊的腳伕，答應加倍付錢，才請腳伕扛了行李，走出碼頭。

外公在一旁看了，有些氣憤不平，說道：「這太豈有此理了！」

外婆急忙一把拉住，小聲說：「你忘了上海碼頭了？又要去惹是生非。」

外公略一停頓。可他這一下要衝過去講理的舉動，已經被躺在麻包上的幾個腳伕看到，都坐起來，指著外公七嘴八舌大叫：「你怎樣？要打架麼？老子不高興給你們有錢人扛包，怎樣？」

「你們穿長衫的欺壓我們幾百年，現在我們要解放，打倒你們！」

「不服氣，找我們工會去好了。」

「找我們工會總書記陳蔭林，或者鄧中夏、張國燾。把你打扁了炒肉醬，給我們工會大食堂。」聽口氣，這些人都是碼頭工會會員。顯然，在武漢，國民革命的中心，工會勢力很大，鄧中夏、張國燾都是有名的共產黨領袖，外公在上海也曾認識鄧中夏。這幾句罵，把外公驚醒了。現在是革命，窮苦工農是革命者，要作主人。外公縮回頭，一身冷汗，不敢作聲。

外婆說：「我們人多，可以搬得動，不必去惹他們。」

幾個人拖拖拉拉，帶著幾件行李，從碼頭出來，走到街上。

碼頭外、街面上、電線杆、樓房頂，到處是大幅標語：「北伐萬歲」、「打倒軍閥」、「工農作主人」、「紅色恐怖萬歲」、「打倒昏庸老朽」、「暴力革命萬歲」、「反對軍事獨裁」、「以赤色恐怖答白色恐怖」，「對敵人寬容就是對友人殘忍」，「防友人如同防敵人」，各式各樣，都是些嚇死人的字語，看得人膽戰心驚。

外婆忽然停下腳步，放下手裡的網籃，動手解開背上的祥來舅，對外公說：「你帶兩個丫在這裡等等，我領琴丫到那邊去去就來。」

外公問：「你去哪裡？」

外婆手一指，說：「一轉街角就是當年救過琴丫命的醫生家。」

外公說：「幾步路，我們一起去不好麼？」

外婆說：「只怕你拖著箱子太重。」

外公說：「一起去，一起去。以後也不必再專門跑來了。」

外婆便又把祥來舅綁回到背上，提起網籃，領著一家人，沿街走過去。轉過街角，外婆一見那白色房子，眼淚就一串串流下來。她拉住媽媽的手，說：「那個白房子，你一歲時，在那裡救活的。現在過去，要給老先生磕頭謝恩。」媽媽點頭答應。

到了門前，才看到大門上交叉貼了紅紙封條。旁邊牆上貼一紙布告，上面印了個鐮刀斧頭的章子。布告說：**此地經武漢市總工會查封，財產沒收充公。盧姓房主，地主老財，行騙多年，殺生無數。工會已將其逮捕，打翻在地，再踏上一隻腳，永世不得翻身。**

門上原先那塊銅牌「盧醫師診所」拔掉了，只留下幾個釘眼，還看得見。四周牆壁布滿了剝落疤痕，一個窗口上端還有煙熏火燎的黑跡，顯然工會的人曾在這裡抄家放火搶劫過一番。

看到這景象，外婆眼淚流不止，對外公說：「盧老先生哪裡行騙？他救了琴丫的命！大好人哪，爲什麼要害他。這是你要參加的革命麼？」

外公也有些憤慨，說：「這太過分，那些工會簡直是強盜！」

外婆拉媽媽一齊走過去，在房子前面的台階下面，對著大門口跪下來，磕了三個頭。

「恩人，我和小女遲來一步，未得面謝，在這裡磕頭了。」外婆嘴裡嘟嘟囔囔地說，眼淚流了一地，「願你老人家度過難關，健康長壽，救死扶傷，造福人間。從今往後，我母女每經武漢，必來此地看你一眼，但願早晚能見到一面。願上帝保佑你。」

外婆說完，拉著媽媽站起身。讓外公看好行李，帶泰來舅站到一邊。她自己背著祥來舅，領著媽媽的手，轉到房子後面。大掃帚仍在牆邊原地。外婆拿起大掃帚，又撿起地上一把小掃帚遞給媽媽，說：「我們來給老先生把院子掃乾淨。」

母女二人彎著腰，外婆在前，媽媽隨後，一行一行掃過去，把那房子前前後後都掃一遍。街上這半天沒有一個人走過，沒有一個人看見。大門上封條血色鮮紅，布告上字字猙獰。

最後，一家人慢慢離去。走出好遠，外婆還回頭張望，嘴裡說：「大好人，大好人哪！」

外公一路搖頭，沒說話。

走了一陣，外婆大聲說：「如果革命就是殺人放火，坑害好人。參加那革命做麼什？也去殺人放火麼？你要參加這樣的革命，作這樣的惡人，我不許！我的兒女一生一世不許坑害好人，不許參加這樣的革命。這樣革命不得人心，怎可得天下。」

大馬路上，來往人多，黑色棉襖、棕色長袍、銀色馬褂，夾雜一些灰色軍服，匆匆來去。一個軍樂隊在街上行進，走到一個廣場上去，鼓號震天響。廣場上，聚滿了人。一個年紀不過二十歲的青年站在一個高台上，白白的臉，穿著西式學生裝，卻在腰間紮根草繩，揮舞著臂膀喊叫。他的聲音被軍樂隊的鼓號淹沒，聽講的人什麼也聽不見。

一輛大卡車開過來，車頭立一面大紅旗，旗上印了鐮刀斧頭，嘩啦啦地飄。車上站著許多年輕人，手裡舞動著花花綠綠的小旗，哇哇地喊口號。車身上掛一條標語：**槍斃反革命，嚴懲叛徒**。車上前頭有兩個人，彎腰弓背，倒背雙手，臉上流著血，頭上都戴著兩呎高的紙帽，一個上寫：**我是反革命**，一個上寫：**我是叛徒**。兩個人名字，都倒寫著，上面畫了大大的紅叉叉，認不清楚。車上的年輕人時不時揮拳頭，打到這兩個人的背上頭上。車邊一個人跑著，揮手向空中撒出許多傳單，就像天女散花，四處飄落。街上的人跑著，跳著，追著，笑著，好像過春節。

外婆發抖說：「不知盧老醫師是不是也要這樣遊街。他那大年紀，一定禁不住這樣折磨。」

一張傳單飄過來，外公抓住，看了看，說：「一個是軍閥從山西派來的奸細，一個是逃離共產黨的叛徒，統統送刑場槍斃。」外婆聽了，又發一陣抖。

媽媽和泰來舅覺得好玩，求外公走慢點，讓他們在街上多玩一會，外婆不答應。外公拉著兩個箱子，加快腳步。一家人衝過震耳欲聾的廣場，又走半天，逃離人衆，才放慢了腳步，大喘其氣。街拐角轉過兩個穿灰軍裝打綁腿的軍人。外公看看，他們年紀輕輕，不像是軍官的樣子，便放下箱子，上前一拱手，問：「請問兩位可是北伐軍？」

那兩人聽問，站住腳，說：「我們是北伐軍，怎樣？」聽口音，是湖南人。

外公聽答，忙從衣袋裡向外掏東西，說：「我是軍校特邀的中校教官，剛到武漢上任，拖大帶小，這裡無車可雇，怕難走到，可否請二位幫個忙，搬搬行李，找到兩部洋車也好。」

那兩人看著他，好像沒聽明白，又像不相信聽到的話。

外公掏出來武漢軍校的聘書，大聲說，「我不敢說是下命令，只請二位好心幫個忙吧！」

那兩個士兵大笑起來，一個說：「現在革命，大家平等。就是總司令，也得自己走路。」

另一個也說：「我們又不是軍校的人，也不是你的勤務兵，下命令我們也不聽。」

正說話間，馬路上開過來一輛小汽車。那兩個兵對視一眼，忽然雙雙跳到路中，伸手擋車。那車緊急煞住，輪下冒出一股藍煙。司機從車窗伸出頭來，滿臉通紅，壓著火氣，強打笑臉，問：「二位兵大爺，有何公幹？」

那兩個士兵過去看看車裡，是一位穿花旗袍的老女人坐在後面，脖子上圍了一條銀狐尾。一個士兵便大聲訓斥說：「你們這些資產階級分子聽著，你們一貫欺壓工農，罪惡很大。現在是改過自新，爲革命出力的時候了。」他指指站在街邊的外公一群，接下去說：「這位是我們北伐軍武漢軍校的教官老爺，要用你們的車，送他去上任。」

「是，是，」司機一邊說著，趕緊下車來。

另一個兵問：「認識軍校在哪裡嗎？」

「當然，當然，」司機一邊扶著那老女人從後排座起來，顫顫地邁出車子，移坐到前排，一邊陪著笑臉對兩個士兵說，「軍校就在兩湖書院，以前常送少爺……也送過幾個北伐英雄。」

一個兵隨手從老太太脖上拉下那條銀狐尾，提在手裡。老太太嚇了一跳，沒敢作聲，匆匆鑽進車裡，坐著打抖。另一個兵轉身對外公一家說：「還等什麼，上車！」

外公外婆心驚肉跳，並沒明白眼前發生什麼事，暈暈乎乎聽他們指揮，上了車，擠在後排座位上。那個拉下老太太圍脖的兵，把那條銀狐尾從車窗裡丟進車給外婆，說：「這是資產階級剝削勞動人民血汗的東西，革命軍沒收了，給軍官太太用！」

司機一邊關車門，一邊說：「軍官先生委屈了，車子太小。」

那老女人嚇得渾身發抖，哆嗦著嘴巴，一句話也說不出。

外婆手裡捧著那條銀狐尾，也發著抖，不敢開口，不知該怎麼辦。

兩個兵又看著司機打開貨箱蓋，把外公的皮箱網袋都塞進去，蓋好。然後司機回到車裡，朝車外兩個兵點點頭，開動起車子。外公從後車窗望去，兩個灰軍裝士兵笑著，搖著手，走了。

一路上，沒有一個人說話。老女人始終發抖，眼睛也閉起。司機不住地從反光鏡裡注視後排座位上外公一家人。泰來舅興致勃勃看窗外街上的熱鬧。媽媽望著外公外婆，不知怎麼回事，也不知該不該開口問。祥來舅在外婆懷裡搖動雙手，自說自話。外婆捧著銀狐尾發呆，腦子裡一片空白。外公低著頭，用手捶著前額，他頭疼得很厲害。他經歷過五四運動，見過警察打人，學生放火，但是，那一場混亂，完全無法與剛才所見相比。眼下，整個世界翻了個，上的下了，下的上了，好的壞了，壞的好了，文化禮儀都成糞土，粗野狂暴得到推崇。

如果，這就是革命，那太恐怖了。如果，這是革命所要建立的理想社會，那太可怕了。外公忽然有點惶恐，心裡覺得不再那般地火熱。

時已中午，車子到了軍校門口，過去的兩湖書院，太家公在這裡讀過書。司機下車，開了車門，請一家人下車。外公站在車外，想了片刻，朝車裡鞠了一躬，說：「兩位受驚，原非本意。致謝千言，難表萬一。寬厚相助，永不忘記。」

見到外公彬彬有禮，言談和善，那司機露出笑臉，說：「軍官老爺好好講，我們老太太也會幫忙，不必兩位兵爺大吼大叫。」司機一邊說，一邊又扶那老太太從前座換到後座去。老太太雖然仍有些打抖，但也不住點頭，好像心定下來些，斜眼瞟了外婆手裡的銀狐尾一眼。外婆趕緊把那條銀狐尾從車窗裡丟進去，還給老太太。老太太手抓住狐尾，抬眼看著外婆。

那司機正幫外公從貨箱裡提出皮箱，看到外婆把銀狐尾丟進車去，嚇得戰戰兢兢，說：「兩位兵大爺沒收了的，你……」

外婆說：「我不要你們的東西。」

老太太張了張嘴，終於沒有說出話來。司機蓋好貨箱，退著進了車門，一直回頭看著外公。外公又一拱手，說：「不好意思，打擾打擾！」車子這才一溜煙開走了。

外公轉過身，拉著皮箱，走到軍校門口一個持槍站立的衛兵跟前，把手裡的信伸到他面前。這衛兵看也不看，一擺手，讓他自己進門去，連句話也不說，好像完全與己無關，或者不識字。

外公問：「我應該到哪裡去？」

那衛兵不耐煩，大聲說：「我哪裡曉得！自己去找。」

外公皺皺眉頭，終於憋不住，想發作。外婆見了，忙上前，打岔道：「你自己提兩個箱子進去，裡面總有人曉得，你的上司周麼什，惲麼什。我帶丫們在外面轉，不打攪你們的公務。我們不跑遠，那邊有個小攤，我去買兩塊麻糖給他們。」

一席話，打消了外公的火氣。他提起箱子走進軍校。外婆背著祥來舅，帶媽媽和泰來舅到那小攤邊，買了兩塊湖北孝感麻糖。這東西在上海無論如何買不到，兩個孩子高興地邊吃邊跳跳蹦蹦。外婆遞一點給背上的祥來舅，一邊看著媽媽泰來舅的神情，也笑起來。

過了好半天，外公從軍校裡面走出來，後面跟了一個兵，兩人都沒有提箱子。外公穿著灰布軍裝，腰裡綁了皮腰帶，頭上戴軍帽，兩腿打白布綁腿，很是威武，個子也好像突然長高了許多。他走過門口時，那衛兵立正敬禮。外公也把手舉到額前，還個禮，帥得很。媽媽和泰來舅都看呆了。外婆背著祥來舅，上下打量外公，不住點頭。

「在裡面專門練習過敬禮。」外公站在家人面前，有點不好意思。

「爸爸，你教我。」泰來舅把手舉到頭頂，學敬禮。

外公彎下腰，搬著泰來舅的手，擺到正確的位置上，說：「這就對了！」

外婆說：「你看起來不錯。」

「可惜國民革命軍，不掛指揮刀。」外公說著，手在腰裡一比。

外婆說：「有什麼好，泰丫萬一拿來玩，提心吊膽。」

「惲代英是校務常委、周佛海是政治部主任。我是政治教官，兼軍法廳廳長。蔣校長親簽的委任狀。我想，這裡要講懂司法者，惟我一人。天降大任於吾也。」外公說著，大笑起來。

外婆說：「先莫太狂妄。只你一人懂，講話別人會聽麼？」

這話說得外公有點發愣，想想不錯。他指指身後站著的兵，打岔道：「這是派給我的勤務兵劉同志，以後我們就有幫手了。」

外婆對那勤務兵說：「謝謝你。」

劉勤務兵立正敬禮，說：「中校太太多多關照。」

外婆先嚇了一跳，又覺好笑。從來沒有人稱過她太太。正說話間，外婆看見泰來舅跑太遠，叫起來：「泰ㄚ，莫跑遠！琴ㄚ，去把他帶過來！」

劉勤務兵說：「太太放心，我去把他帶過來。」說完就跑過去。

外婆笑了說：「看來能言會道，才作得勤務兵，不必上前線打仗。」

外公說：「軍校裡有我一間宿舍，但是你們不能住在裡面。」

外婆說：「我曉得，軍營裡怎麼可以住ㄚ。我們去漢口找親戚住。」

外公說：「我們一道去。我回武漢，也應該拜望親戚們。翼聖大哥也在武漢。我叫勤務兵劉同志找兩部人力車。」

外婆問：「麼什是同志？」

外公說：「革命軍裡大家都互相叫同志，同一個志向的意思。」

外婆說：「他不叫你同志。」

外公說：「當然，我是中校教官，他是勤務兵，怎麼可以叫我同志。我叫他同志，也是對他表示尊敬的用意。」

劉同志領了泰來舅走回來，然後又聽外公吩咐，轉過軍校牆角，到大街上叫來兩部黃包車。於是外公一家人和劉勤務兵坐了人力車，到江邊換船過江，高高興興到了漢口。外公對這裡很熟，小的時候，每到武漢，就來漢口找他的三叔，我叫太叔公，在太叔公家裡住幾天。

路上，外公告訴媽媽：「你的這位三叔爹跟爹爹最要好。爹爹在河南任官的時候，三叔爹在四川作縣太爺，離成都幾十里。辛亥革命爆發，三叔爹害怕了，過一陣，辭去官職，帶了全家大小八口人，坐白木船順江東下，回到陶盛樓。那時，爹爹也剛好生病退休回鄉。他們兩個人一見面，涕淚縱橫，攜手話舊，徹夜不眠。三叔爹很會講故事，我記得最清楚的有一個。要不要我講一講你聽？」

媽媽高興得一跳腳說：「要，要！」

外公便講：「三叔爹縣府裡有一個姓陳的書辦，人很溫和，寫一手好字。每天只是坐在府裡抄寫文書，用墨又黑，又不透紙。一個字寫錯了，他會把紙擱在小木板上，用小刀把錯字輕輕一刮，把墨刮掉，紙卻不破，還可以重新寫，從沒有塗黑改字的地方。三叔爹很喜歡這位書辦抄的文書。三叔爹說，這陳書辦抄完公文之後，常會講一些江湖上的故事，府裡上下人都愛聽。不想忽然一日，一封八百里釘封海捕公文到了縣府，嚴令要捕這個陳書辦，說他是革命黨。捕手們當即把他按倒在地，五花大綁，腳上釘了腳鐐，立刻起解上省。四周圍沒有一個人跟他說話，他也不跟任何人說話，就那麼走了。從此也再沒聽到他的消息，想必是處死了。凡是反對朝廷的革命黨，全是處死，一個不留。三叔爹當時說的時候，頭搖得像撥浪鼓，嘆著氣說，那是個好人，怎說是叛黨？這樣的酷刑，叫人如何不反。我聽了，很害怕，知道爹爹在任上如果聽見有人說這樣話，就算革命黨，要下大獄，殺頭。可是爹爹聽三叔爹這麼說，只是嘆氣。他們很要好。」

媽媽問：「爸爸，你見過殺人頭嗎？」

外公說：「沒有。我可親眼見過朝廷發下來的釘封捕人文書。釘封文書，是案情非常嚴重緊急的公文。封套四角加釘，表示機密。上方兩角各插一隻羽毛，表示緊急。送公文的報馬，脖子上掛一大串銅鈴。一路跑，一路響。這是發信號。大路驛站上的人聽到銅鈴響，就要立刻準備好同樣一匹快馬，在大路口上等著。信使一到，滾鞍下馬，立刻跨上新備的馬，繼續趕路。所謂換馬不換人，馬不停蹄。那時沒有汽車，沒有電報，八百里加緊公文就是這樣送法。我九歲的時候，在河南爹爹府裡看見一次八百里加急釘封公文到。全府裡前後上下，人人臉色發白，爹爹換上全套官服，面容嚴肅，舉止緊張。我看了有些害怕，想必是什麼不得了的大事要發生。結果那是要捕我們學校的一個英文老師，說他是革命黨，借講授法國大革命，鼓吹中國革命。可是有人走漏了風聲，那英文老師逃掉了。」

外公和媽媽一路說著，到了太叔公的家。外公一家下了黃包車，站在門前。外公敲開門，一個白鬍子乾瘦老頭露出臉來。外公恭恭敬敬鞠個躬，叫道：「三叔，希聖恭請大安。」

太叔公把外公上下打量一眼，看清了是誰，嘟囔一句：「你來作了共產黨麼？」，把門一摔，砰一聲關上，差點打了外公的鼻子。

二十九

外公大吃一驚，滿臉通紅，站在門外，不知如何是好。

太叔婆隨後趕忙重新打開門，站在門口，陪著笑臉，對外公外婆說：「莫在意，你三叔看你穿北伐軍衣服，嚇怕了。北伐軍一到武漢，城裡組織商民協會，鼓動店員們管理商店。鄉下有農民協會，鼓動農民沒收東家的土地。整日到處喊叫打倒土豪劣紳。三叔不曉得自己哪一天要被打倒，一天到晚擔心得要命！」

外公外婆在門外站了一會，覺得沒臉，只得告辭，過江回到武昌，找了個飯店吃過晚飯，回軍校時，天已大黑，當晚一家人只好擠在外公的一間宿舍裡過夜。

第二天一早，外公到辦公室請了假，帶一家人到武昌找房子住。箱子行李暫留軍校，找到房子後再來搬。他們在武昌街上慢慢的走，熟門熟路，不費事。勤務兵劉同志跟在後面。

武昌鬧市區大街也像碼頭一樣，亂作一團，到處標語傳單，人群擁來擁去，忙忙亂亂。遊行的、演說的、跳舞的、打架的、丟傳單的、滿地爛紙，四處污水。走不久，泰來舅喊叫餓了。外公見到路邊一家飯店，領全家走進去，坐在窗下，點了兩籠武漢湯包。

正等間，看到窗外一群人，穿著短襖，紮著草繩，吆喝叫罵著走。當中擁著一個老年婦人繩索捆綁，被人推搡著，跌跌撞撞。外公對劉勤務兵說：「去看看怎麼回事。」

「是。」劉勤務兵應了一聲，快步趕出店門去，擋住那人群，指手畫腳說話。

外公站起，走出飯店，媽媽急忙跟著跑出。「什麼事？」外公問。

勤務兵指著外公，對衆人說：「我告訴你們，這位是新任國民革命軍中央軍校軍法廳中校廳長。他斷得案子，說給廳長老爺聽吧！」

那堆人聽了，不再嘈雜，把那老婦人推到外公面前，按著跪倒。一個領頭模樣的人指著老婦，說：「她是反革命，要殺頭！」

「我不是，我不敢，大人開恩，冤枉啊！」婦人喊叫著，老淚橫流，磕頭不已。

那首領說：「她到軍閥政府控告我們廚師工會的常委，那個革命領袖便被軍閥殺頭。這老反革命血債累累，現在我們要她抵命。」

「我不知道啊！我如曉得，打死也不敢去告。大人明鑑，替老婦作主。」老婦人大哭大叫，聲音都啞了。

外公先問那首領：「所以你們是廚師工會的人了？」

那人答：「對！」

外公又問：「請問，你是何處廚師？在哪個餐館做事？」

那人一愣，臉紅起來，想了片刻，答說：「我是上級派來組織領導廚師工會工作的。」

外公笑了，說：「所以你是職業革命家了。」

那人沒說話，望著外公，不解其意。

外公轉臉問那老婦人：「你為什麼要控告人家廚師工會的常委？」

老婦叫道：「不敢說，不敢說。」

「你既要本廳為你作主，就老老實實說明原由，本廳自然公正裁決。」外公厲聲說，氣勢很大，嚇得衆人都沒了聲。可外公自己心裡發毛，當街可以開廳審案嗎？雙方都沒有律師。一閃念間，眼前彷彿看見上海法院裡關炯明大法官的樣子。不過，眼前這些人裡沒人懂司法，都恭恭敬敬地聽他發落。那老婦仍然不敢開口。

劉勤務兵在一旁大喝一聲：「你不說，就讓他們拉去斃了！」

「我說，我說！」老婦慌忙叩著頭，急急說出，「那位工會老爺看上我家女兒，要強行霸占。小女是黃花閨女，讓他蹧蹋，就嫁不了人家，我娘兒倆苦苦哀求。那位工會老爺到底把我女兒蹧蹋了，後來乾脆住到我家，吃喝以外，整天尋事，把老婦拳打腳踢。小女不堪虐待，懸樑自盡。老婦一怒之下，才告到縣衙去。若是老婦曉得他是工會老爺，死也不敢。求老爺饒命！」

「他家是地主老財！」

「他一家都是反革命！」

短襖草繩的廚師工會會員們七嘴八舌，又要打那老婦。旁邊圍觀的市民人衆，則都笑嘻嘻地看熱鬧，沒有是非判斷。

外公舉手止住衆人，問那廚師工會首領：「這老婦人家成分不好，田地財產當分工農，自然不錯。不過，要她殺人償命，是另外一回事，與田產無關。她說女兒遭姦一事，可屬實？」

衆人都默不作聲。半晌，那首領才點點頭。

「好了。她說得不錯，對不對？」外公慢慢說道，停了一停，衆人聽著。「那麼，我再問，誰殺了那位工會常委？是軍閥政府，還是這位老婦人？」

沒有人答話。只那老婦人連聲哭叫：「老婦沒有殺人，老婦沒有殺人！」

外公說：「是軍閥政府殺了工會的人，我們應該要軍閥來償命。對不對？」

「對。可是……」人群裡還有人嘟囔，但聲音不大，也沒人響應。

外公叫：「那麼，好了，來人。」

勤務兵劉同志上前一步，應道：「有。」

外公下令：「把那老婦鬆綁放了。」

「是。」勤務兵劉同志應著，動手給老婦人鬆綁。

外公對衆人說：「哪個人願妻女被姦？姦人妻女者，不能代表我們國民革命軍，不能代表我們工農革命者。我們工會不能讓姦人妻女的人作常委。有姦人妻女者，立刻開除出工會。我們不能讓這種人壞了我們國民革命的名聲。大家說，對不對？」

周圍的農人兵士都睜大眼睛看著外公，不知該怎樣回答。

外公又說：「明知這老婦人家是地主老財，是革命的敵人，那廚師工會常委，身爲革命領袖，卻居然看中了地主老財的女子，還搬到地主老財的家裡，跟地主老財一起住。他是不是已經喪失了工農革命的立場了？變成地主老財家裡的人了呢？這樣的人，我們還能說他是革命領袖麼？還值得我們擁護麼？」

周圍衆人更說不出話來。那工會首領面紅耳赤，眼裡冒火，抓住腰裡的草繩，答不出聲。老婦人鬆了綁，仍站不起身，倒在地上一個勁磕頭。

外公揮揮手，宣布：「好了，休廳。大家散開。」

街上看熱鬧的人都散開了。工會那批人也走掉，不住回頭看看飯店的門口。有幾個好心人，扶著那老婦人一步一歪，走了。外公站在門口，直到那群工會的人跑遠，老婦人轉彎不見，所有圍觀的人都散完。媽媽見外公臉色平和下來，才敢問：「爸爸，那老太太怎麼了？」

外公說：「沒有什麼。那些人對她不公平。」

媽媽說：「你放了她，他們不生氣嗎？」

外公說：「他們自然生氣。」

媽媽問：「你不怕嗎？」

「我不怕。」外公摸摸媽媽的頭髮，對媽媽說，「做事的時候，只要是對的，不論別人怎麼說不對，你都應該做。不對的，不論別人怎麼說對，一定不能做。只要你做事做得對，就不用怕別人說什麼，不用怕別人生氣不生氣。他們早晚會明白，是你做得對。」

媽媽說：「那些捉她的人裡，也有一個穿軍服的，跟你一樣。」

外公說：「他們跟我一樣，都是革命同志。琴丫，你長大以後，要做一個正直、光明磊落、勇敢的人。哪怕是同志、是朋友、是親人，只要那件事不對，你不能跟著他們一起去做。一件事做得對，不管別人怎樣不高興，你還是要去做。你做事的標準只有一個，那就是對或者錯。」

媽媽問：「那誰說的話對，誰說的話要聽呢？爸爸姆媽說的話，也可以不聽嗎？」

外公說：「不管誰說的話，你都可以聽，也可以不聽。什麼話，你都要用你自己的腦子想一想，他說的對不對？說得對，你就聽，說得不對，你就不聽。就是爸爸姆媽說的話，也一樣，你要自己想，說得對，你就聽，說得不對，你可以不聽。」

媽媽說：「姆媽會生氣。」

外公拉起媽媽的手，說，「我們進去吃飯吧！」

他們兩人回到桌邊，發現旁邊站了一個人，是翼聖伯公，看樣子站了很久了，泰來舅拉著他的手。外公對伯公一拱手，說：「大哥，不好意思，你也來這裡吃飯，碰巧了。煩你久等！」

伯公說：「哪裡，哪裡。軍法廳長斷案要緊。」

外公對媽媽說：「叫人了沒有？」

「伯伯。」媽媽叫。伯公不久前才在上海帶他們一家吃過一頓飯，大人小孩都不陌生。

伯公摸摸媽媽的頭，笑笑。三個人一起坐到桌邊。

看到桌邊太擠，跟在外公身後走進來的勤務兵劉同志說：「中校大人，你們幾位坐，我先回軍校。大人有事，叫我一聲就來了。」

外公拉住劉勤務兵，說：「不要，不要。你不肯這裡就座的話，在旁邊一桌自己用餐，我這裡一起算帳，離開斷不可以。」兩人客氣一番，劉勤務兵還是走了。

湯包上桌，一家人說說笑笑，吃起來。媽媽一不小心，讓湯包裡流出的湯燙了舌頭，哇哇大叫。外婆撕下些湯包皮，用嘴吹涼，餵進祥來舅嘴裡。外公吃得興起，把軍帽摘下，放到一邊。

泰來舅拿起，戴到自己頭上。外婆一把搶過，放到身邊窗台上，瞪他一眼。

外公說：「在上海兩年，日日想這湯包。今天才得足心願。」

伯公說：「你這一來，可以日日吃了，吃到不要吃為止。」

外公說：「大哥在這裡好麼？我昨日才到武漢，發覺此地……地覆天翻，動盪不安。」

伯公說：「這是你們革命者做的呀！革命本來就是地覆天翻。我在上海對你說，只有自己來看。你才會明白。」

外公壓低些聲音說：「未免過分，未免過分。大哥家裡尙好麼？」

伯公問：「怎麼？」

外公說：「昨天去漢口拜見三叔，罵了個狗血淋頭，好不慚愧。他好像很緊張。」

「我不過做工程。逢山開路，遇水搭橋。軍閥需要我們，北伐軍也需要我們。不論朝廷怎樣更換，我是照樣吃飯。」伯公指指外公身上的軍裝說，「你倒要小心才好。」

外公臉紅一下，說：「還不是因爲你。你十五歲扛槍參加武昌起義，我眼紅一輩子。現在總算也過過當兵的癮頭。」

伯公笑了，說：「我當年不過小兵，哪裡有你現在威風，中校軍官。還帶勤務兵。」

「我不過仍是教書匠罷了！」外公說罷，又低聲問，「陶盛樓怎樣？母親沒有受罪吧？」

伯公收起笑，也壓低聲音說：「沒有。不過母親當然很生氣，覺得革命不好。我找到租地的佃農說，你們種的地就算你們的了。所以我們家也沒有土地了，革命也革不到我們頭上。」

外公說：「你做的對。我也去找他們來，家裡的地也有我這一房一份，都分給他們了事。」

伯公說：「你作北伐軍官，陶盛樓人聽說，我家成了革命家庭，誰還會來革我們的命呢！」

外公問：「我需要回家一趟看看嗎？」

伯公說：「我想只要寫個信，找個佃戶來武漢說句話，一人看見你了，全鄉就都曉得了。」

外公說：「好，我明天寫信去。大冶源華公司呢？」

伯公說：「也一樣，工人們有了工會。股東們都成了資本家，要打倒。我早寫信去，宣佈源華礦產歸工會所有，與陶家沒有關係。」

「對極。」外公說完，又補充，「不過那樣一來，母親日子可不好過了！農人不交租，礦上不分紅。倉阜鎮上房產商號也分給了人，沒有進項。家裡儲蓄有多少，母親能維持多久？」

伯公說：「用不著擔心。那些佃農誰也不肯的，表面上答應了，誰也不會眞把我家的地當作他們自己的。收成那時，恐怕革命早完了。農人們還是會按老章程，算好租糧來交租的。倉阜鎮上也是一樣，所有的房產商號，都要按時交錢來的。倒是源華礦的紅利眞可能沒有了。那裡帳房先生都打倒了，沒人算帳，哪裡曉得今年有沒有紅利？再說礦上也去了共產黨領袖，鼓動工人每天罷工，不採礦，當然不會有紅利。只是不知這場革命能不能持續到秋天？」

外公問：「此話怎講？你看出什麼端倪嗎？」

伯公說：「說不清，大轟大起的事，常常不會長久。」

外公以前沒有想到過，革命是目前這種樣子。怎麼搞的呢？北伐軍一到武漢，就在這裡建立起無產階級革命大本營。蘇俄共產黨代表鮑羅廷親來，常住武漢，策動國共聯席會議，把國民政府設在武漢，所以這裡基本上是共產黨控制武漢國民政府。

伯公吃了兩個湯包，說：「武漢凡有資產者都是革命對象，很恐怖！」

外公說：「不過現在共產黨與國民黨聯合，小資產階級和民族資產階級也是革命的盟友。」

伯公搖搖頭說：「老弟，你到底只是個書呆子。你這樣要吃虧。」

外公說：「聽說汪精衛先生來到了武漢。你曉得麼？」

伯公說：「我不是革命黨，聽不到那些消息。你在北大念書的時候，對他一直很欽佩。」

外公說：「對呀，他詩寫得很好：**落葉空庭夜籟微，故人夢裡兩依依。風蕭易水今猶昨，魂度楓林是也非。入地相逢雖不愧，劈山無路欲何歸。記從共灑新亭淚，忍使啼痕又滿衣。**那是他進京行刺攝政王被捕入獄，在獄中寫的，眞是好！」

伯公問：「你認識他麼？」

外公搖搖頭說：「我哪裡能認識汪先生，他是國民黨主席。不過我認識他的一個助手。我聽說汪先生剛從歐洲回國，蔣總司令懇求他到南京幫助建立國民政府，他不肯，跑到武漢來了。我希望能夠在這裡見到他。」

伯公問：「他能領導得了麼？」

外公說：「自然，他二十歲時，便開始追隨孫中山先生。我看過他的文章，寫得很好，很有道理。這人很了不起！他作國民政府主席，會扭轉局面。」

伯公說：「但願如此。武漢三鎭到處只看見總司令部總政治部主任鄧演達的活動。」

外公說：「我見過他。」

伯公說：「武漢人人曉得，他是共產黨。現在武漢到處是共產黨天下，大部分北伐軍政治工作人員都是共產黨。」

外公說：「我作政治工作，可不是共產黨。」

伯公說：「在武漢，你算老幾?而且你不過作法務工作，又不算政治官員。」

外公說：「軍校政治部主任周佛海不是共產黨，他是汪精衛的助手。我們在上海一起參加獨立青年，他不贊成共產主義思想。」

伯公說：「汪精衛自己恐怕也受到共產黨的影響了。各處的工會農會煽動暴動，那些會都由共產黨控制。還有自己的工人糾察隊，有武器，名字叫得奇怪，叫作赤衛軍。」

外公說：「那是蘇俄的說法。」

伯公說：「好好中國人，為什麼叫蘇俄名字?我們五千年文化還起不出個好名字嗎！」

外公說：「不是那原因。中國五千年又沒有過無產階級，沒有過工農革命，哪裡會有現成的好名字。工農共產革命，全世界只有蘇俄一國做了，別處只有學樣，照貓畫虎。發動工農革命，當然要用蘇俄人用的名字。要不為什麼武漢政府要聽蘇俄顧問的指揮。」

伯公說：「無稽之談！」

三十

外公外婆領了全家，在武昌城裡轉了半天，下午兩點多鐘，終於在水陸街上租好一座舊屋。房屋寬大，卻陰沉潮溼，但租金便宜。外婆算過，外公作軍校政治教官的月薪是一百六十元，比上海商務書局薪水多三十元，但是武漢親友多，免不掉許多應酬雜用，離陶盛樓又近，少不了更多送禮。說不定太家婆一高興，來武昌住上十天半月。錢還是緊，所以租房子不那麼容易。

外婆留在新屋打掃，泰來祥來兩個舅舅跟著外婆在家裡。外公領了媽媽，回軍校去取行李。勤務兵劉同志幫忙，只一趟，就把全部東西都搬過來了。外婆把媽媽和泰來舅趕到後院裡去玩，自己抱著祥來舅，指揮外公和劉勤務兵在屋裡安床挪櫃、擺桌擦椅，直忙到快吃晚飯時分，家才算安頓下來。

吃過晚飯，勤務兵劉同志敬禮告辭。外婆擦桌洗碗，外公靠在躺椅上休息，泰來舅已經累了，趴在床上打瞌睡，祥來舅已自睡著。媽媽坐在外公躺椅腳下，轉著眼睛東看西看。最後，外公起身，說：「我想，平時我還是住在軍校裡好。說不定晚上有公事，省了跑路時間，軍校沒事也可以多看看書，早上還可多睡個把鐘頭。」

外婆問：「中午回來吃飯麼？」

外公說：「我想不會。住在兵營裡，一日三餐總是有的。我每星期六下午回來，星期一早上走。平時如果家裡有事，你喊一聲，我自然也就回來。」

外公站起身，戴上軍帽，說：「我走了！」

媽媽拉住外公衣服，吵嚷：「我也去，我跟你去。」

外婆大聲罵：「爸爸去上工，你去做什麼？」

媽媽叫：「我要去，我要去！爸爸軍校有宿舍，我喜歡聽吹號起床，我要去，我要去嘛！」

「不許吵！」外婆聲音更高些，在圍裙上擦乾手，要來拉媽媽。

外公伸手領好媽媽，說：「算了，我帶她去一次好了，剛到一個新地方，丫們總是好奇。」

媽媽馬上笑起來。外婆一個手指指著媽媽，瞪著眼說：「只這一次，明天就回來，再不許了。」

外公說：「就一次，就一次。」

外婆叫：「去穿棉襖，大冬天，光著身子出去麼？」

媽媽趕忙跑去穿好大棉襖，然後拉著外公的手，走出門，坐人力車回軍校。

已經十點鐘了，媽媽還是不睡覺，跟外公並肩躺著，翻個身，問句話，翻個身，要喝水，又翻個身，要咳嗽，又想看天上星星亮不亮。最後，外公披衣坐起，拿個枕頭墊在身後，對媽媽說：「我給你講個故事，可是要關了燈我才講。你要不要聽？」

媽媽說：「要！」

「那麼躺好，蓋好被，我關了燈才講。」外公說完，替媽媽蓋好被子，下床把桌上的燈關了，回到床上，在黑暗中睜著眼，講故事，「記得我在輪船上講那個唱戲的譚鑫培嗎？」

媽媽說：「那個唱戲罵人的譚老闆。」

外公說：「對，你記性很好。他是我們湖北同鄉，所以回家鄉就常想起他來。他是京戲行裡最有名的老生，連滿清皇上都愛聽他唱戲，慈禧太后還賞過他黃馬褂。」

媽媽問：「黃馬褂好看嗎？」

外公說：「那有什麼好看，不過只有皇上家的人，才許穿黃顏色的馬褂。其實，只有皇上家才能用黃顏色，那是皇上的顏色，別人用了，要殺頭。」

媽媽問：「譚老闆穿呢？也要殺頭嗎？」

外公說：「他的黃馬褂是慈禧太后賞的，就是許他穿，可是，譚老闆一定不會穿。你問那麼多話，要不要我講故事了？」

媽媽說：「你講吧，我不問了。」

外公便講：「到了民國，皇上沒有了，可不想軍閥比滿清皇上更兇狠。一九一七年四月，廣東督軍陸榮廷到北平，大軍閥江朝宗要請他看戲，在一個叫那家花園的地方辦堂會，請譚鑫培出演。譚老闆那時年紀已長，又生著病，臥床好幾個月了，所以想辭謝這個堂會。江朝宗生了氣，派一大批警察，到了譚家，生生把譚先生從病床上拖到那家花園。那天演的是洪洋洞，講楊六郎從重病到死亡的一段故事。譚老闆同病相憐，演到悲憤之處，眼淚眞的流下來。堂會之後，譚老闆回家，心力交瘁，不久就辭世而去，那年他七十一歲。你說，那些軍閥有多麼可惡！他們什麼都不懂，偏要附庸風雅。你要聽人家唱戲，你就尊重一點譚老闆。沒那個念頭，只知道顧自己的面子，只知道自己手裡有兵權，就敢胡來，不惜殺人性命。這種軍閥，非打倒不可。假若我有幸捉到江朝宗、陸榮廷，我非好好替譚老闆出出這口氣不可。你說，我怎樣出氣？」

媽媽沒有回答。外公低頭看看，媽媽已經熟睡，打著小小的鼾。

外公躺下來，放好枕頭，翻個身，說：「我把他們綁在譚老闆的墳前，跪七七四十九天，不許動、不給吃、不給喝。他們刮民脂民膏，身上有的是肉，不吃不喝也活得到四十九天。」

第二天一早，起床號滴滴答答吹響，媽媽從床上跳起來，爬到窗口邊，看那吹號的兵站在院當中旗杆下，神氣威武，很是羨慕。

「爸爸，我長大時，軍校還有麼？」媽媽問。

外公一邊穿軍裝紮皮帶，一邊問：「做什麼？」

媽媽說：「我也要吹號。」

外公說：「胡說。那不是女孩子做的事。」

媽媽問：「女孩子可以當兵麼？」

外公坐在床邊打綁腿，打來打去打不好，喘口氣說：「最好到你長大的時候，不再有打仗，不再需要軍校和軍隊，大家都過和和平平好日子。」

媽媽說：「可是，當兵多神氣。」

外公說：「現在什麼人都可以當兵，什麼都不會，不如早年的衛士那麼有武藝。」

媽媽問：「爸爸，你放過槍嗎？」

外公說：「當然。我在洛陽的時候，你爹爹的衛士們已經用五響的毛瑟，一連串可以放五槍，當時叫作無煙鋼。我喜歡帶一把短槍，後腔裡可以裝十三粒子彈，所以叫十三太保。我常背著槍，騎銀鬃黃馬，游龍門，那才叫神氣。」

媽媽看著外公，想像外公十二三歲騎馬跨槍的樣子，很羡慕。

外公接著說：「有一次，爹爹帶十幾個衛士去查案子，經過一塊高地，發現四周有人馬集合過來。爹爹馬上命令人馬列出方陣，槍口朝外，上滿子彈。四周賊盜慢慢移動，連連合圍。」

「爹爹放槍了嗎？」媽媽聽得心裡著急，搶著問。

外公說：「沒有。賊盜越來越多，要打可能也打不過。爹爹的一個跟班，叫作富安，是爹爹家一個老傭婦的兒子，才十五歲。他騎馬打槍的本事很高，所以爹爹常帶著他出巡。這個富安跪到爹爹跟前說：事情不好，我願進城求救。爹爹答應說：一路小心。富安飛身上馬，往洛陽奔。賊盜曉得他進城求救，派一小隊人馬追他，都是一色單響毛瑟和快馬。富安曉得他如果射擊追兵，一定引起追殺，他一個人一定打不過，所以只朝天開槍，一連六響。追兵馬上停住了。他們曉得有五響毛瑟，是上好兵器。這下一連是六響，一定更了不得，不敢再追了。富安進了城，帶了援兵去解了爹爹的圍。」

媽媽問：「他用六響的槍嗎？」

外公說：「哪裡，他用五響毛瑟，打完時刻又放一槍單響毛瑟，聽起來像六響連放。」

「他眞聰明。」媽媽很是景仰。

外公說：「這段救命之恩的故事，陶家人永遠不忘，說給你，你也要記牢。」

媽媽說：「這樣好聽的故事，我當然不會忘。我長大，跟爹爹一樣去作大官，我也找個像富安一樣的衛士，或者跟你一樣去當兵。」

「你最好不要跟爹爹一樣作官，也不要像爸爸現在一樣當兵。」外公終於打好綁腿，穿上鞋子，站起來說，伸伸腿，說，「你去學音樂、學美術、學物理、學文學，學什麼都好，就是不要從政，幹什麼都比我們作的這些好。」

說完，外公走到窗口，站在媽媽身邊，一手摸著媽媽的頭髮，望著窗外，說：「爸爸現在做的這一切，就是爲了讓你們以後不必再重複作。你們長大了，應該有比我們好得多的生活。那時候，沒有人壓迫人、沒有賊盜、沒有戰爭、沒有災難，人人自由，做自己喜歡做的事，人人幸福，安居樂業。好了，我們去刷牙洗臉，一會又要吹吃飯號了。」

外公領著媽媽走出宿舍樓，順著校園湖邊，往飯廳走。雖是一月，天不很冷，湖水很清，湖邊的樹和房都倒映在水裡，輕風吹過，微波漣漪，樹呀房呀都浮動起來，好像夢裡一般。

武漢軍校的全名是國民革命中央軍事政治學校武漢分校。中央軍事政治學校總校在廣州黃埔，俗稱黃埔軍校，孫中山親自創辦，任命蔣介石作校長。黃埔軍校武漢分校，仍由蔣介石作校長。武漢分校校舍在兩湖書院舊址，大門裡面，是一個湖，湖右一條路通到軍校訓練部，湖左一條路通到軍校政治部。外公和其他政治教官的宿舍在政治部樓上。

外公領著媽媽，正走間，忽然看到一群人，從軍校大門口走進來，朝左一轉，往他們這邊走過來。那一群人中有外公早先在上海就認識的周佛海、惲代英和到武漢後剛見過面的鄧演達等幾個。這些人好像都微微彎著點腰，圍著人群當中的一個人。那人個子並不比周圍人高大，但他因昂首挺胸，顯得比旁人魁偉。他甩動兩臂，大踏步走路，威風凜凜。這人身穿咖啡色西裝，打著黑色的領結，沒有戴帽子，握一根手杖。這身裝束，在一群灰布軍裝之中，非常顯眼。此人眉不算濃而黑，眼不算大而亮，鼻不算高而直，嘴不算闊而厲。四十出頭，前庭飽滿，面色紅潤，目光閃爍，神態威武，非常人可比。

一群人疾疾走來，沒有人注意外公，沒有人跟外公打招呼。外公把媽媽一拉，躲到一叢樹後，待衆人走過，方才再上路。外公一直不說話，在想那人會是誰？黃埔軍校校長蔣介石，正領軍攻打上海，根本過問不了這裡的事，不會到武漢來。而且外公在報上見過蔣介石的照片，不是剛才那人的模樣。武漢軍校幾位主任，指揮管理日常軍政事務，權力很大，平時總是趾高氣昂。可在這人面前，彎腰曲背，陪著笑臉，可見這人非比尋常。武漢北伐軍，凡見穿西裝的人，就會罵資產階級，可對那西裝人士，卻畢恭畢敬。他會不會就是汪精衛先生？

外公正吃著想著，周佛海忽然急急跑進飯堂，東張西望，找到外公，跑過來，低聲附耳對外公說了幾句話。外公一凜，馬上坐直身子，目視前方，低聲問：「現在麼？」

周佛海答：「對，現在，馬上。」

外公站起，對劉同志說：「小女吃畢，請你把她送回我宿舍。我有事要隨周主任去一下。」

劉勤務兵站起，立正，敬禮，答說：「是。」

外公雙手拉拉衣襟，理理皮帶，正正軍帽，挺挺胸膛，隨著周佛海走出飯堂。

外公走後，勤務兵坐下，陪媽媽吃完飯，送她回到外公宿舍，囑咐她不要亂跑，在屋裡等外公，然後走掉了。媽媽待在屋裡，百無聊賴，後悔沒有聽外婆話，留在家裡。在家總有什麼可以玩，還可以到院子裡去。這裡，什麼也沒有。一間小屋，只一張行軍床，一個小書桌、一把木椅，連個書架都沒有。桌上有架電話，倒是好玩，昨天外公打過一次，對著話筒可以講話，卻不知怎麼打法，也不知打給誰。家裡沒有電話，不能打給外婆說話。

一會，外公推門進來。他臉色亢奮，雙頰通紅，眼裡放著光，軍帽在手裡捏著，頭髮上好像冒著熱氣。他一見媽媽，就小聲而興奮地說：「琴ㄚ，眞的就是他。我見到他了！」

媽媽問：「哪個？」

外公坐到床邊，搖著頭說：「我見到了汪精衛先生，跟汪先生談了話。」

外公說著，昂奮激動，一手抓住另一手腕。同汪精衛先生談話，只幾分鐘，外公對汪先生已是欽佩之至。他喘著氣說：「汪先生以革命先驅，當代英雄，卻如此蘊藉，平易近人，和藹可親。談起話來，上知天文，下知地理，古今中外，縱橫貫通，處事又是條理周密，眞國家領袖之材。汪先生雖馳騁革命數十年，卻並非一介武夫，而是名副其實的文人，我自己本是書生，自然對汪先生更敬一分。能追隨此人，三生幸也。」

媽媽說：「我要回家。回去晚了，姆媽要罵。」

外公先像沒聽懂，隨後明白了，站起身說：「對，對，我送你回家。」

回家路上，外公不大說話，好像仍然在一直回味與汪精衛先生的會見。到了家，媽媽一路大叫著衝進門，一看見外婆，就愣著了。外婆抱著祥來舅，坐在外間屋一個小凳上哭。

外公看了，忙問：「怎麼回事？」

外婆抹著淚說：「我今早帶泰丫去醫院換藥。醫院不理會病人，等半天醫生也不來。我求護士，護士不耐煩，自己動手，從丫脖子傷口拉出藥布，把一條脆骨拉出來。丫疼得昏過去。」

外公生氣地說：「你不能等我帶他去嗎？你曉得現在革命，所有人都不會好好對待別人。我穿軍衣，醫院會對我們好些。」

外婆傷心地說：「一路坐船來，泰丫已經四五天沒有換藥了。」

外公問：「現在怎樣？」

外婆說：「現在睡了，在床上，莫吵他。」

外公輕手輕腳走進裡間屋，走到床邊。泰來舅靜靜地睡著，好像睡得很香。他脖子上裹著厚厚的紗布，還是滲出紅色的血跡來。外公拉拉泰來舅身上的被子，泰來舅翻個身，嘴巴咂了幾聲，接著睡。外公走出屋，關好門，對外婆說：「我現在回軍校去請假，明天一早回來帶泰丫去找那家醫院算帳。」

第二天早上，外公回家來了，可是泰來舅不需要去醫院。幾個星期一直不好的傷口，竟然那晚上封了口，也不再痛了。外婆嘴裡還是不停的嘮叨：「工農革命，人命不值錢。」

外公說：「反正我今天請了假，不必回軍校去上班。帶你們去黃鶴樓走一走吧！」

聽說要出去玩，媽媽拍著手跳起來，泰來舅也跟著跳，可是脖子上圍了紗布，喊不出聲。

外婆說：「泰丫不能去，昨天剛流了許多血。」

泰來舅急得擺手，嚷出些聲：「不疼，不疼！」

外公對外婆說：「一起都去吧，出去走走，透透新鮮空氣，也好。你也一道去，中午我們就在黃鶴樓上吃飯。」

這樣，一家人坐了兩部人力車，到了黃鶴樓。站在黃鶴樓上，外公伸手指著外面的景色，一句一句，教媽媽背會李白的兩首絕句。面朝東，背下：故人西辭黃鶴樓，煙花三月下揚州。孤帆遠影碧空盡，惟見長江天際流。面朝西，背下：朝辭白帝彩雲間，千里江陵一日還。兩岸猿聲啼不住，輕舟已過萬重山。

外公說：「古人登樓吟唱，佳作極多。像范仲淹的《岳陽樓記》，眞是把湖光水色，一年四季，雨夜晴日，人心憂喜，都寫盡了，念起來不由怡然陶醉。那句結尾：『先天下之憂而憂，後天下之樂而樂』，更成了中華幾千年文化人的座右銘。」

日子在緊張忙碌和天倫之樂中過著。晚春五月，北伐軍主力揮師北上，繼續北伐勳業。忽一日，半下午，外公匆匆趕回家，對外婆說：「我們軍校明天要出發打仗去。」

外婆睜大眼睛，瑟瑟發抖，說不出話來。

三十一

半夜一點，外公趴在餐廳桌上喝酒，痛哭流涕。電話鈴響，外公沒有接，由它響了五分鐘才停。第二天早上外公不想起床，可是從上午十點鐘開始，三三兩兩，來人拜年，有愚園路各公館裡的達官貴人，也有七十六號的特務頭子，甚至幾個日本將校軍官也來應了應景。外公只好斜在床上，穿著睡衣褲，臉色臘黃，眼圈發烏，無精打采地寒喧幾句。送客時勉強下床，趿著拖鞋走走。上午也有人來過幾個電話，外公有氣無力地接了，說三兩句話就掛斷。大家都知道外公生病，看來病勢不輕，都不在意他神色態度，也不多坐，點個卯就告辭，都勸他好好養病。

那是一九四〇年陽曆元旦。

媽媽一早起來，樓上樓下跑了一圈，堂屋裡、餐廳裡、廁所裡，到處都乾乾淨淨，經過仔細擦洗。外婆一定忙了一夜，不讓外公醉酒的痕跡留下。她不願讓家人們看見，更不願讓外來人看出來。外婆並不知道媽媽昨夜一晚上坐在樓梯上，看見外公醉酒、痛哭，到廁所嘔吐。媽媽沒有對外公外婆提一個字。

「爸爸，昨夜好像有個電話響了半天，你沒接嗎？」媽媽找到個單獨機會，問外公，裝作她只在夢中聽到電話鈴響。

外公答說：「呵，我沒有接，那是高宗武先生。他今早又打來過了。」

「他……」媽媽要問高先生說什麼，但停住話頭。她不能問這種話。

到了下午三點鐘，再沒有外人來打攪了。外公像是好了一點，接了兩個電話，又打了幾個電話。將近下午四點半，忽然精神百倍，到廚房對外婆和廚子老李說：「我晚上要請客，請幾個過去的學生吃一頓晚飯。」

老李回家過了兩禮拜年假，今早回來幫忙，聽外公說，陪著笑臉答：「應該，應該。」

外婆罵：「你發瘋，一點也沒準備，兩三個鐘頭，你要我怎麼做法？改明天不行麼？」

外公說：「我已經約好了，不過幾個親近的學生，在北平時常來家裡吃飯的，隨便吃什麼都可以。煮麵就行，北京的學生，喜歡吃麵。」

外婆嚷：「元旦過年，一碗麵請客，你臉不紅，我作主婦還要臉紅。」

外公轉身走出廚房，不說話了。他曉得，外婆口齒利，嗓門大，喜歡罵人，但是她一定會快手快腳動作起來，到時候，什麼都弄好了。不知道的說外婆厲害，知道的都敬她火熱心腸，克勤克儉，爲這個家鞠躬盡瘁。外公自然知道她。

當晚七點半鐘，天色已經很暗，也很冷，除了路燈昏黃，弄堂裡一片漆黑。環龍路外公家大門開關了好幾次，客人們前腳接後腳來了，都很準時，也都穿著厚厚的棉大衣，包著頭臉。

晚飯開了。外公和客人們都坐下來，媽媽和幾個舅舅也陪著坐，都是熟人，沒多少客氣。三個北京大學學生，武仙卿是山東人，個子雖高卻瘦，說話輕聲輕氣，不像山東漢子，喜眉笑眼，金絲眼鏡，頭髮油亮，中山裝筆挺，領口的釦子都扣得嚴嚴的，脖子轉起來也不方便。曾資生，中等個子，相當瘦。他是湖南人，一口濃重的湖南腔北平話。他年紀比其他學生稍長，在家鄉已經結了婚，所以行為舉止都穩重得多。沈巨塵圓圓的臉，也是山東人，個頭短小，體格健壯，動作敏捷，說話快，嗓門大，短髮平頭，穿件絨衣。鞠清遠是北京師大的學生，山東漢子，身材高大，皮膚略黑，戴一副黑框眼鏡，說話聲音宏亮。

幾個人站的坐的，各自動手，整理桌上幾碟下酒小菜：豆腐乾、花生米、海蜇絲、松花蛋等等，一邊輪流著給自己倒葡萄酒。外公穩當當坐在飯桌頂頭，面無笑意，看著學生們忙。舅舅們也都端端坐在桌邊，看著外公的臉色，不敢亂說亂動。外婆領著媽媽，一個個從廚房端上菜來。飯做好了以後，外公說是些熟人一起吃飯，外婆可以招呼，早早把老李打發走了。

既是家常便飯，又是匆匆趕出，當然不成席，有什麼做什麼，川魯蘇浙閩粵湘皖，七拼八湊而已。不過也還有幾樣外婆的拿手菜：一盆糯米丸子，幾片香菇，錦上添花。一盤黑木耳炒豬肝，色澤紅潤，鮮嫩滑軟。一碗粉蒸肉，暗紅油亮，整齊豐滿，喜氣洋洋。一碟炒豆絲，刀功細膩，色澤清爽，辣香微醉。一大盤紅燒鯉魚，頭尾完整，幾絲青蔥白蒜黃薑黑木耳，配得魚身更紅，誘人滴下口水來。桌子當中一罐腰花參湯，更是外婆的驕傲。

外婆放下湯罐，一連聲說：「吃呀，吃呀，莫等，莫等，魚要吃熱的，等不得。這裡是薑蒜醬油，快吃。」說完回廚房去了。

外公拿筷子揮動，請大家動手。武仙卿則站起身，舉起酒杯說：「今天慶祝元旦，我們學生沒有宴請老師，老師反倒請我們。我們大家祝老師心寬體健，一九四〇年全年萬事如意。」

曾資生站起說：「對，對，對，老師要乾杯！」

沈巨塵站起擺擺手，說：「我們應該請師母也坐下一起乾杯。」說完，推推仍舊坐在身邊不動的鞠清遠說：「你老兄睡醒了沒有，參加不參加祝酒？」

鞠清遠還坐著說：「剛剛講過，要等師母嘛！」

外公轉頭招呼外婆：「你快來坐下啦！你不坐下，沒有人動筷子。」

外婆在廚房裡叫：「你們先吃，先吃，還有一個豬肚湯。」

鞠清遠說：「有了一個湯，還有一個湯，眞是湖北人。」

外公朝廚房叫：「你先出來坐一下，喝了這杯酒再去忙。」

「好好。」外婆嚷著，跑出來，坐在媽媽身邊。

滿桌人，大的小的，都站起來，舉著杯，說著喜慶話，喝下一口酒。放下酒杯，外婆又忙著跑去廚房。舅舅們高高興興舉筷子，揀粉蒸肉。媽媽不聲不響，並不動手，只是注視外公。她知道外公一定心裡有什麼事，要不然不會這樣突然請客。幾個學生都坐下，垂著手，看著外公。

外公彎著腰坐下，舉著筷子對衆人說：「吃，吃！」他突然好像有些結巴。

沈巨塵說：「老師……」

「我沒什麼，不要管我，你們大家快吃。」外公又說，嘴唇有些打抖。

外婆剛好端湯出來，看見了，大聲說：「你要請客，客人來了，不高高興興待客，掉麼眼淚！還不要不請，讓人家難過。」

外公說：「我只是想起，四年以前，在北平，我們最後一次這樣吃飯。」

武仙卿說：「是的，在大乘巷老師家裡。」

曾資生說：「廚子老邢做了一桌山東菜，高莊饅頭，銀絲花卷。」

沈巨塵說：「那時老師的北大經濟史研究所編完《唐代經濟史料》，已經出版。」

武仙卿說：「那天還有燕京大學的連士升。」

曾資生說：「今天也還缺何茲全，他如今還在重慶吧！」

鞠清遠說：「我並非北大學生，不知為什麼那天也應邀吃了酒席，無功受祿。」

沈巨塵說：「不然，我們怎麼有幸結識北師大高材生。老師常提他在北師大的得意門生，好像比我們北大學生強許多。」

鞠清遠紅了臉：「不要取笑。」

外公突然舉著酒杯站起來，對大家說：「你們幾人都是我得意的學生，其實現在已經不是學生，是朋友了。」

幾個學生見外公站起，也都趕忙舉著酒杯站起，聽外公說這幾句話，都很感動，忙說：「老師的學識，不是四年五年十年八年可以學到的。老師永遠是我們的老師。」

外公說：「記得那次在北平吃飯的時候，大家擔心日本人入侵平津，家國面臨危險，我當時準備一人離開北平，南下廬山，應蔣汪二先生邀，參加牯嶺國防戰略會議，拜託各位萬忙之中，分一分心，幫忙照看一下我的家人。」外公說到這裡，站著喝了一小口酒。

學生們都站著，卻不知說什麼好，靜靜地等著外公繼續。

外公穩了一下，又說：「你們這些年幫了我和我一家大小很多忙，我今天是要謝謝各位。」

說到這裡，外公突然打住，好像再說下去，就把握不住了。媽媽現在完全明白了，外公已經決定要離開上海，而且會很快走掉。他這是做準備，他走了之後，請這些學生幫忙照看家人。他這幾個學生不跟著他去香港嗎？外公這幾個親兵總跟在外公身邊的，這次外公眞一個人走，甚至不告訴他這幾個親兵，看來比以往更嚴重得多，外公必須保持極度機密。

鞠清遠大聲說：「老師爲國家安危四方奔走，生死不計，我們作學生的，雖不能替老師操持國家大事，若能幫老師解一點家人後顧之憂，絕不能推辭。」

武仙卿接著說：「很對！今天我們幾個都在這裡，就喝下老師這一杯酒，只要有我們幾個在，絕不讓老師師母師弟妹們有什麼危險。」

幾個文謅謅的學生此刻都豪氣滿胸膛，大口喝酒。

曾資生喝過酒，說：「我們幾個總會有人在老師身邊。老師有事，只管吩咐，絕無二話。」

沈巨塵拍拍胸脯接口：「對，赴湯蹈火，萬死不辭。」

鞠清遠倒笑起來，說：「老師不會要我們去跳火坑的。我們死了，誰來幫老師做事？我想，我們要盡可能活著，幫助老師才是正經事。」

外公說：「謝謝各位，謝謝各位！日後還會有事相煩各位操心，我替一家大小謝謝各位。兒女們長大以後，一定報答各位。」

說完，外公慢慢坐下來。學生們還想說什麼，來不及說，也跟著坐下。媽媽看著桌邊人的言談，心裡明白，外公要出走上海，鞠清遠一定知道，他跑到香港告訴外婆說外公想離開上海。曾資生可能也曉得，他閱歷多些，做事穩重些，所以外公會告訴他吧！其他幾人，好像並不知道外公要走。他們會跟著也走嗎？外公不告訴他們而獨自走了，他們會怎樣想，會生外公的氣嗎？他們還會幫外公的忙嗎？會幫一家大小的忙嗎？他們會繼續留在上海給汪精衛周佛海做事嗎？要是他們投靠了周佛海，我們一家怎麼辦？媽媽忽然一口氣問了自己一大堆問題，腦子都想疼了。

外婆端起菜盤，轉著圈輪流送到幾個學生面前，說：「莫只講話。菜冷了，快揀，多揀些，這個很好吃的……快，那麼一點麼？揀兩筷子……你不喜歡吃魚麼？就是，喜歡就好，多揀些，魚背上的肉好……快，你，豬肝有營養，啊！這片沒有切斷，整個一塊都揀去好了……」

飯桌上一陣忙亂。正說笑熱鬧間，老李突然跑回來，極輕地推開門，幾乎沒有任何聲息。泰來舅看到他側著身子進了門，驚奇地問：「你回來做什麼？」

衆人聽說，都回過頭，看到他。那廚子滿臉通紅，結結巴巴，說：「對不住，對不住，我忘記我的，我的……馬上走，馬上走，不打擾，不打擾……」

一邊說，一邊匆匆跑進廚房，不知取了點什麼東西，又紅著臉，匆匆跑出門，在門口還回過頭，說：「對不住，對不住！打擾，打擾！明朝會，明朝會。」

泰來舅跑出院子去，把大門小門都關緊鎖好。媽媽跑到後面廚房，鎖好通後巷的那道門。

外婆恨恨地說：「鬼鬼祟祟，想探聽我們講話。」

外公嘆口氣說：「何必這樣防著我陶某！」

武仙卿說：「七十六號有時做事也太過分些。」

「我跟汪先生十三年了，對他一直很敬佩……」外公搖著頭，停了一下，又說，「三年前在武漢，我們辦藝文研究所，汪先生住中央銀行二樓，我幾乎每天去見他。汪先生對我們極爲支持。有一次他忽然動身去長沙，發表了幾次演講，又忽然回到武漢。他當時的一首詩，傳誦一時，你們也都記得，其中有一句：**葉落又歸根**。沒有人曉得是什麼用意。原來是汪夫人陳璧君要他去廣州，轉香港，到日本去講和。他到了長沙，中途折回，不肯南下。那一夜，他請我吃飯之後，忽然對我說：『我這次與蔣先生合作，要合作到底。無論一時的戰況如何，定要合作到最後的結局。』那時，汪先生沒有違背蔣委員長另主和議的意向。香港一位姓褚的太太來找汪先生，要他主和。他對褚太太說，要我放棄抗戰獨自主和是不可能的，又表示要把此事報告蔣委員長。後來，有人從日本回國，請周佛海先生轉一份報告給汪先生，表示日本方面要請汪先生出面主和。當時汪先生大吃一驚，也曾說過同樣的話。」外公停下話頭。

外婆忙招呼客人們：「又不是上課，莫只是聽講，一邊吃一邊聽。」她說著，又站起身，爲客人們揀菜。

外公接著說：「我在重慶時，汪先生召集開過幾次會。當時中央全會決議戰和並行，蔣委員長負責指揮抗日作戰，汪先生負責主持對日和平努力。不打仗，少打仗，對中國人民總是好事。所以汪夫人陳璧君派人跟日本人談判多次，有了一些條款。一些中國人發現此事，表示對和議不滿。忽然之間，重慶方面把汪先生說成賣國賊了，逼得汪先生不得不離開重慶。汪先生先還不大肯，後來，禁不住陳璧君的勸，經昆明到安南，脫離了重慶。」

外公嘆口氣停下，外婆這次也不說話。衆人都靜默一陣。

武仙卿有心打破傷感，無話找話說：「老師，我幾次想找機會問，總沒機會，老師能不能給學生們講講牯嶺茶話會的故事？」

鞠清遠響應：「對對，一定很有意思！」

沈巨塵說：「那是最早商討中國抗戰方略的會，意義太重大。」

曾資生說：「高官滿座，名士如雲。」

外公不想傷了學生們的好意，勉強笑一笑，講起來：「當時七七事變剛過，牯嶺會上，平津來賓當然是重心。張伯苓、蔣夢麟、梅貽琦、胡適之幾個都去了。南京來的黨政要員反都作陪客。我們到牯嶺第二天早九點開會，在一個大樓的大廳裡。南京官員，久別老友，大家見面，握手都來不及。茶話會是中央政治委員會主持召開，汪先生是委員會主席。蔣委員長到會講話，做出戰端一開，只有打到底的號召。大會之後，到美國學校吃飯，飯後大家在胡適之先生房裡談天。分組開會的時候，蔣委員長專門來平津組聽大家談話。他不幾日離開，去前線指揮作戰。」

外婆站起身，打斷外公的話，說：「只講話，不吃菜，菜都冷了，我拿去熱。熱回來，只許吃，不許說話。」

幾個人都笑了，說：「師母辛苦，一定，一定。」

外婆領著媽媽，一個菜一個菜端進廚房去熱。

外公接著講：「茶話會邀請了全國各界都參加，延安共產黨也有人上山，但是卻不去會場參加商談。我跟周佛海兩個，會後專門去看望周恩來、林祖涵和秦邦憲三人。他們自然並非蒙面大盜模樣，人都很和氣，也很客氣。他們都表示，現在要動員各地的共產黨人和左派分子服從蔣委員長指揮，不大容易，要做很多工作。我曉得，共產黨從來沒有真心服從蔣委員長，不過被形勢所迫，不得不爲，爭取時間，積蓄實力。你們都還記得北平雙十二遊行？」

鞠清遠說：「當然忘不了。忽然之間，各個大學的學生幹部們跑到學生宿舍，動員大家參加一次遊行，只要上街去走一走，每人發一雙冰鞋。我們不知爲什麼，但都去了，不過走一走，白得一雙冰鞋有什麼不好。」

沈巨塵說：「我沒有去，到我們宿舍去動員的那個學生，我知道是共產黨北平臨時工作委員會的人，所以不去上當。」

曾資生說：「走了半天，才曉得是蔣委員長在西安蒙難，鼓動民衆要求全民公審委員長。」

外公說：「北京大學教授在王府井大街新開的豐澤園聚餐。胡適之先生很激動，說：『國民黨宣布要討伐西安，說明國民黨還是有人。我一向反對國民黨，今天我要加入國民黨。蔣委員長如有差池，中國要倒退二十年。』他說得好！那些左派們天天叫喊，打電報到西安，要求人民公審。哪裡曉得，共產黨中央從來不聽人民大衆要求，只按《資治通鑑》裡講的政治手段辦事。不過這次，倒是歪打正著，西安事變，和平解決。十二月二十五號，蔣委員長到了洛陽。」

泰來舅得意地說：「是我最先聽到，用我做的收音機聽到的。」

外公說：「對，我們聽到之後半個鐘頭，全北平到處是爆竹聲。」

沈巨塵說：「老師在學生大會上說：張學良畢竟不失英雄本色，陪伴蔣委員長到洛陽。」

曾資生說：「我記得當時台下與會的有許多東北大學學生，聽了老師演講，流淚不已。」

外公搖搖頭說：「政府遷到武漢。共產黨嘴上信誓旦旦，說要服從國民政府和蔣委員長，可是私底下卻組織遊行，紀念雙十二事變一周年，喊叫民主聯合政府。所謂聯合，就是說共產黨並不是服從蔣委員長和國民政府，而是跟國民黨平起平坐，分掌國民政府。我們國防參議會開會的時候，共產黨代表董必武明白說：『只怕國民黨不開門。只要門開一條縫，我們就擠進去；門擠開了，我們就撞進去；門撞開了，我們就打進去。』那些左派像黃炎培之類拚命喊好。」

武仙卿說：「國防參議會當時人稱小參議會。」

外公說：「不對。小參議會是當時中央要成立大本營，分六個部。第五部部長熊式輝，副部長周佛海，聘請各黨派人士參政，叫作小參議會。大本營構想後來撤銷了，小參議會也就沒有了。國防參議會是牯嶺茶話會後，大家到了南京，中央組織的一個諮詢機構。汪主席宣布名單，有共產黨的周恩來、秦邦憲等三人，還有張伯苓、蔣夢麟、梅貽琦、胡適之、傅斯年、羅文幹、蔣百里、黃炎培、梁漱溟、沈鈞儒等等，我也在內。到武漢以後，日本飛機每天早上空襲，我們還是照常開會。蔣百里將軍要求政府把大中學生留下讀書，以供長期抗戰中的工業生產與科學發展之用。他慷慨陳詞，聲淚俱下，滿座動容。」

外婆跟媽媽兩個，把熱好的菜又一次一個一個端上來，說：「不許談政治，只許吃。」

外公舉起筷子，對大家說：「吃，吃。不談政治，不談政治。」

幾個學生都拿起筷子，動手揀菜吃飯。媽媽坐下，暗暗發笑，要外公不談政治，在這樣的時刻，哪裡可能！外公平時一肚子笑話，歷史故事，可以講幾天幾夜，但是眼下這時刻，外公腦子裡恐怕全是時勢政治，哪裡還顧得上別的。

果然，外公又開始說話：「我由牯嶺下山到九江……」

外婆阻止他：「你不要又開始！」

外公搖搖頭，說：「我講笑話，不是政治。九江熱得要命，人人要爭著離開。我三天前訂了飛機票到南京，那天中午十二點到飛機場，是一架水上飛機，只能坐七個人。我們都坐好了，等起飛。一個大胖子外國人上來，足有二百公斤，自稱是南昌飛機工廠顧問，有軍事緊急任務，必須立刻動身。飛機公司的人打躬作揖，請求哪位客人讓一讓，沒人答應。我嘴上說不肯，心想，托運的行李要第二日才到，我也沒有急事，非要當天到達。轉臉從機窗裡看到江邊南陽輪升火待發，我就問飛機上的人：南陽輪要開船了嗎？那人急忙答說：對，我送先生去搭南陽輪，船票在公司頭上。我說：我到南京退機票，要打折扣嗎？他說：先生肯讓座，公司感謝還來不及，哪裡會打折扣！這樣我一分錢不用，坐南陽輪從九江到了南京。」

媽媽問：「他眞有急事嗎？爲什麼中國人老要讓著外國人？外國人有什麼了不起！」

曾資生說：「師妹說得眞對！」

外公接著說：「到了南京，我借住西流灣周佛海公館，每天去教育部，打聽北平的消息。那時師母大小幾人還都在北平。蔣委員長夫婦找我們幾人去開會，有張伯苓、蔣夢麟、梅貽琦、胡適之和我。張伯苓開口，老淚縱橫，說：『南開被日軍炸毀了，我幾十年的努力都完了！但是只要國家有辦法，能打下去，我頭一個舉手贊成。只要國家有辦法，南開算什麼？打完了仗，再辦一個南開。』胡適之先生建議蔣委員長，指示各地報紙不要攻擊張自忠。國際法上，兵臨城下，市長爲保護市民生命財產，與敵軍訂立臨時條款，是合法的，他相信張自忠將軍愛國。蔣委員長立刻說：『我要下這個令。我要以戰略打擊敵人的戰略。敵人的戰略是要不戰而取，我要他戰而不取。敵人要速戰速決，我要他戰而不決，我們一定勝利！』」

外婆插嘴，還瞪外公一眼：「吃，吃，吃，怎麼又講政治！」

突然聽到有人敲大門，泰來舅跑出天井，開了門。一分鐘後，聽到大門又關好。泰來舅跑回餐廳，把一個文件信封遞給外公。

三十二

外婆帶媽媽、泰來舅和祥來舅在武昌水陸街小屋住。外公住在兩湖書院的國民革命中央軍校，每日上課、斷案、參加群衆大會、作演講，跑東跑西，忙得要命，有時週末也不回家。

一九二七年，是激昂的一年。

忽然一日下午，外公匆匆回家，對外婆說：「我們軍校要出發去打仗。」

外婆一聽，愣在那裡半天說不出話。

外公說：「唐生智率領國民軍北伐去了，武漢空虛，夏斗寅便從宜昌沙市起兵東下，來打武漢，後面是四川軍閥楊森的部隊。夏斗寅先頭部隊是萬耀煌指揮的師，已經打到紙坊。」

外婆嚇了一跳，問：「耀煌二哥麼？」

外公說：「就是的，你的堂兄，離武漢還有四十里路。武漢政府下令，把我們軍校與武漢農民運動講習所合組爲中央獨立師，立刻會合葉挺的十一師，進軍紙坊，阻截萬耀煌部。」

外婆發愁道：「你要去跟二哥打仗麼？你一定打不過。二哥從小念陸軍小學，又上保定軍官學堂，最後北京陸軍大學畢業，作了將軍，很會打仗。」

外公說：「我當然打不過二哥。整個軍校也不知有沒有人會打仗，那些人都是政治教官。不過據說葉挺將軍很會打仗。他從廣州一路打湖南湖北，沒有人打得過他。」

外婆問：「你什麼時候出發？」

外公說：「我不知是否入編，還有一批人在學校留守，希望……我最好回去打聽。我若不上前線，今晚就回家來，我今晚不回家，就是上前線了。」

外婆說：「你一直想眞的去打一仗？」

外公說：「我怎麼會想去打仗？」

外婆說：「你決定到武漢來，我就曉得，你想眞刀眞槍打一仗，還要掛彩，作英雄！」

外公不說話。

外婆說：「你自己小心，只要不被打死就好。打不過了，讓他們捉俘虜。捉去了，莫逞能，求見二哥，二哥一定保護你。我們萬家人都通人性，二哥人很好，從小跟我很親的。」

外公還是不說話。

外婆說：「你要是讓二哥抓了去，留在他手下作參謀好了。他對部下很客氣，不像你們武漢軍校這樣。」

外公說：「你不用爲我想，我們是部隊，人多，總好辦。我想，武漢很危險，你們母子幾個，最好還是先回陶盛樓躲一躲。」

外婆聽了，渾身打抖，半天沒說話。

外公吃過晚飯，又匆匆回軍校打聽消息去了。外婆坐在灶前小凳上發呆，幾個鐘頭不動，等外公回家。牆上大鐘敲過十二點，外婆嘆口氣，站起身，走到臥房，開始收拾行李，準備離開武漢。她曉得，外公一定是參加編隊，出發前線，打仗去了。

第二天一早，天才濛濛亮，外婆便把媽媽和泰來舅叫起來，穿戴妥當，提個小皮箱，背好祥來舅，出了家門。頭一夜，她想來想去，沒有辦法，只好按外公的建議，帶孩子們回陶盛樓。要回陶盛樓，想當天趕到，必要一早出發。

剛到上海頭一年，媽媽不聽話的時候，外婆總嚇唬她說：「不要在上海住，我們回陶盛樓去好了！」一句話就能夠把媽媽制住。所以過了三年多，直到此刻，媽媽仍然依稀記得在陶盛樓的生活。聽說要回陶盛樓，媽媽鬧了好一陣，不願意走。可是，火燒眉毛的時候，由不得小孩子，外婆一把拉起媽媽，高聲罵著，出了門。媽媽眼裡噙滿了淚，再不敢出聲。

大小四口趕到江邊，找到陳鴻記運黃豆的船，搭乘回鄉。陳鴻記是二姑婆夫家的生意，三天兩頭有船在倉阜鎮和武漢之間跑運輸。陶家人從家鄉來武漢或從武漢回家鄉，只要趕得上，都搭乘陳鴻記的船。外婆那次帶媽媽到武漢看病，不曉得這情況，買船票搭客船，讓人家偷了包裹。不過也因此才經修女幫忙，找到盧醫生，救了媽媽的命。塞翁失馬，焉知非福。外公帶一家人離開老家去上海，在倉阜鎮搭陳鴻記的船到武漢，外婆才曉得了。這次回陶盛樓，搭陳鴻記的船，不花錢買船票。下午到倉阜鎮上岸以後，叫了一部牛車，回到陶盛樓老家大院。

望見黑漆大門，外婆眼淚便流下來。這大門喚出媽媽更多的童年回憶，陰沉的面孔，狂暴的吼叫，單調的紡車，後門外的木棚，驪珠姨的臉。媽媽向後縮，大聲喊叫，不要進門。大門開了，二福迎出來。外婆把眼淚一抹，橫下心來，抱著祥來舅走進去，媽媽和泰來舅只好硬著頭皮，跟進沉重的大門。

一切似乎都沒有改變。這個地方，大概從明朝初年開始，一切就都從來沒有改變過。朝廷換成滿清，不過留起一條辮子，穿起馬褂。辛亥革命以後，不過剪掉一條辮子，還穿馬褂。現在國民革命，連辮子也沒得剪，依舊穿馬褂，更什麼也用不著改變。太家婆依舊坐在堂屋正中，按著祖制，掌管家業。大姑婆二姑婆仍然住在娘家，吆三喝四，打麻將。

外婆領著三個孩子跪到堂屋地下，磕了頭，說：「武漢要打仗，情況很危險，昨夜希聖方才決定，讓我帶幾個丫回鄉，未及給母親老人家帶什麼東西孝敬，就只身邊五十塊大洋，請您老人家收下，日後買些參茸補身子。」外婆說著，伸手遞過一個紙包。

太家婆抓過，塞進大襟，仍然吊著臉，冷冷地問：「只你一人回來麼？」

外婆跪在地上回答：「帶了琴丫、泰丫和祥丫。」

太家婆問：「我兒子呢？」

外婆說：「軍校都上前線打仗去了，他也跟著去了。」

太家婆提高了聲音：「你爲麼讓他去打仗？你爲麼不拉住他？」

媽媽和泰來舅一聽那高聲，都害怕起來，跪在地上用腿挪動，躲到外婆身後。這種吼叫，以前充滿了他們的耳邊腦際，十分恐懼。上海三年，已有些漸漸淡忘，眼下這一吼，一切記憶都猛然回複，栩栩如生，讓他們驚恐萬分。祥來舅從來沒有聽過人吼，便大哭起來。

外婆說：「他是個男子漢，當了兵，我怎能拉住他。」

太家婆揮著手，不住聲叫：「我不聽，我不聽！你去把我兒子找回來，你去把我兒子找回來！我兒子打仗要打死了，我兒子要打死了……」

外婆跪著，不敢出聲。

太家婆一轉聲調，對外婆叫：「你願意看我兒子打死，你放他去前線！我兒子死了，我也不要活了！」太家婆一路大哭大叫，出了堂屋，回到她自己屋裡。

外婆背著祥來舅，和媽媽泰來舅一起，還跪在堂屋地上。媽媽和泰來舅不敢出聲，只是打抖，祥來舅繼續嚎啕大哭。

兩位姑婆早已跑進來看熱鬧，指著外婆，齊聲說：「你要害死你男人，還要跑這裡來害死婆婆，你好大膽！」

外婆說：「我不敢，希聖命我母子回來躲一躲。」

大姑婆叫：「你會躲，你男人爲什麼不能躲？」

二姑婆叫：「母親下了令，你立刻就去把他找回來，是死是活，找回來。」

外婆先跪在那裡，聽著姑婆們喊叫，愣了一陣，然後說：「我就去找他。」

姑婆們聽外婆開口，便停了喊叫。

外婆拉著媽媽和泰來舅，慢慢站起，又說：「外面兵荒馬亂，我把兩個大丫留在家裡，找到希聖，我們回來接。」

大姑婆喊：「不行，我們才不要替你養小癟三！」

二姑婆叫：「誰要聽他們吵，都帶去，不許留在家裡！」

外婆站著，渾身發了半天抖，鎮定下來，忽然仰起頭，提高聲音說：「這泰丫是陶家的兒，陶家的根。你們要我帶走，可以！到外面一炮打死了，你們莫說我不給陶家傳宗接代。」

這話倒把兩個姑婆說愣了。她們可以在家裡亂鬧，可是要說她們誤了陶家續香火，這罪名可太大，擔不起。

外婆見自己的話把兩個姑婆鎮住了，心裡得意。她在上海那樣大地方磨練了三年，到底算是見過世面，腦筋遠比守在屋裡的兩個姑婆好用得多。外婆想著，一手一個拉著媽媽和泰來舅，在兩個姑婆傻傻的目光中，朝堂屋門外走去。

走下堂屋外高台階的時候，二福跑出來，小聲告訴外婆：「老太太發話，把兩個大丫留在陶盛樓。不許帶去前線。」

堂屋裡，兩個姑婆一路大喊大叫，發著脾氣，摔東西打板凳，衝到後面花廳，去打牌消氣。外婆不說話，領著媽媽泰來舅，回到離家以前住過的屋子。他們走時什麼都沒有帶，現在屋裡已經空空如也。沒有床鋪、沒有桌椅、沒有燈盞，只有牆上掛的那幅米芾的字還在，軸上落滿了灰。外婆想起，他們一家離開時，外公曾遺憾，沒能帶走餐廳裡的關雲長塑像，花廳裡的幾幅字畫，還有這幅米芾的字。現在她回來了，這個屋裡，凡能拿走的都拿走了，剩下這幅字，說明沒有人要，應該可以拿走了。外婆想著，站在屋子中央，四面看看，沒有椅子可以站。外婆想了想，走到牆邊，彎腰拿兩個手從底下往上捲畫軸，捲到手不能再舉高，把捲好的字軸斜舉起來搖，把那掛字畫的線從牆上的釘上晃出來。一下沒成功，再晃幾下，到底把字畫摘下來。外婆把字畫又捲緊一點，塞到背祥來舅的包袱邊上。

媽媽和泰來舅看著，一時忘記了哭。外婆轉回身蹲下，拉拉媽媽的衣領，拍拍泰來舅的褲子，說：「你們兩個大了，自己住在這屋裡。我帶祥丫去找爸爸，找到了，回來接你們。」

媽媽摟住外婆脖子不放，哭起來道：「我會走路，走多遠都不叫喊。我跟你去！」

外婆說：「不可以。外面打仗，我不要你們打死了。泰丫還小，你作姊姊，要照看弟弟。」

媽媽不說話，只是站著哭。泰來舅也只是站著哭。

外婆直起身，走到門口，又折回來，囑咐：「在這裡，聽大人話，不許頂嘴，自己吃飯穿衣，莫亂跑，只在這屋裡等。聽見麼？」

媽媽哭著說：「姆媽，你一找見爸爸，就來接我們，莫遲了。」

外婆說：「我會，我再帶你們去漢口吃湯包。」

外婆不再說話，站起轉身，背著祥來舅，在兩個孩子壓抑的哭聲中，走出屋門，走過前院，最後走出大門。剛走上大路，外婆又忽然折過，從陶家高牆院外，繞過去走到後門邊。竹棚依舊，晚空依舊。外婆順那曾走過的小路，向野地裡走去。背上祥來舅看見天空雲彩，高興得手舞足踴。外婆快步走到驪珠姨墳前，跪下來，咬著唇，手捂著臉，讓淚從指縫中流出。好一陣，外婆才止住抽動，略微穩定，張開眼，放下手，看到墳堆上長滿的野草。

「珠丫，姆媽看你來了。三年了，你可好？」說到這裡，外婆又嚎啕起來。

背上祥來舅聽見外婆哭聲，也大哭不已。外婆跪在地上，雙手在墳堆上拔野草，拔得淨淨的，然後把拔下的野草攏到一塊，拿手捧了，走過一邊小樹下丟光。再回來查看墳堆，在旁邊地面用手指挖出一些新土，小心翼翼的雙手捧著，培到墳頭上，拿手拍結實。

她圍著墳堆培新土，說：「祥丫，這是姐姐的墓。記住，驪珠姐姐睡在這裡。她又聽話又能幹，會畫很好看的圖畫，會講很多好聽的故事。爹爹最喜歡她，可是她命不如你好，小小年紀受了很多罪，最後死了。珠丫，都怨姆媽！姆媽沒照顧好你，是姆媽不好，姆媽害的……」

外婆這樣培著土，一會對祥來舅說話，一會對驪珠姨說話。說一陣，哭一陣，哭一陣，說一陣，一直到整個墳堆都培上了新土，外婆才停下來，把手在衣襟上擦淨，再用手去擦那墳前小小的石碑。淚水流在石碑上，外婆便用自己的淚水擦女兒的碑，都擦乾淨之後，她用手指，伸在刻槽裡，順著筆劃，一字一字的寫。

「珠丫，姆媽一直想你，幾年了，遠在天邊，還是日日想你。姆媽每星期去教堂禮拜，都帶著你的畫，爲你禱告，求上帝保佑你在天上快樂。珠丫，姆媽在上海常看見餅乾，每看見一次，胸口就痛，就看見你抱著動物餅乾那時候的眼睛。珠丫，來世你再轉回姆媽肚裡，姆媽再懷你一次，再生你一次。姆媽再不讓你受一天罪，姆媽再不紡線，再不洗衣，姆媽整天陪你玩，陪你畫畫，整天給你吃餅乾，姆媽再不讓你死了！珠丫，答應姆媽，再跟姆媽活一次。」

不知過了多久，西邊天際最後一絲光亮也都消盡，四圍都漆黑了。外婆才擦乾眼淚，站起身，一步三回頭，背著祥來舅走了。她又見了一次她的珠丫，她又跟她的珠丫面對面說過一回話，她覺得心裡靜靜的了。她不怕天黑，什麼也不怕，她這就走到倉皐鎭江邊，搭船回武漢，去找外公。她一定要找到外公，回來接媽媽和泰來舅。

三十三

第二天中午外婆回到武漢。武昌城裡，大街上兵荒馬亂，許多店門都關了，過路人都低了頭，匆匆忙忙，只怕天上忽然落下炸彈來，砸到自己頭頂。水陸街小，整條馬路，沒有一個人，一些落葉在路面上飛旋打轉，劈劈啪啪響。兩側住家院門都緊緊鎖著，房子裡悄無聲息。外婆一個人背著祥來舅走路，聽著自己腳步，撲通撲通，撞到牆上，返回聲來，讓人心驚肉跳。

好不容易，外婆到了家門口，掏出鑰匙開鎖，叮鈴鏗啷，震天的響，嚇得外婆轉頭兩邊看，生怕驚動了什麼人，突然之間衝過來。房子裡還是她們走時的模樣，幾件要洗的衣服還泡在大木盆裡。飯桌邊椅上，搭了外公一件長袍。昨日媽媽不肯回陶盛樓，哭鬧時候打翻的那條板凳，仍然倒在地上。外婆扶起那板凳，仍背著祥來舅，坐下來，望著空屋子，又是害怕，又是焦急。

她並不怕北伐軍打敗，或者夏斗寅軍打敗。北伐軍打敗，夏軍進占武漢，沒什麼可怕，堂兄萬耀煌自然不會爲難外公外婆一家。北伐軍打勝，外公凱旋，自是功臣，更是好事。外婆怕的只是，仗打來打去，不分勝負，整日槍炮不斷，外公的生命安全總在旦夕之中。而讓外婆更加焦急的是，如果仗打不完，外公回不來，她便無法回陶盛樓去接媽媽和泰來舅。

外婆發了一陣呆，覺得屋裡空蕩蕩的，又陰森又可怕，她們母子兩個，不敢住。外婆從桌子抽屜裡，取出一張小紙片，用鉛筆寫了幾字：借住堂姊家。然後起身，在自己的針線笸裡找出那個盛漿糊的大碗。每次外婆給外公或孩子們做新鞋，用麵粉打漿糊漿鞋底。大碗裡空空的，只碗邊還粘一點剩餘的漿糊渣，也都乾了。外婆用手指摳開乾硬的漿糊渣，裡面尚有點滴仍然軟著，外婆摳出一點，把剛寫的紙片貼在家門板上，鎖好門，背著祥來舅走了。

她往江邊走，去漢口。過了幾條街，她又轉身，想到兩湖書院軍校去打聽一下，看看國民軍現在在哪裡，仗打贏了沒有。走了幾條街，她又轉回身，決定還是先去漢口。她趕到江邊，搭了江輪，跑到漢口，找自己萬家的親戚。

開門來的是堂姊，萬耀煌的胞妹，我稱堂姨婆。

外婆見了，相求道：「三姊，希聖出外打仗去了。我帶兒女回陶盛樓，婆婆定要我來找到希聖回去，我一人住水陸街，實在怕，想在你這裡借住幾日。」

堂姨婆笑容滿面，連聲說，「快請進，快請進！自家人，本來請還請不來呢！」

進了屋，外婆看看，沒有一個人出來，覺得奇怪。

堂表姨婆笑了說：「跟你們一樣呀，都怕打仗，家裡人都跑回萬家大灣去躲，只留了我一個看家。所以你來了，正好我們作伴。」

外婆點點頭說：「倒不是怕人，只怕槍炮不長眼睛。」

堂姨婆一邊幫助外婆從背上解開祥來舅，一邊對外婆說：「你莫怕，希聖和耀煌在外頭是敵人，我們在家裡，還是一家人。你要住幾日，就住幾日。」

外婆聽了，感動得眼淚掉下一串。

堂姨婆又說：「如果耀煌二哥進了武漢，自然會保護你們一家人，希聖不必擔心。其實，你應該勸勸希聖，莫作什麼國民軍了。他那樣好的文筆，到二哥司令部裡，可以封他作將軍。你作將軍太太，有人服侍，過幾天快活日子，不好麼？」

外婆嘆口氣，說：「我何嘗不這樣想呢，也勸過他。二哥打仗多麼厲害，國民軍怎麼打得過！希聖槍沒放過一次，連刀也沒有拿過，哪裡會打仗？可是，你曉得希聖脾氣，他哪裡聽我的勸說。只有這次打仗，他打敗了，吃了苦頭，但願才會明白過來。」

堂姨婆說：「希聖年紀還輕，血性方剛，不曉得天高地厚，以爲自己可以扭轉乾坤。」

外婆說：「他的脾氣，路見不平，拔刀相助，到處惹禍，沒有辦法。」

堂姨婆忽然想起什麼，急忙問道：「你說把兩個大丫送回陶盛樓了，哪日送去的？」

外婆說：「昨日。」

堂姨婆大叫起來：「昨日送去，此刻在我這裡。你昨夜趕了一夜船，今天才回來，大概一天一夜滴水未進，怎麼了得！快，快，先喝些熱湯，骨頭煮了一夜，正好。我是剛剛吃過了，這些飯都還熱著，你吃些，我來幫你端菜添飯。冰如，不是我作姐姐要罵你，你不可以這樣蹧蹋自己的身子。你大的小的三個丫，自己病倒了，丫怎麼辦法？」

聽堂姨婆一邊嘮叨，一邊手忙腳亂，添飯盛菜端湯，外婆心裡又是溫暖又是難過，眼淚不停地流。她坐在桌邊，像個小姑娘，聽著數落，不回嘴，乖乖地拿起調羹，盛了些湯，嘴吹涼，先餵到祥來舅的口裡，然後自己吃。

堂姨婆看見了，又嚷：「丫也沒吃奶，我燒水，沖乾牛奶……」一邊嚷著，跑進廚房去。

吃過中午飯，給祥來舅餵飽奶，放在床上，拍著睡著了。外婆走到客廳，跟堂姨婆坐著，商量怎樣打聽外公的消息。忽然聽得外面有人奔跑喊叫，外婆到祥來舅睡覺的屋子查看，怕吵醒。從窗上看見街上很多人奔跑，臉色都驚慌失措。外婆嚇了一跳，忙跑回客廳，對堂姨婆說：「是不是二哥打進武漢了？」

兩個人趕緊跑出大門去問，街上的人跑著，指手劃腳說，前線的傷兵都運回武漢了。

堂姨婆說：「二哥還離得遠，聽不見打炮。」

外婆聽到傷兵運回來，卻也急得要命，說：「三姊，丫睡著，我想把丫留在你家，三姊幫忙照看一下。我到醫院裡去問問，不知希聖在不在傷兵裡面！」

堂姨婆說：「那麼多傷兵，那麼多醫院，你曉得去哪裡問？」

外婆說：「只好一個醫院一個醫院跑，先在漢口跑，再過江到武昌的醫院裡去問。」

堂姨婆說：「那要多少日？傷兵每天都送來，你問過了，又來新的，你哪裡曉得。」

外婆站著發一陣呆，說：「我站在這裡沒有用，總要去找他。我現在也不曉得，我是盼著傷兵裡有他，還是沒有他。他受了傷，當然不好，可是總算活著，也算好。找到他了，我便可以回陶盛樓去接丫。他沒有受傷，當然好，還留在前線打仗，生命還有危險，說不定哪天又要受傷，或者打死，更不好。他不回來，我也不能回去接丫。三姊，我不知怎麼辦，心裡亂死！」

堂姨婆看著外婆，說：「你去吧，到醫院裡去跑跑，看看找得到找不到。不要太晚回來，回來吃晚飯。我幫你看祥丫。」

就這樣子，外婆心裡七上八下，又怕外公受傷，又想外公回來，喜憂參半，每天在醫院裡出出進進，一連幾日，走遍武漢三鎮所有各家傷兵醫院，可是一直沒有找到外公。

第五天頭上，外公忽然一大早回了武漢，不是送傷兵送回來的，是他自己跑回來，身體全好無缺。他趕到水陸街，在家門上看到外婆寫的小紙條，便坐船過江，找到漢口萬家。外婆不在，正在外面醫院裡查看傷兵。堂姨婆對外公一說，外公馬上趕出門去找外婆。

外婆外公兩個人，你找我，我找你，這家醫院出，那家醫院進。誰也沒找到誰，到了中午，不約而同，前後腳回到堂姨婆家，才算終於見面。堂姨婆端出飯菜來，兩個人都心事重重，並無相見之喜，站著不坐。

外公鐵青著臉，說：「不再多打擾了，我們回自家再吃不遲。」

外婆流著眼淚，抱過祥來身，綁到背上，說：「是，三姊，希聖回來了，我眞得趕快走。」

堂姨婆說：「總要吃了飯才能走。你家裡冰鍋冷灶，回去做，也麻煩。」

外婆說：「三姊，打擾多日，實在……」

堂姨婆說：「那麼帶上些乾糧吧，昨天晚上蒸的花卷，拿上些。」

外公外婆兩個人拿好乾糧，道謝告別，匆匆出了堂姨婆家。外公急得快步趕路，外婆好像更急，一直走在外公前頭。兩個人像賽跑，也不說話，氣喘吁吁，跑到江邊。外公衝進擺渡江輪的碼頭，準備渡過江到武昌。外婆一把拉住外公，走過渡輪碼頭，走去貨運碼頭。

外公跟著外婆跑，一邊問：「我們不回水陸街麼?我有話要對你講。」

外婆說：「我找陳鴻記的船，今天要回陶盛樓，接琴丫泰丫兩個，一刻不能遲。」

外公不說話了，隨著外婆找到陳鴻記的船。剛好有船當天回倉阜鎮，兩人趕忙上船，在艙裡坐穩。陳家的船夫相幫在船上火爐熱了表姨婆家帶來的花卷，又上岸買來一碗湯麵，外公外婆兩人分著吃了。又請船夫燒些開水，給祥來舅沖牛奶餵飽。都安頓好了，船也便開動。

外公拉著外婆，抱著祥來舅，出了艙房，坐到船頭艙板上去，躲開船夫們。暖風徐徐之中，船駛出了武漢，已見不到城市那些高樓房屋，周圍無人，都是稻谷田地，散發著臭味。外公外婆坐著，聽著船下的水聲。外婆抱祥來舅睡在腿上，輕輕打著鼾。

又過一陣，外公才附在外婆耳邊，低聲說：「我惹了禍事，鄉下農會把我告了。我這次回來，是撤職查辦。」

外婆嚇了一跳，忙問：「怎麼回事？」

外公忙擺手，說：「低聲，低聲，說來話長。我跟共產黨共事多年了，一直覺得他們理論講得好聽，像是很有道理。這一次親身經驗，對他們的無產階級革命有了切實了解，跟他們的理論背道而馳，實在可怕。我以前太無知，居然相信他們。」

外婆不耐煩，打斷外公，問：「莫講這些，你如何惹禍？」

外公說：「鄉下農會，到處胡作非爲，殺人放火，我不許可，把他們得罪了。」

外婆說：「你們去跟二哥打仗，關農會什麼事？」

外公說：「我們還沒有開到紙坊，前面的部隊交幾次火，夏斗寅便全部退走，我根本連見也沒見到。」

外婆問：「為什麼有那許多傷兵回武漢？」

「誰曉得！」外公說，「我一槍沒放，一炮沒見。只在咸寧縣做了幾天農村工作而已。」

外婆又問：「你走哪裡，一定要惹禍！」

外公嘆口氣，說：「沒想到又是因為五卅慘案紀念的事惹禍。前年在上海，因為五卅慘案，我寫了文章，把英國捕房得罪了，打了好幾個月官司。你總還記得。」

外婆說：「吃官司的事，想忘也忘不了。」

外公說：「因為上海那場官司，我成了五卅名人。去年週年紀念，我們還在上海，蘇州學生聯合會請我到蘇州去演講。今年五卅那天，我在咸寧，咸寧的農會請我給會員們演講。演講會前一天晚上，農會書記來見我。哪裡是農民領袖，跟那個鄧演達一樣，分明肩不能挑臂不能扛，細皮嫩肉，卻要穿短襖紮草繩，一看便知是職業革命家。他對我說：『明天五卅紀念會，農會發了通知，遠近六鄉農民都要來參加。』我說：『農民不來也沒辦法，湖北鄉間農民，很少人曉得五卅是怎麼回事，不要難為他們。』那書記說：『農會命令，誰敢不聽，不來也要綁了來。』我聽了心裡不高興。他又說：『這次大會，要把兩個農會叛徒捆來當場槍斃示衆。』我想，農會這種組織，本來自願來去，哪裡有叛徒一說？有的農民先參加了農會，後來不要參加了，不來給農會做事了，農會便把他們定作叛徒。一被定作叛徒，便一定要殺才能了事。那農會書記清清楚楚對我明說：『這是他們黨的規章，不可不執行。』你曉得，鄉下農會，全是共產黨組織的。

外婆問：「後來怎樣？他們殺人，關你麼事？」

外公說：「我不能容許他們隨便殺人。聽完那書記的話，我對他說：『我不曉得明天大會要槍斃人。』」他說：『每次開大會都要當場槍斃人，否則農民不服從農會。』我問：『誰決定槍斃人？農會大家討論，還是某人決定？』那書記說：『書記決定。』我說：『你一個人決定。』他說：『對，農民什麼都不懂，只有我們領袖來作決定。』我聽了火氣上衝，站起來，瞪著眼對他說：『你聽好，我現在是中央獨立師軍法處處長對你講話。立刻廢除農民大會當場殺人的慣例，以後農民大會如果殺人，我就先槍斃你！』我當時大概神色嚇人，那書記滿臉是汗，聽完我的話，不敢出聲，就退出去。我跟出門，大聲叫副官，命令他帶十四個兵，持槍準備，到大會上去，準備逮捕那農會書記。第二天大會沒有槍斃人，那書記根本沒有到場。我料想農會領袖們一定不肯甘休。果然，那書記跑到武漢，找共產黨黨部告我。今天一早，命令下來了，調我回武漢，撤職查辦。」

外婆說：「你總是去管些閒事，惹是生非。」

外公說：「他們那樣隨隨便便殺人，沒有理由，不過為了殺雞給猴看，嚇唬農民，不敢不服從他們的指揮。這樣拿人命作兒戲，可不是閒事。我主管法務，不可以不管。」

外婆說：「你當年不寫五卅文章，不到處去演講，不來武漢，哪會惹上這些禍事。」

外公嘆口氣說：「我對他們革命的了解太不夠。」

外婆問：「你的上司呢？那周佛海不能替你說句話麼？」

外公苦笑笑：「他？」

外婆問：「怎樣？」

外公說：「五天前那晚上，我從家裡出來，先去了周佛海家。周佛海是軍校政治部主任兼校務委員會常務委員。我對他們說：『我是本地人，說本地話，換件衣服，就可以躲到鄉下去。你們外地人，最好到漢口法租界去躲一躲。』哪知其實他們已經在準備逃走，以為我去探聽他們行蹤，嚇得話也說不出。最後他們取出一件嗶嘰袍子送給我，想是為了堵我的口。我前門告辭，他們後門就坐車子走掉了。現在大概在漢口租界吃牛排呢。」

外婆嘆口氣，一陣沒說話，然後又問：「那麼惲代英呢？你說他是共產黨的要人。」

外公說：「在前線沒看到他。中央獨立師，是農民運動講習所的人指揮，都是共產黨。」

外婆說：「人都一樣，到生死關口，才看得出人心來。」

外公說：「這話不錯。商務印書館一個舊同事吳文祺，我曉得他那時就是共產黨，能言善語，一天到晚大道理。現在他也在武漢軍校，作政治教官共產黨小組組長。那一夜我從周佛海家出來，趕到軍校。全校師生都在改編，一團混亂。他一見我，忙拉我到政治部編隊，發給我一條三色帶，表示我要隨軍出發上前線。他自己一直打電話，跟他的朋友道別，說：『以後能不能再見，不可預料。這一別也許是永別。』我聽了，心裡很難過。第二天，軍校隊伍到火車站。吳文祺的女友在女生隊伍裡，碰見我問：『文祺來了麼？』我說：『我聽他跟所有人告別，想必會來。』可是，到火車開動，也不見他人影，臨陣逃脫。」

外婆說：「你跑回來，一條命總算保住，我擔心死了！現在只要琴丫泰丫好，就好了。」

外公還接著講：「多虧目前共產黨內部有兩派鬥爭，否則我這條生命斷不能活下來。」

外婆驚問：「共產黨原本會殺你麼？」

外公說：「農會連不肯參加的農民都要殺，我這樣明白反對農會書記，他們還能饒我麼？他們殺個人，同捏死個螞蟻一樣，不在乎。共產黨一派主張建立農民軍，向國民政府武裝奪權，那樣，我就死定。可是共產黨元老陳獨秀，說農民運動已經過頭。我們軍校政治部新任主任施存統，支持陳獨秀，所以保護我，只撤了我的軍法廳長，換作政治部秘書。」

外婆問：「你回了武漢，已經去過軍校了？」

外公說：「我回武漢以前，在金口接到施主任的命令。」

外婆問：「你又到金口去作麼什？」

外公說：「作一場演講。」

外婆說：「我曉得，已經撤了職，還要去惹禍！」

外公說：「早約好了，不可以改。到金口給一個團北伐官兵演講，決定還是先去，再回武漢。那個團派了車接我去，一路雞飛狗跳，水濺泥滑，路上人都憤恨，足見自古兵匪一家的說法不錯。我穿個草鞋坐在車裡，用手擋著眼睛，不敢看人。到了那地方，我發表演講，批評農民運動的錯誤。我站在官兵農民群中，把手四面一指，高聲說：『現在，農民並沒有起來。』這話我早想說，現在到底說出來。共產黨在武漢的領袖鄧演達，每次對北伐軍或者工會農會演講，總要拿手四處一指，說：『現在農民已經起來了。』我偏要說，現在，農民並沒有起來。」

外婆說：「你看，你專門惹是生非，眞沒辦法。」

外公說：「我實在憎恨鄧演達那一套。台下那些聽慣鄧演達演講的北伐軍和農會聽了我的話，大爲喧嘩。散會以後，官兵們和農會的人都不理我。我看到一些北伐軍官站在門邊說話，時不時看我一眼。我一想，不大對頭，怕他們已經接到武漢命令，要把我捉起來槍斃。我趕緊大步走出營地，也不要汽車了，一氣步行到江邊。風雨交加之中，走了半里路，雇到一個小划子，順江盪到武昌平湖門。腳踏上岸，才覺得這條性命尚在人間。」

外婆說：「你早晚要在演講上吃苦頭。」

外公說：「已經吃過幾次了。」

陳鴻記的船快，中途不靠岸，晚飯時分便到了倉阜鎮。外公外婆急忙下船，雇了馬車，趕到陶盛樓。這路上，外婆抱著祥來舅，再沒聽外公講話，心裡上下不安，惦念兩個孩子。

遠遠地，看到高牆飛簷，黑漆大門。對外公來說，熟悉的一切，親切又痛楚，突然掃去近幾日的煩惱，而代之以童年的歡樂、少年的幻想、青年的憂愁，以及結婚生兒育女的苦痛經歷。外公不由揚臉看看，好像在看是否能重新找到當年的一切。

外公想著，被外婆一聲驚叫嚇了一跳。抬眼看去，黑濛濛中，依稀看見媽媽和泰來舅，蹲在黑漆大門外高台階下面。一個張開大口的石獅立在他們的頭頂上。

「琴丫，你帶泰丫在外面做麼什？」外婆來不及下馬車，便站起來，大叫。

那邊媽媽和泰來舅聽到外婆喊叫，抬頭看到，馬車衝到面前。馬車一停，外婆把祥來舅往外公手裡一丟，跳下車，衝過去，手舉起來要打女兒耳光。可是她的手下不來，停在半空。

媽媽仰著臉，伸著兩手，沒有站起身，蹲在地上哭。才幾天，她的臉瘦得什麼都看不到了，只剩下兩個眼睛窩，眼淚一股一股地湧出，四處橫流。

外公下了車，蹲下身，一手抱著祥來舅，一手抱住媽媽，替她擦淚，問：「你兩人在外面做什麼？」

媽媽哭著說：「等爸爸姆媽。」

外公問：「你怎麼曉得我們今天來？」

媽媽說：「我們天天在這裡等。」

外婆摟過泰來舅，嚇了一跳，說：「泰丫這麼熱。」說著摸摸泰來舅額頭，大叫：「他發燒，燙死人了！」

媽媽哭著說：「泰丫肚子痛，拉稀，一天拉幾次。我擦不乾淨。」

泰來舅不說話，只是抱著外婆的脖子痛哭。

外公問：「他們沒人管你們麼？」媽媽搖搖頭。

外婆問：「你們每日吃飯麼？」

媽媽說：「沒人叫，我們不敢去。他們吃過，我們鑽到廚房，揀剩稀飯吃。」

外婆生氣，罵道：「那不是都冷了麼？怎麼吃得！吃冷粥，自然要拉肚子。你怎麼不懂事，給泰丫吃冷飯！」

媽媽又委屈地哭起來，抽泣得喘不上氣：「我餓，泰丫也餓。」

外公拍著媽媽的背，連聲說：「好了，好了，爸爸和姆媽回來了。不哭了，不哭了。」

外婆問：「你們在門外面，天黑也不回去麼？」

媽媽說：「天黑了，看不見了，才回去。房子裡沒有燈，夜裡什麼也看不見，嚇死人。屋裡沒有床，我們睡地上。半夜裡，泰丫喊叫冷死了。我抱他暖他，兩個人都睡不成。」

外婆抱著泰來舅，刷地站起來。

媽媽拉住外公的手，站起身，朝大路上走，嘴裡叫：「我們回家，我們回家。」

外公說：「等一等，總要進門去說一聲。」

媽媽跳著腳，大聲嚎哭，邊嚷：「不要，不要！我不要進去！我要回家，回家。」

外婆左手抱起泰來舅，右手從外公手裡拉過媽媽，三個人一道邁步，爬上馬車。外婆一邊大聲說：「我們回家，回家。以後我們就是死，也死在一道！姆媽再不跟你們分開了。」

外公站在黑漆大門口，抱著祥來舅，看著外婆三人上馬車。不得已，只好跟著他們走過來，走幾步，回頭看看那院門。這許久，院裡始終沒有一個人開門出來。黃昏早過，天色大黑，娘兒幾個乘著馬車，走過武湖。那一年，湖水涸竭，留下一片低窪的草原。從草原荒道仰望倉阜鎮，一座寨門，上有石額，大書倉埠鎮三字，雄視武湖。太平天國時期，長毛大軍，經略鄂東，破黃州府，敗八團練，圍攻倉埠鎮，四十多天，打不下來，退兵而去。

外公外婆帶了媽媽泰來舅祥來舅，連夜回到倉阜鎮，在陳鴻記的船上過了一夜。第二日一早開船回武昌，下午到岸，回到水陸街。不想剛進家門，幾個穿灰軍裝的北伐軍，便跟著進了屋。他們早等待了許久，此刻衝過來，二話不說，拿繩把外公一綁，就拖出門去。

三十四

外婆急得追出門大叫，媽媽也在後面邊哭邊趕。外公讓人一路拉著走，一邊回頭，對外婆說：「不要緊，不要緊，到軍校找周佛海，或者施存統，就可以問到我。」外婆停下腳。媽媽還要追趕，被外婆一把拉住，摟在懷裡。

外公已走遠，仍回頭連聲高喊：「先看泰ㄚ的病要緊，帶他去醫院！」

這一句話，提醒了外婆，趕緊拉起媽媽，跑回屋裡。泰來舅躺在地上發抖，半昏半醒。外婆趕緊把祥來舅綁到背上，前胸抱了泰來舅，對媽媽說：「我帶泰ㄚ去看醫生，你在家等我。」

媽媽拉住外婆衣角，說：「我跟你去。」

外婆說：「拉好，莫丟了。」

四個人便上了街，家門也顧不得鎖。紅十字會醫院不遠，外婆以前領泰來舅去換過藥，很快走到。進了門，看急診。免不了打針吃藥，然後回家。整整一夜，外婆摟著泰來舅，睡夢裡仍然驚叫幾次，到早上，泰來舅終於退了燒，吃了些熱飯。又吃過一回藥，重新躺到被裡，熟睡起來，這一覺則睡安穩了。外婆心裡焦急，惦念外公安危，想到軍校去打問一下，可又不放心把泰來舅一人丟在家裡，門裡門外，抱著祥來舅，出去進來，坐立不是，不知該怎麼辦。

中午過後，泰來舅終於醒來，外婆忙把祥來舅綁在背上，抱了泰來舅，拉著媽媽，準備出門，到軍校去打探外公的消息。

不想外公此時走進家門來，依然穿著北伐軍裝，戴著軍帽，背著公文包，見到外婆幾人，便蹲下身來，媽媽一見，張開雙臂，歡叫著撲過去，爬上外公的肩膀，摟著外公的脖子。外公抱著媽媽，站起身，一邊跟外婆一起往屋裡走，一邊大叫：「吃飯，吃飯，餓死了，餓死了！」

外婆抱著泰來舅，坐倒在床沿上，說：「我們要去軍校找你，冰鍋冷灶，哪裡有飯吃！」

外公把媽媽放到飯桌邊的椅子上，把背後公文包一拉，說：「我曉得，所以中飯都在這裡。泰丫如何？」說著把背包取下，放到桌上，從外婆手裡抱過泰來舅，查看他的體溫臉色。

「昨夜去看急診，打了針，吃了藥，昨夜睡不好，今天早上睡得好些。」外婆一邊說，一邊站起，走到桌邊，從外公背包裡取出幾個荷葉包，打開，展在桌上。幾個芝麻燒餅，一包五香牛肉，一包豆腐乾，一包熏雞。

外公說：「今早拉過肚子了麼？」

外婆走去廚房拿來筷子勺子，一邊答說：「沒有，好像拉稀止住了，打針最快。都是些雞和肉，沒有青菜，怎麼作一頓飯？」

外公說：「只能買這些乾東西帶，青菜都要炒熟，湯湯水水，怎麼帶法？偶爾一頓不吃青菜，不要緊，晚上多吃些青菜好了，不會生病的。家裡開水總有，只好喝開水。」

外婆說：「今早有剩稀飯，點火來不及了，開水熱熱吃算了。」

外公到桌邊坐下，把泰來舅放在自己腿上，動手幫忙媽媽在燒餅裡夾牛肉，遞給媽媽吃起來，又給泰來舅夾燒餅。外婆端了開水沖稀飯來，一人一碗，問媽媽：「好吃嗎？」

媽媽說：「好吃！我要吃雞。」

外公說：「自己用手抓來吃，這熏雞有點甜味，跟上海的差不多。那塊最好，吃吧！」

外婆把祥來舅從背上解下，一邊餵他，一邊自己吃，問：「怎麼回事？昨天綁你走？」

外公苦笑笑說：「不過虛驚一場。我被帶到軍校，關在一間小屋裡，地板上睡了一夜。今天一早，就放出來，什麼事都沒有，還去政治部作秘書。中午便回家來，下午也不去了。」

外婆問：「沒有人說明是怎麼回事麼？他們綁錯了人。」

外公說：「嗨，共產黨做事，做對了，吹得比天高。做錯了，從來不承認，一句話也不說。像我這樣，抓了就抓了，放了就放了，北京話說叫活該。我能怎麼樣，沒殺了我就算我走運。昨夜裡若是把我殺了，也還是這樣，我只有白送一條命。」

外婆說：「那麼你忍氣吞聲，白受一場冤枉氣？」

外公搖搖頭說：「只有這樣，沒理可講。從今以後，我不住軍校，每晚回家。」

媽媽高興地喊：「我跟爸爸睡，我跟爸爸睡，爸爸給我講故事，講軍校裡的故事。」

外公說：「爸爸現在可沒有軍校裡的故事講給你聽。軍校裡一天到晚亂鬨鬨的，不像過去那樣生氣勃勃了。操場上沒有列隊士兵操練，辦公室裡空空蕩蕩，沒人做事。今天上午，政治部大大一間屋子，只我一人，也無事可做，只是坐著發呆。」

外婆問：「是不是要出大亂子？」

外公說：「我估計局勢會有些動蕩。三月，蔣介石校長指揮北伐軍攻克上海南京，統一中國勝券在握。周恩來領導上海工人三次暴動，與北伐軍發生對抗。汪精衛先生從歐洲回到上海，見此形勢，四月五日與陳獨秀聯合發表宣言，再度號召國共合作。隨後汪精衛赴武漢，領導國民政府。四月十二日，蔣介石在上海發布命令，制裁工人暴亂，防止共產黨奪權。汪精衛先生不支持蔣介石之舉，用武漢中央政府名義，開除蔣介石國民黨籍，並宣布解除他北伐軍總司令之職。這樣一來，四月十八日，蔣介石在南京召開國民黨中央會議，成立南京國民政府，與武漢政府對抗，造成寧漢分裂。武漢政府原是從廣州遷來，基本上由蘇俄代表和共產黨控制。這樣一分裂，汪精衛先生自己就感到壓力，好像武漢政府是俄國的，南京政府是中國的。可是，汪先生哪裡肯讓南京政府罵作是共產黨的傀儡。看來，形勢會緊張起來，武漢也是風雨飄搖。」

媽媽聽不懂，不出聲，只顧吃五香牛肉。

外婆舉手拍了媽媽的手一記，說：「不許再吃了，牛肉吃多了要脹肚子。泰丫剛好，你不要生病。吃好了，去睡覺吧！在陶盛樓沒有睡好，現在讓你睡夠。洗了手，上床去。」

媽媽一邊往廚房走，一邊回頭問：「爸爸不走麼？」

外公說：「不走，爸爸今天下午在家，明天再去軍校。」

媽媽、泰來舅、祥來舅都睡了，三個一排，睡在大床上。外公坐在桌邊喝水。沒有茶，開水瓶水不夠燙，沖不了茶。外婆沒心思點火，坐在床沿，輕輕拍著泰來舅，看孩子們睡覺。

過了一陣，外公說：「我打聽出來，是軍校教官共產黨小組的人，下令把我綁去，還說要嚴厲查處。北伐軍總政治部主任鄧演達，不是軍校的人，也跑到軍校來，計畫處治我。他自稱是中國農民運動領袖，眼下是武漢政府權力最大的人，把武漢弄得亂七八糟的就是他。他聽人家報告，我專門作演講，說中國農民沒有發動起來，跟他唱對台戲，當然氣得要命，非要把我處死不可。還有一個叫郭沫若的，本來是個洋派詩人，出版過一本書，叫作《女神》，全是豪言壯語，中國典故，西洋典故，大雜燴。寫詩本來是在天上雲間的空想，這人又只會講漂亮話，卻偏偏要從政從軍，參加北伐，作政治工作。就是這批人，要整死我。」

外婆說：「北伐軍裡都是些這樣人，你還留在那裡做麼什？我們回上海去，書局裡一樣做事。要當兵，我們可以去找二哥，三姐說，二哥會給你作將軍。」

大門外面咚的一響，郵差走過，隔門丟進一卷報紙來。外公站起，走出院子，撿起報紙，邊走回來，邊嘟囔：「《民國日報》，有什麼好看，越來越糟。」

外婆沒聽清，問：「麼什？大消息麼？」

外公說：「哪裡，這《民國日報》有什麼消息，共產黨辦的報紙，都是宣傳，沒有新聞事實。嘿，說來好笑，現在到處鬧革命，武漢工人，動不動就罷工。逢年過節，江邊碼頭、工廠、商店，到處怠工。沒人做工，每天到街上去敲鑼打鼓踩高蹺。工人是無產階級，哪個敢管？連《民國日報》印刷廠也一樣，印不出報來。那報紙是共產黨辦的，總編輯沈雁賓就是共產黨，他沒辦法，只好召集工人和工會，對他們說：『我們的報紙是革命的宣傳機關，誰不給革命機關作工，誰就是反革命，要抓起來處置。』這才把工人嚇住，能夠出報。」

外婆說：「我燒點水，你泡茶，好不好？」

外公搖搖頭，嘆口氣，又說：「我原來一心支持工農革命，否則我不會回武漢來。可革命不是這麼個弄法。現在天下，一遇到無產階級，就沒理可講。只要是無產階級，一定正確，先入爲主，只論階級，不管事實，不講是非。那些共產黨，把無產階級掛在嘴邊，頂在頭上，就隨便殺人放火。有一次軍校學生在過江碼頭上，與碼頭工人發生衝突。總工會派人到軍校提出抗議。校務委員會立刻開會，決定集合學生，給那幾個工人披紅掛彩，送他們回到江邊，向全體碼頭工人表示敬意和道歉。北伐軍也到底不算無產階級。」

外婆不聲響，替幾個孩子掖掖被子，走到廚房，點火燒水，一邊洗菜，準備晚飯。

外公仍然坐在飯桌邊上，繼續講：「我最看不起的一個人，叫鄧初民。他是國民黨員，可是最沒骨頭。有一次我到漢口參加集會，講台上掛三張大畫像，中間是馬克思，右邊是孫中山先生，左邊是列寧。馬克思是德國人，列寧是蘇俄人，怎麼可以當作中國人的領袖，跟孫先生並列！演講的有瞿秋白、鄧中夏幾個，都是共產黨，宣布說馬克思主義在蘇俄是列寧主義，在中國就是孫中山主義，把孫中山說成是共產黨人。這位鄧初民代表國民黨最後講話，居然對著瞿秋白鄧中夏鞠躬又鞠躬，一氣不歇，說是給無產階級道歉，讓人毛骨悚然。」

外婆給外公沖了花茶，端上桌放下，任由外公亂說一氣。她曉得，外公有一肚子怨氣，在軍校裡不可以講，講了讓人聽到，又要綁起來住監牢，只好在家裡這樣講講。

自那日以後，外公果然每天回家過夜，而且不常常去軍校上班，能不去便不去，好像在家裡躲藏似的。過了好多天，一個夜裡，外公終於走到廚房，擠在外婆身邊，輕聲說：「時局緊張，武漢難以維持了。看來汪精衛先生也快要忍受不住，最後難免會在武漢分共，各求生路。這兩月，武漢街頭，傳說紛紛，社會動蕩，武漢政府行將崩潰。你立刻出去另找兩間小屋，要在僻靜地方，一旦危急，我們可以躲避一時。」

外婆前幾日在街上聽人說個偏方，板鴨湯可以治拉肚子，便買了只板鴨，此刻只顧忙著煮板鴨湯，給泰來舅治痢疾，也不細問外公的話，隨口答應一聲：「我以前看過福壽庵那裡有幾處房子，很僻靜，我去找兩間。只是我們手上一文沒有，租房子要錢。」

外公說：「沒錢也要想辦法，這事關一家性命，不可馬虎遲延。」

外婆這才聽出問題嚴重，抬頭看看外公。

外公踱著步，說：「蔣總司令三個月前宣布清黨，在上海血洗南京路。前幾天，湖南許克強以一個團兵力，宣佈反共，打進長沙。湖南各地農民聽說，紛紛響應，都跑去把當地農會領袖殺掉。這種局面對武漢打擊很大，共產黨國民黨都很震驚，難免有一場大亂。」

外婆說：「我明天就去找。」

第二天晚上，外公回家，外婆告訴他：「房子已經租好了，在漢口。」

外公說：「很好，越遠越好。怎樣的房子？」

外婆說：「後院住幾個傷兵，前面堂屋，左側住房東，右側兩間我們租下。」

外公呵了一聲。外婆說：「房東太太問話，我囑咐了琴丫答說姓萬。」

媽媽得意地說：「我對房東太太說，爸爸叫萬賢，從黃岡進城來找事做。」

「好，好，」外公誇獎道。一家大小都說湖北話，沒有什麼可懷疑的。

一夜無話，外公在床上翻來覆去睡不著。第二天晚上，下起小雨，外公晚上沒有回家睡覺。

外婆以為是下雨緣故，並不焦急。第三天中飯剛做好，一家人還沒吃進嘴，外公突然冒著雨，衝回家，臉色發白，對外婆說：「馬上收拾，搬去漢口。」

外婆問：「不吃飯？」

外公說：「不吃，搬過去再吃。」

外婆說：「外面下雨。」

外公說：「下刀子也要走。」外公邊說，邊動手開箱子，收衣服。

外婆不敢多問，急忙滅掉灶火。兩個鐘頭後，背著幼兒抱著病子，匆匆出門上路。傾盆大雨裡，外公提著箱子、網籃、行李卷。外婆抱著小的，領著大的。一家人找了兩部人力車趕到江邊，碼頭上沒有工人幫忙。外公外婆先把三個孩子放在地上坐好，淋雨等著，然後一趟一趟把十幾二十件東西，在雨地裡一件一件拖下江坡，再把三個孩子一個一個送下坡。下雨天，沒人願意搖船過江，外公摟著三個孩子，坐在江邊雨地裡打抖。

外婆沿江邊走，挨著船一個一個央求，終於找到一個好心人，答應用個小划子，送他們過江。於是，一家五口，冒著風雨，在長江的浪裡顛蕩漂浮，渡江到漢口。外公外婆照樣先把三個孩子放在雨地裡坐等，然後一趟一趟把行李包裹拉上岸，再一個一個把孩子抱上坡。然後外婆看管孩子東西，外公四下裡冒雨找到挑夫，把東西挑到新租好的房子。房東太太站在窗裡看，奇怪他們大雨天搬進來。

一家人裹著溼衣，一身泥污，顧不上說話，直進到自己房裡，關好門，都齊齊躺在地上，半天起不來。過了一陣，外婆支撐著爬起，打開行李，找出毛巾乾衣服。然後從小到大，一個一個把舅舅從地上拉起來，脫下溼衣服，拿毛巾把身體擦乾，再換上乾衣服。

舅舅們都換好了，外婆讓兩個一排坐在靠裡牆一張光床板上，遞給泰來舅一盒餅乾，分給祥來舅一起吃。然後又把媽媽從地上叫起來，蹲到靠窗前的另一張木板床上。外婆兩手拉開一塊床單遮在床邊，看著媽媽在床單後面脫下溼衣服，擦乾身體，換上乾衣服。媽媽換好了，外婆叫她也過去陪舅舅們坐著。這才從地上把外公拖起來，把他推到媽媽剛換衣服的床板邊。外公自己坐著，脫下溼衣服，擦乾身子，換上乾衣服。這好半天，屋子裡沒有一個人說話。

外公換好衣服，又往床板上躺，外婆叫起來：「莫躺，莫躺！床板全是溼的，你剛換好乾衣服，又要弄溼麼？」

外公正半躺下的身子突然折過，滾下床來。

外婆拿溼衣服先把床板上的水抹到地下，然後拿乾毛巾把床板擦乾。看見外公又要往床板上坐，外婆叫：「站著。」然後從行李裡取出一塊油布，鋪到那床板上，然後把一床褥子鋪上床，再鋪好床單，擺上枕頭，拉開棉被。

一切都做完了，才對外公說：「你睡吧！小的我也都抱過來。」

外公躺到床上，鑽進被窩，兩手墊在頭下，盯住天花板發愣。外婆把泰來舅祥來舅都抱過來，順著外公身邊，塞進棉被去，用棉被圍住他們三個的身子，讓外公的體溫暖兩個舅舅。然後去收拾靠裡牆的另外那張床板。媽媽在一邊幫忙從行李袋裡拿出床褥棉被。

兩張床都弄妥了以後，看著媽媽鑽在被裡滾動，外婆又把泰來舅祥來舅抱過來，放在被裡，跟媽媽三個一起躺著。外公一人躺在窗前的床頭。外婆把滿地的溼衣服都收攏，堆在屋門外面，明天問房東借個大盆洗，又對媽媽說：「琴丫，照看丫們，我做飯。」說完便到灶間去，自己換了乾衣服，然後生火做飯。

一家人等於空過了午飯，下午五點鐘，飯才做好，午飯晚飯合成一頓吃。外公堅持不到堂屋去吃，一家人就在自己屋裡，坐在土地上吃飯。外婆拿個枕頭墊了，讓泰來舅坐，怕他在涼地上坐了，又拉肚子。

吃過飯，外公仰在床上，望著窗外，茶杯放在窗台上。媽媽和舅舅們也都鑽在另外那床上的被裡玩耍。

外婆洗完碗回來，繼續打開行李整理衣服，問：「又怎麼回事？今天？」

外公說：「昨天七月十五日，軍校學生一早出去參加總理紀念週大會。排著隊，打著旗：擁護汪主席。擁護工農小資產階級獨裁。意思是繼續維持國共兩黨合作。我作秘書，留校公幹，沒有去大會。上午看隊伍高呼口號出發了。下午看他們垂頭喪氣回來。原來，汪精衛先生在大會上宣布，國民政府不再與共產黨合作。這實在嚴重得很。晚上臨下班，惲代英把我找去談話。他告訴我，時局在變化。武漢三鎭，駐漢陽的何鍵部隊反共。駐漢口的程潛部隊擁共。駐武昌的張發奎部隊，沒有表態。軍校決定跟農民運動講習所的人一起改編成教導團，跟第二方面軍南下。農民運動講習所是毛澤東主持，聽說他是湖南農民領袖。惲代英任命我作教導團政治指導員，派十名幹事一名、秘書協助我工作。第二方面軍政治部主任就是郭沫若，作我的上司。」

外婆有點不耐煩，問：「我們爲什麼要雨地裡搬家？」

外公說：「你聽我說。昨夜我沒回家，是領導軍校政治部員工辦結束。第二方面軍和我們教導團馬上要開拔南下，所有案卷、信件，乃至傢俱物什，一概造冊，準備移交。今天一早，我還在繼續收拾文件，一個人來找，說是奉惲委員之命，給我作秘書。我不認識他，但見過他領導軍校共產主義青年團活動，曉得他是共產黨。我問他：『第二方面軍政治部都是共產黨員麼？』他像不大明白。我說：『我可不是共產黨，怎麼跟你們一起工作呢？』這話一說，他臉色大變，立刻轉身退出辦公室去。我怕他去找惲代英或者郭沫若，派人來把我綁走。所以連忙丟下手裡東西，就回家，趕緊搬走。現在他們可能已經在到處搜捕我。我們在這裡須得避些時再說。」

外婆說：「他們要南下，你不要去，就不去，他們綁你做麼什？」

外公說：「你忘記我講過。共產黨，進去容易出來難。只要粘上一點點，他們便認爲你參加了共產黨，哪一天你不要再給他們賣命了，他們就判定你是叛徒。共產黨對叛徒，絕對不手軟，全部殺死。鄉間那些窮苦農民，跟著搶過一兩次糧倉，就算參加農會，後來不肯再去搶，就算叛徒，就要當衆槍斃。我這樣在北伐軍裡當教官，私自脫逃，更要定爲叛變革命了。」

外婆看他一眼，嘆口氣，沒說話。能說什麼呢，外婆一直反對外公跑到武漢來。

外公突然問：「那是什麼?你手裡剛拿出來的。」

外婆解開行李包裹，剛從一卷衣包裡拿出一個字軸。

「這是你的字畫。」外婆把字軸遞給外公，一邊說，「回陶盛樓，我們屋裡東西都搬走了，只這幅字畫，想是沒人要。我解下帶來，你天天忙，我沒有給你，怕你弄壞。」

外公坐在床上，小心翼翼，一點一點拉開字軸，米芾瀟灑舒暢的字，慢慢顯露出來，外公的臉上也好像開始放出光彩來，喃喃說，「如快劍砍陣，強弩射千里，所當穿徹。眞好字也！」

外婆伸手討回，說：「現在這樣子，我還是收起來，莫讓人看見。」

外公握著字軸，望著外婆，不明白她的意思。

外婆說：「莫讓房東或者後院裡的傷兵曉得你是讀書人。」

「對，對，收起，收起。」外公說著把字軸遞到外婆手裡，神色暗淡。

從此，外公整日待在屋裡，足不出戶。他除寫作之外，就是躺在床上看書。外婆也少出門，到街上去買菜時，會帶媽媽。她們先把外公寫的稿子交郵局寄給報館，同時買當天報紙，裹在菜蔬裡帶回家。外面找不見外公這人，可是外公文章卻隔不幾日，在報紙上刊出一篇。

外公一直不敢公開住址，所以報館沒法給他寄稿酬，家裡經濟很困難，一家人吃了上頓沒下頓。市面不穩定，只有銀元吃香，紙幣不值錢，交通銀行鈔票一塊錢只能買五根油條。有過三天，全家人上午下午光吃藕粉度日，而且沒有糖。

媽媽吃膩了，不要端碗，餓著肚子哭。外公躺在床上，一臂摟住媽媽坐在身邊，說：「藕粉自然難吃，比你和泰丫喝冷粥好多了吧？」媽媽不說話，擦乾眼淚，點頭。

外公說：「琴丫，你六歲了，能記事。記住，我們是從什麼樣的窮日子裡熬出來的。我們老家有良田千畝，住在老家，可以不缺吃不缺穿。可是那裡沒有我們自由的生活。我們丟掉一切，跑到上海創造自己的世界。我相信，只要自己努力，一定能夠奮鬥出來。記得嗎？我們在上海怎樣奮鬥，也是勒緊褲帶，可是我們的日子一天比一天好，對不對？」

媽媽靜靜地聽外公講話。不論在上海還是在武漢，外公總是很忙，難得像現在這樣整天待在家裡，可以不顧時間地跟媽媽講話。

外公接著說：「窮，沒有什麼，餓肚子，穿破衣服，都沒有什麼。吃得苦中苦，才能作人上人。只要我們努力上進，我們就能出人頭地，總有一天我們能吃飽飯，穿好衣。

媽媽聽著，重新端起碗，想把那碗難喝的藕粉喝下去，但是，喝了一口，還是嚥不下去，皺緊眉頭，眼淚掉進藕粉碗裡。媽媽費了好大勁，才終於把那一口嚥下，擦擦眼淚看外公。

忽然噹啷一聲響，打斷外公的談話，一家人都嚇了一跳，轉過頭去。

三十五

幾雙眼睛看過去，原來外婆一直不聲不響在找尋衣物，準備上街典當換錢買米，正抖落舊衣雜物之間，一枚銀元從什麼地方掉出來，噹啷一聲，在地上打轉。這一聲響好像驚天動地，外婆差點叫出聲。外公從床上忽地坐起，眼睛睜得溜圓。媽媽放下碗，跳下床，拾起銀元在手裡把玩。泰來舅也跑過來，跟姊姊爭搶。只有祥來舅坐在床上，靜靜望著這一群大人熱鬧。

外婆從媽媽手中拿過銀元，仔細看看，說：「這可以買一二斤肉，一袋米，幾棵白菜。」

媽媽搶著說：「不買藕粉。」

外婆說：「當然還要買。一個銀元可以過幾天？藕粉便宜，沒東西吃，只好吃藕粉。」

媽媽聽了，嘟著嘴低頭不說話。

外婆繼續說：「而且這錢也不能一次都用完，得留些許銅板，以後用，還要買柴燒火，到了冬天怎麼辦？」

外公笑了說：「那又不是一萬塊錢，還能用到冬天。到冬天，我們總能想出辦法來。我總有一天，可以出去把我的稿費都拿回來。」

外婆看他一眼，也不答話，轉頭叫：「琴丫，穿件外衣，跟我去。我們到平湖門外找人，可以多買些東西。你幫忙拿。」

媽媽問：「天熱，還要帶衣服麼？」

外婆說：「少囉嗦，要帶。」

反正只要上街，都好玩。媽媽歡天喜地，拉件外衣，跟著外婆往外跑。

外公攔住說：「先把你碗裡藕粉吃完才許走。空著肚子跑遠路，哪裡受得了。」

外婆也接著說：「吃完才走。」

一家人都看著媽媽。媽媽只好站在屋子當中，端起碗，吃一口，皺一下眉頭。但是，她想著，吃完了就上街，所以不歇氣，把那碗藕粉到底吃完了。外公拍拍手，翹起一個大拇指。

外婆說：「好了，走了。」媽媽提著外衣出門，苦著臉，嘴裡不住打嗝，藕粉味道，讓她噁心，走了好遠，才漸漸舒服下來。

路不近，沒錢坐車，用兩條腿走。街上不太平，橫七豎八，到處是賊眉鼠眼橫不講理的歹人。一夥一夥散兵，穿著各色軍裝，難認是真是假，不知是上前線，還是撤後方，在武漢三鎮竄出竄進。那些兵見到行人手裡拿些吃食，不論肉菜瓜果糕點，就要來搶。

外婆帶著媽媽走到平湖門外，找到幾個熟人，討價還價，總算買好一堆吃食。外婆自己脫下大襟外衣，把白菜大米包得一絲不露。又把媽媽帶的外衣拿過去，把肉和藕粉包嚴。兩人這才抱好了，走出店門。

十月天氣，街上人還都是短袖短褂，把長衣拿在手裡。外婆和媽媽兩手抱著衣服卷，順著牆根走路，也不顯眼。媽媽只有六歲，一路上只敢低頭跟在外婆身後，小胸膛裡一顆心跳得撲通撲通。這一路長得難耐，好像要走到天邊。好不容易，才走到家。進了門，媽媽把手裡衣包一放，躺倒地上，差點暈過去。不是累，是怕。

外公坐在窗口，兩手捧著頭，愁眉不展，見外婆媽媽走進來，也沒有抬一下頭。

外婆一邊收拾剛買回的菜米肉，一邊問外公：「又怎麼了？」

外公嘆口氣，說：「今天才看到，昨日《中央日報》有一則啓事，副刊編輯孫伏園說是找我有事商討。」

外婆問：「怕是武漢政府引你出頭，要捕你。」

外公猶豫片刻，說，「我也這樣想過，想不出結果來。我們躲了這麼久，報館從來沒有登過啓事找我。這孫伏園也是有名望的人，不至於肯讓武漢政府用他的名字作圈套。」

外婆問：「你要去？」

外公說：「自汪先生分共以來，從報上看，武漢政局彷彿已經平靜。國民政府名存實亡，無人主事。軍校人員隨第二方面軍南下，共產黨一定早已離開，不會留在武漢，由汪先生清剿。武漢應當不會再有多少人記得我，還要捕我。」

外婆說：「天天報上有你的文章，別人會忘記你麼？報館登啓事找你，說明他們沒有忘記你。要去的話，我替你去一趟好了。」

外公說：「我必得親自去。我起碼去討回這幾個月的稿費。討錢，你去討不回來。」

外婆說：「就算眞是報館自己有事，報上登出啓事來，政府看到，曉得你會上門去，恐怕也布了埋伏。我們還可以度幾日，不必爲這幾個錢，出去冒險。」

外公說：「我去討錢，不爲買米買油。我們躲在武漢，終不是長久之計。我們必得找些錢，設法逃出此地才好。」

外婆聽見，想了一想，才說：「今天已經晚了，明早再說吧！就算有埋伏，白天也容易逃開。我來燒晚飯。」當晚有米有肉，一家人大吃一頓，比過年還高興。

第二天一早，外公穿一件白色夏布長衫，戴一副墨晶眼鏡，打扮妥當。媽媽看了好笑，說是像大街轉角那個當鋪裡的夥計。泰來舅跳起來搶，戴了那副墨晶眼鏡，在屋裡繞了幾圈，才放手，讓外公出門。外婆說：「帶琴丫一道去，她現在會辦事。」

外公在門口停住，想了一想，說：「好，帶個丫更不引人注意。」

外婆又囑咐：「路上多小心，不要惹是生非。」

外公應著，領了媽媽，出門上街，過江到武昌。一路上，外公果然小心，老實走路。在渡輪上，外公爲避人耳目，帶媽媽跑到艙頂甲板上，不坐客艙椅子。不想，艙頂上早已站著另一人，穿件灰布長衫，頭戴禮帽，半伏舷欄，慢慢吸煙。那身影，那動作，好像眼熟。外公低頭細想一會，不由大吃一驚。他把媽媽叫到身邊，低聲囑咐說：「琴丫，你慢慢走到那位先生身後，不停步，直走過去，嘴裡叫一聲：施先生。只一聲就好，叫過以後，繞過煙囪後邊回來。聽到嗎？」

媽媽答應了，走過去，一聲施先生剛出口，趴在舷欄上的人一驚，回轉頭來。

這邊外公迎上前，拱著兩手叫：「施先生，久別無恙，不想在此重逢。」

施先生轉身一見，也忙拱手笑道：「原來是希聖兄。」

兩人緊緊握手，四目相對，搖頭不已。這位施存統先生，是大名鼎鼎的共產黨，夏斗寅進兵武漢那段期間，一度接任軍校政治部主任。

外公問：「施先生這是去哪裡？」

施存統說：「眼下不知道，有心北上，聽說北京大學招聘教授。」

「施先生要棄政從學了嗎？那不可惜了嗎？」外公有點意外。

施存統不正面回答外公的問題，反問：「希聖兄近來如何？」

外公說：「一介布衣，著文為生。」

施存統說：「我在報上常讀到你的文章，寫得很好。這樣也好，清靜瀟灑。」

外公說：「聽施主任話裡有話，不知可否容小弟分憂。」

「咳，一言難盡。」施存統停了一下，左右看看，壓低聲音繼續，「我這個主任早沒有了，連命也險些丟掉。」

外公說：「怎麼？施主任是共產黨員。共產黨殺自己人麼？」

施存統說：「不服從上級，跟中央不一致，當然要殺頭。」

外公說：「豈有此理，竟容不得不同言論，異己者必殺頭，未免太兇狠了些。再者，施主任的思想跟陳獨秀一致，何言不服從中央？」

施存統苦笑一下，說：「陳獨秀先生自己也在黨中央挨了批判，已經沒有領導權了。八月七日中央在湖南開會，整肅了一大批右傾分子，我也算一個。」

外公問：「什麼人如此厲害，能把陳獨秀先生搞倒？」

施存統說：「湖南的毛澤東，那人政治手段了得。」

外公沒說話，他知道這個人，在武漢主持農民運動講習所，但沒見過面。

施存統說：「本來我們黨裡也不是人人都曉得有這個毛澤東，他一直在湖南農會裡活動。據說參加過一九二一年浙江南湖小船上中國共產黨成立大會，不過……。」

外公笑了笑，沒說話。

施存統又說：「你不要笑，毛澤東據說也是你們北京大學出身。」

這一說，外公不禁仔細回想，北京大學以前有沒有過一個毛澤東。共產黨創始人陳獨秀是北大的學長，另一位共產黨創始人李大釗早年在北京大學圖書館任職，都有案可查。這一想，外公想起來，好像早年北大圖書館有個打雜的叫毛澤東。他不是北大畢業的學生，哪裡可以說是北京大學出身！當年傳說他要隨周恩來、鄧小平一起去法國勤工儉學，為此領了一筆錢到上海。他沒有去法國嗎？

沒有。上海十里洋場，女人在大街上露著白胖胳臂走路，還會朝人飛媚眼，讓人頭昏眼花，心眼發麻。毛澤東手裡的留洋經費便嘩嘩地流走了。過了十幾天，那一群人上船出海，毛澤東在碼頭上忽然宣布，他要留在國內研究中國的國情，不出洋去。他回到湖南老家，搞農民運動。毛澤東細細研讀中國歷史，精熟傳統權術，在窮苦百姓之中，行之有效，漸漸出人頭角，到底壓制住了陳獨秀、周恩來之流的西方理論，慢慢掌握共產黨大權。

施存統感嘆說：「時勢不同了。陳獨秀這樣書生論政不行了。毛澤東這種農民秀才草莽英雄要上台了。他們敢殺人放火，敢不講理。他現在已經把誰都不放在眼裡，將來不得了。」

外公陪了個笑臉，說：「施主任急流勇退，仍不失一條好漢。」

施存統說：「任他們胡作非為，中國大衆以後要受很多罪。」

「是的，是的。」外公想起咸寧的農民，讓那共產黨書記隨便槍斃，一陣心酸，說，「我從六歲開始念詩經論語，研讀中國史書凡二十年，原以為很懂得中國社會歷史文化傳統了。現在發現，還是沒有懂。一說鬧革命，以為可以用德國人學說，蘇俄人手段，一夜之間把中國社會變個樣，把中國傳統文化消滅掉。實在幼稚！」

施存統說：「從五四運動開始，我們努力要打倒傳統文化，給現在的國民革命鋪設思想理論道路，看來沒有成功。」

外公說：「五四運動哪裡要打倒傳統文化？那是你們共產黨的杜撰。我當時是參加者，我們一夥北大同學，根本沒有想過要消滅中國文化。那是後來許多文化人幹的事，所謂新文化運動。現在看來，結果是傳統文化並沒有打倒，新文化也沒有建設起來。其實一些熱中新文化的人，自己也並不明白新文化是什麼？就憑郭沫若那幾個人，能夠建設新文化嗎？一派胡言亂語，中不中，西不西，就算新文化了嗎？」

施存統說：「你未免過於刻薄了。」

外公說：「胡適先生，別人都說是中國新文化運動的旗手。他跟我一起在上海編《獨立評論》，最看不起郭沫若這一批人。」

施存統說：「那麼你說新文化是什麼？」

外公說：「我若是明白，今天不會站在這裡跟你感嘆了。我終日苦思，不得其解。我已經下了決心，從此以後，回過頭去，研究中國歷史社會文化，看看到底有沒有辦法眞的解救中國。」

施存統說：「不過，誰曉得，書生論政，秀才造反，從來沒有成功的。倒是農民起義成功過幾次，建立過幾個王朝。」

外公說：「那又怎樣？就算農民起義靠武裝建立起新王朝，李自成大順王朝活了幾年，太平天國活了幾年？即使朱元璋建立大明，維持三百年，最後還是要被推翻，並不能萬歲。」

江輪汽笛長鳴一聲，船到武昌，要靠碼頭了。

施存統附著外公耳朵說：「軍校政治部討論過許多次，始終決定不下來，要不要動員你加入共產黨。最後沒有拉你入黨，是想留下一個左派，在黨外與我們合作。」

外公倒抽一口涼氣，說：「難怪我對貴黨不恭敬的時候，那位惲代英派來的秘書大驚失色。他以為我也是共產黨，至少是共產黨堅定外圍。」

施存統說：「提出要你入，你便不能不入。你如果入了，今天生命如何，也不可知。」

外公恍然大悟道：「那第二方面軍教導團，可是到湖南參加了南昌暴動，秋收暴動？」

施存統微微一笑，不作回答。外公想想，毛骨悚然，連施存統伸手道別也沒感覺。分手的一瞬，施存統又附耳說：「秋收暴動是毛澤東親自領導。」說完，快步走下艙頂，消失了。

外公拉著媽媽茫然走出碼頭，背上冷汗溼透長衫。他才明白，那天幸虧被那秘書瞪了一眼，嚇一跳，跑得快，否則，隨教導團南下，必要參加那幾次暴動不可，性命難保。

一路想著，恍恍然走到中央日報社，也忘了先要查看一下周圍，便一腳踏進門去。待清醒過來，已來不及，若是周圍有埋伏，早把他捉拿起來。於是，外公硬了頭皮，橫下心來，看也不看一眼門外，對門房說找孫主編。那門房立刻打電話進去，說一位陶希聖求見。隔著電話聽筒，聽見孫先生大叫：「快請進來，快請進來！」

門房急忙放下電話，一路彎著腰，引外公七轉八轉上樓，到了孫主編辦公室。

孫伏園西裝革履，頭髮梳得油亮，一副金絲眼鏡後面，笑眼瞇瞇，快步走到門邊，雙手抱拳，連連打拱，頻頻點頭，不住聲說：「陶先生文筆出衆，久仰大名，今日得見，不勝榮幸。」

外公也趕忙躬身拱手，道：「孫先生主編副刊，萬衆稱謝，實在佩服。」

孫伏園說：「哪裡，哪裡，不過山中無老虎，猴子稱霸王罷了。」

外公道：「孫先生過謙了。」

孫伏園伸一隻手，說：「請坐，請坐。呵，這裡還有一位千金。幾歲了？」

媽媽伸出手比劃說：「六歲。」

孫伏園說：「上學了麼？」

外公坐在沙發裡說：「兵荒馬亂，我又東奔西跑，實在沒法送她上學。」

「還早，還早，要七歲才可以上學。」孫伏園坐回到大辦公桌後面，望著外公說：「希聖兄寫作繁忙，小弟不多耽誤時間寒暄。」

外公忙欠身說：「孫先生快言快語，令人欽佩。」

孫伏園取出一支香煙，自己用打火機點燃，忽又轉頭問外公：「希聖兄用煙麼？」

外公說：「謝謝，不會吸煙。」

孫伏園笑了說：「寫文章的人不吸煙，倒是少見。是這樣，中央宣傳部部長顧孟餘先生，讀了希聖兄的文章，非常讚賞，久有心意，想請陶先生再出來幫政府作宣傳工作。」

外公笑笑說：「果然政府還在找我。我當初私自逃脫，以為他們要逮捕我法辦呢！」

孫伏園說：「哪裡。武漢政府現在不是共產黨控制，而是汪先生國民黨領導，哪裡會為難陶先生？不光不會為難，還要重用陶先生。現在中央宣傳部決定要出版一份週刊，顧部長想請陶先生當主編。故此要小弟在報上刊出尋人啓事。不知希聖兄以為如何？」

外公站起身來，拱手稱謝說：「多蒙顧部長和孫主編垂青，實在受寵若驚。希聖若能勝任，當仁不讓。可惜陶某只不過會寫寫文章而已，作編輯則需又會作文又會經營商務，還要有才能管理員工，像孫先生這樣的人材才行，陶某是萬萬做不來的。」

孫伏園見他當下推辭，頗感意外，也忙站起，說：「希聖兄熟讀歷史，一定很清楚，這位顧孟餘先生，與陳公博兩人，並稱汪精衛先生左右臂。你從顧先生做事，就是作汪先生的幕僚。汪先生是國民政府主席，閣下將來前程可是不得了的。」

外公又拱手，笑著搖頭說：「實在感謝孫主編抬舉。陶某就是想做，也做不來。」

孫伏園沉默了片刻。他哪裡曉得外公過江來時，在船上與施存統有過那一番談話。外公現在更是決意要遠離政治，一心只作學問。

「顧部長不過徵求希聖兄意見，自然不會勉強。」孫伏園無奈，只好對外公拱著手，笑說，「不過，常常給我們報紙寫文章是不能推託的。」

外公也拱拱手，答說：「當然，當然。」

孫伏園又說：「我也會向顧部長舉薦，希聖兄以後也給顧部長的週刊寫稿子才好。」

「是，是。」外公說著，趕忙走出孫先生辦公室。

身背後玻璃門才要關住，外公忽然想起，轉身又推開門，探頭進去對孫伏園說：「對不起，孫先生，說來實在不好意思，不過，不過，一家大小等米下鍋……」

「哎喲，自然，自然，此事怎可怠慢！」孫伏園舉手拍拍額頭，忙說，「我們找不到希聖兄地址，不能寄稿費去，全數都存在編輯部裡。請希聖兄去找總經理楊綿仲先生。他在樓上一層，向右手走到頂頭那一間，門上有名片。我馬上打電話通知他。」

「多謝，多謝。」外公說著，拉上媽媽走上樓梯。

楊綿仲總經理不在，秘書小姐拿過一個封套，上書：**陶希聖先生親啓幾字**。打開一看，裡面裝了七十塊銀元，一張稿費單據。那位秘書又對外公說：「楊總經理留過話，以後請陶先生常寫稿，常來，來了直接找他，有什麼要求盡管提，一定照辦。」

外公點頭稱謝，走出楊先生辦公室。

媽媽問：「我們回家麼？」

外公點點頭，走到樓梯上，把銀元全部掏出，在長衫大襟裡面放妥，又把稿費單取出放進衣袋。然後把封套折了一折，走下樓，經過門房，把封袋遞進去，請門房丟到字紙簍裡。

出了報館的門，外公對媽媽說：「現在我們可以逃出武漢了。」

三十六

元月二日晚上，外公正請幾個親近的學生吃飯，有人送了一個公文封套來。外公放下筷子，打開封套，取出公文，看了一下，說：「愚園路通知，元月五日全體開會。」

一九四〇年元旦三天，彷彿比一年更漫長。

元月三日上午平平安安，彷彿沒有任何事情發生。外公整日默默無言，行爲也似乎如常。他沒有出門，電話也少打。然而，外公越是平靜，媽媽心裡就越是緊張，一直圍在他身邊，盯著他。媽媽怕外公突然改變主意，留在上海，在密約上簽字。她也怕外公眞的一個人走了，一家人也許從此再不能團聚。她怕外公或者終於不忍拋棄汪精衛，又不肯簽署密約，會一死以謝天下。她又怕高宗武弄不來密約照片，沒有將功折罪的機會。外公就算跑到香港，也還是死路一條。她自然更怕，外公要出走的打算被七十六號發覺，還沒走成，就被七十六號捉進牢裡去，結果不堪設想。挨到下午兩點鐘，外公在客廳裡突然對媽媽說：「我現在要出門，你陪我走一走。」

外婆在廚房燒水，叫起來：「你不要帶她去。萬一的話，莫把琴薰拖在裡面。」

廚子老李每天這個時間出外到市場去買菜，傭人趙媽照例也跟老李結伴上街，到洗衣店去取乾洗的衣服。兩人其實是去七十六號報告情況，外公所以選這個時刻出門。舅舅們都在樓上做各自的事，不理會樓下的動靜。外婆喊叫的聲音不大，但是非常嚴厲。

外公聽了，坐到椅上，說：「走，就要走定。如果知道會出意外，走不脫，不如不走。」

外婆剛走到廚房門口，望著客廳裡的外公和媽媽，聽見外公的話，愣了一下，又說：「我當然願你走脫，但是，這種事哪裡可以保險？萬一……我不要琴薰跟著……」

事情眞的要發生了，媽媽的心一下子提到嗓子眼，臉上通紅，一口口水沒嚥下去，卡住喉嚨，禁不住大咳起來。外婆問：「不舒服麼？」

媽媽急得說連聲說：「沒，沒……我可以陪爸爸出去。」

外婆囑咐道：「出門隨時要小心，聽話，莫亂跑。去換衣服吧！」

外公和媽媽便上樓，各自回屋換衣服。媽媽心裡緊張，匆匆收拾停當，在洗手間門前走過，看到洗手間門開著。外公在裡面，臉上打了肥皂，正仔仔細細地刮鬍子。媽媽靠在門上看，手心裡都是汗。外公刮好鬍子，又拿起梳子，來來回回地梳頭髮，伸著脖子，對著鏡子，好像要梳順每一根頭髮。外公平時不修邊幅，總是外婆安頓他穿衣理髮。外公常愛拍拍腦門說：這裡面飽滿，才眞好看。可是今天，他如此小心地打扮自己。媽媽看了心裡很難過。

看見媽媽站在洗手間門口，外公邊梳頭髮，邊說：「我忽然想起，我在北京大學念預科的時候，在北河沿住，同屋瞿先生喜歡下圍棋。我小時候只會下象棋，對方吃我老將，我就要打架。所以決定跟瞿先生學圍棋，磨練性情。下圍棋，輸掉三四十目，看不大出來，不會打架。學了些時，我覺得自己本事高強了，跑到東安市場一座茶館去，泡一杯茶，坐下來，大模大樣，跟人下圍棋。下到一半，有個人走過來，背著手站在旁邊，看了一會，搖了幾下頭，嘆口氣，走了。那意思是說：孺子不可教也。我看了，嚇了一跳。從此不敢再到那間棋社裡面去下棋。」

媽媽聽外公此刻講他青年時的故事，眼淚差一點落下來。外公離開香港來上海那天早上，也忽然講起他少年時的許多故事。外公放下梳子，又用手抹一下頭髮，朝門口走，說：「我也不是擺老資格。我學圍棋的時候，吳清源先生還只是個兒童。不過那孩子已露鋒芒，不可小視。」

兩個人前後走下樓。外婆站在客廳裡等。

外婆說：「走了。」

外公說：「走。」

「站住。」外婆又把外公叫住。伸手拉拉外公的領口，理理領帶，扯扯衣襟，又轉到外公背後，撣撣外公的肩膀。外公穿一身筆挺的深咖啡色西裝，戴一條暗紅色的領帶，腳穿一雙棕紅兩色的皮鞋，頭上帶一頂呢禮帽，一手掛一件長呢外套，一手提一隻小小的公文包。外公站著，由外婆去整理，一言不發。

外婆整理完外公，轉身看了一眼媽媽，說：「你這樣子不可以，去換件好衣服。又不是去上學，這樣隨隨便便的穿。」

媽媽問：「我穿什麼？」

外婆說：「旗袍，皮鞋，外面套那件藍呢大衣。」

媽媽咚咚跑上樓，急急忙忙脫下棉襖長褲，隨手丟在床上，從衣櫃裡取出最厚的一件紫花旗袍穿好，坐在床沿，穿上一雙長絲襪，彎腰套上黑皮鞋，然後又從衣櫃裡取出那件藍呢大衣，飛跑下樓。外公外婆還在客廳裡面對面站著，都低著頭，不言不語，等著媽媽。

看見媽媽下了樓，外婆轉頭對樓上叫：「泰來、恆生、晉ㄚ、范ㄚ，幾個都下來！」

四個舅舅聽見外婆叫，一齊跑下樓來，站在堂屋裡，看著外公外婆。泰來舅手裡拿著一本書，恆生舅一手捏個收音機晶體管，晉生舅三個指頭提著一支毛筆，范生舅兩手合攏捧著一隻大飛蛾。媽媽站在一邊穿上呢大衣，理頭髮，扣鈕子。

外婆指著外公說：「爸爸要出一次門，你們說一聲再會。」

舅舅們覺得有些奇怪。外公常常離家出外，有時一去好幾個月，從來說走就走，有時跟舅舅們連個面也不見，便走了。外婆從來沒有這樣專門叫他們所有人一起，跟外公說再見。

「爸爸，再會。」

「再會，爸爸。」

泰來舅、恆生舅、晉生舅和范生舅，前前後後，七嘴八舌，各說了一聲。聲音有高有低，有大有小，好像合唱。

「好了，再會。以後要聽姆媽的話，聽姆媽的話。」外公對舅舅們說，斷斷續續不成句。

外婆對舅舅們揮揮手，說：「好了，去吧。」

四個舅舅轉過身，慢慢依次朝樓上走。晉生舅一個手掌攤在毛筆下面，防止毛筆上有墨汁滴下來。恆生舅手舉在耳邊，搖著那晶體管，邊走邊回頭望樓下。范生舅在樓梯上絆倒，兩手不肯放掉大飛蛾，跌了一跤，泰來舅伸手把他拉起，然後一手拉著他，走上樓去了。

外公外婆和媽媽三個人默默地從客廳走出屋門，走過天井，到鐵門邊。還沒有拉開鐵門的時候，外公停一下，回頭看看外婆，說：「你保重。」

外婆也停下來，抬頭看看外公，說：「路上小心。」

外公隨後轉身，快速拉開鐵門，大步走出去。媽媽在後面跑了兩步，跟著衝出門。外婆立即在他們身後把鐵門關緊，然後靠在門上喘息不止。

外公專用的小汽車停在門外街上，司機老鄭站在車門邊。媽媽一見，嚇了一跳。她沒有想到，外公會這樣出門，自投七十六號羅網。

不容媽媽多想，外公對老鄭笑笑說：「對不起了，一點私人小事，要麻煩你跑一趟。」

老鄭一邊給外公開車門，一邊忙說：「應該的，應該的，陶先生不要客氣。」

原來外公專門叫老鄭來送他們，媽媽更不懂了，難道七十六號容許外公出走上海，還派車送他去碼頭上船嗎？如果真這樣，外公這許多日子的恐懼疑慮，不都是杞人憂天，多餘的了嗎？

外公扶著媽媽，坐進車去。老鄭坐進來，邊發動車，邊問：「那麼，陶先生是要去華懋飯店。」

外公說：「是的，一位在北京大學一起教書的朋友路過此地，久別重逢。他專門要女兒去見見面。他在北平時常見她，很愛她。」

「大小姐人見人愛。」老鄭甜言蜜語，微微一笑。

媽媽有些不自在，但忍住沒說話。心想，等會子，我們兩個都突然不見了，有你好看的。媽媽又想不通，外公去華懋飯店做什麼，到了那裡又怎樣能去碼頭？媽媽知道在汽車裡不能說話，使勁閉住嘴巴。轉臉看外公幾次，一個問題險些衝口而出，都被她活脫脫嚥下去，嗆得咳嗽幾聲。外公這一走，全看有沒有汪日密約照片得以公布於報端，方可將功折罪，以免殺頭之禍。卻不知高宗武先生弄到那密約照片沒有？外公既然今天走，便可能是弄到了，否則跑去香港，同是死路一條，何必要去。不過，也許汪精衛要逼外公在密約上簽字，他不肯，所以沒有密約照片在手，也只有走了。媽媽心裡七上八下，想不出所以然。

到了華懋飯店，下了車，外公問老鄭：「你也進去坐坐嗎？」

老鄭陪著笑說：「哪裡。先生可要我在這裡等？」

外公像是想了想，說：「也好，不過，我想我們會在此地吃晚飯吧！」

老鄭忙點頭說：「自然，自然。老友相逢，哪有不吃頓飯的道理！要的，要的。」

外公邀請說：「那麼過兩個鐘頭，要吃飯時，你一定進來一道吃才好。」

老鄭說：「陶先生客氣，不敢當，不敢當。這樣吧，我回去還有些事體，陶先生要車回家辰光，打個電話，二十分鐘就到。」

外公還堅持邀請道：「你一定不要吃晚飯嗎？還是一道進來吧！我打電話請你開車送我們來，就是要邀你一道吃飯。」

「謝謝，謝謝，再會，再會。」司機一路道著謝，滿臉是笑，開車走了。

外公站在飯店門口，一直到看不見這汽車的影子了，才拉住媽媽，不走正門，而順著南京路走開。飯店有九層樓，很氣派，正門上面又高出兩層，還有個高高的尖頂。沒有多少人進出，裡裡外外的人都是西裝革履，昂頭挺胸。外公穿的這一身，正合適場合，像是到這種地方來的客人。媽媽的藍呢大衣絲襪皮鞋也很漂亮。

到了飯店在南京路上的旁門，外公站在馬路上，壓低聲音，對媽媽說：「進這門口，左手走廊走過去，有個女廁所，你去一下。裡面有個女人，穿一件白色狐皮大衣，手裡拿根香煙。你不認識她，她認識你。你們不必講話。她會交給你一件東西，你拿好，塞在衣袋裡，回來給我。那是我的船票，萬不可丟失。」

媽媽說：「我知道。」

外公說：「琴薰，我今天就去香港。」

媽媽說：「我知道。爸爸……」

外公說：「我一出吳淞口就打電報回來。」

媽媽說：「我知道。爸爸……」

外公說：「然後，你們和媽媽一起逃出來。」

媽媽說：「我知道。爸爸……」

外公說：「幫我的人是杜月笙先生的弟兄們，在上海很有辦法。他們也會幫你們走。」

媽媽說：「我知道。」

外公說：「好了，我們進去吧。」

門口的僕役穿著棕色制服，袖子上繡了幾條紅線，頭上戴的帽子也繡了紅線，站得筆直，畢恭畢敬地給外公和媽媽拉開門。媽媽隨著外公走進門去。

一進了大廳，外公便對媽媽說：「去吧，不要多耽誤。」

媽媽不說二話，轉身走過大廳，轉過走廊，推門進了女廁所。一切都如外公所說，廁所裡果然有個貴婦模樣的女人，穿件白色狐皮大衣，一手拿香煙，正在描眉畫眼。見媽媽進門，快快把手裡香煙滅掉，把鏡前一攤瓶瓶罐罐裝進手提袋，轉身往門外走，經過媽媽身邊的一瞬間，腳步未停，左手一轉，已將一個小紙袋塞進媽媽手裡，那女人自己一直走出廁所門去。媽媽立刻把手連紙袋一起塞進衣袋，緊緊地捏著。她的心撲通地跳，很費了些力才穩定住氣喘。

或許是心理緊張，或許是外公左顧右盼的神情所引，媽媽一出廁所門，便發現飯店門廳裡似乎多了許多人。有的穿西裝，有的穿長衫，有的坐在沙發裡看報，有的站在角落裡抽煙，有的倚著門張望，有兩個人在大廳中央，好像站在外公左右，伸開臂打呵欠。

媽媽走到外公身邊，未及說話，外公把她一拉，就往大廳後面走。媽媽兩邊看看，周圍那些人，坐著的站起，站著的邁步，倚門的立直，打呵欠的二位，好像跟著外公一樣，也朝大廳後面走。外公不理會，一個勁走到飯店大廳後面，那裡竟然有一個後門。外公拉媽媽走出去，舉手召到一輛等在街邊的計程車，推著媽媽坐進去，自己也跟進來，對司機說：「外灘碼頭。」

車子飛馳起來，外公把一個手指豎在嘴唇前，示意媽媽不可說話，然後眼睛盯著車前面的司機反視鏡，借前排車座後背遮擋，伸手到媽媽面前。媽媽默不作聲，把自己的手從衣袋裡取出，張開，那個小紙包握在媽媽手心裡，四角捏折，汗津津的。外公拿過紙包，塞進自己衣袋，朝媽媽笑了一笑，又回頭從後車窗朝後望望，才出了一口氣。

車子幾分鐘就到了外灘碼頭，好幾群日本憲兵在各處巡邏。一個日本憲兵用槍托打倒一個中國人。另一個日本憲兵站在旁邊看，滿臉獰笑。

外公指揮車子停到上船旅客人群邊，急急忙忙把一張鈔票塞在司機手裡，便匆匆和媽媽下車，快步走去，隱沒在旅客之中。周圍都是人，嘈嘈雜雜。外公和媽媽一邊隨著人群往前挪動，外公一邊掏出衣袋裡的紙包打開，取出船票來，捏在手裡，然後對媽媽說：「我走了。你馬上離開，自己回家。」

話沒說完，忽然聽到有人在他們身後低聲叫：「陶先生，哪裡走？」

外公渾身一抖，忙轉身趁勢把媽媽一推，推到隔開幾人之處，然後抬起頭，看到面前站著兩個日本憲兵，瞪眼看著他。

三十七

遠遠地又見到上海了。一年多以前，外公帶著一家人，冒著被孫傳芳軍閥政府殺頭的危險，跑出上海，到武漢投身北伐革命。一年多之後，他們又冒著共產黨追捕殺頭危險，從武漢逃出來，回到上海。

那是一九二八年春。

上海好像沒有多大變化。這裡沒有武漢碼頭上的那種喧囂氣氛，沒有大標語，沒有集會，沒有槍斃人，沒有高帽遊街，也沒有碼頭工人工會大爺們東倒西歪辱罵客人。上海似乎很平靜。但是，外公看出，上海終究還是不一樣了。腳伕們雖然比武漢工會會員們客氣，但遠不像四五年前他們第一次從老家搬來上海時那麼熱情。給他們搬行李的腳伕，結結實實地打量了他們幾眼，才不大情願似地扛起行李，提起皮箱。他走路慢吞吞，落在外公一家人後面老遠。外婆抱著祥來舅，不住回頭看，怕他偷了行李跑開。

外公一手領著媽媽，一手領著泰來舅，走出碼頭，四周看看，樓房建築上依稀仍然能看出貼標語的殘痕。這裡那裡有些房屋被燒毀，半截斷壁煙熏灰黑，塌掉的屋頂裸露房樑木椽，像乾枯的手指，張牙舞爪。估計走近去，可能還看到槍彈孔和炮彈皮。這都是上海工人三次大暴動和四一二蔣介石清共戰鬥的遺跡。

不論經過了怎樣的大革命、大風暴，碼頭前後，大街左右，討飯的老人小孩，依舊追趕著下船的客人們。外公想起前次來上海，曾跟一個洋紳士大吵一架。眼下，他卻絲毫沒有這種心思，好像對乞丐們也沒有了那麼深厚的同情，甚或隱隱地還有些厭惡。這是他親身經歷了工農大革命以後的成熟麼？五四運動時火燒趙家樓的青年學生，五卅運動跟英國領事打官司的小編輯，投身武漢北伐政府的革命軍官，到哪裡去了呢？外公好像什麼都沒有了，革命傷了人心。

外公外婆帶著一群兒女，找到大沽路上一座房子住下來。這房子有兩樓兩底，外公只租樓底兩間大屋。後面一間作臥室，順牆放了一排床，全家都睡在裡面。外間作客廳、飯廳和書房。靠牆的藤書架上，外公鄭重其事地放上一套鉛印本《資治通鑑》，說：「辛苦許多年，積攢起來的書，失散的失散，焚毀的焚毀，實在痛心。不過，我們重新來過。到上海，不怕沒有書看，那些小書店還可以去買，圖書館也可以去看。商務書局裡都是朋友，可以去借。」

媽媽說：「所以家裡不要有書了。」

外公聽見，笑起來，拿一個手指指指自己的肚皮說：「家裡的書都在這裡。」

媽媽沒有懂，盯著外公看，不說話。

外公把媽媽抱起來，放在腿上坐著，說：「我給你講個故事。姆媽萬家，祖輩都是讀書人，學問好，不作官，家境窮困，遠近聞名，很多地方鄉紳豪門都到萬家大灣來請西席先生。有一天，一個有錢人家派人來請萬家的先生，看見先生坐在一個籮筐上吃飯，窮得連個桌椅都沒有。吃過飯上路，空著兩手，來人問：先生去教家館，不帶幾本書麼？萬家先生拍拍肚子說：書都在這裡，還要帶書麼？」說完，外公哈哈大笑。媽媽沒有聽明白，這樣的笑話，她還聽不懂。

外婆走到外公面前，遞給他一個紙卷，說：「在這裡，你把它掛起來吧，你的寶貝。」

外公把媽媽放下地，雙手接過，還沒完全打開紙包，從紙縫裡瞄了一眼，就跳起來，大叫：「米芾！」一邊小心翼翼打開字軸，拿手舉著，站在堂屋當中四周看，最後選中窗邊書桌和書架之間的一面牆。

外婆端過一把椅子，外公站上去，拿手比畫看高低，發現那牆頂上原有一個鐵釘，正好順手把字畫掛上，雖然不在正中，有點靠左，離書桌近了一點，也不大要緊。外公掛好，下了椅子，倒退著走幾步，站好，背起手，瞇起眼，細細地看那幅字。果然，字畫一掛，屋裡就不一樣了，多了景色，多了氣象，帶回家鄉的溫情，引動少年的遐想。外公臉上放光，搖頭晃腦，酒醉一般，陶然自得，旁若無人。

外婆不理他，自管自把帶來的東西都擺出來，然後坐下，轉頭這裡看看那裡看看，兩間屋仍然空蕩蕩，什麼都沒有。外婆把手一攤，亮出手心裡兩塊銀洋，對外公說：「現在，除了剩的這兩塊銀洋，我們一無所有了。」

外公看看大家，說：「我們有這房子可以住兩個月，避風避雨。我們有全家五口人安安全全在一起，就足夠了。我及時逃出來，沒有跟教導團南下，因此避免了參加南昌暴動、秋收暴動和廣州暴動。我們一家都還在人間，面前仍然有一片光明的希望。」

外婆看著腿邊的祥來舅說：「活下來就夠了麼？自然還得活下去才好。沒有在武漢讓槍炮打死，總不能在上海餓死。」

外公搖著頭說：「不要急，我想過了。我現在認識的人比幾年前多得多了。我明天去南京，會幾個朋友，總會找到一份工。」

外婆抬頭看著外公說：「要到南京去麼？在上海找不到事麼？回商務書局好了。」

外公看外婆一眼，說：「國民黨第二屆中央第四次全會剛開過。蔣總司令已經宣布，第二次北伐就要開始，機會比上海多。」

外婆說：「你還沒有北伐夠麼？又要鑽火坑？」

「我只是找一份工而已。」外公說了一句，看外婆一眼，閉住嘴。

外婆說：「你從武漢政府逃出來，躲了那麼多個月，現在又去自投羅網？」

外公說：「第一，南京政府跟武漢政府勢不兩立，我從武漢政府逃出來，遭到武漢政府追捕，自然南京政府會視我爲自己人。第二，武漢政府裡要追捕重治我的，是共產黨那些人，認爲我叛變了他們。武漢政府裡的國民黨人，並不仇恨我。我不跟隨共產黨，國民黨才高興了。蔣總司令和汪主席，還是要合作，許多武漢政府的人都跑來，在南京政府裡任職了。」

外婆不聽他說這麼一大套，把祥來舅放到客廳地板上，轉身走到後面灶房去了。

第二天，外公一個人到南京去。過了三天，又回家來。這三天裡，外婆帶著三個兒女，把最後兩塊銀元用完，剛夠買米買柴買小菜。外公一進屋，站在飯桌前面，從長袍大襟下，一個一個摸出銀元，堆在桌上。

外婆和媽媽圍過來看，外公頗得意地說：「這是我預支的薪水。」

外婆問：「找到工了？」

外公一邊坐到椅子上，一邊搖頭晃腦地說：「頭一天，總司令部總政治部宣傳處處長周炳琳先生約我作編纂科長。第二天中央民衆訓練委員會常務委員朱霽青先生任命我作科主任，設計指導民訓工作，還有一部專用人力車。第三天周佛海來看我。他受任中央陸軍軍官學校政治部主任，約我任政治總教官。看看……」

外婆還是不滿意，打斷外公說：「又給周佛海做事，又穿軍裝！」

外公說：「是的。」

外婆說：「你忘了武漢麼？」

外公說：「我自然不會忘，我也不願意在政府裡做一輩子事，那並不是我的所愛。不過，我需要一些時間，仔細想一想，我到底要怎樣做，好好做出個計畫。這段時間，大人小丫總要吃飯，像你說過的，不要在上海餓死才好。」

外婆說：「一定要到南京去，才能夠想麼？」

外公說：「我在南京任這幾個職，工作很輕鬆，並不需要用腦子，薪水頗豐，足夠養家糊口，還有專用車跑路，有政府宿舍可以免費住，省了家裡的花銷。」

媽媽在一旁聽到，很高興，插嘴問：「我們要搬去南京嗎?南京好玩嗎？」

外婆罵：「大人講話，小丫莫插嘴！」

外公說：「我們不去南京，還是住上海，以後更有機會。我已經跟他們講好，一個禮拜只在南京做三天，禮拜三晚上坐夜車回上海，禮拜天晚上回去。所以我每禮拜可以在上海四天。」

外婆說：「所以要多用許多火車錢。」

外公說：「那才幾個錢，我在南京可以在各處食堂裡免費吃飯，車錢也便省出來了。」

外婆問：「明天就開始麼？」

外公說：「昨天已經開始。二次北伐正在積極準備，我要在兩週內起草一些傳單標語。今天是專門送銀子回家。」

外婆說：「又要去打仗麼？」

「不會，都是伏案寫作的事，那些傳單標語，今天已經在火車上做出來。」外公說完，停了一停，又補充，「那裡的事情，我不會長做下去的。」

外婆說：「誰曉得，你禁不住別人幾句好話，什麼都做。」

外公說：「如果我禮拜三夜裡沒有回家，你禮拜四一早便發個電報到南京，催我速歸。」

這樣說好之後，外公在上海住了一夜，第二天一早，又匆匆回南京去。

一家人生活總算安定下來，雖不似在武昌軍校時那樣轟轟烈烈，卻也不必像在漢口躲藏時那般提心弔膽。一連幾個月，外公基本遵守約定，南京三日，上海四天。他回上海時因爲從辦公室直接到火車站，所以還穿著軍裝到家。到了上海，第二天一早便換長衫。外公雖然在南京黨部和軍校兩地上班，但對二次北伐已不那麼熱心。

在南京，他每天早上六點鐘起床，在家做點公事，上午十點又睡覺。中午十二點再起來，到食堂吃午飯。飯後去辦公室辦公，一直到晚六點，又在食堂吃過晚飯，才回寓所，又睡一會覺。

晚九點起床，開始伏案寫作，到半夜兩點左右止筆。夜間寫作，不是政府公務，都是自己的中國社會史論研究。

外公說：「我以前也研究歷史。可是經過武漢一年的風暴，才更明白，我的研究遠遠不夠。我還要繼續研究中國歷史，研究中國社會。」

外婆不滿意，說：「算了，少講這一套，丫們聽不懂。」

外公笑笑，說：「琴丫，泰丫，我帶你們去蕩馬路好不好？」

媽媽高興地跳，喊：「好呀，好呀！」

走出大門，看見郵差走來，媽媽便站住腳說：「等收了張叔叔的信，再走。」

外公說：「張叔叔哪裡會每天有信來！」

果然，那一天沒有張叔叔的信，媽媽隨外公和泰來舅去蕩馬路了。

媽媽所說的那個張叔叔，叫作張光人，是外公在武漢時的一個朋友，也到了上海。可是他行蹤不定，沒有固定住處，所以借用外公家地址通信，給他的信都寄到外公家。張光人大約隔一兩日來一次，取走他的信。外公派定，代張光人收信的任務由媽媽負責。七歲的小姑娘每天跑去看信箱幾次，從沒有誤過張光人一封信。張光人每次來，總帶給媽媽一根棒棒糖，以資獎勵。這樣過了些日，忽然間，張光人的信少了許多，又過些時，他不再來了。

媽媽不知怎麼回事，外公答說：「張先生到日本去了。」

其實，是外公壞了事。每日媽媽替張光人收信，都放在外公書桌前的窗台上。等張光人來時，媽媽取來一起交給他。外公在家的日子，每晚坐在桌邊寫作，便看到這些信。不幾次，外公發現，張光人收到的信中，絕大多數都來自漢口同一個女士。張光人每次來取信，見到有這位女士的信，便急急告辭，一面出門一面看信。外公終於有一天忍不住，見到信封不嚴，周圍沒有人，便偷偷把信拆開。信是鋼筆寫的，用的紫色墨水。開頭是「親愛的哥」，哥字前面空了一個字的空白，也許有什麼原因。外公突然童心發作，跑到街上去買了一瓶紫色墨水，回家來後，悄悄用鋼筆在那哥字前面的空白處加上一個「麻」字。張光人臉上有些麻子，外公想開個玩笑。

第二日，張光人來取信，彎腰遞給媽媽一根棒棒糖，媽媽把幾封信都交給他。張光人照例先拆開紫色鋼筆寫的信，一面出門一面讀。剛一出得門，他突然站定不動，發愣，然後又慢慢邁開步。外公在書桌前窗上張望，看到張光人後脖頸和兩個耳朵都變成深紅色，低著頭，一路走掉。從此以後，漢口來信漸少，而終於斷絕。張光人也不再上門來取信，不久，便到日本去了。外公心裡十分懊悔，但又不能對別人講自己的惡作劇。

夏天過去，秋天一到，外公外婆送媽媽去上小學一年級。暑假報了名之後，媽媽一天一天扳著手指頭數日子，等不及開學。

外公帶媽媽上街去買了一個新書包，黃色的小皮書包上，有幾道咖啡色的條紋，還釘了一個大蝴蝶。外婆買了一塊白布一塊藍布，照著街上小學生們的穿戴，做了一身白襯衫藍裙子。白襯衫有一個尖尖的翻領。藍裙子有背帶，兩個大玻璃釦，好看極了。媽媽試過以後，大喊大叫不肯脫下，外婆不管媽媽哭鬧，硬是脫下，熨平，掛起，到開學那天才可以穿。

開學那天是星期一，外公專門向南京請了假，那一天留在上海，送媽媽去上學。外婆給媽媽梳了頭，紮了兩個漂亮的小辮子。媽媽穿上新衣裙，一雙小黑皮鞋，背上新買的皮書包。小書包裡放了鉛筆、橡皮和一個小本子。然後媽媽拉著外公的手，走到學校去。

媽媽上的是鐵華小學，離家很近，走幾條街口就到。一路上，看到許多小學生在路上走。自己走路的，三三兩兩結伴而行的，是高年級學生。大人牽著手走路的，大多是一二年級學生。

媽媽路問好幾次：「學校好玩嗎？我不會講上海話，同學會不會欺侮我？」

外公說：「不會的，你上海話講得那麼好，跟上海人一樣，別人怎麼會看不起你呢？上海人勢利眼，有人問，你告訴他們，爸爸在南京政府裡做官，他們就不敢小看你了。」

媽媽問：「學校裡老師好嗎？老師會罵人嗎？」

外公說：「我想上海學校裡老師會比較講道理。不過，按中國傳統規矩，老師總會要打學生手板，也會罰站或者罰跪。」

媽媽說：「打手板痛嗎？」

外公說：「我不曉得，我從小沒挨過打手板。我的同學挨過，會哭，所以大概還是疼。」

媽媽說：「我不要打手板。」

外公說：「只要你聽話，老師叫做什麼，就做什麼，功課好的學生不會打手板。」

媽媽說：「我要功課好。」

外公說：「學校還是很好玩。記得我上小學的時候，在河南，爹爹在河南做官，所以我們都住在他的官府裡。有一次學校開運動會，我參加算學競走。一排學生跑二十碼，到一塊黑板前。那黑板上有三道算術題，我們跑到之後，立刻拿起粉筆算題。三道題全算出來之後，再跑二十碼，回到起跑線。誰先跑回誰得勝。」

媽媽問：「你得勝了嗎？」

外公笑了說：「沒有。我的算學不夠好，算題太慢。如果是答楚漢相爭、赤壁之戰的題目，我一定得第一。不過，那天我穿學校制服，黑色羽凌綢衣褲，胸前有一排金色鈕釦，上面刻龍徽，很神氣。我穿著制服，上前晉見來看運動會的河南巡撫，很覺得了不起。」

說著話，到了學校。外公在學校門口站住腳，跟媽媽招手再見，說好下午放學再來學校門口接。媽媽朝外公擺擺手，一蹦一跳進了校門。她早認得自己的教室在哪裡了。

媽媽上學頭幾星期，外公去南京的幾天，外婆早上送下午接。外公在上海的日子，外公早上送下午接。一個月後，媽媽習慣了，也跟鄰居小孩熟了，結伴一道走路上學。

十月中的一個星期二，外婆忽然收到外公從南京寄來一封信，要外婆馬上發電報，招外公回上海。外婆急急跑到郵電局給外公發電報。當天晚上，外公回到上海，還穿著軍裝。媽媽和兩個舅舅當然高興，外婆卻有些擔心。

外婆問：「有急事麼？」

外公說：「《新生命》月刊管發行的楊敬初約我明早談話。」

外婆問：「晚一天不行麼？」

外公說：「我實在也不喜歡在黨部軍校做事。」

外婆問：「吃過晚飯沒有？」

外公說：「在火車上吃了，節省時間。我晚上要整理文章，明天見楊先生要有東西出手。」

外婆說：「不能跟丫們玩一會麼？你早回來一天，丫們都高興死了！」

外公說：「我如果出書成功，以後跟丫們玩的時間會多。」

外婆說：「只要不必去南京，就好。」

外公說：「我前天給你發信，要你打電報叫我回家。那信被人看到了。」

「麼什？有人也拆你的信麼？」外婆以爲有人像外公拆張光人的信一樣惡作劇。

外公說：「軍校信件有專門檢查部門抽查，怕洩漏軍事機密。那天偏巧查了我那封信。」

外婆說：「那不難爲情死了麼？」

外公說：「幸好檢查官是個朋友，對我講了一聲，信還是發了。」

外婆說：「沒有說給別人聽麼？」

外公說：「到今天我走，好像還沒有，但是早晚要說出去，讓人作笑柄。」

外婆問：「笑你要我打假電報麼？」

外公說：「笑我大男子漢，離不得家。每禮拜回家四天，還不夠。」

外婆說：「管他們笑！又不犯法。」

外公說：「打假電報要回家，不犯法，也犯紀律。不過，我反正不想在那裡久做就是。」

外婆問：「會罰你麼？」

外公說：「不會，我同他們講好。明天會見過楊先生，就直接再回南京去補一天。」

外婆說：「明天穿什麼去會人家，還穿軍裝麼？」

外公說：「不，穿長衫。」

外婆說：「我去給你熨。」

那天之後，外公卻異常忙碌起來，連著幾個星期沒有按時回上海，在南京多做好幾天。回到上海，也不在家裡，整天跑到新生命書局。

十二月一天傍晚，寒風凜冽，夾裹稀疏雪片，全上海人都縮在家裡。外婆坐在飯桌邊做針線，媽媽坐在外公的大書桌上寫功課，泰來舅在地板上擺紙盒子。祥來舅照例一吃過晚飯就上床睡覺。靜悄悄之間，外公突然意外推開門走進來。

那是星期二，不該外公回家的日子。媽媽一見，把手裡鉛筆一丟，歡呼著跳起來撲過去，抱住外公。泰來舅坐在地板上，一手舉著個紙盒子，仰臉發愣。外婆忙站起來，盯著看外公。

外公沒有像往常一樣穿著軍裝回家，而是穿了件棉袍，肩上落了一些雪花。背後跟一個腳夫，拉進一隻大箱，一卷行李。

外公說：「我辭掉了南京三處任職，從此不再問政。」

三十八

外婆見狀，自然欣喜，忙去後面灶間燒了開水，泡了一杯紅茶，端出來，給外公消寒解乏。

外公坐在書桌邊的椅上，兩個膝蓋，坐了媽媽和泰來舅，正在大講火車上的小故事。

外婆問：「在上海找到事做了？」

外公聽見問，停下給媽媽泰來舅講的故事，喝完一口茶，應了外婆一聲：「沒有。」

外婆說：「家裡還有些錢，不急，慢慢找好了。」

外公笑了說：「我才不要再去找個差事，每天打卡上工。」

外婆聽了，有些不高興，說：「ㄚ們怎麼生活？」

外公隔著媽媽的身子，從書桌上拿起一枝筆搖搖，說：「從今往後，這就是生活。」

外婆說：「怎樣生活？」

外公說：「我們陶氏家教，一直是專心作學問。考中舉人進士，憑眞才實學，到朝廷裡去作官。現在朝廷沒有了，科舉也沒有了，政府裡作官的人，有學問的不多，盡是些投機鑽營、濫竽充數之輩。我研讀社會歷史法律，又經武漢風雨，自省只有作理論的材，不是從政作官的料。到政府作官，也不過所謂書生論政者也。現在有了機會，自然棄政從文，只論而不政。」

外婆問：「什麼機會？」

外公說：「按新生命書局楊敬初的意思，我把在《新生命》月刊上發表過的論文，以及若干大學演講稿編輯一冊，印書出版，年初便要問世。」

外婆說：「寫一本書能有多少錢，可以養家麼？」

外公說：「我本來主張印刷二千冊。楊先生作主印刷七千冊。印得多，錢便拿得多。」

卻不料，外公的書出版不到一個月，七千冊銷售一空，人家還在問。於是馬上出第二版、第三版，每版印出二千到五千冊。之後四年內印到第八版。

賣文爲生，書房和書桌便是第一要緊，於是搬家到蒲石路慶福里。那房子大一些，樓上兩間小屋，一間外公外婆和祥來舅睡，一間媽媽和泰來舅睡。樓下一間大屋作客廳和飯廳，旁邊一間小屋，外公用來作書房，放下一張書桌，兩個書架。牆上掛米芾的字，書桌上擺一盆雲竹。

外公每天在家，不論怎麼忙，每禮拜總有空帶一家人出去吃次飯，也會帶三個孩子到公園裡去玩。每天吃過晚飯，外公帶媽媽和泰來舅上街散一會步，外婆在天井裡栽種她喜歡的花。祥來舅每天吃過晚飯就睡覺，所以哪裡都不去。散步時，外公給媽媽和泰來舅講故事。看見什麼講什麼，想起什麼講什麼，外公肚子裡故事太多了，講一百年也講不完。

白天，外公在家裡主要時間都是寫作。每星期也有幾天到外面去講課，都是下午。他去江灣復旦大學中文系和新聞系講中國文化史，每星期兩小時。在勞動大學、暨南大學、中國公學和上海法學院也講一點課，甚至還在立達學園和復旦中學講授歷史，時間更少。兼職講課，收入低微，每月不過四十幾元。可是外公說：「講授中國社會結構，分析中國士大夫階級與農民的社會關係，及其與政府的政治關係，我樂意講，學生們樂意聽。」

媽媽把哪天外公去哪間學校講課的日程，都畫在一張小紙頭上，貼在樓梯口，每天早上看一次。有外公出外講課的一天，她放學一回家，便要外公帶她一起去。媽媽不會吵鬧，外公講課時，她在校園裡自己玩，或者在圖書館裡看書。她只想跟外公在一起，聽外公講好玩的故事。

外公說：「談論與演講，只要用心，是有效整理與鍛鍊思想的方法。一個作家，到處虛心求教，隨時用心觀察，熱忱懇談，傾心演講，到蒐集資料和下筆爲文的時候，就會有得心應手的自覺，這種自覺也包含一種自信。學生們愛聽我演講，我非常感動，不能拒絕學生們的要求。」

有幾次，外公去演講，才走進校門，就有人通報進去，禮堂或大教室裡學生們的掌聲就傳出來。外公領著媽媽一路走進禮堂或講堂，掌聲不斷，直到外公走上講台，微笑鞠躬開講。那禮堂或講堂裡通常總有幾千人。媽媽覺得外公很了不起。

外公卻說：「我有這樣的自覺，一時的文名，是革命潮流帶起來的。我不過是潮水浪頭上的一個泡沫。若是自誇自恃，自以爲了不得，一旦潮水退後，那泡沫就全消失，到頭來是一場幻夢。革命像海潮一樣，有起有伏，有高有低。海水退後，留在海灘上的是死魚爛蝦。那高大的岩石和粗壯的樹木，因爲根基深厚，可以在潮水中站立，退潮之後也依然生存。我有自信，趁著潮流，下工夫，紮根基，要像岩石樹木一樣，退潮之後，仍然生存。」

《新生命》月刊每期登載外公的文章，上海另外一些定期刊物，也常常刊用外公的寫作。他的一些書稿也可以賣給書店出版。上海小書店林立，月刊週刊多如牛毛，一時間，外公的文字當紅暢銷，可以先拿稿費然後再寫，也可以送現款，一手交錢一手交稿。家裡要米要麵，房租到期，外公拿一篇文稿，遞給外婆說：「支票在這裡，一千字五塊錢。」

外婆無所謂，只要不欠房租，一家人有吃有喝，隨多隨少。

春節過後，陰曆正月初二，外公決定休息，一家人去南京路閒逛。經過一家書店，玻璃窗裡擺著外公寫的書，屋簷下掛了大標語，上書：「陶希聖暢銷書新版」。媽媽認得陶希聖幾個字，一手指著，跳著腳叫起來：「爸爸，那是你的名字！」

外公笑笑說：「現在這是常見的了。我這多年努力奮鬥，到底看到些成績，開始得到社會的承認，能夠接受大衆的尊敬。社會自有公道，不會虧待一個努力上進的人。只問自己有無學問，斷乎不可爲了生活一時清苦而怨天尤人。清苦生活是人生的磨鍊。一塊生鐵，要千錘百鍊，才變得成鋼。」外公自顧自，說給媽媽聽。

外婆說：「我倒要去看看，有沒有人買你的書。」

外公說：「沒有人買，算什麼暢銷書？你去看好了。」

外婆抱著祥來舅，一頭走進店去。外公沒有跟著進店，只站在街上等。泰來舅願意跟著外公在街上看人。媽媽跟了外婆走進書店。

店裡不大，擺滿書架。其中靠近櫃台的一個架子上，擺著外公的書。幾個人站在架前翻看，一個書店店員拍著外公書的封面，對一個年輕人說：「這本書不到一年出到第四版，版版是一星期裡賣光，這一版昨天才到，你老弟有福氣，剛好碰到。」

這位店員說完，轉頭看到外婆，上下一打量，強陪笑臉問：「這位娘姨，請問是要買……什麼嗎？」外婆搖搖頭，一手拉拉媽媽，走出店去。

媽媽追趕出門，大聲問：「姆媽，他叫你娘姨？娘姨是什麼？」

外婆說：「娘姨就是保姆傭人。」

媽媽說：「你不是傭人。」

外婆說：「沒關係的。上海人勢利眼，不看人，只看衣服，一個女人衣服穿得好，商店菜場馬上叫少奶奶太太，衣服穿得不好，馬上叫娘姨。我是湖北來的鄉下人，穿的衣服又舊又破，許多年一直被人叫作娘姨。也沒什麼。」

外公在門外，聽到外婆的幾句話，問：「怎麼了？這麼快便跑出來了。」

媽媽心裡不平，對外公說：「書店裡的人叫姆媽娘姨。」

外公一聽，滿臉通紅，火冒三丈，說一聲：「豈有此理！」便拔腳轉身，朝書店門裡走。外婆一把沒拉住，外公進了書店。媽媽泰來舅都跟進去，站在外公身後。外婆抱著祥來舅站在門外，不再進店去。

那個店員一見外公，先是一愣，接著走過來，彎腰陪笑問：「這位先生要買書嗎？」

「買豆腐不會進你書店。」外公硬硬地給他碰個釘子。

那店員愣了一下，不知說什麼好。店裡其他客人都站住腳，停下手，看著外公。一般來說，進書店的人都較爲有禮貌，言談會溫和些。這位先生進門沒好臉，粗聲粗氣，很是奇怪。

「我是剛才那位娘姨的先生，你伺候不伺候？」外公說著，指指門外站著的外婆的背影。

那店員更發了呆，不知怎麼得罪了這位先生，臉漲得通紅，說不出話。

外公提高聲音叫：「叫你們老闆出來。我跟他講話。」

店後面，一個白白胖胖的光頭男子打著哈哈走過來，一連聲問：「啥事體？啥事體？」

店員指著外公說：「這位先生進門來，專門尋事吵架。」

「對，我就是來尋事的。」外公舉手四周一指，又指窗外大標語，厲聲說：「你把這些通通都拿下來。這些書不許在你這家店裡賣。」

店老闆臉也沉下來，說：「先生講話客氣些。」

外公說：「從此以後不許你賣我寫的書。」

那店老闆上下打量外公好幾次，忽然大笑起來，說：「你先生會寫書，好好，請問你先生這一輩子寫過多少書？尊姓大名？」

外公說：「這些書都是我寫的。本人就是陶希聖，怎樣？」

店老闆笑得更厲害，指著外公，對圍觀的人說：「各位，這位就是陶希聖先生，像不像？」

書店裡圍著看熱鬧的人，有的搖頭，有的點頭，都笑。店老闆揮揮手，對外公說：「此地是做生意的地方，你不要發神經，吵我的客人。我也不叫警察，你快些走掉算了。好不啦？」

外公還站在那裡，想要分辯，店老闆忽然伸手從懷裡掏出一張鈔票，向外公遞過來，一邊說：「好了，你拿去買幾隻燒餅，算我請客。去吧，去吧！」

外公不接，滿臉通紅。店老闆和那店員四隻手推著外公，朝門口走。媽媽和泰來舅見了，早嚇得跑出店門去。外公一邊仍在辯解：「我是陶希聖，我真的是！這確實是我寫的書。」

胖胖的店主一邊推，一邊打哈哈：「是啦，是啦，你寫的，是你寫的，好了吧？」

這時門口走進來一個人。外公看了好像有些面熟，連忙搖手招呼道：「喂，你……」

那人稍停腳步，兩眼盯住外公看了一眼，衝口而出：「你……你……你怎麼搞得這副模樣？」說完，前後左右張望一下，見店裡都是人，望著自己，忙轉身急急走出店門去了。

外公大驚失色，不知如何是好。書店老闆和店員又用力推了一推，把外公推出書店門。店老闆對那店員說：「我在裡面招呼，你守牢門口，不許他再進來，神經病！」

外公站在店門口發呆。媽媽和泰來舅仰著臉，望著外公。

外婆笑了一下說：「沒有什麼。常這樣，所以人家叫我娘姨呀！」

外公問：「我不像陶希聖麼？」

外婆說：「馬路上不掛你的照片，書裡也不印你的照片，誰認得你？陶希聖寫的書那麼好，你這樣子誰相信？認識你的人也不願意別人看見他跟你站在一起。」

外公說：「我怎樣？」

外婆說：「你衣服破，又不肯理髮，一副窮困潦倒的樣子。」

外公低頭看看自己身上的長衫，方才明白，長嘆一聲，說：「一件衣服而已，惹得一番羞辱。虎落平陽，渾沌世界。」

外婆說：「你才頭一次曉得麼？」

外公仰臉，對天搖頭，拔腳走路，離開書店。外婆趕過去，跟在後面說：「好了，也用不著生氣。我們正在南京路，順便買塊衣料，我給你做一件新長袍，穿了再來就是。」

外公忽然說：「我們去買兩件線春。」

外婆和媽媽都奇怪地看著外公。他從來不對衣服之類發表意見，有什麼穿什麼，外婆給他弄什麼是什麼。今天點名要買線春。外婆問：「線春麼？」

外公說：「對，線春。當年在大倫布店，人家看我不起，要我上樓買洋布。今天人家又看我不起，當我叫化子、神經病。非要出出這口氣！」

外婆說：「你確是讓人一看就看不起。那次我給你十八塊大洋，一件線春長衫只幾塊錢，十八塊大洋可以做三四件。」

外公說：「那次一氣之下，一件沒做。去買了些書，所以有了今天的地位和成功。」

外婆說：「今天還是穿破長衫，讓人看不起。」

外公說：「今天才曉得其中事理。」

外婆問：「想清楚了？決定要做了麼？」

外公說：「要做，做它兩件！」

新的線春長衫做好以後，外公並沒有穿了到南京路上去挽回面子。他沒那功夫。他的書文寫作，引起了上海學界一場大辯論。上海報刊雜誌，每天總有文章，點著名，跟外公論戰。外公很得意，很高興，告訴外婆和媽媽：「這是一場社會史大論戰。」

武漢時期，外公最看不起的鄧初民幾個熟人也到了上海，出版一份刊物，叫《雙十》，發表文章，提出一個問題「中國是什麼社會？」共產黨領導的左翼組織很快出版一份雜誌，叫《思想》，每期發表長篇論文，斷言中國社會是封建社會，或者說是半封建半殖民地社會。

外公不同意，撰文提出自己的看法，認爲中國社會由兩大社會階層組成，一是士大夫階層，一是農民。這個說法，外公三年以前在《獨立評論》上便提出來，當時沒有人理睬他而已。

賣文維生，看來簡單，實則不易，是用心血的生產。每天夜裡，爲省電費，外婆招呼孩子們睡下之後，關掉全房子所有電燈，到外公書房去。書房裡一張桌子，桌上開一盞燈，外公坐在正面看書或寫作。外婆坐在側面做針線。兩個人總要到半夜兩點鐘才睡。

外公書桌床邊堆滿了各種書，英文本、日文本的都有。中國古書當然最多，正史雜論，各色俱全。有馬克思和列寧的著作論文，也有批判馬克思列寧的論著。有考茨基的《基督教的基礎》、桑巴德的《資本主義史》、奧本海馬的《國家論》。外公自己出版的書，也一本一本多起來。一九二九年的論文編出《中國社會與中國革命》。一九三〇年的論文編出《中國社會拾零》。商務書局還出版了《辯士與遊俠》和《西漢經濟史》。另外一些小書店出版的《中國之家族與婚姻》，《中國封建社會史》等等。

媽媽放學以後，最高興做的事，是幫助外公寫書。

外公說：「要寫字賣錢，就要快。明天要交房租，今天就得賣出五十塊錢，就要寫出一萬字來。後天又要買柴米油鹽，數目不大，明天只要寫出四千字來就好。要快，就要時刻用心，時刻準備。小文章寫過以後，有了飯吃，才可以做我的研究，寫我的專著。」

外公的小書房，是外公和媽媽一起工作的地方。外公坐在靠窗書桌邊的椅上讀書看報，媽媽坐在旁邊一個小凳上等著。所有舊信封都不丟，放在媽媽面前地板上備用。每天各種報紙書籍，外公讀過，用紅筆細細畫出各種記號，然後交給媽媽。媽媽照這些記號，拿一把大剪刀，幫外公剪報。然後按外公的記號分類，放到一個個舊信封裡。如果沒有很多報紙書籍好看，外公便讀《二十四史》，中華書局出版。外公說那套書是《二十四史》最低劣的版本，只能用來剪材料。他在每本書上塗抹，然後剪裁，供以後參考。一天下來之後，把當天做好的幾個舊信封交外公檢查，在信封上寫好標題，再放到一個大紙箱裡，排在外公書房的書架下面。

到了要作文的時候，外公根據文章題目，在紙箱中一大堆舊信封裡找，看信封上的標題，揀出幾個相關的信封，放到桌上，從信封中取出剪報剪書，在《二十四史》或《資治通鑑》裡查出有關資料，組織一下，就寫成一篇五千字到一萬字的文章。

天井裡，外婆圍著大圍裙，坐在大木盆前面，用力在搓板上洗衣服。書房裡，外公在椅上看書，媽媽在小凳上剪報。窗外天晴日艷，輕風徐徐，鄰居一枝紅杏過牆，纏在自家小天井綠葉之間。窗內一盆雲竹妖嬈搖曳，暖意盎然，讓人心醉。

外公讀完一段，放下書，伸伸胳臂，對媽媽說：「歷史是過去的社會，社會是當前的歷史。一個題目，若是將過去的歷史記載與當前的報刊記載，兩下一拉，也就構成了可以討稿費的文章。但是這裡面還是要加一點氣力。一個思想正在發展中的無名作家，遠比一個思想已在僵化中的成名作家，有更大的氣力。這種氣力是兩種成份的結合。一種是深刻的觀察，一種是銳利的文筆。」

父女兩人在書房裡，其樂融融。忽然有人在外面敲鐵門，外婆在圍裙上擦乾了手，走過去開門。來人走進天井，外公隔窗一見，大吃一驚。

聯經文學

嗩吶煙塵 上冊

2002年3月初版 定價：新臺幣300元
2004年4月初版第三刷
有著作權・翻印必究
Printed in Taiwan.

著者 沈寧
發行人 劉國瑞

出版者 聯經出版事業股份有限公司
台北市忠孝東路四段555號
台北發行所地址：台北縣汐止市大同路一段367號
電話：(02)26418661
台北忠孝門市地址：台北市忠孝東路四段561號1-2F
電話：(02)27683708
台北新生門市地址：台北市新生南路三段94號
電話：(02)23620308
台中門市地址：台中市健行路321號
台中分公司電話：(04)22312023
高雄辦事處地址：高雄市成功一路363號B1
電話：(07)2412802
郵政劃撥帳戶第0100559-3號
郵撥電話：26418662
印刷者 世和印製企業有限公司

責任編輯 顏艾琳
校對 周湘羚
封面設計 黃聖文

行政院新聞局出版事業登記證局版臺業字第0130號

本書如有缺頁，破損，倒裝請寄回發行所更換。ISBN 957-08-2381-X (上冊：平裝)
聯經網址 http://www.linkingbooks.com.tw
信箱 e-mail:linking@udngroup.com

國家圖書館出版品預行編目資料

嗩吶煙塵 上冊／沈寧著．--初版．
--臺北市：聯經，2002年
472面；14.8×21公分．-- (聯經文學)
ISBN 957-08-2381-X(上冊：平裝)
〔2004年4月初版第三刷〕

I．陶琴薰-傳記

782.886 91004200

聯副文叢系列

●本書目定價若有調整，以再版新書版權頁上之定價爲準●

(1)鹽田兒女	蔡素芬著	180
(2)邊陲的燈火	楊蔚齡著	180
(3)散文的創造(上)	瘂弦主編	150
(4)散文的創造(下)	瘂弦主編	150
(5)飛翔之光——聯合報文學獎1994卷	瘂弦主編	250
(6)人生是一條不歸路	王邦雄著	170
(7)紅顏男子	李岳華著	150
(8)天下第一村幹事	陳介山著	120
(9)未來世界	王小波著	140
(10)讓高牆倒下吧	李家同著	170
(11)新極短篇——全民寫作(一)	陳義芝主編	180
(12)我寫故我在——聯合報文學獎一九九五卷	瘂弦主編	250
(13)陳瑞獻寓言	陳瑞獻著	130
(14)膜	紀大偉著	180
(15)每個人都有大智慧	趙衛民編	160
(16)站在巨人肩上	瘂弦、陳義芝編	220
(17)扶桑	瘂弦主編	200
(18)真女人紀事	陳義芝、黃秀慧編	150
(19)新極短篇——全民寫作(二)	黃秀慧主編	180
(20)美麗新世界——聯合報文學獎一九九六卷	瘂弦主編	250
(21)雙身	董啟章著	200
(22)眾神的花園	瘂弦主編	380
(23)大漠魂	郭雪波著	150
(24)人生散步	瘂弦主編	140
(25)向時間下戰帖——聯合報文學獎一九九七卷	陳義芝編	250
(26)陌生人	李家同著	170
(27)橄欖樹	蔡素芬著	180
(28)閱讀之旅（上卷）	陳義芝編	200
(29)閱讀之旅（下卷）	陳義芝編	200
(30)智慧100	聖嚴法師著	200
(31)人與海：台灣海洋環境	賈福相著	240
(32)迴旋	張讓著	250
(33)默	杜修蘭著	180
(34)沉雪	李晶、李盈著	200

(35)台灣現代小說史綜論	陳義芝主編	480
(36)華年放異采——聯合報文學獎一九九八卷	陳義芝主編	250
(38)看海的人	賈福相著	250
(39)台灣文學經典研討會論文集	陳義芝編	420
(40)惡寒：第廿屆聯合報文學獎中篇小說評審獎	張惠菁著	220
(41)金色海灘：第廿屆聯合報文學獎中篇小說評審獎	樊小玉著	180
(42)新的寫作時代——聯合報文學獎一九九九卷	陳義芝編	250
(43)消失的海岸	孫寶年編	250
(44)二十世紀文學紀事	鄭樹森編著	280
(45)李喬短篇小說精選集	李喬著	250
(46)再現文學垂天大翼——聯合報文學獎一九九九卷	陳義芝編	220
(47)藍色運動：尋回台灣的海洋生物	邵廣昭等著	280
(48)時代小說（上、下）	蘇偉貞主編	500
(49)聯副插畫五十年	陳泰裕主編	精380

當代名家系列

●本書目定價若有調整，以再版新書版權頁上之定價爲準●

白水湖春夢	蕭麗紅著	300
千江有水千江月(長篇小說)	蕭麗紅著	280
不歸路(中篇小說)	廖輝英著	220
殺夫(中篇小說)	李　昂著	200
桂花巷(長篇小說)	蕭麗紅著	280
法網邊緣	黃喬生譯	380
狂戀大提琴	利莎等譯	350
海灘	楊威譯	350
台北車站	蔡素芬著	180
回首碧雪情	潘寧東著	250
臥虎藏龍：重出江湖版	薛興國改寫	180
多情累美人	袁瓊瓊、潘寧東著	250
夕陽山外山：李叔同傳奇	潘弘輝著	250
八月雪：三幕八場現代戲曲	高行健著	150
靈山	高行健著	平320 精450
一個人的聖經	高行健著	平280 精400
周末四重奏	高行健著	150
沒有主義	高行健著	250
變色的太陽	楊子著	200
紅顏已老	蘇偉貞著	170
世間女子	蘇偉貞著	180
陌路	蘇偉貞著	220
臨水照花人	魏可風著	250
窄門之外	張墀言著	250
綠苑春濃	林怡俐譯	280
尋找露意絲	西零著	180
天一言	程抱一著	280

生活視窗系列

●本書目定價若有調整，以再版新書版權頁上之定價為準●

(1)時裝・性・男女	楊慧中等譯	180
(2)三原色：藍、黃、紅	冷步梅譯	220
(3)美感經驗	陳長華著	150
(4)人性八惡	廖月娟等譯	160
(5)喝杯下午茶	孟樊著	150
(6)拆穿男人的謊言	邱彰著	160
(7)實用芳香療法	施沛琳著	180
(8)IQ父母EQ子女	沈怡著	180
(9)漂亮髮型自己做	紅造型製作	280
(10)我有辦法	蔣大中著	250
(11)放慢生活的步調	莊安祺譯	220
(12)後現代絕症	簡捷著	200
(13)兩個女孩的天堂	台北海外和平服務團	150
(14)愛情的危機處理	林仁和著	220
(15)創造你希望的愛情	沈怡著	180
(16)人人是英雄	羅效德譯	180
(17)雙腦革命	邱紫穎譯	290
(18)哭泣的結婚證書	孫藝庭著	200
(19)台灣生死書：婚喪習俗及法律知識	劉俊麟著	250
(20)生活中的修行	陳履安口述 劉洪順整理	160
(21)愛在飢餓蔓延時：台灣世界展望會救援紀事	台灣世界展望會編著	200
(22)你的個性	羅效德譯	200
(23)天天容光煥發：女性輕鬆減壓秘招	林香君著	200
(24)消除生活壓力的禪	羅若萍譯	250
(25)顏色密碼：從顏色看性格	魏易熙譯	300
(26)傻人的愛，給狗	鄭　瑩著	220
(27)如來的小百合	伶　姬著	250
(28)聽心說話	釋心道著	220
(29)SQ：心靈智商	邱莞慧譯	280
(30)生命的意義	莊安祺譯	250
(31)他比總統先到	馮寄台著	220
(32)禪證	梁丹丰等講述	160
(33)人生經營	聖嚴法師等講述	150
(34)情緒的12堂課	張瀞文著	250
(35)愛情劊子手	呂健忠譯	250

(36)天天神采飛揚	林香君、 劉俊麟著	180
(37)蓮花時空悲智情	伶姬著	280
(38)突破你的極限	徐筱春譯	320
(39)生命如此美好	施貞夙譯	300

人生新境

●本書目定價若有調價，以再版新書版權頁上之定價爲準●

(1)缺憾的超越	李翠玲著	150
(2)行為的新境界——理論與應用	游伯龍著	350
(3)心戰——現代人的掙扎與突破	張小鳳等著	160
(4)解開愛的情結	林芳瑜譯	150
(7)相愛一生——談夫妻相處之道	梁竹君譯	250
(8)改變思維改變你	李普生譯	250
(9)富而好理	黃美姝譯	180
(10)生活一〇一	李普生譯	180
(11)腳冷時別買帽子——做自己生涯的決策者	吳傑民譯	180
(12)拒絕的真諦	李鴻長譯	100
(13)邱吉爾演講術	方美玲譯	150
(14)如何快速掌握資訊	何灣嵐譯	編印
(15)給兒女的一封信	彭淮棟譯	150
(16)財富一〇一	彭淮棟譯	250
(17)活出自己的如來	鄭石岩著	170
(18)心的挑戰	傅佩榮著	170
(19)四十不晚：中年追夢族的故事	李梅蘭著	180
(20)生活贏家：成功的 118 條策略	莊安祺譯	250
(21)情緒的管理——如何增進你的 EQ	何灣嵐譯	200
(22)打開心中死結	鍾尚熹譯	250
(23)生機換生機	李秋涼口述	200